反기업 인문학

反기업 인문학

인문학은 어떻게 자본의 포로가 되었는가?

박민영 지음

인물과
사상사

그리고 기업 인문학이 있었다

그즈음 문화적 대격변이 있었다

2000년 12월 김대중 대통령은 "국제통화기금의 모든 차관을 상환하였고, 한국이 IMF 위기에서 완전히 벗어났다"고 공식 발표했다. 그즈음이었던 것으로 기억한다. 출판시장에 자기계발서와 재테크서가 쏟아져나왔던 것이. 구제금융으로 크게 위축되었던 부에 대한 욕망은 경제가 회복할 조짐을 보이면서 폭발적으로 터져나오는 것처럼 보였다. 각종 자기계발서와 재테크서가 날개 돋친 듯 팔려나가며 베스트셀러를 휩쓸었고, 사람들은 너도나도 주식과 펀드에 뛰어들었다. 직장인들의 꿈은 더는 월급을 알뜰히 저축해 집 장만하고, 자식들 교육시키는 것이 아니었다. 임금소득을 판돈 삼아 도박판이나 다를 바 없는 주식시장에 투자해서 대박을 터뜨리는 것이 꿈이었다.

　　신문방송과 출판물에서는 연일 주식으로 대박 난 사례들이 소개되었다. 이런 성공담에는 일정한 법칙이 있었다. 그에 따르면, 성공한 사람들은 단지 운이 좋아 꿈을 이룬 경우는 거의 없었다. 웬만한 수도나 수련을 능가하는 (경제경영 분야에 대한) 부단한 공부와 탐구정신, 자기 훈련, 마인드 컨트롤을 통해 얻은 결실이었다. 주식 대박 신화를 이룬 사람으로 소개된 사람들 중에는 그 후 투자 실패로 쪽박을 찬 사람도 적지 않다. 그러나 언론에서 이런 사람들을 추적해 후속기사를 쓰는 경우는 거의 없다. 언론이 원하는 것은 성공담이지, 실패담이 아니기 때문이다. 성공담은 늘 영웅담이었다. 이제 영웅은 사회적 정의와 도덕을 실현한 사람이 아니었다. 성공한 사람이 영웅이고, 성공 자체가 정의와 도덕적 가치의 현현顯現이었다.

영웅 신화의 정점에는 글로벌 자본가들이 있었다. 주로 빌 게이츠, 스티브 잡스, 워런 버핏, 조지 소로스 같은 IT와 금융 분야의 자본가들이었다.[1] 자본가의 신화화는 국내에서도 진행되었다. 이건희와 안철수가 대표적이었다(안철수의 정계 진출도 이런 신화화를 기반으로 한 것이었다). 이제 글로벌 자본가들은 단지 돈만 많은 사람들이 아니었다. 그들은 온갖 악조건을 뚫고 성공한 인간 승리의 전범典範, 진정한 사회 가치를 실현한 인물, 예지력과 통찰을 갖춘 인물들이었다. 워런 버핏 같은 투기꾼이 '오마하의 현인'이라는 별명으로 불리듯, 자본가들은 경제적 구루이자 이 시대의 진정한 스승으로서 위상을 갖게 되었다.

그 말씀을 듣기 위해 많은 사람이 줄을 섰고, 그 한마디 한마디는 경전이 되었다. 이런 현상은 역사적으로 전례가 없는 일이었다. 자본가들이 자신들을 신화화하기 위해 애쓰는 일은 예전부터 있었지만, 자본가들에 대한 전체적 이미지는 돈 버는 데 수완이 좋은 사람이라는 인상에 그쳤다. 돈이 많은 것을 부러워하는 경우는 많았지만, 그를 존경하는 일은 드물었다. 이런 현상은 명백히 우리 시대의 특징이다.

---

[1] 참고로 IT와 금융은 근친 관계에 있다. 금융이 실시간으로 국경을 넘나들며 자본축적을 이루어내는 것은 IT 혁명을 통해 가능하다. IT 혁명은 금융자본주의의 물적·기술적 토대다. 오늘날은 금융자본주의 시대다. 이런 시대에 IT와 금융 분야의 자본가들이 신화의 정점에 포진해 있는 것은 어쩌면 당연한 일이다.

자본가들은 지적 영역으로도 진출하기 시작했다. 자본가들의 경영철학과 미래에 대한 비전은 언론을 통해 대서특필되었고, 그들의 성공은 철학의 성공으로 포장되었다. 소위 '철인 자본가'의 등장이었다. 자본가들은 석학들과 함께 어깨를 나란히 하며 사회적 문제와 인류의 미래에 대해 논했다. 경제적으로 큰 성공을 거두었다는 사실 자체가 그들에게 엄청난 지적 내공이 있음을 반증하는 것으로 선전되었고, 그것은 다시 여타의 문제에서도 우리가 그들의 발언을 경청해야 하는 이유가 되었다. 여기에 적지 않은 지식인들이 자본가의 혜안과 통찰에 감복하는 모습을 보여주며 바람잡이 역할을 했다. 자본가들은 '지적 권위자'라는 타이틀까지 거머쥐었다.

스티븐 코비의 『성공하는 사람들의 7가지 습관』이 베스트셀러에 오른 것이 1995년이었다. 그 후 경제경영서가 본격적으로 쏟아져나오기 시작했다. 처음에는 출판시장에 성인 대상의 경제경영서만 나왔다. 그리고 얼마 안 있어 아동 대상의 경제경영서들도 쏟아져나왔다. 명분은 아이들도 이제는 '경제'를 알아야 한다는 것이었다. 논리는 이랬다. '이제까지 아동을 대상으로 한 경제교육이 제대로 이루어지지 않은 것은 어른들의 무책임 때문이다. 많은 사람이 어른이 된 후, 경제적 궁핍에 시달리는 것도 경제를 모르기 때문이다.' 요는 경제적으로 생존하기 위해서도, 성공하기 위해서도 경제를 아는 것은 필수라는 것이었다.

아동들에게 경제교육이 필요하다는 주장은 당연히 나쁘지 않다. 문제는 그런 논리하에 아이들에게 신자유주의적 경제관념을 심어주는 책들이 대거 팔려나갔다는 사실이다. 자본가들은 어린이들이 보는 위인전 목록에도 입성했다. 그리고 그들의 이야기가 교과서에도 실렸다. 학생들은 성공한 자본가들을 인생의 전범으로 삼고, 그들을 숭배하게 되었다. 교과서에 실린 자본가들은 반드시 알아야 할 우리 시대의 상식이 되어 교양시장을 석권해 나갔다.

——— 그리고 기업 인문학이 있었다

문화적 공세는 전방위적이었다. 2002년에는 비씨카드의 텔레비전 광고 "부자되세요"가 나왔다. "이 유행어의 여파는 가히 쓰나미급이었다. 기존의 덕담이었던 '건강하세요', '오래 사세요', '복 많이 받으세요' 등을 한순간에 밀어내고 덕담계의 지존으로 자리 잡았던 것이다."[2] 이 광고가 나오기 전 사회에는 일정한 묵계 같은 것이 있었다. 먹고살기 위해 모두가 경제활동을 하고, 부를 추구하지만, 사회 공동체를 위해 노골적인 배금주의는 경계해야 한다는 것이 암묵적인 합의였다. 그런데 공공 매체인 텔레비전에서 반복적으로 노출되는 이 광고의 영향으로 그 묵계는 일거에 무장해제되었다.

텔레비전 드라마도 예외는 아니었다. 1947년 영일당(현재 크라운제과)에서 개발한 '산도'라는 과자가 있다. 이 과자의 개발과 성공을 모티브로 한 드라마 〈국희〉가 방송된 것이 1999년의 일이었다. 이 드라마의 시청률은 무려 53.1퍼센트였다. 2001년에는 최인호의 동명 소설을 원작으로 한 드라마 〈상도〉가 방영되었다. 거상 임상옥 일대기를 다룬 이 소설은 본래 1997년부터 3년 여간 『한국일보』에 연재되었다. 이 이야기의 대중화에 언론, 출판, 방송이 모두 동원된 셈이었다. '진정한 상인정신이란 무엇인가', '부에 대한 관념과 가치는 무엇인가'를 담고 있다고 선전되었던 이 소설은 출판시장에서도 드라마로도 큰 성공을 거두었다.

1990년대 말에서 2000년대 초 나는 출판사의 편집장으로 일하고 있었다. 시장에 어떤 책들이 나왔고, 독자들에게 어떤 반응을 불러일으키고 있는지 관찰하는 것이 주요 일과 중 하나였다. 그런 까닭에 이러한 변화를 잘 알고 있었다. 그러나 당시 나는 어리석게도 그것이 일시적 현상에 불과

---

2 이진욱, 「"부~자 되세요"⋯그 부자는 누구 몫이었나」, 『CBS노컷뉴스』, 2017년 11월 26일.

할 것으로 여겼다. 경제경영, 문학, 인문, 아동 등 거의 모든 분야에서 경제
경영적 코드를 가진 책들이 베스트셀러를 석권할 때에도 그랬다. 지금 생각
하면, 그것은 시대를 구분 짓는 문화적 대격변이었다. 20여 년이 지난 지금
도 변함없이 지속되는 문화적 흐름이 그것을 반증한다.

그즈음 내 주변에서 일어난 일들

나는 86세대다. 대학 다닐 때에는 운동권 문학동아리에 있었고, 나중에는
운 좋게 '전국대학생문학연합'이라는 대학생문예운동단체의 의장을 맡았
다. 말하자면 전국운동권문학동아리연합 같은 조직이었다. 지금은 없어졌
지만, 당시로서는 규모도 크고, 학생운동권 내부에서도 적잖은 위상을 가진
전국 단위 조직이었다. 이런 일을 하다 보니, 자연스럽게 글 쓰는 선후배를
많이 알게 되었다. 선후배들 중에는 졸업 후 전업 작가가 되거나 출판계로
나간 사람이 적지 않았다. 지금부터 하는 이야기는 그들에 대한 이야기다.
역시 1990년대 말에서 2000년대 초반에 벌어진 일들이다.

장면 하나. H는 나의 후배로 지금도 현역에서 열심히 활동하고 있는
진보적인 소설가다. 그가 등단한 지 얼마 안 되었을 때의 일이다. H는 자신
이 경제경영서 한 권을 대필했노라 내게 말했다. 자신의 문학동아리 선배 S의
부탁을 받아 하게 되었다는 것이다(S라면 나도 잘 아는 친구였다. 의장 시절의
활동으로 그 문학동아리의 웬만한 멤버들은 다 알고 있었기 때문이다). 당시 S는
모 출판사의 영업부장이었다. S의 부탁을 받아 한 대필이라고는 하지만, 이
제 막 등단한 가난한 작가 H에게 제시된 대필료는 적잖이 생활에 보탬이 되
었을 것이다. S로서도 자기 후배를 챙겨준다는 마음이 있었을 것이고. 아무
튼 이 책은 얼마 안 있어 대박이 났다.

맨바닥에서 시작해 성공가도를 달리고 있는 한 자영업자의 이야기를

쓴 이 책은 제목을 말하면 모두가 알 만한 책이다. 책만 잘 팔린 것이 아니라, 뮤지컬로도 히트를 치고, 드라마로도 만들어졌기 때문이다. 책 한 권으로 이 자영업자는 인생이 바뀌었다. 그는 '이 시대의 멘토', '청년들의 희망' 같은 수식어를 단 채 각종 강연에 불려다니는 유명인사가 되었다. 지금은 거대한 프랜차이즈 업체의 CEO다.

　최근 내가 이 일을 다시금 떠올리게 된 계기가 있었다. 이 CEO가 점주들에게 욕설, 금품 상납 요구, 폭행을 한 혐의로 언론에 대서특필되었기 때문이다. 기사들을 읽어보니, 상식 이하의 사람이었다. 이렇게 형편없는 사람을 후배들이 기획하고 대필해서 띄워주었단 말인가. 어이가 없어 헛웃음이 나왔다.

　수혜를 입은 것은 이 CEO만은 아니었다. S도 수혜자였다. S는 이 책의 성공으로 탁월한 시장 감각과 기획 능력을 가진 영업자로 출판계에 알려지게 되었다(아는 사람들은 알겠지만, 한국 출판계는 좁다. 이런 소문은 업계에 금방 퍼진다). S는 이 명성을 바탕으로 어느 대형 출판사의 사장에게 적지 않은 돈을 빌려 자기 출판사를 차렸다. 그러더니 그 후에도 지속적으로 자기계발서와 경제경영서들을 내서 재주 좋게 팔아치웠다. 빚을 조기 상환하고 상당한 규모를 갖춘 중견 출판사로 승승장구해나갔다.

　장면 둘. R은 나의 선배다. 그 역시 졸업 후 출판사에서 일했다. 경제경영서를 주로 내는 출판사였다. 당시는 경제경영 분야의 책들이 쏟아져나오기는 했지만, 주로 번역서가 많았다. 이런 상황에서 R은 자신이 기획을 하고, 필자를 섭외해서 자기계발서를 만들었고, 그것이 크게 히트했다. 이 책은 출판계에서 '한국형 자기계발서의 원조'라 불렸다. R은 인세로 책정된 기획료로 당시 억대가 넘는 돈을 벌어들였다. 필자로 섭외된 사람은 그 후에도 자기계발서 작가로 활동하며 몇 권의 베스트셀러를 더 냈다. R은 현재 자신의 출판사를 운영하고 있다. 내가 이 글에서 기업 인문서로 지목해 비판한 책들 중에는 그 출판사에서 나온 책도 있다.

장면 셋. K는 청년학생문예운동의 대부 격인 사람이었다. 전국의 청년학생문예운동이 그의 가르침에 기초하고 있다고 해도 과언이 아니었다. 그는 문학평론가이자 시인으로 한국작가회의 내에서도 일정한 위상을 갖고 있었다. 사회변혁에 대한 신심, 정세를 분석하는 시각, 문학적 역량, 인간적인 면모 등 모든 면에서 존경할 만한 사람이었다. 나 역시 많이 따랐다. 그랬던 그가 일탈의 조짐을 보이기 시작한 것은 1990년대 말이었다. 『조선일보』의 한 고위간부 중에 자기계발 코드가 강하게 들어 있는 몽골 관련 책을 낸 사람이 있었다. 어떤 계기 때문인지는 모르지만, K는 그와 가까이 지내기 시작했다.

그리고 그 『조선일보』 간부의 책을 격찬하기 시작했다. 그가 하도 격찬을 하는 바람에 '무언가 있겠지' 싶어 나도 그 책을 읽어보았다. 필력은 상당했지만, 좋은 책이라고 하기는 힘들었다. 몽골의 노마디즘을 경제경영적 마인드와 결합시킨 책이었다.[3] 그리고 그 간부와 함께 K가 몽골 여행을 여러 차례 다녀왔다는 이야기가 들렸다. 『조선일보』에서도 그의 글을 볼 수 있었고, 그가 『조선일보』를 옹호하는 말도 몇 번 들었다.

이제까지 언급한 사람들은 내게는 동지라고 불러도 좋을 사람들이었다. 그런 사람들을 나는 1990년대 말에서 2000년대 초에 많이 잃었다. 한편으로는 실망하고, 한편으로는 분노했다. 실망은 그들의 변절 때문이었고, 분노는 그들이 신자유주의 안착에 복무했기 때문이다. 참고로 앞에서 거론한 사람들은 나보다 훨씬 투철한 운동가들이었다. 사회변혁에 대한 신념도 강했고, 조직에 대해 헌신적이었다(그들에 비하면 나는 날라리 운동권에 가까웠

---

3   나는 노마디즘에 대해서도 비판적인 견해를 갖고 있다. 이 주제에 관심이 있는 독자들은 『인문학, 세상을 읽다』(인물과사상사, 2009)의 「노마디즘, 사회적 비판 의식을 무력화하는 이데올로기」를 읽어보라.

다). 그런 사람들이 이렇게 변했던 것이다.

주변 사람들이 이렇게 변해가는 것은 내게 상처였다. 나는 그들, 아니 우리가 왜 이렇게 변했는지를 이해하고 싶었다. 내가 신자유주의적 인문 담론을 유심히 살펴보게 된 주된 이유 중 하나다.

출판업자들은 책임이 없을까?

출판은 단순한 사업이 아니다. 출판은 고도의 지적 구성물을 다루고, 그것을 생산하는 일이다. 책을 만들어 판다는 것은 옷이나 빵을 만들어 파는 것과는 차원이 다르다. 책이 언어와 지식으로 이루어져 있다는 것은 사람들의 사상·감정을 일정한 방향으로 유도하거나 조작할 가능성이 있음을 의미한다. 그것은 무서운 일이다.

1980년대, 운동권 출신들이 대거 출판계로 진출한 것도 이 때문이었다. 독재정권하에서 사상통제를 당하던 시절, 금서를 출판하거나 사회변혁 운동에 필요한 사회과학 서적을 출판하는 것은 그 자체로 하나의 운동이었다. 그것은 민주 시민을 만들어내는 일이었고, 새로운 운동 인자를 만들어내는 일이었다. 많은 사람은 '출판문화운동'을 하기 위해 출판업에 뛰어들었다. 명확한 통계는 없지만, 지금도 출판계는 옛날 운동권 출신들이 가장 많이 진출해 있는 분야일 것이다.

그런데 그들 중 상당수가 1990년대 말과 2000년대 초 돈이 된다는 이유로, 혹은 대중이 원한다는 이유로 신자유주의적 이데올로기를 담고 있는 경제경영서와 기업 인문서를 대거 찍어냈다. '대중이 원하는 책'이라고는 하지만, 경제경영서와 기업 인문서가 대거 공급되기 전까지 그런 책을 원하는 대중은 없었다. 출판사들은 처음에는 영미권에서 잘 팔리는 경제경영서와 기업 인문서를 수입해 번역 출간하면서 '이제 시대가 바뀌었으니,

이런 책을 읽어야 당신은 성공할 수 있다, 그러지 않으면 당신은 도태될 것'이라고 적극적으로 마케팅했다. 그러면서 경제경영·자기계발 독자와 시장이 만들어지고, 이런 책을 쓰는 국내 필자도 많이 생겨났다.

　　물론 팔릴 만한 책이라면 누가 내도 냈을 것이라고 말할 수도 있다. 그러나 사회 민주화나 역사의 진보를 위해 출판업에 뛰어들 때에는 책의 위력을 신뢰하면서, 경제경영서나 기업 인문서를 내서 큰돈을 벌었을 때에는 그 책의 사회적 영향을 과소평가하는 것, '나는 그저 시장의 논리에 충실했을 뿐'이라고 주장하는 것은 앞뒤가 맞지 않는다. 책은 다른 상품들과 달리 한번 팔아먹으면 끝나는 물건이 아니다. 그 책들이 신자유주의적 환경을 조성하는 데 이바지하고, 그 환경 안에서 괴물 같은 신자유주의적 인간들이 양산되었다면, 출판업자들의 책임이 없다고 말하기 힘들다.

　　출판업자들이 자주 하는 이야기가 있다. '팔리는 책은 팔리는 책대로 내고, 그렇게 번 돈으로 좋은 책 내려 한다' 혹은 '이런 책도 내고, 이를 비판하는 책도 내려 한다'는 것이다. 그러나 그것은 면피성 거짓말이었다. 내가 아는 한 경제경영서, 자기계발서, 기업 인문서를 내서 한번 재미를 본 출판업자들은 계속 그런 책을 냈고, 거기에 출판사의 모든 자본과 역량을 쏟아부었다. 좋은 책을 내서 사회에 좋은 영향을 미치겠다는 출판업자들의 마음가짐은 수익과 판매고로 대변되는 시장에서의 파괴력, 즉 영향력의 질과 방향을 무시한 양적 파괴력으로 대체되었다.

　　지금은 베스트셀러도 재벌이 만드는 시대다. 대표적인 예가 2014년 종합 베스트셀러 1위를 했던 정여울의 『내가 사랑한 유럽 TOP 10』이었다. 대한항공은 2013년 가을 '당신이 뽑을 유럽여행 랭킹쇼'라는 캠페인성 텔레비전 광고를 진행했다. '사랑을 부르는 유럽', '달리고 싶은 유럽', '먹고 싶은 유럽' 등 10개 주제로 투표를 실시해 책 제목과 같은 '내가 사랑한 유럽 TOP 10'을 선정했다. 그리고 출판사와 협의해 최적의 필자를 선택했다.

그렇게 선택된 이가 정여울이었다. 이 책은 순전히 대기업의 위력 때문에 책이 팔린 경우였다. 책을 기획한 것도, 책에 들어갈 사진을 제공한 것도 대한항공이었다. 출판사도 이를 인정한다. 대기업 브랜드, 텔레비전 광고, 33만 명이 참가한 투표 등이 책 판매로도 이어졌다고 출판사는 분석했다.[4]

이 책을 과연 출판사나 정여울의 책이라고 말할 수 있을까? 이 책은 엄밀히 말해 대한항공의 책이다. 저자가 정여울이라고 되어 있기는 하지만, 정여울은 필자로서 일종의 하청업자 노릇을 했다고 할 수 있다. 이런 책은 저자의 고유한 정신의 산물이라고 말할 수 없다. 그런데도 종합 베스트셀러 1위라는 기염을 토한다. 지금은 그런 시대다. 이런 분위기를 실감할 수 있는 사례 하나만 더 들어보겠다.

2014년 문학과지성사는 『THE CLOSET NOVEL: 7인의 옷장』이라는 단편소설집을 발간했다. 출판사가 남성 패션 잡지 『아레나 옴므 플러스』와 함께 기획한 책이었다. 여기에 참여한 작가 은희경·편혜영·김중혁·백가흠·정이현·정용준·손보미는 패션의 동사인 '들다', '쓰다', '신다', '입다' 중 한 가지를 주제로 택해 각자 단편소설을 썼다. 이 소설들은 소설가들의 인터뷰, 화보와 함께 잡지에 실렸다. 작가들은 잡지 에디터가 골라준 옷(업체들이 협찬한 옷)을 입고 포즈를 취하며 사진을 찍었다.[5]

나는 이런 작업이 기업과 상품을 홍보하는 연예인 활동과 무엇이 다른지 모르겠다. 이 책을 기획한 문학과지성사 대표 주일우는 전위성, 실험성 운운하며 이런 작업이 "순수문학을 하는 것과 다른 일이 아니라고 생각한다"고 말했다. 그러나 나는 자본과 작가의 정신 사이에 놓인 경계를 지워

---

4 김종목, 「여행·문학·기업이 만나 '독자'를 사로잡다」, 『경향신문』, 2014년 4월 6일.
5 김여란, 「문학, 음악·연극 그리고 패션과의 만남…문학과지성사의 실험, 문화예술과 '통섭'하다」, 『경향신문』, 2014년 11월 11일.

버리는 것이야말로 문학을 망치는 길이라 생각한다.

인문학의 유행과 사회 보수화의 미스터리

사회에 인문학이 유행한다는 말이 나온 지가 거의 15년이 다 되어간다. 15년
이면 상당한 사회변화가 일어나고도 남을 만한 세월이다. 인문주의란 '전
복적 도전'과 거의 동의어다. 인문학적 사고는 반성, 회의, 비판이 핵심이다.
그러나 이 15년 동안 비판적 사유와 지성이 사회적으로 제고提高되었다는 증
거는 어디에도 없다.

　　오히려 반대의 징후는 많다. 사회에는 인문학이 유행한다는 데, 사회
는 이상하게 점점 보수화되어왔다. 촛불혁명 이후 우리 사회가 이 굴레에
서 잠시 벗어난 듯 보이기도 하지만, 전체적인 맥락에서 보면 보수화되어왔
다는 사실을 부인하기 힘들다. 반성, 회의, 비판은 없고, '지식인은 죽었다'
는 말이 사회에 횡행한다. 대표적 지식인 집단인 교수들의 반지성적 행동
(성폭행, 성추행, 성희롱, 폭언, 폭행, 갈취)들이 하루가 멀다 하고 신문지면을
장식한다.

　　더 이상한 것은 사회에서는 인문학이 유행이라는 데, 대학에서는 인
문학이 다 죽어간다는 사실이다. 학문이라는 것도 사회와 동떨어져 있는 것
이 아니고, 사회의 요구를 반영한다. 그것은 우리가 다 아는 사실이다. 그런
데도 이런 현상이 발생한다. 출판시장도 마찬가지다. 그렇게 오랫동안 인문
학이 유행이었다면, 인문학 독자가 늘었어야 마땅하다. 그러나 지금의 인문
사회과학서 시장 상황은 참담하기 이를 데 없다. 인문학 열풍이 불기 전 출
판사들은 보통 초판 2000부를 찍었다. 그러나 지금은 출판사들이 책이 안
팔려 흔히 초판 1,000부나 700부를 찍는다.

　　영국의 유명한 작가인 G. K. 체스터튼은 "19세기 영국 최대의 사건

은 혁명이 일어나지 않았다는 것이다"라고 말했다. 지금의 세계가 그렇다. 현재 세계는 전대미문의 빈부 격차에 시달리고 있다. 역사적으로 이처럼 경제 불평등이 심화되었던 적은 없었다. 전 세계 민중의 생활조건의 참혹함도 극에 달해 있다. 옛날 같으면 혁명이 나고도 남았을 상황이다. 그럼에도 세계는 기이하리만치 조용하다. 이런저런 갈등은 있지만, 적어도 혁명 같은 것이 일어날 조짐은 없다. 이것은 무엇을 의미할까? 우리가 매우 효과적으로 의식 통제를 당하고 있다는 것을 반증하는 것은 아닐까?

이런 점들은 사회에 유행하는 것이 정통 인문학이 아니고, 기업 인문학이라는 것을 이해하면 상당 부분 해명된다. 기업 인문학은 비판 의식을 제고하는 것이 아니라, 비판 의식을 소거한다. 사회적 문제를 다루면서도 그 해결책에서는 사회를 거세한다. 교묘하고 영악한 논리로 주류적 사고에 영합하게 만든다. 현실 문제들을 해명하는 데 도움을 주는 것이 아니라, 현실 인식의 감각을 마비시키거나, 현실을 왜곡해 인식하게 만든다. 기업 인문학은 기본적으로 공부와 앎을 생산하는 체제가 아니다. 그래서 어느 순간 '반反공부'로 전환될 가능성이 크다. 오랜 세월 인문학이 유행했다고 하는데도 인문학 독자층이 두터워지지 않는 이유다.

내가 오랫동안 출판시장을 지켜본 바에 따르면, 주류적 세계관에서 벗어나는 책은 잘 팔리지 않는다. 베스트셀러에 오르는 책들은 대부분 주류적 세계관을 벗어나지 않는다. 베스트셀러는 주류적 세계관을 반영하거나 적어도 거기에 반대하지는 않은 책들이다. 독자들은 이런 점을 알고 책을 읽을 필요가 있다. 인문서도 마찬가지다. 출판시장에서 잘 팔려나가는 인문서들 역시 대부분은 신자유주의에 코드를 맞춘 기업 인문학 책들이다. 그것은 그저 인문학을 공부하고 싶어서 책을 읽었던 독자들의 상당수가 자기 의도와 상관없이 기업 인문학 책을 읽었고, 그 영향을 받았다는 말이기도 하다.

이 책은 내 딴에는 심각한 문제의식을 갖고 쓴 것이다. 우리가 알게 모르게 받아들였던 인문적 담론들, 그저 막연하게 좋은 것으로 알았던 인문적 담론들, 우리에게 많은 영향을 미쳤던 인문적 담론들이 대부분 기업 인문학에 속한다는 것, 그리고 그것이 지금 우리 사고의 뿌리를 구성하고 있다는 것을 알리고 싶었다. 우리가 주체적으로 사고하고 행동하기 위해서도, 역사를 더 진보시키기 위해서도 이것은 알려야 한다고 생각했다. 의도가 얼마나 관철되었는지 모르겠다. 나로서는 최선을 다했고, 충분히 이야기했다. 이 글을 읽어주시는 독자들께 감사의 말을 전한다.

2018년 이른 봄
박민영

차
례

제 1 장
정통 인문학 죽이기

학제 개편으로 인문학 파괴하기

'인문학자들의 밥그릇 챙기기'라는 프레임

우선 말의 문제를 정리하고 넘어가자. 나는 앞으로 기업 이익과 자기계발에 복무하는 인문학을 '기업 인문학'이라 부르겠다. 그것을 정통 인문학과 구별해 쓰고자 한다. '기업 인문학'이라는 말은 보편적으로 쓰이는 말은 아니다. 그러나 정통 인문학과 기업 인문학을 구별하지 않으면 논지를 전개해나가는 것이 불가능하고, 문제의 본질을 파헤치는 것도 불가능하다. 기업 인문서와 정통 인문서는 성격이 근본적으로 다르다. 기업 인문학은 하나의 수단으로서 목적(생존, 출세, 성공, 경제적 이익)에 복무하지만, 정통 인문학은 존재 그 자체가 목적이다.

한국에서 인문학 위기론이 처음으로 공식 제기된 것은 1996년의 일이다. 1996년 11월, 국공립대학 인문대 학장들이 제주도에 모여 "인문학이 존폐의 갈림길에 서 있다"며 인문학에 대한 정부의 정책적 배려와 지원을 촉구한 '인문학 제주 선언'이 있었다. 그 후에도 상황은 개선되지 않았다. 2001년 국공립대학 인문대학협의회의 '2001 인문학 선언', 2006년 고려대학교 인문학부 교수들의 '인문학 선언문'과 전국 인문대학 학장단의 '오늘의 인문학을 위한 우리의 제언'이라는 성명서 발표, 2012년 한국인문학총연합회 창립 대회에서 '인문학 선언문'이 있었던 것이 그 증거다.

'인문학 위기'를 주장하는 인문학자들의 일련의 선언들에 대한 주된 여론은 무관심과 냉소였다. 인문학이라는 것이 없어도 먹고사는 데 별로 지장이 없어서 그랬을까? 그럴 수도 있을 것이다. 그러나 주류 언론들이 주도한 '인문학의 위기는 인문학자의 위기'라는 주장이 대중에게 효과적으로 먹혀든 것이 무관심과 냉소를 더욱 촉발한 측면 역시 간과할 수 없다. 인문학 관련 학과가 폐쇄되고 학생들이 줄어들고 취직도 안 되고 그래서 인문학 교수들이 궁지에 몰리니 '인문학 위기' 운운한다는 것이다. 한마디로 '제 밥그릇 챙기기'라는 것이다. 이런 주장은 최근까지도 이어지고 있다. 『조선일보』 오피니언 부장 이선민의 글이다.

"인문학의 위기를 경고하고 지원을 호소하는 선언문이 나올 때마다 이에 대한 반론이 제기된다. 대표적인 것은 대학 안에서 인문학의 위상 저하와 대조적으로 사회에서는 인문학에 대한 관심이 고조되는 점을 들어 위기에 처한 것은 인문학이 아니라 인문학자라는 주장이다. 인문학자들이 격변하는 시대 변화에 조응하며 사회적 의제 창출과 논쟁에 적극 참여하려는 치열한 지적 노력을 게을리한 결과 초래된 자업자득自業自得이라는 것이다. 따라서 인문학자들의 뼈를 깎는 자기 혁신이 없이는 아무리 지원을 쏟아부어도 인문학 부흥은 어렵다는 지적이다."[1]

'인문학의 위기는 인문학자의 위기'라는 프레임은 이중의 공격이었다. 하나는 문제를 먹고살기 힘들어진 인문학자들의 투덜거림으로 격하시

---

1 이선민, 「'인문학 위기 선언' 5년 주기설」, 『조선일보』, 2012년 11월 9일.

키는 것, 또 하나는 '인문학의 위기는 인문학자들이 자초한 일'이라는 것이었다. 밥그릇 논쟁은 인문학의 위기에 대한 논의를 가장 저급한 차원으로 끌어내림과 동시에 그에 대한 진지한 담론 형성을 원천적으로 차단하는 효과를 낳았다. 인문학 위기론이 인문학자들의 '밥그릇 챙기기'에 불과하다면 대중은 인문학 위기론에 관심을 가져야 할 이유가 없었다. 이 프레임을 공유하는 공병호의 글을 보자.[2]

"다수의 소비자들이 특정 상품이나 서비스를 원하지 않는다면, 그것을 생산하는 사람은 궁극에는 문을 닫을 수밖에 없다.……지금은 과거엔 상상할 수 없을 정도로 경쟁의 범위가 확대되고 치열하다. 때문에 시장에서 생계를 유지하고 더 나은 삶을 살아가려고 노력하는 사람들은 어떤 면에서는 거의 모두 위기에 처했다고 할 수 있다." 그는 철저한 시장론자답게 인문학이 위기라면 그것은 시장에서 실패했기 때문이라고 보았다. 문제는 인문학자들에게 있다는 이야기다. 다른 사람들도 경쟁하며 살고 있으니, 인문학이라고 해서 특별히 시장 밖에서 보호받아야 한다는 생각을 하지 말라는 이야기다.

그는 친절하게도 인문학자들이 나아가야 할 구체적인 방향까지 제시해주었다. "국내의 인문학 관련 분야에서 계신 분들이 대중들이 필요로 하는 인문학 지식을 제공하는 데 너무 소홀하다는 생각을 할 때가 많다.…… 심리학계의 걸출한 인물인 하버드대의 하워드 가드너 교수나 전 시카고대학의 심리학과 교수인 미하이 칙센트미하이 교수들의 작품을 볼 때마다 얼마든지 자신의 전문 지식을 이용해서 사회에 가치를 제공하는 일이 가능하다고 본다."

---

2   공병호, 「'인문학 위기' 출구는 없는가─밖에서 보니 / "인문학자 스스로 상아탑 안주 대중과 소통 소홀하진 않았나"」, 『한겨레』, 2006년 9월 25일. 이하 공병호의 글은 모두 여기에 실린 것이다.

── 학제 개편으로 인문학 파괴하기

하워드 가드너는 『열정과 기질』, 『체인징 마인드』, 『통찰과 포용: 불세출의 리더는 어떤 마인드를 품는가』 등을 쓴 전형적인 기업 인문학자였다. 『몰입의 경영』, 『몰입의 즐거움』 등을 쓴 미하이 칙센트미하이도 마찬가지다. 공병호의 말은 대중이 원하는 것이 기업 인문학이니, 살아남고 싶으면 그쪽으로 방향을 선회하라는 것이다. 그는 "스스로 자신의 가치 혹은 자기 분야의 가치를 입증해야 하는 시대를 우리 모두가 살아가고 있"으며, 그렇기 때문에 "내가 가치 있다고 아무리 강조해도 소용이 없다. 다른 사람들이 그것을 인정해주어야 한다"고 말한다.

이것은 "세계화의 급류 속에서, 과학기술의 발전이 사회 운영원리와 도덕의 해체, 생명 경시로 이어지지 않도록 하기 위해서 어느 때보다도 인문정신이 필요하다(2006년 고려대학교 인문학부 교수들의 '인문학 선언문')"는 식의 이야기를 더는 하지 말라는 이야기다. 혹은 "인문 정신을 상실한 인문학은 인문학의 위기뿐 아니라 인간의 위기를 초래하고 인간 역사의 위기를 초래할 것(2012년 한국인문학총연합회의 '인문학 선언문')"이라는 식의 이야기를 하지 말라는 것이다. 그냥 시장에서 평가받고, 시장에서 그 존재 가치를 입증하라는 말이다. 그는 이렇게 글을 마무리했다. "누구든 타인에게 가치를 제공해야 한다는 점에서 인문학자들 역시 일련의 '지적 기업가'라고 생각하고 위기를 극복해나가야 할 것이다."

이것은 노골적인 투항 요구와 다름없었다. "누구든 타인에게 가치를 제공해야 한다"는 것은 이제까지 정통 인문학이 타인(사회)에게 가치를 제공하지 않았다는 말인가. 그에 대해서도 동의할 수 없지만, '지적 기업가' 운운하는 것은 평생 인문학을 연구해온 사람들에게는 모욕적으로 들릴 수도 있는 말이었다. 그것은 인문학자들이 특별히 고고하게 대접받아야 하는 존재여서가 아니라, '인문학'이라는 것이 본디 이익을 논하는 학문이 아니기 때문이다.

인문대학장들이 학부제 폐지를 요구한 이유

2001년 국공립대학 인문대학협의회는 '2001 인문학 선언'을 발표했다. 그런데 여기에는 주목할 만한 내용이 포함되어 있었다. 그것은 "학부제 및 모집 단위 광역화에 대한 폐지" 요구였다. 국공립대학 인문대학협의회는 전국의 국공립대학 인문대학장 20여 명이 모인 단체였다. 이런 단체에서 학부제와 모집 단위 광역화 폐지를 요구한 이유가 무엇이었을까? 그것은 학부제와 모집 단위 광역화가 인문학 기반 붕괴의 주범이라고 보았기 때문이다.

학부제는 다학문적 연구 필요성과 학생들의 전공 선택권 확대를 명분으로 1995년(김영삼 정부 시절)부터 시작된 제도였고, 모집 단위 광역화 역시 같은 취지로 1998년(김대중 정부 시절)부터 시작된 제도였다. 정부는 재정적 차등 지원을 통해 학부제와 모집 단위 광역화를 대학에 강요했다. 학부제와 모집 단위 광역화의 차이를 간단히 설명하면 이렇다. 학부제는 예를 들어 어문학부로 입학한 신입생이 2학년 때 전공을 영어영문이건, 중어중문이건 정하는 식이다. 모집 단위 광역화는 신입생을 모집하는 단위가 훨씬 넓고 다양하다. 신입생 모집 단위는 학부일 수도 있고, 계열일 수도 있으며, 단과대 심지어 학교 전체일 수도 있다. 그러니까 학부제를 포함하면서도, 학생들의 전공 선택의 폭이 학부제보다 훨씬 넓게 허용되는 것이 모집 단위 광역화다.

대학 입학 후 1년 동안 이것저것 다양하게 배워보고 나서 2학년 때 자기 적성에 맞는 전공을 선택하는 것은 무슨 문제가 있나 싶을 것이다. 실제로 학부제가 도입되었을 때, 교수들 중에서도 긍정적인 반응을 보이는 사람이 적지 않았다. 학과 세분화로 인한 학과 이기주의나 편협한 교육에서 탈피해 학생들이 다양한 것을 배울 수 있을 뿐 아니라 적성에 맞는 전공을 선택할 수 있는 제도라고 생각했기 때문이다. 그러나 학과제에서 학부제 혹은 모집 단위 광역화로 개편한 것은 학문의 시장화, 대학의 신자유주의적 구조 조정, 그 거대한 쓰나미의 시작이었다.

'전공 선택권'이라는 말은 학생들의 학습권을 대폭 보장해주는 듯한 뉘앙스를 강하게 풍긴다. 그러나 학부제와 모집 단위 광역화는 결코 학생들을 위한 것도, 학생들의 학습권을 보장해주는 것도 아니다. 학생들은 취직이 잘 되는, 소위 '인기학과'로 몰릴 수밖에 없는데, 그 인기학과 전공자가 되느냐 마느냐는 학점이 결정한다. 그런데 이 학점 경쟁이 장난이 아니다. '제2의 입시(학과 입시)'라고 불릴 정도로 치열하다.[3] 요즘에는 대학교 1학년을 흔히 '고등학교 4학년'이라 부른다. 대학에 입학해서도 고3과 별 다를 바 없는 수험 생활을 해야 하기 때문이다.

한양대학교 뉴스포털 『한양뉴스』에는 학부제와 관련해 이런 기사가 실린 적이 있다. "본교의 경우 안산캠퍼스 언론정보대학에서 1학년을 대상으로 전공희망학과를 조사한 결과 1지망으로 광고홍보학과를 선택한 학생은 91명이었으며 인원수 제한으로 인해 75명이 배정되어 언론학 23명, 정보사회학 32명과는 대조적으로 학과 선택의 편중이 극심하게 나타나고 있다. 더욱이 언론학과에서는 당초 1지망으로 선택했던 학생만을 받아 불만을 사고 있다."[4] 이것은 언론정보대학에 다니는 1학년 대부분이 광고홍보학과(인기학과)를 1지망으로 선택했다는 것, 그리고 학점에 밀려 못 들어간 학생들 중 일부는 2지망으로 언론학을 선택했다는 것, 그런데 언론학과에서는 1지망생만 받아서 거기에도 못 들어가고, 결국은 자기 의사와 상관없이 정보사회학을 전공하게 된 학생들이 있었다는 말이다.

---

3 학부제가 시행되기 전에 대학을 다녔던 기성세대들은 대학에 붙고 난 후, 그간 읽지 못했던 책도 보고, 미팅도 하고, 동아리 활동도 하며 캠퍼스의 낭만과 여유를 만끽했던 기억이 있을 것이다. 그러나 지금의 대학생들에게는 그럴 만한 여유가 없다. 학부제는 대학교 1학년의 시간을 식민화해버렸다.

4 「학부제, 제도 보완 시급하다」, 『한양뉴스』, 2001년 2월 22일.

본래 40명 정원이었던 학과가 광고홍보학과처럼 거의 2배가 늘어나면 전공교육이 내실화될 수 있을까? 전공자가 늘어나는 만큼 예산을 늘린다면 얼마나 좋으랴. 그러나 대학들은 전공자가 늘어난다고 해서 예산을 늘리지 않는다. 그도 그럴 것이 학부제를 실시하는 주된 이유 중 하나가 예산 절감이기 때문이다. 결국 강의는 대형화되고, 교수들은 학생들을 지도하기가 더 어려워진다. 학부제가 실시된 이후, 1학년들은 전공 탐색을 명분으로 공통 교양과목들을 듣는다. 1학년들이 다 듣는 과목이니 당연히 대형 강의들이다. 수강생이 100명을 훌쩍 넘는 경우도 다반사다. 그런데 전공을 선택한 후에도 수업의 질이 낮은 대형 강의를 들어야 한다. 이렇듯 인기학과의 교수와 학생들에게도 학부제는 좋은 것이 아니다.

그러면 전공자가 줄어든 비인기학과는? 대학이 학생들 수가 적다는 이유로 예산을 삭감한다. 비정규직 교수 채용을 대폭 늘리고, 소형 강의는 전공에 해당되는 것이라도 폐강시킨다. 배우고 싶어도 배울 수가 없는 것이다. 이것은 학습권 보장이 아니라 학습권 침탈이다. 또한 비인기학과는 구조 조정의 주된 타깃이 된다. 학생이든 교수든 언제 다른 과와 통폐합될지 모르는 불안한 신세로 전락한다. 이렇듯 학부제는 교육과정 자체를 유연화한다. '교육과정의 유연화'는 대학의 손익계산에 따라 얼마든지 전공과목이나 커리큘럼이 바뀔 수 있음을 의미한다. 한마디로 정해진 것이 없는 것이다. 그것은 교수의 신분 안정성도 위협해 안정적으로 연구할 수 없게 만든다. 강의를 개설할 때에도 폐강되지 않을까 싶어 소신대로 커리큘럼을 짜지 못하고, 학생들 입맛에 맞는 강의를 개설할 수밖에 없다.

또 다른 문제는 학문간 서열화다. 한양대학교 언론정보대학을 예로 설명하면, 광고홍보학과가 언론학이나 정보사회학보다 학문적 가치가 있어 대부분의 학생들이 지원한 것이 아닐 것이다. 학생들이 광고홍보학과를 선호한 것은 순전히 '환금성'이 높기 때문이었을 것이다. 다른 과에 지망했다가 떨어진 학생들을 제자로 '배정받는' 비인기학과 교수들의 심정은 어떨까. 매우 참담한 기분이 들 것이다. 배당받으면 그걸로 끝인 것도 아니다. 원치 않은 전공에 배정될 경우 학교를 그만두는 학생도 많기 때문이다. 그러면 비인기학과 교수들은 더욱 궁지에 몰린다. 학생들도 난감하기는 마찬가지다. 힘들게 공부해서 원하는 대학, 원하는 학부에 입학했더라도, 자신이 원하는 학과에 진입하지 못하면 재수하거나 다른 학교로 편입을 준비해야 한다.

우리는 오찬호의 『우리는 차별에 찬성합니다』나 여러 언론 보도를 통해 요즘 대학생들 사이에 차별 의식이 깊이 침윤되어 있음을 알고 있다. 심지어는 같은 학교 학생들 사이에서도 차별한다. 이런 현상이 벌어진 데에는 학부제와 모집 단위 광역화가 크게 한몫했다. 학과 간 경쟁 시스템 속에서 인기학과에 들어간 학생들은 비인기학과 학생들을 무시하게 된 것이다. 학생들의 인성 문제라기보다는 기업화된 대학 운영 시스템의 문제였던 것이다. 학부제와 모집 단위 광역화는 대학 입학 후 느낄 수 있었던 '자유와 평등의 공기'를 압살해버렸다.

학부제와 모집 단위 광역화로 직격탄을 맞은 것은 기초과학과 인문학일 수밖에 없었다. 인문학은 구체적인 전문성을 배양하는 학문도 아니고, 직접적으로 상업적 가치를 창출하는 학문도 아니다. 상업적 가치에 얽매이는 학문이 아니라는 것이 더 정확하겠다. 인문학은 장기성과 간접성, '무용無用의 용用'을 특징으로 한다. 대학생들의 취직 문제에도 직접적으로 도움을 주지 않는다. 그러다 보니, 지원자들이 대폭 줄어들 수밖에 없다. 학생 수가 감소하면 강좌 수가 적어진다. 그러면 특히 석 · 박사급 연구자들은 학생을 가르칠 기회가 줄어든다. 인문학은 비정규직 교수나 시간강사가 가장 많은 분야가 되었고, 학과 통폐합의 주된 타깃이 되었으며, 연구 환경과 교육 환경이 가장 열악한 곳이 되었다. 그것은 지원자 수를 더욱 줄이는 악순환을 만들어냈다. 인문학자들이 학부제와 모집 단위 광역화 폐지를 요구한 것은 이런 이유 때문이었다.

대학 공동체 붕괴와 인문학 붕괴

학부제에는 또 다른 중요한 기능이 있었다. 그것은 학생운동에 심각한 타격을 가한 것이었다. 학부제가 목표한다고 하는 학문 간 교류, 전공 선택권 부여, 경쟁력 있는 인재 육성 등은 사실상 모두 실패했다. 그런데도 한 가지에서만은 확실한 성과를 거두었다. 그것은 바로 학생운동의 숨통을 끊은 것이었다. 학부제는 학생운동의 가장 기본적인 조직인 학과 학생회를 조용히 무력화시켜버렸다. 사건은 인식이 잘 되지만, 제도는 잘 인식되지 않는다. 눈에 보이는 것이 아니기 때문이다. 결국 학생운동을 궤멸시킨 것은 가시적 탄압이 아니라, 비가시적 제도였다.

1990년대 들어 학생운동이 퇴조하기 시작했다는 것은 많이 알고 있는 사실이다. 그 원인에 대해서 현실사회주의의 붕괴, 정원식 총리서리 계란 투척 사건을 기점으로 한 대대적인 언론 공세, 연세대학교 사태, 문민정부의 출범으로 인한 민주−반민주 구도의 소멸, 외환위기로 인한 취업 대란 등을 꼽는다. 그러나 이러한 사건들이 영향을 미쳤다는 것은 분명하지만, 얼마나 영향을 미쳤는지는 확실히 알 수 없다. 이에 반해 일반인들이 잘 인식하고 있지 않지만, 다른 어떤 것들보다 학생운동 몰락에 결정적으로 복무했음이 확인되는 것이 있으니, 그것이 바로 학부제다. 학부제가 시행된 1990년대 중반 이후, 학생운동이 급속히 소멸해간 것은 우연이 아니다.

사실 학부제는 김영삼 정권에서 처음 시행된 것이 아니었다. 박정희 정권 때에도 시행된 적이 있었다. 박정희 정권은 "근대화·산업화 시대에 부응하는 대학교육이 필요하다"며 '고등교육에 관한 장기 종합 계획안'에 따라 1972년부터 학부제를 시행했다. 당시에도 인기학과 집중 현상, 학과에 대한 소속감 결여, 전공교육 약화 등 현재와 유사한 문제들이 발생했다. 그로 인해 시행 10년 만인 1982년에 폐지되었다. 그럼에도 김영삼 정권은 "정보화·세계화 시대에 걸맞은 새로운 교육원리가 나와야 한다"며 학부제를 추진했다. "근대화·산업화 시대"가 "정보화·세계화 시대"로 변했을 뿐 똑같은 구호였다. 김영삼 정권은 예전에 실패했던 제도를 왜 새로운 제도인 것처럼 포장해 시행했을까?

　　김영삼 정권이 학부제를 도입할 때, 한국대학교육협의회 고등교육연구소장 이현청은 이런 말을 한 적이 있다. "당시(박정희 정권 시절)와 지금은 시대 상황이 다르다. 또 당시에는 이를 통해 학생운동을 말살해 보려는 정치적 의도도 있었지만 문민정부가 들어선 지금은 그렇지 않다." 이 말은 박정희 정권 시절 학부제가 실시된 주요 이유 중 하나가 학생운동 말살이었다는 것, 그리고 김영삼 정권도 학부제의 이러한 기능을 잘 알면서 시행했다는 두 가지 사실을 동시에 드러낸다. 그러면 학생운동 진영은 학부제가 미칠 파장에 대해 전혀 몰랐을까? 그렇지 않았다.

　　진보교육연구소 연구원 박영진의 글이다. "(김영삼 정권에 의해) 학부제 안이 발표되었을 때……반대 입장을 밝힌 쪽은 학생운동 진영에서였는데, 학부제가 실시되면 학과 중심 문화가 완전히 무너진다는 우려이다. 그도 그럴 것이 학생운동이 재생산되는 골간 구조는 학과 중심의 학생회였는데, 학부제가 실시되면 학과의 소속감도 떨어지고 학과 중심으로 재생산되던 학생운동 주체 양성에 있어서 다른 대안을 찾지 못했기 때문에 학생운동 진영에서는 학부제를 받아들이기가 어려웠던 것이다."[5] 그러니까 학생운동

5　박영진, 「대학 교육을 상품화하는 학부제 또는 모집 단위 광역화」, 『진보교육연구소 회보』, 15호, 2003년 5월 2일.

은 학부제의 파장을 알면서도 이에 대응할 마땅한 방법을 찾지 못한 채 수면 아래로 가라앉았던 것이다.

학생회를 중심으로 학생운동이 재생산되는 과정은 이랬다. 일단 신입생이 들어오면, 각 과 학생회는 '신입생 환영회'를 했다. 이 환영회에는 지금처럼 학생회 간부만 참여하는 게 아니라, 과 선배들 대부분이 참여했다. 선배들과의 친목과 소통은 '신입생 오리엔테이션'과 '과 MT'로 이어졌다. 과 학생회 산하에는 학생들이 자율적으로 만든 학회나 동아리가 있었는데, 학회는 주로 전공과 인문사회과학을 공부하는 모임이었다. 학회나 동아리에 가입한 신입생들이 선배들과 함께 과 깃발 아래 모여 학내 집회에 참여하는 것은 자연스러운 풍경이었다.

학회에서는 선배의 지도 아래 토론을 중심으로 공부가 이루어지는데, 그것은 진정한 의미의 자기주도 학습에 가까웠다. 지적 성취감도 강의실에서 배운 것과는 비교가 되지 않을 정도로 높았다. 학회는 대학생들의 지적 수준을 높여주었다. 이처럼 과 학생회는 학생들의 효과적인 학습 공간이자 자치 조직으로 대학 공동체의 기반을 이루고 있었다. 학회나 학생회 활동에서 두각을 나타낸 학생은 2학년 때는 과학생회장, 3학년 때는 단대회장, 4학년 때는 총학생회장에 출마해 대학가의 리더로 성장했고, 학생들은 자신의 동기나 선배들이 그렇게 성장해가는 과정을 모두 지켜볼 수 있었다.

학과제하에서는 교수도 학과 소속이었다. 학생들이 교수실을 찾아가 면담을 하는 일은 그리 어려운 일이 아니었다. 학생회가 주최하는 각종 행사에 교수가 잠시 들러 술값을 내놓고 가는 일도 적지 않았다. 양심적인 교수들은 학생회의 든든한 지원군이기도 했다. 이처럼 신입생들은 처음부터 학과에 소속되어 교수, 선후배, 동기들 간에 지속적인 교류를 통해 높은 소속감을 가질 수 있다. 그런데 학부제는 이 모든 것을 일거에 박살내버렸다. 학부제가 되자, 신입생들은 길 잃은 양떼처럼 캠퍼스를 떠돌게 되었다.

'○○학부'라는 소속이 있기는 했지만, 한 학년이 300~400명이나 되어 자기 동기가 누구인지도 모르는 상황에서 소속감이 생길 리 없었다.

신입생 환영회나 오리엔테이션은 학교 측의 설명회로 변했고, 학생회 간부들이나 학회, 동아리는 불특정 다수를 대상으로 활동하는 기분을 느껴야 했다. 과가 없으니, 과 선배들과 만날 일이 없었고, 교수들 역시 아직 전공을 선택하지 않은 학생들과 직접적으로 접촉할 일이 없었다. 그리고 무엇보다 신입생들은 학과 입시를 치러야 하는 상황에서 다른 것에 신경 쓸 겨를이 없었다. 인기전공 쟁탈전이라는 관문은 학생들을 협력 관계가 아니라 경쟁 관계로 바꿔놓았다. '정치'와 '저항'이 자리하던 자리에 '경쟁'과 '효율'이 들어선 것이다. 선배가 어떤 신입생과 친분이 생겼더라도 그랬다. 학부 단위의 학회나 동아리가 있었지만, 나중에 성적이 안 되어 희망하는 과에 못 가게 되었다고 원망할까 싶어 쉽게 활동을 권하지 못하게 되었다.

입학 후, 선배·동기·교수 모두와 서먹서먹하게 지낸 분위기는 학과에 들어간다고 해서 쉽게 바뀌지 않았다. 해가 거듭될수록 학생들은 모래알처럼 흩어졌고, 대학에는 공동체 문화 대신 개인주의 문화가 지배적이 되었다. 학부제는 학생운동의 근간인 과 학생회에서 신입생을 1년 동안 동떨어져 지내게 함으로써(학생회에 소속되지 못하게 함으로써) 학생운동을 궤멸시켰다. 대학 공동체, 학문 공동체를 공중 분해시킴으로써 학생운동에 치명타를 입힌 꼴이었다. 그 결과 이제 학생들은 정치에 간섭하지 않고, 모여서 인문사회과학을 공부하지도 않는다. 지금도 학회나 동아리가 있기는 하지만, 대개는 취직(재테크, 경영, 면접, 스펙 관련)에 관련된 것들일 뿐이다. 대학은 거의 완벽하게 기업문화에 포섭되어버렸다.

인문학의 위기와 인문학자의 위기

학내 민주주의-대학 공동체-자율적 학습 조직-학생운동-인문사회과학에 대한 관심은 하나였다. 이 메커니즘이 붕괴되면서 교양으로서의 인문사회과학에 대한 강의 수요도 대폭 줄었다. 인문계열 학과는 계속 축소되고 있고, 기초교양과목으로 개설된 인문학 강의들마저도 학생들의 신청이 없어 폐강이 되기 일쑤다. 그리고 앞서 말했듯이 지원자들이 적다는 이유로 비정규직 교수나 강사가 가장 많아진 곳이 인문학 분야다. 한국직업능력개발원이 2014년 10월 14일 발표한 「국내 박사학위 취득자의 초기 노동시장 성과」보고서에 따르면, 인문계열의 비정규직 비율은 90.8퍼센트에 이른다. 인문계열의 비정규직은 대부분 시간강사인데, 이들의 연봉은 1,772만 원에 불과하다.[6]

구체적인 이야기를 더 들어보자. 김영곤 고려대학교 강사의 말이다. "시간강사는 주 4.2시간에 연강의료가 487.5만 원으로 전임교수 연봉 1억 원에 비하면 거의 '무급' 수준이다. 당연히 이 강의료로는 도저히 생활이 안된다. 그러나 보니 연구 프로젝트를 하나라도 더 얻으려고 발버둥 친다. 강사는 생활비를 강사 직업이 아닌 프로젝트에서 구하는 모순이 발생한다. 이 프로젝트 연구비는 결국 세금이다. 프로젝트를 통해 국고로 강사의 생활비를 지원하는 셈이다."[7] 대학은 강의 원가 중 절반은 전임교수에게 지불하고, 그 절반 중 10퍼센트만 강사에게 지불한다. 강의 원가 중 45퍼센트 정도를 목적 외로 전용해 자본을 축적하는 것이다. 또 다른 문제는 이런 프로젝트

---

6 권형진, 「국내 인문학 박사 90%가 비정규직」, 『교수신문』, 2014년 10월 20일.
7 김영곤, 「강사 교원 지위와 대학생 학습권은 서로 맞물려」, 대학강사교원지위회복과 대학 교육정상화 투쟁본부 편, 『지식사회 대학을 말하다』(선인, 2010), 241쪽.

에 참여하면 생활고는 조금 해결되겠지만, 정작 자신이 하고 싶은 주제를 연구할 시간이 없어진다는 데 있다.

지금의 시스템은 시간강사나 비정규 교수들을 경제적으로 어렵게 만들어 연구할 시간을 약탈한다고 할 수 있다. 그들은 번역이니, 프로젝트니, 연구 아르바이트니 하며 가외로 생계비를 버느라 연구할 시간이 없고, 정규직 교수들은 시간이 있어도 연구하지 않는다. 특히 "(2002년 시행된 계약임용제 이전에 임용된 교수들 중에는) 교수로 부임한 이후 10년이 지나도록 논문 하나 쓰지 않거나 책 한 권 내지 않고 무위도식으로 일관하는 교수가 부지기수이다".[8] 본래 교수는 매년 한국학술진흥재단(현재 한국연구재단)에서 인정하는 학술지에 최소 1편 이상의 논문을 쓰거나 최소 3~5년 동안 연구 성과를 책으로 써야 한다. 그런데 논문 하나를 쓰고 제목만 바꾸어 3~4개로 뻥튀기하거나 시간강사나 비정규 교수의 노동력을 착취해 손도 안 대고 코푼다.

2010년 조선대학교의 한 시간강사(서정민 박사, 영문학)가 자살했다. 자신의 아파트에서 연탄불을 피워 자살한 그는 유서를 남겼는데, 이런 내용이 적혀 있었다. "저는 스트레스성 자살입니다. 조 교수님을 처벌해주세요.……조아무개 교수와 쓴 (것으로 되어 있는) 모든 논문은 제가 쓴 논문으로 (조 교수는) 이름만 들어갔습니다.……교수님과 함께 쓴 논문이 대략 25편, 함께 발표한 논문이 20편, 교수님 제자를 위해 쓴 논문이 박사 1편, 학진(한국학술진흥원) 논문 1편, 석사 4편, 학진 발표 논문이 4편입니다. 한국의 대학이 존재한 이래로 전례 없는 천문학적인 수치입니다." 이것이 사실이라면, 조아무개 교수는 시간강사의 지적 노력과 능력을 착취하며 오랫동안 자

신의 지위를 유지해온 셈이다.

서정민 박사 외에도 시간강사 자살 사건을 유심히 들여다보면, 대개 인문학 분야에서 발생한다는 것을 알 수 있다. 사건을 나열하면 이렇다. 2001년 경북대학교 서보임 박사(철학), 2003년 관악산에서 자살한 서울대학교 백준희 박사(노문), 2006년 아내를 살해하고 자살한 서울대학교 권기록 박사(독문), 2008년 서울대학교 화장실에서 자살한 박모 박사(불문), 모교인 미국 텍사스대학 어스틴에서 음독자살한 건국대학교 한경선 박사(실용영어) 등. 다른 학과들도 생활고나 암담한 미래로 고통 받는 시간강사가 많겠지만, 특히 인문학에 그 고통이 가중되고 있음을 단적으로 보여준다. 인문학은 죽음의 학문이 되었다.

가장 큰 문제는 후학 양성이 안 되고 있다는 것이다. 지방 사립대학의 독문학과 비정규 교수가 전한 인문학 대학원의 실상은 이렇다. "대학원에 오겠다는 학생들이 하도 없어 실력과 상관없이 대학원에 오겠다고만 하면 무조건 받아들이죠. 그러다 보니 요즘은 대학원 수업인데도 원서를 읽으라고 하면 학생들이 힘들어 합니다." 아무나 다 받다 보니, 대학원에 들어오는 학생들의 질 자체가 떨어지고 있다는 말이다. 그는 이런 말도 했다. "공부를 하고 박사학위를 따봤자 연봉이 1,000만 원도 안 되는 시간강사로 전전하는 현실에서 누가 대학원에 진학하겠어요. 이대로 가면 학문의 재생산이 불가능하겠죠. 이미 인문학은 고사될 대로 고사됐습니다."[9]

세상의 모든 문제는 인간의 고통으로 제 모습을 드러낸다. 인문학의 위기도 마찬가지다. 인문학의 위기가 인문학자의 위기로 나타나는 것은 당연한 일이다. 인문학이 인문학자들의 전유물이라는 것은 아니지만, 그렇다

---

9 전홍기혜, 「'흡혈' 시간강사제의 부메랑…무너지는 대학 교육」, 『프레시안』, 2010년 3월 2일.

고 인문학자 없는 인문학의 존립도 상상할 수 없다. 주된 주체인 인문학자가 위기에 처해 있는데, 어떻게 인문학이 활성화될 수 있단 말인가. 인문학도 사람이 한다. 인문학의 위기와 인문학자의 위기를 분리시켜 생각한다는 것은 있을 수 없는 일이다.

경제적으로 학대당하는 인문학자들

학계의 빈민, 비정규직 인문학자들

비정규직 교수 문제는 언론에 종종 보도된다. 오늘날 대학의 고질적인 문제 중 하나이기 때문이다. 이 문제를 다룬 글에 등장하는 인터뷰이나 필자에게 는 공통점이 있다. 그것은 그들이 대부분 인문학 전공자라는 것이다. 불합리한 비정규직 교수 문제를 해결하기 위해 조직된 한국비정규직교수노동조합의 간부들도 대부분 인문학 전공자들이다. 인문학은 강사 비중이 가장 높을 뿐 아니라 다른 일과 겸업하지 않는 전업 강사의 비중이 가장 높은 분야다.[1] 젊은 인문학자들(비정규직 인문학자들)은 기업처럼 운영되는 대학의 최대 피해자일 수밖에 없다.

---

1 한국비정규직교수노동조합 전 위원장 임순광에 따르면, 돈이 되는 의학계열의 법정 교원 확보율은 대체로 차고 넘치지만 인문사회계열의 법정 교원 확보율은 50퍼센트대에 불과하다. 본래 법정 교원 확보율은 정규직 교수만 포함되어야 한다. 그러나 교육부는 대우교수, 겸임교수, 초빙교수 등 비정규직 교수들을 편법으로 교원 확보율에 포함시키는 것을 허용하고 있다. 이를 감안하면 인문사회계열의 실제 교원 확보율은 50퍼센트에도 훨씬 못 미칠 것이다(http://www.redian.org/archive/58180 참조, 2016년 2월 20일 접속).

'비정규직' 하면 우선 떠오르는 것은 경제적 어려움이다. 과연 비정규직 인문학자들의 경제적 어려움은 어느 정도일까? 『나는 지방대 시간강사다』의 첫 페이지에 나오는 글이다. "나는 서른셋. 지방대학교 시간강사다. 출신 대학교에서 일주일에 4학점의 인문학 강의를 한다. 내가 강의하는 학교의 강사료는 시간당 5만 원이다. 그러면 일주일에 20만 원. 한 달에 80만 원을 번다. 세금을 떼면 한 달에 70만 원 정도가 통장에 들어오는데, 그나마도 방학엔 강의가 없다. 그러면 70만 원 곱하기 여덟 달, 560만 원이 내 연봉이다. 박사 수료 때까지 꼬박 받은 학자금 대출에서 한 달에 20만 원 정도를 떼어가고, 이런저런 대출금 상환과 공과금을 더하면 내가 쓸 수 있는 돈은 한 달에 10만 원이 고작이다. 이걸로 남은 모든 것을 해결해야 한다.……그래도 학생들에겐 허울 좋은 젊은 교수님이다. 그들은 내가 88만 원 세대보다 더 힘들게 삶을 살아가고 있다는 걸 알까."[2]

연봉 560만 원이라는 저자의 수입은 시간강사들의 평균 수입에 가깝다. 한국비정규직교수노동조합 사무국장 김득중에 따르면, 시간강사 평균 연봉은 600만 원 정도다.[3] 박사까지 받은 고학력 인재의 평균 연봉이 그렇다. 연봉 600만 원이면 한 달에 50만 원꼴이다. 참고로 2015년 기준, 정부가 정한 1인 가구의 최저생계비는 61만 7,281원이다. 강사의 평균 연봉은 여기에도 못 미친다. 정상적으로 가정을 꾸려 생활하기는커녕 제 한 몸 건사할 돈도 안 된다는 말이다. 이것은 기초생활수급대상에 해당할 정도의 수입이다.

정규직 교수가 되기 위해 젊은 시절 고생하는 것은 인문학만이 아니

2 309동1201호, 『나는 지방대 시간강사다』(은행나무, 2015), 34쪽.
3 민노씨, 「"비정규직이 청소하고 밥하고 교육하며 학생도 결국 졸업하면 비정규직 된다": 김득중 한교조 사무국장 인터뷰」, 『슬로우뉴스』, 2015년 5월 18일.

라 다른 학문 분야도 비슷하기는 하다. 그러나 비인기 학문이라는 이유로 대학들이 인문학 계열 학과와 인문교양 강의를 계속 축소하는 통에 앞으로도 정규직 교수로 임용될 가능성이 거의 없다. 이 차이는 매우 크다. 언론에서는 20년 넘게 근속해도 시간강사로만 살고 있고, 앞으로도 계속 그렇게 살아야 하는 현실이 보도될 정도다.[4] 정규직 교수가 되는 과정상의 일시적 난관이 아닌 것이다.

대학을 흔히 '상아탑ivory tower'이라 부른다. 그것은 '현실과 거리를 둔 정신적 행동의 장소'라는 뜻이다. 대학이라는 공간은 그 자체로 '인문적 성격'을 가졌다. 현실적 이해관계와 거리를 두면서 관조하고 성찰하는 학자의 전형은 인문학자다. 꼭 인문학자가 아니더라도 사회에서 지식인으로 평가받기 위해서는 인문적 소양을 갖추지 않을 수 없다. 인문학만큼 사회적 위상이 높은 학문은 없다. 인문학에 뛰어든 사람들의 자존감 역시 높을 수밖에 없다.

그러나 인문학자들의 현실은 어떤가. 인문학이 갖고 있는 고상함과는 대조적으로 최저생계비 벌기에 급급해야 한다. 이로 인한 낙차감과 자괴감은 더욱 클 수밖에 없다. 비정규직 인문학자들은 결코 특별대우를 바라는 것이 아니다. 그저 연구하고 가르칠 수 있는 최소한의 조건을 바랄 뿐이다. 그런데 대학과 교육부는 그 요구의 조건마저 거부하고, 필요할 때만 강사들을 불러서 쓰고는 노동의 대가에도 턱 없이 못 미치는 푼돈을 쥐어 보낼 뿐이다. 인문학자들은 부당하게 노동을 착취당하고 있을 뿐 아니라, 학대당하고 있다.

---

4 김평정, 「"살린다면서" 대학 인문학은 죽이기?」, 『YTN』, 2015년 3월 28일 참조. 이 방송에서는 한 사립대학에서 20년 넘게 근속하고도 비정규직 교수로 살고 있는 현재원 교수의 예가 소개되었다. 40세 전후로 교수 노동시장에 나와 20년 넘게 근속한 비정규직 교수들은 결코 젊지 않다. 대개는 머리가 희끗희끗한 장·노년층 사람들이다.

──── 경제적으로 학대당하는 인문학자들

인문학 학대하는 대학 당국

인문학자들이 '학대당하고 있다'는 말에 거부감이나 의구심을 느끼는 사람이 있을지 모르겠다. 그러나 그런 정황들이 있다. 일례로 영남대학교 교수 박홍규의 경험이 그렇다.[5] 그는 본래 노동법을 전공한 법학자였지만, 인문교양 전반에 관심이 깊어 그 분야의 책도 다수 썼다. 평소 "대학은 물론 나라와 세계의 가장 중요한 문제가 교양의 회복이라고 생각"했던 그는 고민 끝에 "고시학원 같은 법학부"를 떠나 교양학부로 자리를 옮기는 결정을 한다. "30년 간 근무한 법학부를 떠나"는 것은 쉽지 않은 결정이었을 것이다. 그가 담당했던 교양과목은 결코 인기가 없지 않았다. 오히려 "학생들의 절대적인 지지를 받았"다. 그럼에도 어떤 일이 벌어졌는가. 그는 학부를 옮긴 후의 사태를 이렇게 썼다.

"그 개설 강좌수가 나의 의사와 무관하게 반 이상으로 줄어졌고, 새로운 교양과목의 신청도 아무런 설명 없이 거부되었으며, 근무조건은 더욱 나빠졌다. 내게 주어진 전공과목도 나의 의사와 무관하게 개설되다가 말다가 했다. 교육에 대한 교수의 최소한의 권리조차 철저히 거부된 점에 항의도 해보았지만 아무런 소용이 없었다." 법대학장을 지냈고, 교양학부에서도 유일한 교수였던 그는 위상의 급전직하를 맛봐야 했다.

박홍규는 자신의 처지에 대해 이렇게 통탄했다. "자신이 가르치는 것을 스스로 결정할 수 없음은 물론, 대학 행정이 멋대로 정한 교육과정, 교과목, 개설 강좌수, 강의 시수, 보수, 근무 기간 등에 노예처럼 따라야 하는 노예 같은 신세다." 또한 그가 바라본 교양학부의 위상은 이랬다. "그것은 이

---

5   박홍규, 「대학은 노예인가」, 『한국일보』, 2014년 2월 3일. 박홍규 교수의 경험을 요약·인용한 것이다.

름만 교양학부이지 실제로는 전공의 만리장성 밖에 내던져진 쓰레기통 같은 것에 불과했다." 교양학부가 대학에서 쓰레기통 같은 취급을 받았다는 말이다. 대학들은 수강하려는 학생들이 없다는 이유를 들어 인문학을 홀대하고 차별해왔다. 그러나 이러한 경험은 대학이 주장해왔던 이유와도 관계가 없다는 것을 보여준다.

학생들이 인문학 강의를 좋아하는지, 싫어하는지를 알기 위해서는 우선 인문학 강의가 개설되어야 한다. 이 경우는 대학의 강력한 통제하에 강의 개설 자체가 되지 않고 있을 뿐 아니라, 개설되는 경우에도 대학이 일방적으로 결정한 교육과정을 따라야 한다는 것을 보여준다. 영남대학교의 조치는 심지어 시장의 논리에도 맞지 않는다. '학생들의 인문학 수요가 없으니, 대학으로서도 인문학 교수나 강사의 임금을 깎거나 자를 수밖에 없다'는 논리가 통용되려면, 마땅히 교수나 강사에게 강의 주제와 내용을 결정할 권리를 주어야 한다. 권리를 준 후, 책임을 물을 수 있기 때문이다.

대학이 일방적으로 교육과정을 결정하고 그것을 가르치라고 강요한 후, 수강 인원이 적다는 이유로 그 책임을 교수나 강사에게 뒤집어씌운다면? 당사자들은 억울하기 짝이 없을 것이다. 그것은 교육 시장에서 '인문학자들의 실패'가 아니라 '대학 행정의 실패'이기 때문이다. 그러나 이런 일은 비일비재하다. 사실 '학생들이 인문학을 기피한다'는 것에는 상당한 과장이 섞여 있다고 할 수 있다. 물론 학생들이 인문학을 기피한다는 것에 대한 알리바이가 없지는 않다. 기업들이 인문계 출신을 잘 뽑지 않기 때문이다. 그러나 이 역시 기업이 인문학을 차별하는 것이지, 학생들이 인문학을 기피한다고 볼 수 없다. 그것은 기업이 만들어낸 거대한 압력에 따른 결과일 뿐이다.

박홍규는 정규직 교수였고, 그래서 대학 당국에 따질 수라도 있었다. 강사들은 어떨까? 그럴 수 없다. 한번 밉보이면 더는 강의를 할 수 없기 때문이다. 남들이 보면 얼마 되지도 않는 강사료에 목매는 것이 지질해 보일지 모르겠다. 그러나 40세 전후에 교수노동시장에 나온 박사들에게 강의 박탈은 곧 '죽음'을 의미한다. 『나는 지방대 시간강사다』의 저자 김민섭은 한 인터뷰에서 이런 고백을 한 적이 있다. "저는 그동안 관습이 빚어낸 체제를 수호하는 쪽에 서 있었다. 후배들이 행사에 늦거나 오지 않으면 '왜 오지 않냐'며 화를 냈다. 반드시 와야 할 일이 아닌데도 말이다. 제가 체제 수호자가 된 데는 대학 스스로 합리성을 잃은 탓도 있지만, 제 박사학위와 고용을 지키려 한 것이 더 크다. 생계의 모든 것인 4개월짜리 근로계약서를 잃고 싶지 않았다."[6]

비판 의식은 인문학에서 기본이다. 그럼에도 시간강사 제도가 강요하는 경제적 궁핍은 인문학자로 하여금 아무런 비판을 하지 못하게 할 뿐 아니라, 체제의 수호자가 되게 한다. 그것은 무엇을 말하는가? 이런 일이 일반적인 민중이나 서민에게나 발생할 수 있는 것으로 생각하면 오산이라는 말이다. 비판정신이 고도로 발달해 있을 것으로 생각되는 인문학자들에게도 경제적 학대를 통한 길들이기는 얼마든지 가능하다.

경제적 궁핍 때문에 연구가 힘들다

비정규직 교수 문제를 다룰 때, 언론들은 주로 그들의 경제적 궁핍을 부각한다. 물론 강사에게 강요되는 부당한 경제적 궁핍은 개선되어야 한다. 그러나 경제적인 문제만 부각하는 보도 행태는 내밀하게 강사들을 함정에 빠뜨린다. 대중으로 하여금 '경제적으로 힘든 것이 자기들만이 아닌데, 왜 이

---

6 이진욱, 「"내 이름은 '지방시' …얻고픈 건 값싼 동정 말고 공감」, 『노컷뉴스』, 2015년 12월 29일.

리 유난인가' 하면서 시니컬하게 반응하게 만들기 때문이다. 사실 비정규직 인문학자들의 주된 불만은 경제적인 어려움도 어려움이지만, 무엇보다 시간강사 제도가 '학문을 제대로 할 수 없게 만든다는 점'에 있다.

한국비정규직교수노동조합의 핵심 요구도 '교원 지위 회복'에 있다. 내용은 이렇다. 우리 역시 대학에 몸담고 있는 학자이니, 학자로서 자기 직분을 다하는 데 필요한 최소한의 교육 환경과 연구 환경을 보장해달라. 그 첫 단추가 교원으로서 신분 보장이라는 것이다. 이것은 경제적 조건이 아니라 학문적 조건이다. 그러나 언론들은 학문적 조건의 문제를 경제적 조건의 문제로 치환함으로써 핵심을 비껴간다.

우리는 자본주의 사회에서 지배-피지배 문제를 생각할 때, 빈부 격차를 주로 떠올린다. 그러나 그와 동반된 시간의 문제도 심각하다. 지배자는 여유롭지만, 피지배자는 늘 시간에 쫓긴다. 일반적으로 사람들은 '바쁜 것'을 자랑으로 알고, 분주하면 '많은 일을 한다'고 생각한다. 그러나 실제로는 늘 시간에 쫓기느라 '아무것도 못하는' 경우가 많다. 대학 강사가 그렇다. 강사들은 자기 계획을 가질 수 없고, 갈팡질팡하며 인생을 허비하게 된다.

학문적 성취는 단기간에 이루어지는 것이 아니며, 장기간의 계획과 실행이 축적되어야 얻을 수 있다. 학문 활동에서 자기 계획을 갖는 것은 매우 중요하다. 그런데 강사의 실제 생활은 예측 불가능성으로 점철되어 있어, 자기 계획을 갖는 것 자체가 힘들다. 정치학자 하승우의 증언이다. "2002년부터 대학에서 강의를 했으니 햇수로 10년이다. 그동안 직함도 시간강사, 겸임교수, 연구교수, 객원교수로 바뀌었다. 직함은 여러 번 바뀌었지만 아직까지 정식으로 계약을 해본 적이 없다.……휴대전화로 해고 문자를 보내는 야만적인 규칙조차 없다. 다음 학기에도 강의를 맡는다는 연락이 없으면 그걸로 끝이다."[7]

강사들은 그저 '다음 학기에 강의가 있다'고 연락이 오면 고용이 유지되는 것이고, 연락이 오지 않으면 잘린 것이다. 이런 예측 불가능성이 매 학기, 매년 반복된다. 혹은 앞서 말했던 것처럼 대학이나 학과가 강의 내용을 일방적으로 결정한 후 '이 과목 강의해볼 생각이 있느냐'고 물어온다면? 강사로서는 거절하지 못하고 그때부터 부랴부랴 책과 논문을 쌓아놓고 공부를 하고 커리큘럼을 짜야 한다.[8] 강의는 대부분 이런 식으로 '맡겨지며', 사전 논의란 없다.

이상적인 형태는 강의와 자신이 하고 싶은 연구 주제가 조화를 이루는 것이다. 그러나 자신이 하고 싶은 연구 주제는 한도 없이 뒷전으로 밀리고, 일방적으로 결정된 커리큘럼 내용을 채워내는 데 시간을 보내야 하는 것이 현실이다. 여기에 정규직 교수의 온갖 뒤치다꺼리가 추가된다. 정규직 교수들이 해야 할 학과와 학교 행정 업무가 떠맡겨지기도 하고, 심지어 정규직 교수의 논문이나 책을 대신 써주어야 한다. 비정규직 교수는 학교나 정규직 교수가 과도한 요구를 해도 재계약 때 불이익을 받을 게 두려워 순응할 수밖에 없다.

대학은 강사에게 연구나 강의 준비에 필요한 인프라를 아무것도 제공하지 않는다. 강사들은 개인 연구실은커녕 휴게실도 제공받지 못한다. 그래서 쉬는 시간이나 강의를 준비할 때 카페, 구내식당, 열람실을 전전해야 한다. 학생들이 상담을 요청해오면 그냥 복도나 학교 벤치에 앉아서 이야기해야 한다. 개인 사물함이 있는 것도 아니어서 강의 자료들을 가방에 잔뜩 싸들고 다녀야 하고, 심지어 시험 평가에 대한 불만을 터뜨리며 항의하는 학생들이 있을 것에 대비해 채점 시험지까지 다 갖고 다녀야 한다. 강의 자

7   하승우, 「대학 강사가 대학을 그만둔 이유」, 『시사IN』, 2012년 2월 2일(227호).
8   홍기빈, 「학운이 사그러든 한국의 학문」, 대학강사교원지위회복과 대학 교육정상화 투쟁본부 편, 『지식사회 대학을 말하다』(선인, 2010), 182쪽.

료를 복사하는 것도 교직원의 눈치를 보면서 해야 하고, 학생에게 이메일을 보내려 해도 이용할 수 있는 컴퓨터가 없다. 심지어 도서관 이용도 자유롭지 않다.

　이것은 단지 불편한 것이 아니다. 이러한 차별로 인해 강사들이 받는 일상적 모욕감은 이루 말할 수 없다. 강사들이 이런 대접을 받는 이유는 법정 교원이 아니기 때문이다. 강사는 신분상으로 보면, 이상한 존재다. 그들은 법정 교원도 아니고, 노동법이 보장하는 근로자도 아니다. 그래서 '4대 보험' 가입이 힘들고, 퇴직금도 없다. 노동 3권 역시 보장받지 못한다. 교원도 근로자도 아니라면 자영업자일까? 자영업자라면 '자본'을 갖고 있어야 하는데(그가 들고 다니는 책이나 그의 머릿속에 들어 있는 무형의 지식을 '자본'으로 친다면 모를까) 그들에게는 그런 것이 없다. 결론적으로 시간강사는 교원도 노동자도 자영업자도 아니다. 그들은 대학에서 절반 이상의 강의를 담당하지만, 말하자면 유령 같은 존재다.

　어느 날 갑자기 강의했던 대학에서 강의 요청이 없으면? 강사들은 다른 자리를 알아봐야 한다. 그러나 대학 강의라는 것이 주로 학맥이나 인맥에 의해 이루어지기 때문에 다른 대학에 아는 교수가 없으면 강의 자리를 구하는 것도 쉽지 않다. 정부가 운영하는 한국연구재단에 연구계획서를 제출해 지원금을 신청하는 방법도 있다. 그러나 경쟁률이 높아 거기에 선정되는 것도 쉽지 않다. 또한 이런 지원 역시 지식인에 대한 정치적 통제의 성격을 띤다. 그것이 찜찜하거나 여의치 않으면 학원 강사, 막노동, 대리운전을 해서라도 생계비를 벌어야 한다.

　이것은 악조건 정도가 아니라 숫제 연구 활동을 하지 말라는 것과 같다. 이것은 단순히 강의를 얻을 수 있느냐 없느냐의 문제가 아니다. 강사를 아예 학자로 인정하지 않는 것이며, 젊은 인문학자의 포부, 열정, 의지를 애초부터 꺾어버리는 것이다. 시간이 흐를수록 학문의 꿈은 점점 멀어져가고,

　　　　　　　　　　　—— 경제적으로 학대당하는 인문학자들

강사들은 무력감과 우울증에 시달리게 된다. 인문학의 위기에 대해 이런저런 말이 많지만, 그 본질은 거창한 것이 아니다. 인문학자의 길로 들어선 사람들이 자기 연구를 소신껏 할 수 없게 만드는 현실이 바로 인문학 위기의 실체다.

지식인에 대한 통치 전략

신자유주의 시대의 주된 통치 전략은 대중이 시간과 돈에 허덕이게 만들어 무기력, 무저항의 상태로 만들어버리는 것이다.[9] 교수 사회에서도 마찬가지다. 그 구체적인 방식은 이랬다.

첫째, 분할. 대학에는 교수의 종류가 참으로 많다. 시간강사, 겸임교수, 대우교수, 초빙교수, 산학협력중점교수, 연구교수, 특임교수, 기금교수, 객원교수, 강의전담교수, 조교수, 부교수, 정교수, 석좌교수, 명예교수 등. 이름은 다양하지만, 하는 일은 연구와 강의로 다 비슷하다. 업무상으로 보면, 이렇게 직위가 많아야 할 이유가 없다. 그럼에도 이렇게 세세히 나누는 이유는? 단결된 교수 사회는 통제하기 어렵지만, 파편화된 교수 사회는 통제하기 쉽기 때문이다. 그 이유가 가장 크다.

둘째, 서열화(차별화). 교수들은 정규직과 비정규직으로 서열화된다. 같은 비정규직 교수라도 종류에 따라 각기 다른 처우를 받는다. 개인 연구실 제공 여부, 계약 기간, 강사료 등에 차등이 있다. 지식인을 효과적으로 통제하기 위해서는 종류들 간의 격차가 클수록 좋다. 맨 아래의 시간강사들이 상식 이하의 노동 착취와 일상적 모욕에 시달리는 것도 그 때문이다. 대학

---

9   1987년 6월 항쟁 이전의 통치가 주로 물리적 억압에 의존했다면, 그 이후의 통치는 경제적 억압으로 중심이 바뀌었다.

은 맨 위(정교수)의 처우를 높이는 한편, 맨 아래(시간강사)의 처우를 최대한 끌어내리는 방법으로 직위 간 격차를 벌린다. 강사들이 겪는 상식 이하의 모멸과 차별은 그 과정에서 발생한다. 통치 전략에서 서열화의 효과는 크다. 교수 사회 내부에 계급적 성격이 형성되면, 교수들은 각자 자기 계급 상승에만 몰두하게 된다.

셋째, 상호 약탈적 경쟁. 현재 호봉제 대신 실시되고 있는 성과연봉제가 그렇다. 성과연봉제는 교수들의 임금 총액을 정해놓고 생산하는 논문 편수에 따라 누군가는 더 많이 가져가고 누군가는 더 적게 받게 만드는 경쟁 시스템이다. 성과연봉제는 교수들을 서로 경쟁시키면 연구 경쟁력이 강화된다는 것을 명분으로 내세운다. 그러나 결론적으로 말하면, 연구 경쟁력 강화와는 무관하다. 연구에는 여러 가지가 있다. 시간은 오래 걸리지만 굵직하고 무게 있는 주제가 있는가 하면, 짧은 시간에 확실한 결론을 내릴 수 있는 주제들도 있다. 성과 연봉제는 교수들로 하여금 후자에 몰두하게 한다. 그래야 높은 연봉을 받을 수 있기 때문이다. 그 결과 대학에서는 저질의 '자잘한' 논문들만 양산될 뿐이다. 성과연봉제는 교수들이 자기 소신껏 연구하는 것을 방해할 뿐 아니라, 서로 반목하고 견제하게 한다.

넷째, 봉건제적 운영. 강사 채용과 교수 임용은 투명하고 공정하게 이루어지지 않는다. 강사 채용은 대부분 알음알음을 통해 이루어진다. 총 · 학장에 의한 교수 임용도 서류 심사, 논문 심사, 강의, 면접 등의 절차가 있다고는 하지만, 그 평가에서 자유재량이 광범위하게 인정된다. 강사 채용과 교수 임용에 결정적인 요소는 실력보다는 학맥과 인맥, 돈과 빽이라 해도 과언이 아니다. 앞서 말한 서열화와 봉건제가 결합되면서 시간강사나 비정규직 교수는 임면권자(혹은 임면권자의 인맥)에게 공적으로만이 아니라 사적으로도 종속되는 경우가 비일비재하다. 지식인 사회에서 도저히 일어날 수 없고, 일어나서는 안 되는 강남대학교의 '인분교수' 같은 사건은 서열화와

봉건제의 강력한 결합을 배경으로 발생한다.[10]

역사적으로 보면 지식인 통제의 뿌리는 박정희 시대로 거슬러 올라간다. 4·19혁명 당시, 시민과 학생은 물론 교수들까지 대거 참여해 이승만이 권좌에서 내려오는 것을 목도했던 박정희는 교수들을 통제해야 할 필요성을 절감했다. 그래서 5·16군사쿠데타 직후인 1962년 '국·공립대학 및 전문대학 강사료 지급 규정'이라는 것을 만들었다. 그 제3조 2항을 보면 '시간강사료는 시간강의를 담당한 자에게 실지로 강의한 시간 수에 의하여 지급한다'고 되어 있다. 그전까지는 강사도 법정 교원으로, 중고교의 교사처럼 교육공무원에 준하는 월급을 받았다. 그런데 그 후에는 시급을 받게 됨에 따라 소득이 급감함은 물론 그 지위가 '학원 강사'처럼 되어버렸다. 젊은 학자들을 경제적으로 괴롭히기 시작한 것이다.

1976년 실시된 교수재임용제도는 지식인 통제를 위한 것이었다. 정치학자이자 정치인이었던 이수인의 설명이다. "유신정권이 기승을 떨던 1976년에 그들이 대학을 장악하는 틀로 마련한 교수재임용제도야말로 개혁적 교수들을 옭죄는 악명 높은 학원 단두대이다. 대학 당국은 이것은 개혁 성향의 교수들을 제거하는 강력한 무기로 사용해왔다. 1976년 이래 수없이 희생된 교수들 중 그 누구도 교육부의 재심 청구에서는 물론이고…… 법원의 심판에서 승소한 사례가 없다."[11] 교수재임용제도로 일상적인 해고의 위험에 노출된 교수들은 대학과 정부를 향해 좀처럼 비판적인 목소리를 내지 않게 되었다.

고려대학교 강사 김영곤의 말이다. 교수 재임용에 탈락해 "해직된 교

---

10 강남대학교 회화디자인학부 교수로 재직 중이던 디자이너 장호현과 그 일당 4명이 대학원생 A를 자신이 운영하는 회사 사무실에 감금하고, 야구방망이로 폭행한 것은 물론 인분을 먹이는 등 엽기적인 가혹 행위를 저질렀다. 정호현 교수에게는 징역 8년이 확정되었다.
11 이수인, 「사학재단 부정부패·개혁백서」, 2000년.

수의 빈자리는 33년 동안 체제 순응적 인사들로 속속 채워졌고, 그들이 대학의 총장, 학장이 되면서 대학에는 비판이 사라졌다". 또한 박정희 정권은 1977년 '교육법'을 수정해 젊은 강사들의 교원 신분을 박탈했다. 이로써 오늘날 우리가 목도하는 시간강사 제도가 완성되었다. 목적은 역시 젊은 강사들의 체제 비판적 성향이 대학생들에게 미치는 영향을 차단하기 위한 것이었다. "전임교수가 되려는 강사는 좁은 병목을 거쳐 전임교수가 되어야 했는데, 그러기 위해서는 스스로 비판적인 정신이 없다고 속을 뒤집어 보여야 했다."[12]

학문이 발전하는 데 가장 중요한 것은 자유와 평등이다. 학자들은 소신껏 자유롭게 자신의 연구를 할 수 있어야 하고, 학자라면 누구나 평등하게 토론하고 비판할 수 있어야 한다. 이제 막 학문의 길로 들어선 젊은 학자든 노교수든 똑같은 학자이고, 똑같은 학자로 존중받아야 한다. 그럴 때 학문이 발전한다. 학문의 발전은 민주주의를 요구한다. 그러나 지금의 교수 사회를 지배하고 있는 것은 심각한 부자유와 불평등이다. 교수들은 소신껏 연구하고, 가르칠 수 없다. 소신껏 발언하고 비판할 수 없다. 헝가리 출신의 사회학자 프랭크 퓨레디의 저서 중에 『그 많던 지식인들은 다 어디로 갔는가』가 있다. 우리 사회에서 '그 많던 지식인들은 다 어디로 갔을까?'에 대한 답은 이제까지 말했던 이유들에 있다.

김영곤은 자신이 강의하던 고려대학교의 학생 커뮤니티 '고파스'에 시간강사의 현실과 처우에 대한 글을 올린 적이 있다. 하지만 학생들의 반응은 매우 냉랭했다. "강사 얘기 고파스에 올리지 마세요." "아니꼬우면 강사 관둬라."[13] 한마디로 '너희들이 못났으니까 정규직 교수가 못 된 거지'라고

---

12 김영곤, 「강사 교원 지위와 대학생 학습권은 서로 맞물려」, 대학강사교원지위회복과 대학 교육정상화 투쟁본부 편, 앞의 책, 239쪽.

—— 경제적으로 학대당하는 인문학자들

생각하는 것이다. 이런 반응은 학문의 자유가 없는 우리 현실이 거대한 덫으로 작용하고 있음을 보여주는 예다. 강사나 비정년트랙 교수(2년 혹은 4년마다 재임용 심사를 받아야 하는 교수)는 자신의 불안한 신분 때문에 학생들에게 현실을 가르칠 수 없다. 그러다 보니 학생들에게는 '현실 인식'이라고 할 만한 것이 없다. 강사나 비정년트랙 교수에 대한 차별과 학문의 자유 결핍 문제를 해결하기 위해서는 학생들의 공감과 지지가 절실한데, 현실 인식이 없는 학생들은 지배적 이데올로기인 신자유주의에 경도되거나 통치자 편을 든다.

현재 대학에는 '영혼 없는 지식인'들만 주로 남게 되었다. 그리고 대학생들은 이들에 의해 '영악한 양떼'로 만들어진다. 가르치는 사람들에게 학문의 자유가 결핍되어 있다는 것은 학생들에게는 학습권이 침해받고 있다는 말과 같다. 연구의 성과가 교육의 내용이 될 수밖에 없기 때문이다. 결국 가장 큰 피해는 학생들에게 돌아간다. 지금의 상황은 인문학에 중요한 과제를 제시하고 있다. 본래 인간과 세계를 조명했던 인문학은 이제 자기 존속을 위해 자신의 실존적 조건을 집중 조명하지 않으면 안 되게 되었다.

---

13 신영준·오주석, 「"강사는 소모품 같은 존재…가장 큰 피해자는 학생"」, 『오마이뉴스』, 2014년 1월 3일.

정부 지원이라는 이름의 인문학 죽이기

지원을 받는데도 학문이 쇠퇴한다고?

나오미 클라인의 『쇼크 독트린』이라는 책이 있다. 이 책에는 재난 상황을 역이용해 권력자들이 자신들이 하고 싶었던 일을 전격 추진하는 예들이 상세히 나와 있다. 사람은 누구나 재난을 당하면 당혹스러워하고, 안절부절못하게 된다. 불안과 공포에 휩싸인 상태, 정신이 없는 상태에서는 판단력도 흐려진다. 그런데 이런 상태가 권력자들에게는 절호의 기회가 될 수 있다. 권력자들은 종종 대중의 반발이 예상되어 추진하지 못했던 중요한 일들을 대중의 패닉 상태를 이용해 뚝딱 해치워버린다.

밀턴 프리드먼은 이러한 충격적 전환 기법을 '쇼크 요법'이라 불렀다. 이 '쇼크 요법'은 간호사가 엉덩이에 주사를 놓을 때 손바닥으로 엉덩이를 찰싹 때리는 것과 비슷하다. 인간의 뇌는 두 가지 자극을 거의 동시에 받으면 한 가지 통증만을 느낀다. 이를 이용해 간호사들은 주사가 주는 통증을 상쇄시키기 위해서 엉덩이를 때린다. 그러면 환자는 엉덩이가 아픈 것이 간호사가 때려서인지, 주사를 맞았기 때문인지 헷갈리게 된다. 마찬가지로 거대한 재난이 몰아칠 때, 권력자들이 자신들에게 유리한 법안, 조약, 조치 등을 신속하게 처리해버리면 대중의 충격은 상쇄된다.

사실 큰 재난이나 위기 상황은 국가권력에도 위기다. 국가권력은 위기 대처 능력을 국민에게 보여주어야 하고, 그렇지 못하면 국민적 저항에 부딪칠 수도 있기 때문이다. 그러나 국가권력은 이런 위기를 오히려 기회로 삼는 담대한 도박을 벌일 수도 있다. 당연한 말이지만, 재난이나 위기가 발생하면 '뭔가 변화나 개혁이 필요하다'는 여론이 비등해진다. 그러나 '변화'나 '개혁'이라는 말 자체에는 방향이 없다. 물론 위기 상황에서 사람들이 기대하는 변화는 당연히 '개선改善'이다. 그러나 권력자들은 '뭔가 변화나 개혁이 필요하다'는 이 압력(힘)만을 이용해 대범하게 '개악改惡'한다.

말하자면 씨름에 상대방의 힘을 역이용해 넘어뜨리는 '되치기' 같은 것이다. 재난과 위기를 역이용하는, 자기 권력의 확장을 도모하는 권력자들의 행태가 이렇다. 씨름에서 '되치기'는 상대방을 제압하는 좋은 반격 기술이다. 그러나 국가권력과 국민은 서로 싸워 이겨야 할 관계가 아니다. 민주주의 이론에 따르면 국가권력은 국민을 대표하고 국민의 의견을 정치에 반영한다. 그러나 현실은 국가권력이 국민을 상대로 '되치기'를 하는 경우가 많다. 더욱 가증스러운 것은 그 개악을 국민들을 재난에서 구할 '구원의 손길'로 포장하는 것도 마다하지 않는다는 점이다.

대형 재난이 발생할 때마다 정부는 대책을 쏟아낸다. 정부에서 '모종의 조처가 있었으므로' 많은 사람은 뭔가가 개선될 것이라고 기대한다. 그러나 시간이 지나서 보면, 오히려 상황이 악화되어 있는 것을 목격한다. 그것은 정부가 '대책을 세웠음에도 불구하고' 발생하는 일이 아니다. 그것은 국가권력의 되치기, 그것의 결과다. 인문학의 위기 문제도 그렇다. 정부는 늘 인문학을 지원한다고 해왔다. 그러나 어쩐 일인지 인문학은 점점 쇠퇴해 간다. 그것은 우연일까? 아니면 정부가 '인문학을 지원함에도 불구하고' 발생하는 문제일까? 이에 대해 살펴보기로 하자.

구조 조정하면 청년 실업 해결된다는 거짓말

2015년 12월 15일 열린 국무회의에서 고용노동부와 그 산하의 위탁집행형 준정부기관인 한국고용정보원은 '2014~2024년 대학 전공별 인력수급전망'이라는 것을 발표했다. 내용은 이랬다. 앞으로 10년간(2024년까지) 공대 졸업자는 26만 명 가까이 부족할 것으로 예상되는 반면, 인문사회계열 졸업자는 53만 명의 과잉 공급이 예상된다는 것이다. 간단히 말해 취업시장에서 공대 졸업자는 태부족이지만, 인문사회계열 졸업자는 남아돈다는 것이다. 인력의 공급과 수요가 '불합치' 상태이니, 이것을 합치시킬 수 있도록 하는 '대학의 구조 조정'이 시급하며, 그래야 심각한 청년 실업 문제도 해결될 수 있다는 것이 정부의 결론이다.

그러더니 교육부는 며칠 후(12월 29일) 소위 '프라임 사업 계획'을 확정해 발표했다. 일사천리였다. 프라임PRIME 사업이란 'Program for Industrial needs-Matched Education(산업 수요에 맞춘 교육 프로그램)'의 약자다. 정부가 사용하는 공식 명칭은 '산업 연계 교육 활성화 선도대학 사업'이다. 명칭은 복잡하지만, 핵심 내용은 간단하다. 대학이 인문·사회·예체능 계열 전공자들을 대거 이공계열로 이동시키는 구조 조정에 나서라는 것이다. 이 시책을 잘 따르는 대학 19곳을 선정해 3년간 최대 6,000억 원을 지원한다는 것이다. 노골적인 '인문학 죽이기'다.

문제는 공대생은 26만 명 모자라는데, 인문사회계열 학생은 53만 명이 남아돈다는 수치가 어디에 근거한 것인지 알 수 없다는 것이다. 그 근거라는 것이 "전문가의 참여와 자문을 거쳤다"는 말이 전부다. 그 전문가들이 누구인지도 알 수 없다. 이와 관련해 서울대학교에서 영문학을 가르치는 김명환 교수는 이렇게 썼다. "당장 내가 몸담은 학계도 자율적으로 영어와 영문학 인력 배출에 대한 현황 파악과 전망을 해본 적이 없다."[1] 현장의 교수도 자신이 가르친 학생들이 어디에 취직을 했고, 어디로 취직할지 알지 못한다는 말이다. 현장의 교수들도 모르는 것을 정부는 어떻게 알고 구체적인 수치까지 발표했을까?

학생들의 취업은 반드시 전공에 따라 이루어지는 것이 아니다. 국문과 학생이 은행에 취직할 수도 있고, 미대생이 언론사에 취직할 수도 있다. 공대생이 공무원 시험을 봐서 동사무소에서 근무할 수도 있고, 음식점에서 일할 수도 있다. 음대 출신이 건설현장에서 막노동을 할 수도 있다. 의대나 약대, 로스쿨 같은 일부 전문직 교육 코스를 제외하고는 '전공에 따른 일자리'라는 게 존재하는 게 아니다. 고용노동부와 한국고용정보원의 인력수급 전망 수치가 근거 없다면, 이에 근거한 프라임 사업도 엉터리가 된다.

최근 청년 실업 문제는 더욱 심각해지고 있다. 15~29세의 청년 실업률은 12.5퍼센트(2016년 2월)로 통계청이 청년 실업률을 지금과 같은 방식으로 집계하기 시작한 이래(1999년 6월 이래) 최고치를 기록하고 있다. 이것도 공식 실업률이 그렇다.[2] 비자발적 비정규직, 니트족 등 사실상 실업 상태에 있는 청년들을 포함하면 청년층의 체감 실업률은 34.2퍼센트에 육박한다는 분석도 있다. 청년 3명 중 1명이 사실상 실업자인 셈이다.[3] 청년들에게는

---

1 김명환, 「부실한 '정부 전망'이 대학을 망친다」, 『경향신문』, 2016년 1월 14일.
2 통계청이 발표하는 '공식 청년 실업률'에는 전업주부, 학생, 병역의 의무를 수행하고 있는 청년들, 교도소 수감자가 빠진다. 조사 시점 기준으로 지난 일주일 간 1시간이라도 아르바이트를 하면 그 사람은 빠진다. 고시나 공무원시험을 준비하는 사람도 빠지고, 취업 포기자도 빠진다. 취업 포기자란 조사 시점 기준으로 지난 4개월 간 한 번도 취업하려는 시도를 하지 않은 사람들을 말한다. 취업하고자 하는 의지가 없는 사람이니, 경제활동인구에 해당하지 않는다며 뺀다. 이것은 아이러니다. 왜냐하면 여러 번 취업을 시도하다가 안 돼서 자포자기 상태에 있는 사람, 즉 '장기 실업자'가 늘수록 실업률은 오히려 낮아지기 때문이다. 정부가 발표하는 실업률과 우리의 체감 실업률 간에는 큰 격차가 존재할 수밖에 없다.
3 최지현 · 신종훈, 「"비자발적 비정규직 · 니트족 포함 청년 체감 실업률 34.2%"」, 『민중의소리』, 2016년 3월 17일.

재난 상황과 다를 바 없다. 그런데 정부는 청년 실업 해소를 바라는 여론의 압력을 역이용해 강도 높은 대학 구조 조정을 요구했다. 전형적인 '되치기'다. 대학의 구조 조정과 청년 실업 해소는 논리적 연관성이 없다. 대학을 구조 조정한다고 해서 없던 청년들의 일자리가 생기는 것은 아니기 때문이다.

공대생들이 부족하다는 것도 거짓말이다. 한국의 공대생 비율은 경제협력개발기구OECD 회원국 중 최고로 높다. 국민 1만 명당 졸업자 수가 13.8명(2014년 기준)으로 주요 회원국보다 3배 이상 높다. 10년간 정부가 '이공계 살리기' 기조 속에서 이공계 대학 입학 정원을 무모하게 증원했기 때문이다. 그 결과 최근에는 공대생의 취업률까지 하락하고 있다. 인문사회계열 정원이 많다는 것도 거짓말이다. 왜냐하면 대학들은 정부 시책에 따라 지난 10년 동안 인문사회 분야의 입학 정원을 꾸준히 줄여왔기 때문이다. 그럼에도 인문사회계열 졸업자들의 실업률은 계속 높아지기만 했다.[4] 정원이 문제가 아니라는 말이다.

인문사회계열 졸업자들의 실업률이 지금도 이공계보다 높은 것은 사실이다. 그러나 그것은 재벌기업들이 신입사원을 뽑을 때 인문사회계열 졸업자들을 차별하는 것이 근본 원인이다(이에 대해서는 나중에 상세히 다루겠다). 청년 실업 문제는 전체적으로 일자리가 부족한 탓이지, 다른 문제가 아니다. 정부의 프라임 사업은 이중의 기만이다. 한편으로는 청년들의 일자리가 줄어드는 경제적 상황과 조건들을 방조하면서, 한편으로는 청년 실업 해소를 명분으로 대학의 구조 조정을 실시한다. 그것은 신자유주의로 생긴 문제를 신자유주의로 해결하겠다는 것과 같다. 높은 청년 실업률이 신자유주의 때문인데, 대학의 구조 조정도 신자유주의 시책이기 때문이다.

---

4 장세풍, 「공대생 비율 OECD 회원국 중 최고」, 『내일신문』, 2015년 3월 6일; 정흥주, 「'이공계 육성' 유탄 맞은 공대생…취업률 가장 많이 줄어」, 『국제신문』, 2016년 1월 13일.

지원금을 미끼로 한 학문 재편

정부에 의한 대형 학술 지원 사업은 BKBrain Korea(두뇌한국)21 사업이 그 시초다. BK21 사업은 '지식의 실용적 재편'이라는 신자유주의적 노선의 구체적 실천 사업이었다. 김대중 정부가 들어선 직후인 1999년부터 시작되었다. 사업의 핵심 내용은 21세기 지식정보 사회에 적극 대응할 수 있는 고급 인력 양성이었다. 김대중 정부는 경제적 부가가치 창출을 중심으로 한 '신지식인'이라는 개념을 제시했고, BK21 사업에서 말하는 '고급 인력'이라는 것도 그에 상응하는 것이었다. 간단히 말해 '시장 반응형' 고급 인력, 자본 친화적 지식인을 양성하겠다는 것이었다.

김대중 정부가 선정한 '신지식인 1호'는 영화 〈용가리〉로 272만 달러 수출계약을 성사시킨 심형래였다(그후 심형래는 학력 위조, 직원 폭행, 임금 체불, 도박 등으로 사회적 물의를 일으켰다). 이런 사람이 '새로운 지식인'의 모델로 제시되었다는 것이 지금 생각하면 한편의 코미디 같지만, '신지식인'이라는 개념이 이후에 미친 영향은 컸다. 그 이후부터 지식인은 '경제적 부가가치를 생산하는 자'가 되었다. 학계 전반을 자본 친화적 구조로 전환시키겠다는 기조는 그 후 진보 정권, 보수 정권 할 것 없이 일관되게 관철되었다.[5]

역사적으로 보면, 국가권력과 지식인은 늘 동반자 관계이기는 했다. 『녹색평론』 발행인 김종철의 말이다. "'대학의 역사'가 바로 '어용의 역사'입니다. 보통 사람들은 '대학은 고상하다'라는 선입관을 갖고 있어요. 아닙니다. 대학은 출발부터 세속적인 이익을 추구하는 조직이었어요. 최초의 대학이라고 꼽히는 이탈리아의 볼로냐대학과 프랑스의 파리대학의 내용은 당

---

5 이명박·박근혜 정부에서는 물론이고 그 이전 김대중·노무현 정부에서도 이런 정책이 추진된 것을 보면 세계 자본주의 질서에서 한국 정치권력의 종속적 지위를 짐작할 수 있다.

대의 실용 학문으로 차 있었어요. 그때 대학에서 가르친 신학, 법학, 의학은 철저히 지배권력에 봉사하는 실용 학문이었습니다. 이런 어용 조직이 우리가 오늘날 'University', 대학이라고 부르는 것의 기원입니다."[6]

이런 점을 생각하면, 국가권력과 한통속인 지식인들이 대학에서 양산되는 것은 어쩌면 당연한 일일지도 모른다. 그러나 대학 내에서 저항적인 지식인들이 조금씩 배태된다. 그것은 무언가를 문제 삼아 연구해 일정한 지식을 생산해내는 학문 연구 고유의 속성 때문이었다. 어떤 것을 연구하는 것은 '이것이야말로 문제다'라는 문제의식을 전제로 한 것이었고, 그 문제의식은 현실에 대한 부정적 감각이나 인식과 연관되어 있었다. 비록 소수라 할지라도 비판적 이성을 가진 학자들은 사회에서 지식인으로서 상징성을 가질 수 있었던 것도 그 때문이었다.

인문학은 공학·자연과학·의약학과 함께 BK21 사업의 주된 지원 대상이었다. 그러나 말뿐이었다. 이 사업은 인문학 차별 사업, 인문학 죽이기 사업의 시초이기도 했다. 우선 돈 문제가 있었다. 정부는 BK21 사업 지원금으로 1999년부터 2012년까지 약 3조 5,000억 원을 투입했지만, 대부분의 돈이 과학기술 분야로 흘러들어갔다. 처음부터 그랬다. BK21 사업이 시작된 1999년에 연간 지원액도 과학기술 분야는 900억 원이었지만, 인문사회 분야는 100억 원에 불과했다.[7] 지금도 마찬가지다. BK21을 비롯한 여타의 재정 지원 사업을 총괄하는 한국연구재단(학진)의 2014년 총 예산은 무려 3조 6,993억 원이다. 이 중 인문사회 분야 예산은 2,250억 원에 불과하다.[8] 이것을 지원이라고 말할 수는 없다.

---

6   오창은, 『절망의 인문학』(이매진, 2013), 63~64쪽.
7   김윤순, 「서울대 대학원 중심대학 선정 확실 정원 30% 감축 예상」, 『경향신문』, 1999년 5월 25일.
8   이유진, 「다른 생각 불허하는 문화권력 독점 현상」, 『한겨레』, 2015년 1월 15일.

정부의 재정 지원 사업에는 일관된 기조가 있었다. 그것은 지원금을 받으려면 정부의 대학 구조 조정 시책에 충실히 따라야 한다는 것이었다. BK21 사업만 해도 교수 업적 평가에 따른 연봉제, 계약제 실시, 학부 정원 30퍼센트 감축, 대학원 문호 개방 등의 일련의 구조 조정을 따르는 것이 전 제조건이었다. 정부 지원금을 미끼로 한 반#강제적 구조 조정은 그 이후의 HKHumanities Kore(인문한국) 사업, 산학협력 선도대학 육성사업, 지역 특성화 대학 지원 사업, 프라임 사업, 심지어 인문학 회생을 목표로 한다는 '코어CORE, initiative for College of humanities' Research and Education(인문역량강화) 사업'에 이르기까지 일관되게 관철되었다.

정부는 지원금을 그냥 주지 않는다. 경쟁을 통해서만 준다. 각 대학과 연구소, 사업팀들은 서로 경쟁해서 선정되어야만 지원금을 받을 수 있다. 돈을 미끼로 대학과 연구자들을 줄 세우는 전략이다. 그 결과 평가 제도와 차등적 재정 지원의 효과는 매우 높았다. 교수는 업적 기록과 신분 보장을 위해 정부 지원에 매달려야 하고, 대학 당국도 평가 등급 때문에 연구 신청을 독려하게 되기 때문이다. 지원 사업의 효과는 선정된 곳에 그치지 않는다. 예를 들어 19개교를 선정하는 프라임 사업에는 70여 개교가 신청했다. 지원금은 19개교에만 주지만, 구조 조정의 효과는 70여 개교에 이른다는 말이다. 그야말로 돈으로 구조 조정을 낚는 꼴이다.

지원 사업인가, 어용화인가?

2007년부터 시작된 HK 사업은 인문학 관련 연구소들의 연구계획서를 검토해서 선정된 곳에 10년간 재정 지원을 해주는 사업이다. 인문한국연구소협의회에 따르면 HK 사업에 선정된 연구소 소속 연구원들이 2007~2010년 발표한 논문 수는 1인당 매년 평균 2.41건, 저서 또는 역서는 매년 평균

1.01건이다.[9] 이렇게 많은 논문과 책이 쏟아져나오는 것을 보면, '정부의 지원 효과가 확실히 있구나' 하고 생각할지 모르겠다. 혹은 이런 지원으로 인문학이 새로운 르네상스를 맞이하는 것처럼 보일지도 모르겠다. 그러나 실제로는 반대였다. HK 사업을 비롯해 학진을 통해 유입되는 연구비 규모가 팽창하면서 오히려 인문학은 더 큰 위기를 맞았다.

우선 연구 방식의 문제가 있다. 1999년 BK21 사업이 처음 시행되었을 때, 서울대학교 인문대는 이 사업에 참여하지 않겠다고 선언한 적이 있었다. 이유는 이랬다. "BK21 사업의 골자인 「사업단별 지원」은 공동실험을 통해 공동 연구결과를 추출해내는 이공계열 연구 방식에나 맞는 것이며, 각자 자신의 주제에 맞춰 연구하고 논문을 쓰는 인문학에는 적합하지 않다"는 것이었다.[10] HK 사업도 집단으로 연구하기는 마찬가지였다. 인문학 연구에서 가장 중요한 것은 연구자의 '정신(세계관)'이다. 그리고 그 정신은 개인마다 차이가 날 수밖에 없다. 그 차이가 나는 정신이 연구 성과물 전체를 관통해야 한다.

그렇다면 '인문학에서는 집단 연구가 아예 불가능한 것이냐'고 묻는다면, 꼭 그렇지는 않다. 인문학 연구는 개인적인 연구를 기본으로 하지만, 문제의식과 생각이 비슷한 사람끼리 모인다면 집단 연구도 가능하다. 그러나 그런 경우라도, 자율성이 중요하다. 비슷한 문제의식과 생각을 가진 사람들이 자율적으로 모여야 한다는 말이다. 그 집단은 외부의 압력에서도 자유로워야 한다. 즉, 자율성과 독립성이 중요하다. 그러나 학진의 사업은 이 두 가지를 모두 파괴한다. 학진 사업에서 연구자들을 불러모은 것은 연구 주제가 아니라 돈이다. 돈을 주는 주체는 일정한 정치적 영향력을 행사하고

9   이새샘, 「인문한국(HK) 지원사업 3년…이달까지 1차 평가」, 『동아일보』, 2010년 10월 7일.
10   김준기, 「서울대 인문대 "BK21 참여 않겠다" '두뇌한국' 사업 차질」, 『경향신문』, 1999년 10월 25일.

자 하는 국가권력이다.

국문학자 조동일은 이런 비판을 한 적이 있다. 역시 BK21 사업이 처음 시행되던 해에 한 말이다. "연구비를 대폭 늘리면 연구가 잘될 것으로 기대하는 것은 잘못이다. 현 제도는 장기적이고 일관성 있는 연구 대신 연구라는 이름의 '투기'를 일삼도록 부추기고 있다."[11] 투기를 부추기다니, 무슨 말일까? BK21 사업이 시행된 이후 '어떻게 하면 연구 계획이 학진에 의해 선정될 수 있을까?'를 고민하고, 그에 맞춰 연구계획서가 작성된다는 말이다. 또한 수월하게 연구비를 따낼 수 있는 주제에 연구자가 몰린다는 의미이기도 하다.

한문학자 강명관 역시 『침묵의 공장』에서 이런 현실을 비판한 적이 있다. 내용을 요약하면 이렇다. '학진의 연구비를 받기 위해 연구비 신청서를 쓰면서 연구의 필요성과 중요성을 온갖 미사여구를 동원해 주장한다. 그러나 탈락하면 그 연구의 필요성과 중요성은 한순간에 증발한다. 그렇게 중요한 연구라면 연구비를 받지 않고도 해야 할 것 아닌가. 그런데 연구비를 받지 않으면 연구를 포기한다.'[12] 현실이 이렇다. 연구계획서는 오로지 돈을 얻기 위한 목적으로 작성되고, 연구 목적 역시 돈을 얻기 위해 분칠된다.

학진은 신청서를 낸다고 그냥 돈을 주지는 않는다. 심사를 통과해야 돈을 준다. 주지하다시피, 학진은 정부에서 독립적인 기관이 아니다. 교육부 산하 기관이다. 연구비를 받기 위해 학진의 심사를 받아야 한다는 것은 정부에서 연구 주제를 검열 받는 것과 같다. 이 때문에 연구 주제들은 자꾸 어용화된다. 이를테면 이명박 정부 시절에는 '녹색성장' 관련 연구 주제가 다수 선정되고, 박근혜 정부가 들어선 후에는 '창조경제'와 '문화융성'에 부

---

11 오명철·김형찬, 「'인문학 연구' 심포지엄 '두뇌한국(BK)21' 사업 강력 비판」, 『동아일보』, 1999년 11월 30일.
12 강명관, 『침묵의 공장』(천년의상상, 2013), 29~30쪽.

합하는 연구 주제가 다수 선정되는 식이다. 학진은 시그널을 주고, 대학과 연구자들은 이에 반응해 알아서 긴다. 여기에 정부의 이념적 기준도 가세한다. 이런 상황에서 자유로운 연구가 가능할 리 없다. 비판적인 인문 정신은 사라지고, 재벌과 국가를 비판적 검토 대상으로 삼는 것도 불가능하다.

검열은 다단계로 내려온다. 학진이 선정 대학, 연구소, 사업팀을 검열하면, 연구 프로젝트 관리자인 교수는 다시 자기 아래의 신임교수나 젊은 연구자들을 검열한다. 공동연구 작업이라고는 하지만, 논문 생산의 하중은 약자인 신임교수와 젊은 연구자들에게 쏠릴 수밖에 없다. 이들을 잘 관리 감독하는 것이 정부의 마름 역할을 하는 교수의 역할이다. "논문 쓰는 기계가 된 느낌이에요." 서울에 있는 대학 연구소의 HK 연구교수 7년차인 ㄱ씨의 말이다.[13] HK 연구교수의 계약은 1년 단위로 갱신된다. 계약을 갱신하려면 연구소와 대학이 원하는 연구는 물론 자기만의 연구 성과도 내야 한다. 그것을 다 해내려면 '논문 쓰는 기계'가 되지 않으면 안 된다. 결국 저질의 연구물만 양산하며, 인생의 황금기를 탕진하는 경우가 많다.

학술 지원이라는 이름의 지배

학계에서 학진의 힘은 절대적이다. 학진의 힘은 지원금에 국한되지 않는다. 젊은 연구자들은 학진의 연구 지원을 받아 논문을 양적으로 축적해야 교수 사회에 진입할 수 있다. 전임교수가 되었다고 해도 학진의 통제를 벗어날 수 있는 것은 아니다. 전임교수가 된 뒤에도 학진의 '신진연구자지원'을 받고, 학진이 인정하는 등재 학술지(등재지)에 논문 게재 편수를 늘려야 정년

---

13 임아영, 「설 자리 줄어든 연구자·강사는 고용 불안…설 자리 늘어난 전임교수는 연구 위축」, 『경향신문』, 2014년 10월 27일.

보장 교수가 된다. 인문학 연구를 논문의 양으로 계량할 수 있다고 보는 것도 문제이지만, 오직 등재(후보)지에 실려야만 업적으로 인정된다는 점도 문제다.[14]

등재지 제도에 대한 강명관의 일갈을 들어보자. "학진이 등재지를 만드는 순간, 등재지가 아닌 학술지는 모두 식물인간이 되었다. 학진은 (학술 연구와 활동) 지원을 구실로 학술대회의 형태, 참여 인원수, 논문의 심사 과정, 학술지의 형태, 편집위원의 구성 등 모든 것을 간섭한다. 인문학자는 논문집을 발행하고 학회를 개최할 푼돈을 구걸하기 위해 자신의 존엄과 자유를 팔아먹은 XXX가 되었다. 왜 민간의 학회를 국가기관이 관리하는가."[15] 학계에 몸담기 위해서는 학진이 관리하는 학술지에, 정부의 심기를 건드리지 않는 주제로, 학진이 원하는 형식으로 논문을 써야 한다. 등재지 제도는 학문의 자유를 가로막는 거대한 족쇄다.

김수영 시인은 「시여, 침을 뱉어라」에서 "시작詩作은 '머리'로 하는 것도 아니고, '심장'으로 하는 것도 아니고, '몸'으로 하는 것이다. '온몸'으로 밀고 나가는 것이다"라고 썼다. 나는 이 말을 자신의 실존적 무게 전체를 실어서 시를 써야 한다는 것으로 이해하고 있다. 이것은 시에만 해당하는 이야기가 아닐 것이다. 글을 쓰는 모든 사람에게 해당하는 이야기다. 인문사회 분야의 연구자들도 마찬가지다. 연구 작업은 자신의 관심과 문제의식, 신념과 일치해야 한다. 그래야 실존적 무게도 실리고, 학문적 열정도 생긴다. 그런데 학진이 연구자들에게 강요하는 것은 완전한 자기 소외의 '지적 노동'이다. 학진 체제에서 연구자들은 국가와 기업에 납품되는 지식을 제조

---

14 학진은 자신이 만든 기준을 통과하는 학술지를 '등재 학술지'라고 부른다. 학진에 등록된 논문집이라는 뜻이다. 1988년 학진에 의해 도입된 등재지 제도는 투고의 자격과 기준을 엄격히 제한해 여타의 학술단체와 학술지, 필자군을 고사시키는 역할을 한다.

15 강명관, 앞의 책, 20쪽.

하는 하청업자로 전락한다.

학진 체제에서 연구는 '사업'이다. 학진이 연구 프로젝트를 주관하는 것도 '사업'이고, 연구자들이 여기에 참여해서 맞춤형 연구 논문을 납품하는 것도 '사업'이다. 학문 활동이라기보다 장사, 비즈니스에 가깝다. 연구 논문의 내용도 '사업적'이다. 연구자들은 납품하는 연구 논문에 '연구 결과의 활용 방안'이라는 항목을 채워 넣을 수 있어야 한다. 사업에서 중요한 것은 숫자이고, 계량화다. 재정 지원을 얼마 받았느냐, 대학 등급이 얼마나 올랐느냐, 내가 올해 논문을 몇 편 썼느냐가 중요하다. 신자유주의 시대의 연구자들은 재정 지원과 대학 평가를 위해 논문 편수를 비롯한 숫자들을 경영하는 주체로 거듭나야 한다. 대학 구조만이 아니라, 학술 활동의 형식과 내용, 연구자의 실존적 정체성까지 구조 조정되어야 하는 것이다.

그래도 '학진의 연구비 덕분에 학업과 생계가 유지되는 경우가 많지 않느냐?' 하고 말할지 모르겠다. 하나만 알고 둘은 모르는 소리다. 학진의 지원금을 향한 경쟁체제는 연구자들의 경제적 불안정성, 신분의 불안정성을 전제로 한다. 프로젝트가 끝나면 소속된 연구자들은 갈 곳이 없다. 정년을 보장받지 못한 HK 연구교수들도 마찬가지다. 1~2년 단위로 재계약을 해야 하는데, 재계약이 안 되면 실직한다. 정년을 보장받은 HK 교수들은 괜찮을까? 그렇지 않다. HK 사업은 학진이 10년간 HK 교수 인건비를 지원하고, 그 뒤에는 약정된 인원을 대학이 전임교수로 채용할 것을 명시하고 있다. 그러나 이미 일부 대학들이 이를 거부할 조짐을 보이고 있다. 전임으로 임용되지 않는다면, 그들도 비정규 연구원과 다를 바 없다.

학진의 지원 사업들은 연구자들을 앵벌이, 날품팔이로 만든다. 수조 원에 달하는 학진의 재정을 경쟁을 통한 '차등' 지원에 쓰지 않고, 교육 전반의 인프라와 복지에 '균등'하게 투자된다고 생각해보라. 초중고 교사들의 임금을 정부가 지급하듯, 대학에서 교육하고 연구하는 모든 학자의 임금을 정부가 지급하고 법정 교원으로서 신분을 보장한다면, 연구자들이 학진의 노예로 전락하는 일은 없을 것이다. 또한 진정한 학문의 발전이 이루어질 것이다. '지원'은 '지배'의 다른 이름이다. 인문학의 쇠퇴는 정부가 '지원을 함에도 불구하고' 발생하는 문제가 아니라, 그 '지원 제도로 인해' 발생하는 문제임을 알아야 한다.

제 2 장

기업 인문학의 탄생

기업 인문학은 학문 융합을 필요로 한다

국가-자본의 인문학 억압

2013년 말, 『인터내셔널뉴욕타임스INYT』에는 주목할 만한 기사가 실렸다. "세계 고등교육 시장에서 인문학에 대한 자금 지원이 줄고 정치권에서 공격을 받아 위기가 심화되고 있다"는 것이다. 이 보도에 따르면, "미국에서는 인문학 연구 자금 지원금이 2009년부터 계속 감소하고 있으며 2011년에는 과학기술 분야 연구개발비의 0.5퍼센트에도 미치지 못했다"고 한다. 호주도 마찬가지다. "호주의 토니 애벗 총리는 1억 300만 호주달러(약 995억 원)의 인문학 연구 지원 자금을 의학 분야로 돌리겠다고 밝혔다. 영국 데이비드 캐머런 총리도 2011년부터 인문학 분야에 대한 정부의 직접 자금 지원을 중단, 학생들이 내는 수업료로 충당하게 했다."[1] 인문학에 대한 정부의 억압과 차별이 한국만의 일이 아님을 알 수 있다. 인문학에 대한 억압과 차별은

---

1   홍성완, 「'인문학의 위기' …전 세계적 현상」, 『연합뉴스』, 2013년 12월 2일.

세계적인 현상이고, 신자유주의 시대의 전형적인 풍경이다.

영국 스완지대학의 정치학 교수 앨런 핀레이슨은 이런 말을 했다. "인문학과 사회과학에 대한 학자금 지원을 전면 배제함으로써, (영국의) 보수당과 (일본의) 자민당 연립정부는⋯⋯사회적·경제적·정치적 상황에 대한 이해에 가장 잘 기여할 수 있는 바로 그 학문들의 기반을 의도적으로 약화한다."[2] 이 말은 두 가지를 의미한다. 하나는 인문학의 위기는 자연스럽게 형성된 것이 아니라, 일정한 의도를 갖고 행해진 국가 정책의 결과라는 것이다. 또 하나는 인문사회과학을 퇴조시킴으로써 대중을 무지 속에 가둔다는 것이다.

비슷한 주장은 한국에도 있다. 한문학자 강명관의 주장이 그렇다. "학문의 위계는⋯⋯자본의 이윤 증식에 기여하거나, 아니면 자본의 영속적인 사회 지배, 곧 불평등한 사회의 영속화를 목적으로 하는 국가권력과의 거리에서 결정된다. 상경대, 의대, 약대, 법대, 공대 등이 선호되는 것은 자본-국가권력-테크놀로지와 가깝기 때문이다. 인문학은 자본과의 거리가 가장 멀고, 또한 태생적으로 자본에 대해 비판적이(어야 한)다. 근자 다수의 대학에서 철학과가 폐과의 대상이 된 것은, 철학이 자본과의 거리가 가장 멀고, 또 자본을 근저에서부터 비판하(여야 하)기 때문이다."[3]

실제로 국가-자본은 상경대, 의대, 약대, 법대, 공대 등을 적극 선호한다. 상경대, 그중에서도 경영학은 그 자체로 친기업적인 학문이다. 국가-자본이 이런 학문을 좋아하지 않을 리 없다. 국가-자본의 절대적 지원 속에서 성장한 경영학은 현재 대학과 사회 전체를 지배하고 있다.[4] 학문의 역사

---

2 데이비드 노웰스미스, 「등록금 오를수록 학문은 죽어간다」, 『르몽드 디플로마티크』, 2011년 3월 10일(30호)에서 재인용.
3 강명관, 『침묵의 공장』(천년의상상, 2013), 16~17쪽.

를 아무리 오래 잡아도 120년 정도, 짧게 잡으면 60년 정도 밖에 안 되는데도 그렇다.[5] 그러나 생각해보면 지금은 대기업과 초국적 자본이 지배하는 신자유주의 시대다. 이런 시기에 자본의 이익을 옹호하는 경영학이 대학과 사회 전반을 지배하는 것은 어찌 보면 당연한 일이다.

경제학은 어떨까? 경제학은 약간 모호하다. 경제학에는 사회비판적인 소스타인 베블런이나 카를 마르크스의 이론도 포함되어 있기 때문이다. 무엇보다 대기업과 초국적 자본은 경제학의 연구 대상이기도 하다. 그래서 언뜻 보면 경제학이 기업의 포로가 되는 것은 쉽지 않아 보이기도 한다. 그러나 염려할 것 없다. 한국 경제학 교수들 대부분은 미국에서 신고전파 경제학을 중심으로 하는 주류경제학을 공부해 학위를 받은 사람들이다. 당연히 학생들에게 가르치는 것도 대개 주류경제학이다. 법대도 마찬가지다. 법이라는 것 자체가 기존의 질서를 수호하기 위해 만들어진 것이므로 좋아하지 않을 까닭이 없다.

의대, 약대, 공대는 모두 과학기술과 관련된 학과다. 과학기술의 발달은 국가-자본에 매우 유익하다. 국가는 과학기술을 전쟁과 통치의 도구로 삼을 수 있고, 자본은 제품 생산과 그를 통한 이윤 추구의 수단으로 삼을 수 있다(물론 자본도 과학기술을 지배 수단으로 삼을 수 있다. 예를 들어 스마트폰은 하나의 상품이자, 대중에 대한 기업의 지배 수단이다). 과학기술에 대한 국가-자본의 믿음은 절대적이다. 주제에 상관없이 무조건 지원하면 자신들의 이익으로 돌아온다고 생각한다. 과학기술에 대한 지원 비중이 압도적인

---

4   실제로 대학 이사장, 이사, 총장 자리를 차지하고 있는 사람들은 대개 경영학부 출신이거나 기업 고위 관료 출신, 재계와 연줄이 있는 인물이다.
5   19세기 노동관리 기술자였던 프레드릭 윈슬로 테일러를 학문의 원조로 삼으면 120여 년이고, 현대 경영학의 아버지로 불리는 피터 드러커를 원조로 삼으면 60여 년이다. 피터 드러커가 죽은 것이 불과 10여 년 전이다. 경영학이라는 학문의 역사가 얼마나 짧은지, 얼마나 급속도로 사회를 장악해왔는지를 알 수 있다.

것은 그 때문이다.

반면 인문학은 기본적으로 반성적 학문이다. 예를 들어 철학은 윤리학, 인식론, 논리학 등의 분과를 갖고 있다. 윤리학은 '도덕이란 무엇인가', 'A는 도덕적 가치가 있는가 없는가' 같은 것을 따진다. 인식론은 사물이 우리에게 인식되는 과정을 탐구하기도 하지만, 우리가 인식한 것이 옳은지 그른지를 따지기도 한다. 말하자면, 생각(한 것)에 대해 생각하는 학문이다. 역사학이나 사회학도 반성적이다. 역사는 인류나 민족, 국가가 걸어온 길을 되돌아보는 학문이고, 사회학(사회과학에 속하기는 하지만) 역시 인간 사회와 인간의 사회적 행위를 돌아보는 학문이다.

이런 반성적 학문들은 인간의 지성과 학문의 발달, 사회와 역사의 진보에서 꼭 필요하다. 그러나 그를 통해 발달하는 비판적 이성과 안목은 기득권자들에게 불편함(불쾌함)을 안겨주기 쉽다. 문학예술도 그렇다. 무언가를 창작하기 위해서는 자유로운 탐구와 정신적 유영이 필요하다. 물론 문학예술 창작물은 기업의 이익에 복무할 수도 있다. 그러나 자유를 전제로 하는 창작 과정은 기존의 질서를 뒤흔드는 방향으로 나아갈 수도 있다. 그래서 국가-자본의 입장에서 보았을 때, 길들이기가 필요하다. 이 같은 이유들 때문에 국가-자본은 반성적 학문들을 억압, 차별, 통제하는 한편 로스쿨이나 경영대학원, 과학기술 관련 학문들을 적극 지원한다.

취업시장에서 차별받는 인문계

인문계의 높은 실업률은 어제오늘 일이 아니다. '문송합니다('문'과라서 죄 '송'합니다)'나 '인구론('인'문계 졸업자의 '구'십 퍼센트는 '논'다)' 같은 신조어가 생겨날 정도로 그렇다. 인문계의 실업률이 높은 주요 이유 중 하나는 대기업들이 이들을 취업시장에서 노골적으로 배제하고 있기 때문이다. 예를 들어 2014년 삼성그룹 계열사 중 인문계 출신을 뽑지 않는 곳이 6개나 되었다. 삼성전기, 삼성디스플레이, 삼성테크윈, 삼성종합화학, 삼성BP화학, 삼성바이오에피스 등이 그랬다. LG디스플레이와 LG화학, 포스코ICT 등도 이공계만 모집했다. 현대자동차도 인문계 학생은 신입사원 공채 대상에서 제외했다. 인문계 졸업자들은 아예 원서를 넣어볼 수도 없었다.

2013년에는 대기업들이 인문계 졸업자의 원서를 받아주었다. 그러나 차별은 여전했다. 삼성그룹 신입사원 중 인문계 졸업자는 20퍼센트였고, 삼성전자는 15퍼센트에 불과했다. LG그룹과 SK그룹 주요 계열사의 인문계열 신입사원 비율도 15~20퍼센트 선이었다.[6] 20여 년 가까운 세월 동안 꾸준히 학과 통폐합을 강요당한 탓에 인문계 졸업자들의 수는 많이 줄었다. 그럼에도 이렇게 취업률이 낮다. 대기업의 이런 채용 정책은 졸업한 후 놀기 싫으면 인문사회과학 전공하지 말라는 것이나 같다. 학생들은 학문에 대한 관심과 흥미가 없어서가 아니라 오로지 '취업시장에서 불이익을 당할까' 두려워 인문사회과학 분야의 진학을 꺼리게 된다. 이것이 인문사회과학 진학 기피, 즉 인문사회과학이 학생들에게 인기가 없다는 것의 실체다.

혹자는 '필요 없는 인력이라 기업이 고용을 안 하겠다는 데 뭐가 잘못되었느냐?' 하고 반문할지 모르겠다. 그 말은 맞다. 이윤 추구에 도움이 되지 않는다면, 기업은 얼마든지 고용하지 않을 수 있다. 그러나 문제는 대기업들이 평소 인문적 소양을 강조하고 있다는 데 있다. 인문적 소양은 중시하면서 인문계 졸업자들을 유독 차별한다? 이것은 모순이다. 심각한 모순은 현실에 버젓이 분명히 존재한다. 그리고 우리는 그것을 날마다 경험한다. 그럼에도 이에 대해 질문을 던지는 언론이 있다는 말도, 이에 대해 해명

6 송화선, 「우린 '스펙' 보다 인문학 본다」, 『신동아』, 2014년 11월 10일(962호).

한 기업인이 있다는 말도 들어본 적이 없다.

내가 아는 한, 이 문제를 직접적으로 언급한 언론 보도는 딱 한 번 있었다. 2013년 9월 23일 『한국경제』의 사설이었고, 제목은 「인문계 졸업생 홀대 이유 아직도 모르나」였다. 내용은 이랬다. "왜 이렇게 인문계가 (기업에게) 홀대받는 지경으로까지 내몰린 것인가. 우리는 이 모두 잘못된 인문학 교육이 빚어낸 자업자득이라고 생각한다. 사실 기업 인사담당자들은 인문학적 상상력은 고사하고 지독한 반기업 정서에 물든 인문계 졸업생들에게 놀랄 때가 한두 번이 아니라고 말한다. 반시장주의, 반자본주의를 인문학으로 위장하는 강남좌파식 교수들이 판을 치니 당연한 결과다." 한마디로 인문계 졸업생들이 반기업 정서를 갖고 있어 취업시장에서 홀대받고 있다는 말이다.

사설은 이렇게 끝맺고 있다. "그나마 인문계 출신을 뽑는다는 곳은 영업 등 서비스업 분야에 국한돼 있다. 하지만 이런 분야도 갈수록 과학기술과의 융합이 가속화되고 있어 언제까지 인문계에 문을 열어줄지 장담하기 어렵다. 인문학 교육의 과감한 변화 없이는 졸업자의 실업자 코스만 더욱 고착화될 뿐이다." 이것은 협박이나 다름없다. 여기서 말하는 '과감한 변화'란 기업 인문학으로 체질 변화를 말한다. 다시 말해 '기업 인문학으로 거듭나지 않으면, 그나마 영업 등 서비스 분야에 한해 채용했던 것마저 끊길 수 있다'는 것이다.

『한국경제』는 최대주주인 현대자동차를 필두로 삼성, LG, SK 등 한국 굴지의 대기업들이 주주로 참여하고 있는 신문이다(신문발행부수로 업계 5위). 한마디로 '재벌들을 위한, 재벌들의 신문'이라 할 수 있다. 그런 점을 감안하면, 이 사설의 논조는 어쩌다 불쑥 튀어나온 것이 아니라, 인문학에 대한 재벌들의 시선을 반영한다고 보는 게 옳다. 현실적으로 대학 졸업 후 대기업에 입사하는 사람은 소수에 불과하다. 그럼에도 대학생들이 가장 선호하는 일자리는 대기업이다.[7] 그리고 학생들 대부분이 자신이 중소기업의 노동자가 될 것을 상상도 하지 않는 상황에서 대기업의 고용 정책이 전공 선택에 미치는 영향은 커질 수밖에 없다.

예전에는 듣도 보도 못한 과들이 대학에 많이 생겨나는 까닭에 언뜻 보면 학문의 다양성이 높아진 것처럼 보일지도 모르겠다. 그러나 국가-자본의 입맛에 맞는 학과들만 창궐하고 있다. 반면 반성적 학문을 하는 인문사회과학 학과들은 대학에 얼마 남지도 않았다. 이런 상황에서는 기업의 인문학 차별이 더욱 노골적이 되기 쉽다. 왜냐하면 기업 친화적인 학과들이 이렇게 많아졌는데도 굳이 기업들이 별로 내켜하지 않는 과를 간 사람이 되기 때문이다. 그래서 철학과나 사학과, 사회학과를 선택한 것 자체가 기업에 '찍히는' 일이 된다.

인문학을 전공했다고 해서 고용시장에서 불이익을 주는 것은 당연히 부당하다. 그러나 더 큰 문제는 인문학 전공자라고 해서 반기업적 정서를 갖고 있다는 것 자체가 설득력이 없지만, 차별한다는 점이다. 요즘에는 인문학 전공자라고 하더라도 취업을 위해 복수전공, 부전공, 이중전공, 연계전공 등의 이름으로 경영학을 함께 공부하는 경우가 많다. 사회학자 오찬호의 말이다. "제가 가르치는 서강대만 해도 25개 학과가 있는데 경영학과 학생 수만 20퍼센트가 넘습니다. 인문사회 분야 학생들도 약 80퍼센트가 경영학에 발을 걸치고 있어요."[8] 이것이 현실이다. 인문학 전공자라고 해서 인문학만 공부하는 것이 아니다. 기업들도 이런 상황을 잘 알고 있다. 그럼에도 인문학 전공자들을 박절하게 대한다. 이유가 무엇일까?

그것은 인문학 개혁에 대한 압박의 필요성 때문이라고 할 수 있다.

---

7 이것도 경제 양극화의 결과다. 중소기업이 먹고살 만하다면 이런 현상은 발생하지 않을 것이다.
8 홍유진, 「오찬호 인터뷰: 이십대는 왜 차별에 찬성하게 되었나」, 『월간 인물과사상』, 2014년 2월호.

시나리오는 이미 완성되어 진행되고 있다. 기업은 인문계 졸업자들을 고용에서 차별하고, 그것은 인문계 졸업자들의 낮은 취업률로 기록된다. 낮은 취업률은 대학이 '사회 수요'에 맞지 않는 교육을 하고 있다는 증거로 제시된다. 취업률을 기반으로 정부는 인문학에 대한 체질 변화를 요구한다. 교육부가 취업률을 대학 평가의 가장 큰 기준으로 삼는 것은 언뜻 보면 학생들을 위한 것으로 보인다. 그러나 그것은 거대한 기만이다. 정부는 청년 실업문제에 관심도, 해결할 의지도 없다. 취업률을 문제 삼는 것은 기업이 원하는 대학 시스템으로 전환하기 위한 명분일 뿐이다.

학문 융합 필요의 허구성

대학 구조 조정은 학과 통폐합과 융복합이 동시에 구현되는 형식을 취한다. 예를 들면 성신여자대학교는 2016년 3월 '프라임 사업'에 지원하기 위해 사회대 16퍼센트, 인문사범대 20퍼센트를 축소하고, 인문대와 사범대를 인문사회대로 통합했다. 단과대 내에서도 중문과와 일문과가 아시아어문문화학과로, 독문과와 불문과가 유럽어문문화학과로 통합되었다. 한남대학교는 2013년 철학과와 독문과를 폐지하더니 철학과에 상담심리를 덧붙여 철학상담학과로 변형시켰다. 그러더니 2015년에는 여기에 사학과를 덧붙여 역사철학상담학과라는 '프랑켄슈타인 학과'를 만들었다. 한양대학교에는 이미 2008년 문예창작학과·경영학과·영상학과·광고홍보학과의 성격을 두루 갖춘 문화콘텐츠학과가 생겨났다.

학과 통폐합에 동원되는 상상력은 기상천외하다. 2015년 12월 경희대학교 부총장 한균태는 학생들과의 면담 중 학과 융합의 예로 국문학과와 전자전파공학과를 통합해 웹툰창작학과를 만들 수 있다고 말했다. 역시 2015년 12월 주류 언론에서는 지리학과·사회학과·경제학과·국문과·

수학과를 합쳐 '빅데이터 소셜네트워크학과'를 만들 수 있다는 예가 제시되었다. 이렇듯 구조 조정은 반성적 학문이나 기초 학문을 없애거나 정원을 축소한다. 학문을 맥락도 없이 무자비하게 합침으로써 학문 고유의 성격을 파괴한다.

반면 기업 중심, 취업 중심의 실용적 학과나 단과대들은 속속 생겨난다. 뷰티트랙 · 탤런트학과 · 신산업융합대학(이화여자대학교), 지식서비스공과대학 · 휴먼웰니스대학(성신여자대학교), 융합생명과학대(건국대학교), 산업보안학과 · 에너지시스템공학부 · 국제물류학과 · 글로벌금융학과 · 융합공학부 · 공공인재학부(중앙대학교), 지식융합학부(서강대학교) 등이 그렇다. 다시 말하지만, 문제는 이런 조치들이 청년 실업을 해결하지 못한다는 것이다. 점증하는 청년 실업률만 놓고 보면, 대학 구조 조정이 청년 실업을 해결할 수 있다는 것은 거짓말이다. 그렇다면 이렇게 구조 조정을 추진하는 이유는 대체 무엇인가?

취업률 제고 외 국가-자본이 제시하는 다른 이유들도 있기는 하다. 미래 사회가 '지식융합사회'라는 것, 혹은 사회가 학제 간의 영역을 초월한 통섭적 시야를 가진 인재를 요구한다는 것, 그런 사람이라야 광범위한 문제 해결 능력을 갖출 수 있다는 것 등이다. 그러나 이것들도 '기업의 요구'와 다름없다. '사회적 요구'가 아니라 '기업의 요구'라는 말이다. 지식 융합을 요구하는 것도, 융합적 인재를 요구하는 것도 기업이고, '문제 해결 능력'이라는 것도 비즈니스와 관련된 해결 능력을 말한다.

때로는 좀더 고차원적인 담론이 학문 융합의 이유로 동원되기도 한다. 2013년 정부에서 예산 지원을 받아 개최된 '청년인문학캠프'에서 그랬다. 거기에서는 이런 내용이 발표되었다. "어느 때보다 폭넓게 사유하고 전 지구적 시각을 가지며 철학적으로 문제를 생각할 수 있는 능력을 가진 사람들이 필요합니다. 슬로베니아 출신 철학자 슬라보이 지제크의 말입니다."

이것을 본 『경향신문』 기자는 (정부가 지원하는 것치고는) 행사 내용이 "의외로 진보적이었다"고 평했다.[9] 지제크의 말은 옳다. 전 지구적으로 문제가 속속 출현하는 만큼 지구적으로 사고하는 것은 긴요한 일이다. 그러나 똑같은 말도 어떤 장場에서 울려 퍼지느냐에 따라 뉘앙스 차이가 날 수 있다. 컨텍스트성은 말과 말 사이에서만 형성되는 것이 아니라 말과 장場 사이에서도 형성된다.

　　행사를 지원한 문화체육관광부 문화정책국장 나종민은 이렇게 말했다. "정부의 큰 그림은……최소한의 마중물을 지원하되, 간섭은 하지 말아야 한다는 것이며 이번 행사도 그런 차원에서 후원했다."[10] 여기서 중요한 것은 '최소한의 마중물'인 것으로 보인다. 정부의 학문 융합 정책에 도움이 되는 것이라면 지제크처럼 진보적인 철학자의 견해도 적극 이용할 수 있다는 것, 그것을 '최소한의 마중물'로 표현한 것 아닌가 싶다. 우리는 지제크가 말한 '폭넓은 사고'가 '학문 융합'에 대한 정당성을 부여하고, '지구적 시각'은 얼마든지 비즈니스에 필요한 '글로벌한 사고와 감각'으로 변형 수용될 수 있음을 알아야 한다. 정부는 이렇게 '제 논에 물대는' 식으로 행사의 내용을 역이용할 수 있다고 생각해 행사를 지원한 것으로 보인다.

　　학문 융합을 정당화하는 또 다른 담론은 폐쇄적인 학문체계에 대한 비판이다. 학문이 전문화되고 세분화됨에 따라 다른 학문·현실과 소통할 수 없게 되었다며 학문 융합을 주장하는 경우다. 문제 제기는 옳다. 그러나 그렇다고 해서 '학문 융합'이라는 해결책이 옳은 것은 아니다. '학문 융합'이 문제가 되는 것은 그것이 국가-자본에 의해 일방적으로 강요된다는 점이다. 학문의 가장 중요한 전제는 자율성과 독립성이 얼마나 보장되느냐.

9　김종목, 「정부 "인문정신문화 진흥"…창조경제 연계·계몽적 시각에 비판 일어」, 『경향신문』, 2013년 8월 18일.
10　김종목, 앞의 기사.

기존의 학문에 다소 문제가 있다 하더라도 그에 대한 해결은 학자들의 자율성에 맡겨지는 것이 옳다. 그렇지 않고 국가-자본이 강요하면, 학문이 죽는다. 자율성과 독립성은 학문의 생명과도 같은 것이기 때문이다.

학문 융합이 창의성을 높인다고?

'창의성 제고'도 학문 융합을 정당화하는 주된 논리다. 융합된 학문을 공부하면, 학생들의 창의성이 높아진다는 것이다. 창의성이라는 것이 서로 다른 지식, 개념, 아이디어, 관심 등이 섞여서 생겨나는 것은 맞다. 그러나 창의성이 생겨나려면 학생들이 자신의 관심과 흥미, 문제의식을 갖고 '자기 스스로 이것저것을 골라 섞어야' 한다. 그런데 지금의 융합학문이라는 것은 국가가 문제의식을 전유專有해 국가가 섞어놓은 것이다. 말하자면 스스로 비빔밥을 만드는 것이 아니라(그 과정에서 나만의 비빔밥이 만들어진다), 그냥 식당에서 비빔밥을 시켜 먹는 것과 같다. 식당에서 나온 비빔밥은 이미 섞어진 것이다. 거기에는 먹을 사람이 더는 보태고 뺄 것이 없다. 식당의 비빔밥이 수많은 메뉴 중 하나일 뿐인 것처럼, 융합학문도 그렇다.

학문 융합은 학생들로 하여금 넓되, 얕게 알게 만든다. 이것은 결코 작지 않은 단점이다. 창의성이 생겨나기 위해서는 무엇 하나라도 깊이 알고, 그것을 바탕으로 연관 학문(주제)들을 알아나가는 것이 필요한데, 다중전공이나 융합학문은 어떤 것에 대해서도 깊이 아는 것은 없는 채, 여러 가지에 대해 피상적으로 아는 방향으로 유도한다. 창의성을 발휘하기 위해서는 일정한 사상, 가치관, 철학도 있어야 한다. 그래야 그를 통해 일정한 시선으로 세상을 바라보고 그것을 예술적 방법으로 표현할 수 있다. 그런데 사상, 가치관, 철학은 어떤 분야나 주제를 깊이 들이파는 과정을 통해 형성된다. 학문 융합은 이를 가로막는다.

요즘 대학생들은 대부분 다중전공(부전공, 이중전공, 복수전공)을 신청한다(심지어는 융합학문 전공자도 상경계열 등을 다중전공으로 신청한다). 학생들이 다중전공으로 신청하는 것은 주로 취직에 도움이 되는 '인기학과'다. 이것도 그냥 되는 것이 아니다. 신청자가 많다 보니, 치열한 경쟁을 통과해야 한다. 예를 들어 서강대학교는 2011학년도 1학기 기준 상경계열 강의를 수강하는 다중전공생이 본 전공생의 19배에 달했다. 이렇듯 선택하려는 사람이 많다 보니 학점 외에도 면접(영어 면접인 경우도 있다)이나 학업계획서(해당 학과에 진학했을 때 자신의 학업계획을 담은 일종의 자기소개서) 등을 엄격히 심사해 선발한다.[11]

앞서 말한 적이 있지만, 학부제로 대학이 운영되는 현 상황에서 학생들은 1학년을 마치고 치열한 경쟁을 뚫어야 소위 '인기학과'를 전공할 수 있다. 그런데 다중전공을 선택하는 데에도 다시 경쟁해야 한다. 경쟁에서 이기기 위해서는 평소의 학점 관리가 중요하다. 지금의 대학생활은 철저하게 '경쟁의 중첩'으로 이루어져 있다. 하나의 경쟁이 끝나면, 또 다른 경쟁이 기다리고 있다. 융복합의 이름으로 공부해야 할 것은 점점 늘어나는데, 경쟁을 통해 통과해야 할 관문 역시 많아진다. 그 결과 대학생들은 '해야 하는' 공부와 '해치워야 하는' 학사 일정 외에는 다른 어떤 것에도 신경 쓸 여유를 갖지 못한다.

복수전공을 하면 전공별 학위 증명서를 준다. 2개의 졸업장을 받는 것이나 마찬가지다. 복수전공을 이수하기 위해서는 1·2·3·4학년의 전공 필수, 전공기초 수업을 모두 들어야 한다. 전공과 복수전공의 강의 시간이 겹치지 않게 머리를 잘 써서 수강신청을 해야 한다. 이 과정에서 듣고 싶

---

11 「또 하나의 입시, 다중전공」, 「고함20」, 2014년 4월 16일.

은 본 전공과목이 뭉텅 잘려 나간다. 시간대가 겹쳐 단 한 과목이라도 전공 필수를 놓치면 말짱 도루묵이 된다. 아니면 비싼 등록금을 다시 내고 다음 학기에 해당 과목을 들어야 한다. 수강신청도 경쟁이다. 학생들은 집이든, PC방이든, 학교 컴퓨터실이든 대기하고 있다가 수강신청 시작 시간이 되자마자 번개같이 해당 사이트에 접속해 빠르게 수강신청을 완료해야 한다.[12] 그렇지 않으면 금세 신청 인원이 꽉 차 듣고자 하는 과목을 들을 수 없다. 세계에서 가장 비싼 등록금을 내고도, 경쟁 시스템 때문에 듣고 싶은 강의도 마음대로 듣지 못한다. 이것이 대학생들의 현실이다.

대학생들이 다중전공을 하는 것은 타학문에 대한 관심 때문이 아니다. 자신의 '창의성 제고' 때문은 더더욱 아니다. 오로지 취직 때문이다. 학생들은 취업시장에서 불이익을 받지 않기 위해 자기 흥미와 관심과 별개로 회계를 배우고 경영정보시스템에 몰두한다. 학교 공부라는 것이 기본적으로는 '자기 소외의 공부 패턴'을 구현하고 있지만, 이러한 다중전공(학문 융합) 시스템은 자기 소외를 극복한 것이 아니라 오히려 강화한 형태를 취하고 있다. 이런 공부를 통해 창의성이 길러진다는 것 자체가 난센스다.

국가-자본이 융합형 인재의 예로 많이 거론하는 인물이 레오나르도 다빈치다. 그는 화가이자 조각가, 발명가, 건축가, 기술자, 해부학자, 식물학자, 천문학자, 지리학자였다는 융합형 인재의 표본이 되었다. 그가 다방면에 정통했던 것은 맞다. 그러나 그는 누구의 강요에 의해 혹은 어떤 틀에 갇혀 공부함으로써 이 다양한 분야를 섭렵했던 것은 아니다. 오히려 틀에 갇히지 않고 호기심 가는 데로 자유롭게 탐구하다 보니, 많은 지식에 정통할 수 있었다.

---

12 수강신청 기간만 되면 'ㅇㅇ대 수강신청'이 포털사이트 검색 순위에서 상위를 차지하는 이유가 여기에 있다.

또 다른 대표적인 융합형 인재로 치켜세워지는 스티브 잡스도 마찬가지다. 국가-자본은 그가 대학에서 철학을 전공해 인문학과 기술의 융합을 이루어냈다고 주장한다. 그러나 그가 대학에서 철학을 배운 것은 고작 1학년 1학기에 불과했다. 1학기 동안 배웠으면 얼마나 배웠겠는가. 오히려 그의 정신을 성장시킨 계기가 있다면 그것은 대학을 중퇴한 것에 있다고 보는 것이 맞지 않을까? 실제로 그는 대학 중퇴 후, 자신이 하고 싶은 일에 온전히 몰입했다. 그리고 자신이 읽고 싶은 책을 읽었다. 그가 한국의 대학생들처럼 숨 돌릴 틈 없이 돌아가는 학사 일정을 소화하는 데 몰두했다면(그 공부의 내용이 융합이건 뭐건 상관없이), 그는 성공한 CEO도 될 수 없었을 것이고, 오늘날 융합형 인재로 떠받들어지지도 않았을 것이다.

지금의 대학생들에게는 책을 읽고, 토론을 하고, 자유로운 사고를 할 만한 여유가 없다. 미래에 대한 불안함 때문에 자신의 관심과 흥미, 궁금증이나 내적 욕구와 상관없는 공부를 하며, 대학 생활을 다 보낸다. 중고교 때는 학생들의 목줄을 대학이 잡고 있었다면(대학에 들어가는 것이 목표니까), 대학에 입학하고 나서는 '이렇게 해야 취직할 수 있다'며 그 목줄을 국가-자본이 움켜잡는다. 목줄을 잡고 있는 주체만 바뀌었을 뿐, 노예 신세인 것은 똑같다. 학생들은 국가-자본 앞에 경쟁적으로 줄만 서다, 자신만의 사상과 세계관이라 할 만한 것을 갖지 못한 채 졸업한다. 이래서는 결코 창의성이 생겨날 수 없다. 지금의 대학들은 창의성을 살린다는 명분으로 오히려 그것을 죽이는 교육을 하고 있다.

아이폰 인문학의 탄생

왜 휴머니티스가 아니라 리버럴 아츠였을까?

2011년 3월, 아이패드2 제품 발표회에서 스티브 잡스는 '융합'이 무엇인지를 보여주는 상징적 장면을 연출했다. 그는 무대 위 스크린에 교차로 표지판 영상을 띄워놓았다. 서로 다른 방향을 가리키는 표지판에는 '인문학Liberal Arts'과 '기술Technology'이 적혀 있었다. 그는 그 앞에서 이렇게 말했다. "인문학과 기술의 교차로입니다. 애플은 언제나 이 둘이 만나는 지점에 존재해왔지요. 우리가 아이패드를 만든 것은 애플이 항상 기술과 인문학의 갈림길에서 고민해왔기 때문입니다. 그동안 사람들은 기술을 따라잡으려 애썼지만 사실은 반대로 기술이 사람을 찾아와야 합니다."

　　그동안 애플의 상업적 성공이 '인문학'과 '기술'의 결합에 있었다는 고백이다. 그 후로 사람들은 '융합' 하면 무엇보다 인문학과 기술공학의 결합을 연상하게 되었고, '융합형 인재' 하면 스티브 잡스를 떠올리게 되었다. '아이폰 인문학'이라는 말도 생겨났다. 스티브 잡스는 기업 인문학의 '신화적 인물'로 부상했고, '아이폰 인문학'은 기업 인문학의 전범이 되었다. 한국에서도 '융합'이라는 말이 크게 유행했고, '융합형 인재 양성'은 사회와 학계의 과제가 되었다.

　　여기서 주목해야 할 점이 있다. 잡스가 '인문학'을 의미하는 말로 '휴머니티스humanities'가 아니라 '리버럴 아츠Liberal Arts'를 썼다는 점이다. 우리말로는 휴머니티스나 리버럴 아츠 모두 '인문학'으로 번역해도 틀린 것은 아니다. 그러나 두 단어의 뉘앙스는 다소 차이가 있다. 리버럴 아츠는 중세시대 때부터 써왔던 말로, '자유 학예學藝'라는 뜻이다. '자유 학예'는 '자유로운 학예(탐구, 연마)'를 의미하기도 하지만, 노예를 배제한 자유 시민의 학예, 자유 시민을 위한 학예를 의미하기도 한다. 다분히 계급적인 뉘앙스를 가진 단어였던 셈이다. 무엇보다 '학예'라는 말에는 '예술', '기술', '학문'이라는 뜻이 뒤섞여 있다.

　　중세의 리버럴 아츠에 해당하는 과목으로는 문법, 논리학, 수사학, 수학, 기하학, 음악, 천문학 등이 있었다. 지금의 분과 기준으로 보면 인문학, 예술, 자연과학 등이 섞여 있는 것으로, 당시로서는 학문의 일부가 아니라 전체를 일컫는 말이었다. 자연과학이 인문학에서 갈라져 나온 것은 르네상스 시대의 일이었다. 그러면서 기술적 의미가 사라진 '휴머니티스'라는 말이 부상했다. 휴머니티스는 인본주의적 색채가 강한 말이다. 지금 우리가 일반적으로 일컫는 인문학, 즉 문사철文史哲이 이에 해당한다.

　　오늘날 '리버럴 아츠'는 문학, 어학, 철학, 사회과학, 자연과학, 예술 등 '전인교육을 위한 기초인문교양'을 일컫는 말로 쓰인다. 정리하면 '인문학'에는 '휴머니티스'를 쓰는 것이 적절하고 '인문교양'에는 '리버럴 아츠'를 쓰는 것이 적절하다. 잡스는 '휴머니티스' 대신 '리버럴 아츠'라는 말을 썼다. 왜 그랬을까? 그것은 무엇보다 리버럴 아츠가 기술공학을 배제하지 않기 때문이다. 나아가 휴머니티스보다는 리버럴 아츠가 인문학을 기술공학 쪽으로 유인하기 쉽기 때문이 아닌가 싶다.

한국 대학에서 리버럴 아츠들이 잇달아 생겨난 것도 애플이 일련의 상업적 성공을 거둔 것과 때를 같이한다. 명지대학교의 방목기초교육대학(2010), 경희대학교의 후마니타스 칼리지(2011), 동국대학교의 다르마 칼리지(2014), 한국외국어대학교의 미네르바 교양대학(2014), 건국대학교의 상허교양대학(2016) 등이 그렇다. 요즘에는 흔히 리버럴 아츠를 인문학의 최후의 보루로 인식하는 경우도 많다. 이를테면 경희대학교의 후마니타스 칼리지는 인문적 가치를 지켜내고 있다는 평가를 받기도 한다. 그러나 전체적으로 보았을 때, 이런 리버럴 아츠는 신자유주의적 흐름에 맞서 생겨난 것이 아니다. 오히려 그 반대다.

그것은 해당 대학의 홈페이지만 들어가 봐도 금방 알 수 있다. 경희대학교 후마니타스의 '학사 안내'에는 "세계시민 양성",[1] "융복합적 인식의 지평 제공"이라는 문구가 적혀 있다. 한국외국어대학교의 미네르바 교양대학 홈페이지에도 "융합적 사고력 배양", "글로벌 지식 기반을 갖춘 인재 양성"이 설립 취지로 나와 있다. 명지대학교의 방목기초교육대학은 더 노골적이다. 해당 홈페이지에는 '성공 전술과 면접 스킬', '벤처창업의 이해', '카네기 성공 전략', '성공하는 대학생들을 위한 리더십', '글로벌 리더를 위한 글로벌 매너', '부자학 개론', '성공학 특강' 등 자기계발 커리큘럼이 버젓이 인문교양의 이름으로 설치되어 있다. 이처럼 리버럴 아츠는 신자유주의적 흐름에 역행하는 것이 아니라, 그에 편승해 생긴 것으로 봐야 한다.

---

1 여기서 '세계시민'은 '글로벌 인재'를 뜻한다. 글로벌 인재의 조건은 이동성mobility이다. 『하류지향』의 저자 우치다 다쓰루의 설명이다. "글로벌 인재는 내일부터 외국 지점에서 근무하라면 오늘 당장 짐을 쌀 수 있어야 한다. 어찌 보면 이런 사람은 자신이 속한 사회에서 필요 없는 사람이라고도 할 수 있다.……결국 기업이 원하는 모빌리티가 뛰어난 인재는 주변과의 연결점이 없는 사람, 뿌리가 없는 사람인 것이다. 글로벌 사회에서는 이런 사람일수록 높이 평가받는다.……다시 말해 일본어를 쓰지 않아도 되는 사람, 일본 내 커뮤니티가 필요 없는 사람, 극단적으로는 당장 일본 열도가 붕괴하고 원전이 재폭발해도 도망가면 그뿐일 사람들인 것이다." 장정일, 「'글로벌 인재'가 최상층 엘리트가 되는 사회」, 『시사IN』, 2016년 6월 1일(454호) 참조.

잡스에게 인문학이 필요했던 이유

스티브 잡스가 2010년 아이패드 제품 발표회에서 보여준 또 다른 인상적인 장면이 있다. 그는 스크린에 프랑스 화가 귀스타브 도레의 그림 〈계율판을 깨뜨리는 모세Moses Breaking the Tablets of the Law〉를 띄워놓았다. 모세가 십계명이 적힌 석판을 던져 깨뜨리기 위해 머리 위로 석판을 바짝 치켜들고 있는 그림이었다. 그림 옆에는 이런 문구가 있었다. "(아이패드가 나오기 이전) 우리를 흥분시킨 태블릿(서판)은 딱 하나 있었다. 바로 십계명이 적힌 태블릿이다. ―『월스트리스저널』" 잡스는 이 글을 올려다보며 "이걸 보니까 목이 다 메이더군요"라고 미소 지으며 말했다.

　잡스가 『월스트리트저널』 기사를 언급한 것은 단지 제품 개발에 쏟아 부은 자신들의 노고와 열정을 알아준 것에 대한 고마움 때문이었을까? 아이패드를 격찬하는 기사는 이 외에도 많았다. 잡스는 그중에서도 특히 이 문구를 마음에 들어 했고, 그것을 다시 언급함으로써 대중에게 널리 알리고자 했다. 곰곰이 생각해보면, 이것은 잡스의 의도가 무엇인지를 잘 보여준다. 구약성서에 따르면, 석판에 십계명을 새긴 것도, 그 석판을 모세에게 준 것도 하나님이다. 그런데 『월스트리트저널』은 아이패드를 십계명 석판과 동급으로 취급했다. 그렇다면 그것을 만들어낸 애플과 잡스는 '신적인 존재'가 된다. 잡스는 자신을 신으로 취급해준 것이 마음에 들었던 것 아니었을까?

　프레젠테이션 이야기를 하나 더 하자. 2007년 아이폰 발표회를 보면, 그가 후광이 비치는 애플의 사과 로고를 대형 스크린에 띄워놓고 말하는 장면이 나온다. 그 대형 로고 앞에서 그는 말한다. "획기적이고 혁신적인 제품들이 우리 삶을 바꿔놓습니다. 1984년 출시한 매킨토시는 애플뿐 아니라 컴퓨터 산업을 통째로 바꿔놓았습니다. 2001년 출시한 아이팟은 우리가 음악을 듣는 방식을 바꿔놓았을 뿐 아니라 음악 산업 전체를 뒤엎었죠." 물론

경영자가 이런 식으로 자부심을 갖고 홍보하는 것은 흔한 일이다. 그러나 이 말에는 단순한 홍보 이상의 무엇이 들어 있다.

성화聖畵 속의 신이나 성인聖人에게나 나타날 법한 후광에 휩싸인 애플 로고, 이것은 잡스의 프레젠테이션이 단순한 제품 발표회나 제품 시연회가 아니라 '종교적 퍼포먼스'라는 것을 말해준다. 잡스에게 애플 로고는 자신의 분신이나 다름없다. 그 로고에 후광을 비춘 것은 신의 지위를 넘보고 싶은 자신의 욕망을 드러낸 것이라 봐도 무리가 없다. 그 로고 앞에서 잡스는 인류의 삶 전반을 변화시키는 자신의 전능함에 대해 말하고 있는 것이다. 그 변화가 좋은 것인지, 나쁜 것인지, 옳은 것인지, 그른 것인지는 문제가 되지 않는다. 그는 그저 자신과 애플이 만들어낸 '거대한 변화' 그 자체에 대해서만 말할 뿐이다. 그렇게 하는 것이 자신의 전능함을 알리는 데 효과적이기 때문이다.

그는 제품의 작동 원리나 제작 과정에 대해서도 말하지 않는다. 대신 청중을 향해 "마술 같지 않느냐?", "멋지지 않느냐?", "놀랍지 않느냐?" 하고 물을 뿐이다. 그럼으로써 제품에 대한 신비주의를 부추긴다. 그의 설명을 듣고 있으면, 여러 개발자의 회의와 협업, 전 세계 여러 곳에서 노동을 착취당하는 노동자들에 의한 분업 생산, 엄청난 물량을 동원한 마케팅과 조세 회피, 시장 독과점의 결과로 애플과 잡스가 천문학적인 수익을 올리는 과정이 머릿속에 전혀 떠오르지 않는다. 그저 아이폰이나 아이패드는 하늘에서 뚝 떨어진, '신의 선물'처럼 보일 뿐이다. 여기서 신은 바로 스티브 잡스다. 그는 세계를 자신의 의도대로 창조하고 기적을 선보이며 사람들의 삶을 변화시키는 신이다. 아이폰과 아이패드는 그 신이 하사한 축복이요, 역사役事다.

스티브 잡스와 함께 애플의 공동창업자였던 스티브 워즈니악은 이렇게 말한 바 있다. "잡스는 내가 애플1이나 애플2를 만들 때 전혀 관여하지 않았다.……그는 기술에 대해 전혀 몰랐다. 하드웨어 엔지니어로서 설계한 것도 전혀 없다. 소프트웨어도 몰랐다.. 그는 중요한 인물이 되길 원했고 특히 비즈니스맨들 중에서 중요한 인물이 되고 싶어 했다."[2] 이 말은 잡스의 정체성이 무엇인지를 잘 보여준다. 그는 기술자가 아니라 탁월한 기획자, 마케터, 비즈니스맨이었다. 그 정체성은 그가 죽을 때까지 변함이 없었다.

그는 단지 반할 만한 제품을 기획하고, 제품의 품질을 높이고, 그것을 잘 팔려고 노력하는 사람이 아니었다. 이런 것은 보통 기업가들도 모두 한다. 그가 유별났던 점은 자신과 애플, 자사 제품을 '인문적으로 포장'하는 데 능했다는 점이다. 그는 자신과 애플, 제품에 '심오함'이라는 아우라를 덧씌웠고, 그를 통해 곧장 사람들의 정신적 영역으로 육박해 들어갔다. 그 '심오함'을 위해 필요한 것은 인문학(정확하게 말하면 '인문적 수사修辭')이었다. 그 결과 수많은 추종자가 생겨났고, 그가 죽은 후에는 그를 예수에 빗대며 숭배하는 일이 생겨났다. 그가 죽자마자 나온 그의 전기傳記도 전 세계 출판 시장에서 불티나게 팔렸다.

이러한 대중적 반응은 일반적인 경영인에게서는 나오기 힘든 것이었다. 그것은 우연히 생긴 현상이 아니라, 지속적이고 일관된 정책의 결과이자, 의도된 결과였다. 그의 목표는 고작 브랜드나 제품에 대한 고객의 충성도를 만들어내는 것에 있지 않았다. 그는 인문학을 동원해 대중의 정신을 '이데올로기적으로 지배'하고자 했다. 그의 탁월함은 바로 여기에 있었다. 대중에 대한 정신적(지적) 권능까지 가질 수 있다면, 상업적 성공은 떼어놓은 당상이었다. 정신적 노예를 기업의 영원한 봉으로 만드는 것은 쉬운 일이기 때문이다. 그뿐인가. 정신을 지배할 수 있다면, 대중을 '정치적으로 지배'하는 것도 가능해진다.

---

2   Julie Bort, 「Steve Jobs 'played no role at all' in designing the Apple I or Apple II computers, Woz says」, 「Business Insider」, Sep. 2, 2015.

두 개의 광고, 포장과 기만

잡스가 인문적 포장에 능하다는 것은 1984년의 광고에서 이미 드러났다. 1984년은 애플이 매킨토시를 출시한 해였다. 그해 잡스는 "1984년, 기존의 질서를 파괴한다"라는 제목의 광고를 내보냈다. 내용은 이랬다. 죄수복을 입은 사람들이 감시를 받으며 한 줄로 서서 일사불란하게 복도를 걷는다. 큰 강당에 모인 죄수들. 그들은 대형 스크린을 통해 '빅브러더'의 모습을 넋 놓고 바라본다. 이때 해머를 든 여인이 경비원들을 뚫고 강당에 뛰어 들어온다. 그러고는 올림픽에서 '해머던지기'를 하듯 몸을 빙글빙글 돌리더니 스크린을 향해 해머를 던진다. 해머를 맞고 하얗게 폭발하는 스크린. 그 위로 매킨토시가 출시되었다는 정보와 함께 이런 문구가 뜬다. "당신은 1984년이 '1984'와 왜 다른지를 알게 될 것이다."

이 광고는 조지 오웰의 소설 『1984』를 인용한 것이다. 여기서 '빅브러더'는 IBM을 뜻한다. 광고는 PC시장에서 가장 큰 점유율을 확보하고 있는 IBM을 '빅브러더'에 비유했다. 해머를 든 여인은 애플이다. 여인은 그 독재자에 맞서 싸우는 전사이자, 독재자에게 맹목적으로 빠져 있는 사람들(대중)을 해방시키는 해방전사다. 잡스는 매킨토시가 출시된 것이 1984년이라는 점, 그리고 조지 오웰의 소설 『1984』가 전체주의 사회를 그리고 있다는 점에 착안, 이런 광고를 내보냈다. 광고의 위력은 컸다. 광고가 나간 후 애플의 시장 점유율은 급등했다. 이 광고는 여러 광고 관련 상을 휩쓸기도 했다.

IBM와 애플을 골리앗과 다윗에 비유한다면 모를까, IBM을 '빅브러더'로 애플을 그에 맞서는 해방전사로 포장한 것은 이치에 맞는 일이 아니었다. 왜냐하면 오늘날의 자본은, IBM이건 애플이건 모두 독과점을 추구하기 때문이다. 실제로 스티브 잡스가 경영권 분쟁으로 1985년 애플을 떠났다가 1997년 다시 최고경영자로 돌아왔을 때 했던 일 중 하나가 마이크로소프트와 손잡는 것이었다. 또한 2014년에는 '빅브러더'라고 비판했던 숙적 IBM과도 손을 잡았다.

슬라보이 지제크가 그랬던가. "나쁜 놈과 싸우는 놈도 나쁜 놈"이라고. 애플이 그랬다. 애플이 대중을 해방시키기 위해 한 일은 거의 없었다. 그저 다른 초국적 기업들과 마찬가지로 사람들로 하여금 자사 제품을 소비하게 했을 뿐이다. 애플은 IBM 같은 공룡 기업이 되고 싶었고, 아이맥, 아이팟, 아이폰, 아이패드의 잇따른 성공으로 그렇게 되었다. 이로부터 "당신은 1984년이 '1984'와 왜 다른지를 알게 될 것이다"라는 문구의 진짜 의미가 드러난다. 그것은 경쟁자 IBM을 물리치고 자신이 '빅브러더'가 되고 싶다는 욕망을 드러낸 말이었다. 해방전사 이미지는 자신에 대한 의식 과잉 overconsciousness이나 전도된 자아의식이 고도의 대중 기만술과 결합되어 만들어진 것이었다.

기업의 실체와 무관한 가치 지향적 메시지를 드러냄으로써 자사 브랜드 효과를 높이고자 하는 것은 일반적인 기업들도 그렇게 한다. 예를 들어 삼성의 "또 하나의 가족"이나 두산의 "사람이 미래다"가 그렇다. 그러나 잡스가 다른 경영인들과 달랐던 점은 조지 오웰의 『1984』 같은 인문적 텍스트를 동원한 데 있었다. "또 하나의 가족"이나 "사람이 미래다" 같은 슬로건은 수용자의 지적 능력과 아무 상관이 없다. 그러나 애플의 광고는 『1984』의 내용을 알아야 이해할 수 있다. 그러나 잡스는 개의치 않았고, 이 광고는 중산층 이상의 학력 자본을 가진 사람, 혁신적 가치를 지향하는 사람, 개성을 중시하는 사람들에게 어필하는 데 성공했다.

잡스의 인문적 텍스트 동원 능력을 보여주는 또 다른 예가 있다. 그가 애플로 복귀한 1997년 선보인 광고 "미치광이들The Crazy One"이다. 이 광고는 우리가 익히 알 만한 예술인이나 사회운동가들을 망라해 보여주었다. 마리아 칼라스, 조앤 바에즈, 밥 딜런, 앨프리드 히치콕, 오슨 웰스, 파블로 피카소, 마틴 루서 킹, 마하트마 간디, 알베르트 아인슈타인 등. 광고에는 이들의 모습과 함께 다음과 같은 내레이션이 흐른다.

"여기 미친 사람들이 있습니다. 부적응자, 혁명가, 문제아……이들은 사물을 다르게 봅니다. 그들은 규칙을 좋아하지 않습니다. 그들은 현상 유지도 원하지 않습니다. 우리는 그들을 찬양할 수도 있고 그들을 부정하거나 비난할 수도 있습니다. 하지만 할 수 없는 것이 있습니다. 결코 그들을 무시할 수 없다는 사실입니다. 그들은 세상을 바꾸기 때문입니다. 그들은 인류를 진보시켜왔습니다. 어떤 사람들을 그들을 미친 것으로 보지만, 우리는 그들에게서 천재성을 봅니다. 자기들이 세상을 바꿀 수 있다고 생각할 정도로 미친 사람들이야말로 세상을 바꾸는 사람들이기 때문입니다." 그리고 "다르게 생각하라think different"는 문구가 뜬다.

웬만한 독자들은 애플의 대표적인 슬로건이 된 "다르게 생각하라"를 기억할 것이다. 이 광고를 통해 잡스가 하고 싶었던 말은 무엇이었을까? 유튜브에 보면 '마케팅의 본질'이라는 제목의 잡스 동영상이 떠돌아다닌다. 이 광고를 세상에 공개하기 전, 애플 직원들을 모아놓고 잡스가 브리핑하는 것을 찍은 영상이다. 이 영상을 보면 잡스가 "광고에 나온 인물들 중 살아 있는 사람도 있고, 그렇지 않은 사람도 있지만, 그렇지 않은 사람들이 컴퓨터를 사용했다면 그것은 분명 맥Mac이었을 거"라고 확신하듯 말하는 대목이 나온다. 그가 광고를 통해 전달하고자 했던 것이 바로 이것이다. 광고에 나오는 예술가와 운동가들, 우리가 익히 알고 많은 사람이 존경하는 역사적 인물들은 PC가 없던 시대를 살았기에 그럴 수 없었지만, PC가 생긴 오늘을 살았다면 분명 애플의 컴퓨터를 썼을 것이라는 것이다.

광고가 보여준 인물들은 한 사람 한 사람이 '인문적 텍스트'라고 할 만한 사람들이었다. 잡스는 이들을 광고 모델로 삼음으로써 애플 제품을 쓰면 이들의 자유, 저항, 혁명, 혁신, 반문화counter culture의 정신세계에 동참하는 느낌을 갖도록 만들었다. 나아가 애플 제품을 쓰면 이러한 인물들처럼 될 수 있다는 느낌을 갖게 만들었다. 더구나 잡스가 젊은 시절 히피였다는 사실은 이러한 포장에 진정성을 부여하는 것처럼 보였다. 조지프 히스와 앤드루 포터가 쓴 『혁명을 팝니다』라는 책이 있는데, 잡스가 딱 그 짝이었다. 그는 혁명을 팔았다.

이 광고는 세상을 변화시킨 이 인물들에 대해 경의를 표함과 동시에 그들의 인문 정신을 애플이 계승하고 있다는 것, 또한 애플이 주도하는 사회변화에 대중이 동참해달라는 메시지를 담고 있었다. 효과는 컸다. 애플의 제품을 소비하는 것은 예술의 가치와 인문적 가치에 접근하는 것이 되었고, 잡스의 사회 변화 운동에 동참하는 것이 되었다. 소비자들은 애플 제품을 쓰면서 자신이 개성 있고, 창의적이며, 자유롭고, 혁신적인 사람, 프라이드가 높은 사람이 된 듯 느꼈다. 혹은 애플 제품을 소비함으로써 자신의 '인문적 정체성'을 만들어가고 확인해가고 있다는 느낌에 사로잡혔다.

"다르게 생각하라"는 대중적 제스처에 불과했다. 다르게 생각하기 위해서는 당연히 개별적 자유가 필요하다. 그런데 "경영인 잡스는 (회사 내에서) 이견을 용납하지 않는 절대군주였다. 잡스의 자기중심적이고 냉정하며 이기적인 성격에 대한 일화는 여러 가지가 있는데, 말 한마디를 잘못했다가 그 자리에서 해고된 직원이 한둘이 아니었다. 오죽하면 스티브 잡스와 함께 탔다가 내릴 때 해고당한다는 소문 때문에 아무도 타지 않는 엘리베이터가 생겨났을까."[3] "다르게 생각하라"는 정신적 권능을 확보하기 위해 세상 사람들에게 전달한 정언명령이었다. 그리고 애플 직원들에게는 그 역시 거역할 수 없는 도그마였다.

---

3   송경원, 「창조주, 소통을 꿈꾸다」, 『씨네21』, 2013년 8월 27일.

아이폰 인문학에 투항하는 인문학자들

스티브 잡스는 인문학을 통해 대중을 믿음의 영역, 종교의 영역으로 인도했다. 그리고 인문학을 잘 이용하면 자본가도 존경의 대상, 숭배의 대상이 될 뿐 아니라, 지적 권능을 갖고 대중을 지배할 수도 있음을 보여주었다. 인문학을 동원해 축성築城된 권력과 권능은 웬만해서는 무너지지 않는 철의 요새가 된다. 그는 고차원적인 의식 영역, 즉 사상과 철학의 영역에서 사람들에게 영향을 미치는 방법으로 자본을 축적했고, 지배력과 지적 권능을 누렸다. 그는 신자유주의 시대, 국경을 초월해 대중의 지지를 받기에 가장 유리한 조건에 있는 사람이 초국적 자본가라는 것을 실증했다.

잡스에 따르면 인문학이 기술과 결합되어야 하는 이유는 기술을 사용하는 것이 결국 인간이기 때문이다. 그는 "기술은 인간을 위한 것이며 인간의 니즈needs에 맞게 쉽게 사용 가능하고 재미가 있어야 한다"고 말했다. 또한 '인간 중심의 경영, 인간 중심의 제품, 인간 중심의 서비스를 통한 새로운 가치와 문화 창출'을 강조했다. 그러나 이런 언술言述은 그리 특별한 것이 못된다. 그것은 '인간'을 '고객'으로 바꿔보면 금방 안다. 바꾸면 이렇다. '기술은 고객을 위한 것이며 고객의 니즈에 맞아야 한다. 또한 고객 중심의 경영, 고객 중심의 제품, 고객 중심의 서비스가 이루어져야 한다.' 이것은 우리가 익히 들어온, 식상하기 그지없는 구호가 아닌가? 세상에 고객이 인간이 아닌 경우도 있는가? 고객은 모두 인간이다. 세상의 모든 비즈니스, 모든 기업 활동은 인간을 대상으로 한다.

그가 말하는 '니즈'도 따지고 들면 허무하기 그지없다. 컴퓨터나 스마트폰이 나오기 전, 그것을 요구한 사람은 아무도 없었다. 컴퓨터나 스마트폰에 대한 니즈는 모두 그것이 나온 후에 생긴 것이다. 컴퓨터나 스마트폰이 사람들의 니즈에 맞춰 생겨난 것이 아니다. 반대로 그것이 생겨남과 동시에 사람들의 니즈가 '창출'되었다. 인간은 호기심이 매우 강한 동물이다. 신기한 물건을 보면, 갖고 싶어 하기 마련이다. 컴퓨터나 스마트폰이 나온 후의 '니즈'도 그렇다. 애플의 아이폰이나 아이패드가 사용자의 '니즈'를 만족시킨다고 주장하는 것은 자사 제품이 '경쟁사의 제품'보다 사용하기 편리한 기능과 세련된 디자인 등에서 앞섰다고 보기 때문이다. 엄밀히 말하면, 평가 기준이 '인간'이라기보다는 '경쟁사의 제품'인 것이다.

'기술이나 경영이 인간을 위한 것'이라는 것은 하나마나한 말이다. 기술이나 경영뿐 아니라, 세상에 존재하는 모든 제도, 문화, 체제는 인간을 위한 것이다. 그렇지 않은 것이 없다. 문제는 비인간적인 문제들을 양산하는 신자유주의적 체제 형성에 이바지하고, 그를 통해 엄청난 부와 권력을 만끽하고 있는 초국적 자본가가 이런 주장을 했다는 점이다. 크게 보면, 문제를 만든 장본인이 그것을 해결하겠다고 나서는 꼴이다. 잡스는 사회변화를 역설했지만, 그의 활동으로 비인간적인 문제들이 개선된 것은 없다. 오히려 반대였다. 애플이 세계 최고의 IT기업으로 도약하는 동안 비인간적인 신자유주의 체제는 더욱 강화되었다. 거기에 잡스도 크게 일조했다. 진보, 자유, 혁명의 이미지를 적극 차용함으로써 진보연然하는 사람들조차도 자본 친화적 정서를 갖도록 유도했기 때문이다.

아이폰 인문학의 세계적 열풍은 인문학자들도 변화시켰다. 지금의 학계에는 "테크놀로지를 응용한 상품 소비의 증가를 인간의 해방, 인류의 진보인 양 찬양하는 인문학자"들이 넘쳐난다.[4] 대표적인 인물이 이어령이다. 그는 이런 인터뷰를 한 적이 있다. "소비자가 어디에서 재미와 편의를 느끼는지 이해하기 위해서는……인문학적 통찰력이 필요하다.……인문학

---

4 강명관, 『침묵의 공장』(천년의상상, 2013), 30쪽.

은 '관계'와 '사이'를 연구하는 학문으로 인간과 인간, 인간과 자연, 인간과 기술 간의 관계를 바꾸는 인터페이스 혁명은 인문학적 상상력의 결과이다."[5] 이러한 주장은 잡스의 주장과 거의 판박이다.

인문학 학술단체들이 모여 있다는 한국인문학총연합회에서도 스티브 잡스는 긍정적으로 언급된다. 이를테면 2013년 한국인문학총연합회가 개최한 학술토론회에서 서울대학교 인문학연구원 HK 연구교수(서양철학) 안재원은 '우리나라에서는 왜 스티브 잡스 같은 인물이 배출될 수 없느냐?'며 그러기 위해서는 인문진흥의 법적 기반 마련이 필요하다고 주장했다. 다른 학문들과 비교하며 '차별 없는 지원'을 촉구한다면 모를까, 잡스를 언급하면서 정부의 장기적 지원을 촉구하는 것은 지원금을 위해 본연의 인문정신을 버리겠다는 것과 다를 바 없다.

철학자 고병권은 이런 비판을 한 적이 있다. "인문학자들이 처방을 내리는 자가 아니라 징징대는 환자 행세를 하면서 나를 키워주면 내가 창조경제를 키워주겠다는 식으로 말하는 시대가 되었다.……어쩌다가 인문학이 하나의 이익단체처럼 되었다."[6] 현실이 이렇다.

스티브 잡스로 대변되는 '융합형 인재'란 인문학도 알고, 기술공학도 아는 박학다식한 사람을 말하는 것이 아니다. 두 분야의 지식을 이용해 상품과 서비스를 개발, 시장 점유율을 높이고 이윤을 올리는 인재를 말한다. '자본 증식에 기여하는 인간', 거기에 융합형 인재의 핵심이 있다. 이러한 융합형 인재, 즉 비판적 이성 능력을 온전히 상실한 사람은 본래의 인문학 관점에서 보면 '인재'가 아니라 '둔재'다.

오늘날 인문학자에게 필요한 태도는 무엇일까? 그에 대해서는 대안

---

5   삼성경제연구소, 「인문학이 경영을 바꾼다」, 『CEO Information』, 2011년 8월 24일.
6   김종목, 「정부 "인문정신문화 진흥"…창조경제 연계·계몽적 시각에 비판 일어」, 『경향신문』, 2013년 8월 18일.

연구공동체 대표 김종락의 말을 참고할 필요가 있다. 그는 이렇게 말했다. "아이폰을 만들자는 인문학이 아니라 아이폰을 성찰하는 인문학이 절실하다."[7] 백번 옳은 말이다. 인문학 본연의 비판적·성찰적 성격은 시대가 변한다고 변할 수 있는 것이 아니다. 인문학자들이 현실적 요구(실은 기업의 요구)에 타협한다면서 그런 성격을 불식하는 것은 자기 존재 기반을 허무는 것과 같다.

7 김종목, 「"우리도 잡스처럼" 대기업 앞다퉈 '돈 되는' 인문·공학 융복합 추구」, 『경향신문』, 2013년 8월 19일.

좌파 지식인의 타협과 투항

문순태의 기업 인문학 옹호

소설가 문순태는 이런 글을 쓴 적이 있다. "21세기 들어 인문학의 바람이 분 것은 삶의 가치관에 대한 자성으로부터 비롯되었다. 물질주의 만능과 고도화된 과학기술로 인간성이 마비되자, 잠시 경쟁적 삶에 쉼표를 찍고 '우리가 추구하고 있는 이 길이 과연 행복한 길인가' 하는 반성의 순간부터 인문학적 삶을 필요로 한 것이 아닌가 싶다."[1] 문순태는 인문학 열풍이 물질주의, 과학기술, 경쟁에 대한 자성自省에서 시작되었다고 말한다. 한국에 인문학 열풍이 분 지도 꽤 오래되었다. 그의 말이 맞다면, 그동안 한국 사회에서 유행하는 인문학의 세례를 받은 사람이 적지 않을 테니, 물질주의와 과학기술, 경쟁체제의 굴레에서 벗어나는 흐름이 조금이라도 생겼어야 옳다. 그러나 주지하다시피 그런 흐름은 전혀 조성되지 않았다.

---

[1] 문순태, 「장성아카데미와 인문학 열풍」, 「광주일보」, 2014년 7월 16일.

현실은 반대다. 인문학 열풍이 불고 있다고 하지만, 어찌된 셈인지 물질주의, 과학기술 중심주의, 경쟁체제는 더욱 기승을 부린다. 거기에는 이유가 있다. 인문학 열풍의 진원지가 기업이기 때문이다. 지금 유행하는 인문학은 '본격 인문학'이 아니라, 자본권력이 추동한 '기업 인문학'이다. 돈벌이에 복무하는 '기업 인문학'은 물질주의, 과학기술주의, 경쟁체제를 배제하지 않는다. 오히려 그것을 적극 포용하고 추동한다. 인문학 열풍과 함께 물질주의, 과학기술주의, 경쟁체제가 심화되는 이유다.

문순태는 이런 말도 했다. "그동안 『해리포터』의 총 수익이 600조 원으로, 같은 기간 한국의 전체 반도체 산업이 벌어들인 수익의 2배가 된다. 그래서 감성은 창조력인 동시에 돈이 된다."[2] 나는 이런 주장이 "인문학적 소양이 창조경제의 밑거름"(2013년 서울국제도서전), "인문학적 상상력을 확산하는 게 성장 동력의 열쇠"(2013년 정부3.0 비전 선포식)라고 한 박근혜의 말과 무엇이 다른지 모르겠다. 굳이 문순태가 아니라도, '인문학 열풍'에 대한 이런 식의 설명은 어디서나 흔히 들을 수 있다. 그럼에도 나는 문순태 같은 사람에게서 이런 발언이 자연스럽게 흘러나오는 것에 대해 주목할 필요가 있다고 생각한다. 문순태는 진보적 문인 단체인 '한국작가회의' 소속으로, 젊은 작가들의 존경을 받는 원로다. 그런 그가 이렇게 기업 인문학을 옹호하는 발언을 아무렇지도 않게 하는 것은 그만큼 기업 인문학의 논리가 사회 깊숙이 뿌리내려 있다는 증거라 할 수 있다.

문순태는 '장성아카데미'에서 강의한 후 이 글을 썼다. '장성아카데미'는 장성군 주관으로 저명한 문학예술인, 정·관·학계 인사, 전문경영인을 불러 강의를 듣는 프로그램이다. 이 프로그램들은 주로 '인문학'으로 포

2　문순태, 앞의 글.

장된다(각 지자체가 운영하는 이런 프로그램들은 '장성아카데미' 외에도 많다). '장성아카데미' 홈페이지에는 이 프로그램을 통해 "주민과 공무원의 의식을 변화"시키고, "행정에도 경영 마인드를 도입시킴으로써 자치단체의 경쟁력을 높여나가고 있다"고 쓰여 있다. '경영 마인드', '경쟁'이라는 말에서 보듯, 이 프로그램은 '기업 인문학'을 추구한다. 여기에 초빙된 강사들로는 이어령, 유인촌, 한상진, 황우석, 김종인, 김두관, 박원순, 손석춘, 고미숙 등이 있다. 기업 인문학은 예술과 과학, 진보와 보수, 정·관·학을 하나로 융화하는 거대한 용광로다.

인문학이 지자체 '경영'의 수단으로 전락한 예는 많다. 예를 들어 한국연구재단이 선정하는 인문도시와 인문강좌사업에 뽑힌 동양대학교(경북 영주 소재)는 전통 선비 문화와 현대 인문학을 통해 영주시의 도시 '브랜드 가치'와 '성장 동력'을 높이는 것을 돕고 있다. 칠곡군도 인문학이 지역 경제 성장의 동력이라며 '지역 인문학' 활성화와 '인문학 마을 만들기' 사업을 진행하고 있다. 마을이나 도시의 역사나 스토리가 발굴되는 것이 무엇이 나쁘겠는가? 문제는 그것이 지역의 관광사업이나 특산물 판매, 지역 내 기업 이익 같은 경제적인 목적을 위해 인문학이 동원된다는 점에 있다. 그를 위해 대학에 하청으로 맡겨진 지역 연구는 과장되거나 곡해될 수밖에 없다.

신영복은 왜 CEO 인문학을 했을까?

신영복은 많은 사람에게 '우리 시대의 스승이자 사표師表'로 존경받는다. 그러나 그런 그도 기업 인문학에서 자유롭지 않다. 성공회대학교 인문학습원 원장으로서 'CEO를 위한 인문학 과정'을 개설하고 강의했기 때문이다. 여기서 배운 사람들로는 삼성전자 고문 이학수, 한화그룹 부회장 김연배, 넥솔 회장(전 대우자동차 회장) 김태구, 샘표식품 사장 박진선, LG인화원 원장 이

병남, 하나금융지부 부사장 조봉한, 경동제약 고문 박종식, SK에너지 부회장 신헌철, SK에너지 해외사업담당 사장 유정준, 동원건설 사장 송재엽, SK그룹 회장 최태원의 부인이자 아트센터 나비 관장인 노소영(노태우의 딸) 등이 있다. 한국 굴지의 재벌기업 회장이나 임원들이 대거 포진해 있다.

이 프로그램 강사들 중에는 진보적 인사로 알려져 있는 진중권도 있었고, 강헌, 임헌영, 유홍준도 있었다. 상상해보라. 진중권 같은 사람에게 인문학을 배우겠다고 '삼성 2인자' 이학수 같은 사람이 앉아 있는 풍경을. 그 뜨악한 풍경을 가능케 하는 것이 바로 '기업 인문학'이다. 기업 인문학은 자본가와 좌파 지식인 사이의 가교 역할을 한다. 그뿐이 아니다. 'CEO를 위한 인문학 과정'을 들은 이들 중에는 이재정(경기도 교육감)이나 이인영(국회의원) 같은 인사도 있었다. 이들이 재벌 임원들과 동석해 강의를 듣는다. 당연히 인적 교류도 생긴다.

신영복은 젊은 시절 혁명을 꿈꾸었다. 20년의 수감 생활을 마친 후, 1989년부터는 성공회대학교에서 정치경제학(마르크스주의 경제학), 사회과학 입문, 동양고전 등을 가르쳤다. 2000년부터 성공회대학교 노동아카데미를 만들어 수많은 노조 간부, 노동단체 활동가, 비정규직, 이주노동자 등을 만나 노동운동의 이론과 경험을 논의하기도 했다. 그런 그가 2008년부터는 CEO 인문학을 개설해 자본가들에게 인문학을 가르쳤다. 신영복은 대체 왜 CEO 인문학 프로그램을 만든 것일까?

언론에 보도된 것에 따르면 경위는 이렇다. 신영복이 성공회대학교에서 정년퇴임식을 한 것이 2006년의 일이었다. 당시 퇴임식 자리에는 삼성그룹 부회장 이학수와 현대그룹 회장 현정은 등 몇몇 기업인도 참석했다. 이학수는 신영복과 고향(경남 밀양), 고교(부산상고) 동문 선후배 사이였다. 퇴임식이 끝난 후, 이학수가 후원금으로 2억 원을 쾌척했고, 그 외 다른 기업 인사들도 후원했다. 그렇게 '신영복 기금'이 조성되었고 이는 대학 발전기금으로 보태졌다. 신영복이 이 후원자들에게 고마움을 표시하기 위해 시작한 것이 CEO 인문학이라는 것이다.[3]

그러나 이것은 신영복이 CEO 인문학을 하게 된 계기를 설명할 뿐, 그 의중을 드러내는 것은 아니다. 내가 아는 한, 신영복이 자신의 의중을 드러낸 것은 『중앙SUNDAY』와 한 인터뷰가 유일하다. 내용은 이랬다. "1960~70년대가 블루칼라 시대, 80~90년대가 화이트칼라 시대, 2000년대가 CEO의 전략적 판단이 필요한 골드칼라 시대였다면, 이제 2010년을 필두로 한 새로운 10년은 휴먼칼라의 시대이다. 그만큼 인간에 대한 이해가 중요한 시점이다. 사회 주요 포스트에 있는 리더들이 문사철을 공부함으로써 소통의 능력이 생기면 그게 바로 사회적 자산이 되는 것이다."[4]

1980년대 이후 지금까지 지속되고 있는 신자유주의 시대를 생각하면, 사회를 움직이는 중심 축이 블루칼라→화이트칼라→골드칼라로 변해왔다는 것은 일리가 있다. 그러나 이것은 진보가 아니라 퇴보의 흐름이다. 그 흐름이 어떻게 모든 사람이 주인이 되는 '휴먼칼라 시대'로 갑자기 귀결되는지 알 수 없다. 혹 이것은 단지 '이제는 휴먼칼라 시대가 도래해야 한다' 혹은 '그렇게 되도록 만들어야 한다'는 당신의 당위적 바람을 담은 것일까? 그런 것 같기도 하다. 그는 2006년 한국자원봉사대상 시상식 축사에서도 "인간적인 가치를 소중히 하는 사회가 아름다운 사회"이며 "앞으로 휴먼칼라의 시대가 반드시 와야 한다"고 말한 적이 있다.[5] 그러나 그렇게 보더라도 CEO 인문학이 휴먼칼라의 시대의 도래에 어떻게 도움이 된다는 것인지

---

3 박형숙, 「인문정신의 르네상스인가 시장권력의 영토 확장인가」, 『시사IN』, 2008년 10월 21일(58호).
4 정형모, 「인문학 열풍 진원지…삶의 이치에 빠져 수업 끝나도 토론 삼매경」, 『중앙SUNDAY』, 2010년 11월 21일(193호).
5 여한구, 「"앞으로는 휴먼컬러의 시대입니다"」, 『머니투데이』, 2006년 12월 20일.

알 수 없다.

'진보의 외연 확장'이 아니라 '자본권력의 영토 확장'이다

『논어』에는 이런 이야기가 나온다. 공자가 호향互鄉에 사는 평이 나쁜 아이를 가르쳤다. 그러자 제자들이 이를 못마땅해했다. 이에 공자가 말했다. "그의 나아감에 함께하는 것이지 그의 물러남에 함께하는 것이 아니다. 그렇다면 무엇이 심하다는 것이냐? 사람이 자신을 깨끗이 하여 나아가면 그 깨끗함에 함께하는 것이지 그의 (잘못된 지난) 행적을 감싸주는 것은 아니다." (「술이 31」) 공자는 이런 말도 했다. "가르침에 있어서는 사람을 가리지 않는다."(「위영공 39」) "속수束脩의 예를 행하는 자 이상은 내가 가르치지 않은 적이 없다."(「술이 7」)[6] 이 말들은 모두 가르침에 사람을 가리지 않았던 공자의 태도를 보여준다.

　　주지하다시피 신영복은 동양철학에 정통했다. 그는 혹시 공자의 예를 따른 것일까? 그렇게 보기에는 무리가 있다. 신영복은 한때 혁명을 꿈꾸었던 사람이다. 그런 그가 설마 자본가들이 인문학을 공부하면 갑자기 개과천선이라도 해서 스스로 기득권을 내려놓고 인간 해방에 나설 것이라고 보지는 않았을 것이다(다시 강조하지만, 그가 가르친 사람들은 '호향의 아이' 같은 초동급부樵童汲婦가 아니라 한국의 자본권력을 쥔 자들이다). 계급 갈등은 사회 구조의 문제이지, 개인의 배움이나 인성의 문제가 아니다. 신영복은 누구보다 그것을 잘 알고 있었을 테다. 인문학을 배운다고 해서 그들의 계급적 본질이 변하는 것은 아니다. 그것은 신영복에게 인문학을 배운 CEO들의 말을

6　여기서 '속수'란 '말린 고기 열 개 한 묶음'을 말한다. 이것은 '말린 고기'라는 경제적 대가가 지불되어야 가르쳤다는 말이 아니다. '예禮'를 갖춰 배우기를 청하는 이가 있으면 누구든 내치지 않고 가르쳤다는 말이다.

통해서도 드러난다.

"뭘 새삼 배우러 오지 않는다. 대신 생각의 단초를 찾아낸다."(샘표식품 사장 박진선) "사람들 생각의 뿌리가 인문학이다. 뿌리를 알면 생각에 어떻게 어프로치할 수 있는지 알 수 있다. 디자인도 바로 거기에서 나온다." (디자인하우스 대표 이혜영) "(강의를 통해) 박연폭포를 보면서 샤워기를 저렇게 만들면 어떨까 하는 생각이 들었다. 욕실 개념은 여전히 서양 아파트의 그것을 벗어나지 못하고 있다. 우리 조상은 냇가나 우물가에서 목욕을 해오지 않았나. 단독주택이나 전원주택, 타운하우스 같은 곳에서 전혀 새로운 개념의 욕실을 선보이고 싶다."(목욕탕용품 전문업체 세비앙 대표 류인식)[7] 경영에 도움이 될 만한 내용을 전달해야만 기업 인문학인 것이 아니다. 경영과 전혀 상관없는 인문적 내용이라도 자본가들은 그 지식을 자신의 정치경제적 이익을 증대하기 위한 수단으로 변용한다.

신영복은 2014년 10월 삼성 사장단 회의에서 강의를 한 적도 있다.[8] 사실 삼성 사장단의 부름에 응해 강연한 좌파 지식인은 신영복만이 아니다. 김상조(경제개혁연대 소장), 김호기(사회학자), 정승일(사회민주주의센터 대표) 등도 강연했다. 이런 현상을 어떻게 봐야 할까? 좌파의 외연 확장으로 볼 수 있을까? 그렇게 보기는 힘들 것 같다. 왜냐하면 그렇게 보려면 강의 이후 삼성의 조직문화에 일말의 변화(노조를 허용했다거나 하청업체나 비정규직 노동자들에 대한 처우를 개선했다는 식의)라도 생겼어야 하는데, 그런 이야기를 들어본 적이 없기 때문이다. 반면 이런 이야기는 들어본 적이 있다. '그런 지식인들도 불러서 이야기를 듣다니, 역시 일등 기업 삼성은 다르다!'

삼성이 저명한 좌파 지식인들을 불러 강의를 듣는 것은 소위 '오피니

---

7   정형모, 앞의 기사.
8   그것도 'CEO를 위한 인문학 과정'을 수강한 삼성그룹 임원들의 요청에 의한 것이었다고 알려져 있다.

언 리더들'에 대한 관리 차원에서 좋은 방법이다. 후한 강연료도 미끼가 된다. 삼성 사장단 강의는 1회당 500만 원 수준인 것으로 알려져 있다(재정이 열악한 진보적인 단체나 기관에서 강의할 일이 많은 좌파 지식인에게 500만 원이라는 강의료는 적은 돈이 아니다). 그러나 이보다 중요한 것은 삼성 사장단을 대상으로 강연했다는 사실 자체가 이후 자신의 몸값을 올리는 이력으로 작용한다는 사실이다. 또한 삼성 사장단을 대상으로 강연했다는 사실 자체가 사회적으로 '매우 중요한 인물VIP, Very Important Person'이 되었다는 준거로 인식된다. 좌파 지식인이라고 해서 이런 자부심(?)에서 자유로운 것은 아니다.

그뿐인가. 기업 이미지 제고에도 효과적이다. 신영복 같은 좌파 지식인들을 불러 강의를 들으면 그것 자체가 사회적 이슈가 된다. 언론에 홍보자료를 뿌리고 기사화되면, 삼성의 기업문화가 얼마나 혁신적(?)이고 포용적인지를 과시하는 기회로 삼을 수 있다. 이런 점들을 감안하면, 진보 지식인의 기업 인문학 참여는 '진보의 외연 확장'이 아니라, '자본권력의 영토 확장'으로 보는 것이 옳다. 결국 변하는 것은 자본가나 자본권력이 아니라, 좌파 지식인이나 본격 인문학이다.

변질되는 것은 진보와 인문학이다

여담 하나. 이 글을 쓰는 도중에 공교롭게도 신영복을 잘 아는 분을 만났다. 통혁당 사건에 연루되어 함께 수사를 받았던 분이다. 오랫동안 알고 지냈고, 돌아가시기 이틀 전에도 뵈었단다. 그래서 결례를 무릅쓰고 단도직입적으로 물었다. "신영복 선생이 CEO 인문학 강좌를 했던 거 아시느냐? 그거 왜 하신 거냐?" 그랬더니 그것은 잘 모르신단다. 다만 말년에 매우 '조심하셨던 것 같다'고 말해주셨다. 또 다시 공안 사건에 연루될까 싶어 조심스럽게 생활했다는 말이다.[9] 따져보니, 신영복이 CEO 인문학을 시작한 2008년은 이명박 정부가 출범한 해였다. 그렇다면 CEO 인문학은 (그것이 전적인 이유는 아닐지라도) 당신의 '정치적 알리바이'를 보여주기 위한 것이었던가. 정확한 것은 알 수 없다.

신영복의 CEO 인문학 프로그램 외에도 정부, 지자체, 단체, 대학에서 하는 CEO 인문학은 많다. 크게 보면, 신영복의 CEO 인문학도 이와 궤를 같이한다. 설사 신영복에게 어떤 '정치적 알리바이'가 필요했다손 치더라도 그 방법이 왜 하필 'CEO 인문학'을 하는 것이냐 하는 것은 기업 인문학 열풍이라는 큰 흐름 속에서 이루어진 것으로 봐야 한다. 나는 CEO 인문학 강의에 나서는 좌파 지식인들이 다음과 같은 지적에 귀 기울여야 한다고 생각한다. 아래는 신영복이 CEO 인문학을 개설했을 때 한 진보정당의 인터넷 게시판에 올라온 글이다.

"배경 있고 가진 사람들은 돈만 주면 저렇게 일급수 인문학 과정을 즐길 수 있으니 돈이 좋은 거지.……(인문학도) 먼저 보수 우파들이 차용한다. 좌파는 인문학 공부를 그만뒀다.……굳이 따지자면, 인문학은 좌파들의 것이어야 한다." 또 다른 인터넷 게시판의 글이다. "신영복 교수의 의도가 무엇인가 하는 것과 관계없이, CEO 인문학은 야만의 자본주의에 '인간의 얼굴'을 달아주는 꽃장식이 된다.…… '누구와' 더불어 '어떤' 숲을 만들지 분명하게 말하지 않는다면, '더불어 숲'이란 멋진 말은 추한 사기극의 화려한 포장지가 될 수 있다."

전체적으로 보았을 때, 좌파 지식인들의 기업 인문학에 대한 경각심은 느슨하기만 하다. 전남대학교 교수 김상봉 역시 기업 인문학에 대해 이렇게 말했다. "이런 식으로라도 인문학에 대한 관심이 일어나는 것을 무조

---

9 개인적으로는 이분의 말을 통해 출옥 후 오랜 세월이 지났음에도 여전히 긴장을 놓을 수 없었던(늘 평안해 보이는 이미지와 달리) 신영복의 고단한 내면의 풍경 한 조각을 들여다본 기분이었다.

건 마다하고 부정할 필요는 없을 것이다. 그러나 정치권력이든, 자본권력이든 끊임없이 인문학을 장신구로 사용하는 데 말려들지 않고 인문학자들이 자기중심을 지켜야 한다."¹⁰ 과연 그럴까? 인문학자들이 자기중심을 지키기 위해서는 우선 기업 인문학 열풍을 수수방관하거나 타협하는 것이 아니라, 거기에 맞서 싸워야 하는 것 아닐까?

하나 더 보자. 이화여자대학교 철학과 교수이자 한국인문학총연합회 대표인 김혜숙의 인터뷰다. "(인문학이) 대중적인 지지를 많이 받으면서 확산되고 있는데 그건 사실 인문학 연구의 열매만을 따먹는 거라고 봅니다. 그래서 양질의 인문학 교사들이 육성되기 위해서라도 대학 인문학이 살아 있어야 되는 거라고 보거든요."¹¹ 이 말도 나이브하기 그지없다. 이 말의 핵심은 "대학 인문학이 살아야 한다"는 것, 즉 대학 인문학을 죽여서는 안 된다는 것이다. 그래야 지금처럼, 앞으로도 대중이 따먹을 인문학의 열매들이 생겨난다는 것이다. "대중적인 지지를 많이 받으면서 확산되고 있는" 인문학은 말할 것도 없이 기업 인문학이다. 이 말은 '기업 인문학의 활성화를 위해서 대학의 인문학자들이 열심히 복무할 테니, 우리 밥그릇을 빼앗지 말아 달라'는 말로 들릴 수 있다. 본격 인문학을 지키려 한다는 입장에서 보면 딱 오해를 불러일으키기 쉬운 발언이다.

김혜숙의 말처럼, 기업 인문학은 본격 인문학의 열매만 따먹는 것이 아니다. 기업 인문학은 앞서 말했듯이 인문학의 성격을 근본적으로 변화시킨다. 그 과정은 이렇다. 우선 기업들은 자신의 거대한 자본권력을 동원해 자신이 원하는 인문학을 요구한다. 그 요구에 따르는 대중이 많아짐에 따라 '기업의 요구'는 '사회의 요구', '대중의 요구'로 비화한다. 그것은 거대한

10 김종목, 「"우리도 잡스처럼" 대기업 앞다퉈 '돈 되는' 인문·공학 융복합 추구」, 『경향신문』, 2013년 8월 19일.
11 이상미, 「한쪽에선 구조 조정…인문학 양극화 심각」, 『EBS 뉴스』, 2014년 5월 14일.

'기업 인문학 시장'을 만들어낸다. 기업 인문학 시장이 커질수록 본격 인문학은 위축된다. 기업 인문학 시장의 요구에 타협하는 본격 인문학자, 학술시장이나 학계에서 축출되는 본격 인문학자가 많아진다. 또 한편으로는 새로운 기업 인문학자들이 대학에서 양산된다. 그리하여 인문학은 점진적으로 기업의 식민지가 된다.

기업인들은 흔히 '인문학'을 기반으로 '경영학'이나 '기술공학'을 결합시킨다고 말한다. 이것도 거짓말이다. 기반이 되는 것은 인문학이 아니라 경영학이나 기술공학이다. 그것은 고용시장에서도 드러난다. 현재 기업이 원하는 사람은 기술공학이나 경영학을 배운 인문학도가 아니다. 인문교양을 배운 경영학도나 이공계 전공자다. 그뿐인가. 인문학과 경영학 · 기술공학의 결합으로 변질되는 것도 경영학이나 기술공학이 아니라, 인문학이다. 비유하자면 인문학은 흰색이고, 경영학이나 기술공학은 빨간색이나 파란색이다. 흰색 물감과 빨간색, 파란색 물감을 섞으면 당연히 흰색이 사라진다. 인문학의 무용성과 경영학이나 기술공학의 실용성이 결합되면 인문학의 무용성이 사라진다.

체제 바깥을 상상하지 못하는 인문학

중세시대 내내, 거의 1,000년(600~1500년) 동안 서양에서는 사람들의 의식을 스콜라철학이 지배했다. 스콜라철학은 흔히 '종교의 시녀로 전락한 철학'으로 불린다. '종교철학'은 본래 철학의 하위 개념이다. 철학 아래 종교철학, 과학철학, 정치철학, 경제철학, 사회철학 등이 있다. 그런데 스콜라철학에서는 철학이 종교의 하위 개념으로 전락한다. 예를 들어 스콜라철학의 선구자인 보이티우스는 이렇게 말했다. "할 수 있다면 믿음과 이성을 연결시키시오." 종교적 믿음에 이성을 동원하라고 말한 것이다. 이렇듯 중세시대의 철학은 종교의 합리화를 위해 존재했다.

기업 인문학도 마찬가지다. 인문학은 본래 세상에 존재하는 모든 지식과 제도문물을 탐구의 대상으로 삼아 질문하고 비판하는 학문이다. 기업도 그 탐구의 대상 중 하나일 뿐이다. 그런데 기업 인문학은 인문학이 기업 이익의 논리에 복무하는 것을 목적으로 삼는다. 이것은 두 겹의 오류다. 우선 특정한 목적에 인문학을 가두려는 것 자체가 오류다. 인문학은 자유로운 연구 대상 설정과 탐구를 본성으로 갖고 있다. 인문학을 특정한 목적에 가두는 것은 그 본성을 파괴한다. 또 하나 기업 인문학은 하고많은 목적 중에서도 '기업 이익'에 복무할 것을 강요한다.

『맹자』에 이런 이야기가 있다. 맹자가 양혜왕梁惠王을 만났다. 왕이 묻는다. "노인께서 천리를 멀다 않고 오셨으니, 장차 우리나라에 이익利이 있겠지요?" 그때 맹자는 이렇게 반문한다. "왕은 왜 하필 이利를 말하십니까?"(「양혜왕장구」상) 하고많은 것 중에 "왜 하필 이利를 말하느냐?"는 맹자의 일갈은 여전히 유효하다. 인문학은 어떤 이익 때문에 존재하는 것이 아니다. 인문학은 본래 무용성을 본령으로 한다. 그런데 신자유주의 시대, 자본은 끊임없이 인문학의 유용성을 묻는다. 그것은 사실상 자본의 증식에 기여할 수 있는지를 묻는 것이고, 그에 복무하라는 요구다. 인문학이 해야 할 일은 이에 대해 '기여할 수 있다', '없다' 혹은 '어떻게 기여한다', '안 한다'를 답하는 것이 아니다. 그에 답하는 순간, 저들의 프레임에 걸려드는 것이다. 인문학은 그에 답하는 대신, '그렇게 묻는 의도가 무엇인지'를 되물어야 한다.

틀에 얽매이지 않는 자유로운 성찰과 탐구, 비판과 질문은 인문학의 생명과도 같은 것이다. 그것을 잃어버리면 단지 인문학의 존재 근거만 사라지는 것이 아니다. 인문학이 특정 프레임, '인문학도 이윤 창출에 복무해야 한다' 같은 자본의 명령에 포박되면, 그 폐해는 인문학자나 인문학도에 그치지 않는다. 특정 프레임에 갇힌 인문학은 그 자체로 하나의 거대한 도그마가 되어 범인류적 차원에서 나쁜 영향을 미친다. 기업 인문학은 중세의 스콜라 철학이 그랬던 것처럼 인류의 지적 발전을 정체 혹은 퇴보시킬 것이다.

인문학만큼 고도의 의식성·정신성을 구현하는 학문은 없다. 이로부터 자본권력이 인문학을 전유해야 할 필요성이 생긴다. 인문학이 가진 고도의 의식성·정신성은 양날의 칼이다. 그것은 고도의 철학적 성취와 세계관의 성취로 나타날 수도 있지만, 한편으로는 세뇌의 수단, 타인의 정신을 마비시키는 수단, 타인의 정신을 노예로 만드는 수단으로 작용할 수도 있다(하다못해 사이비 종교라든가, 나치즘, 군국주의 같은 것도 나름 철학적 논리를 동원하려고 애쓰는 것을 생각해보라). 인문학이 그렇게 되는 것을 막아주는 것이 자유로운 성찰과 탐구, 비판과 질문이다. 자유로운 성찰과 탐구, 비판과 질문이 인문학의 건강성을 유지시켜준다. 그런데 기업 인문학은 이것 자체를 거세해, 인문학을 하나의 거대한 교조주의로 만들려 한다.

궁극의 지배는 신체에 대한 통제, 물리적 통제나 강요를 넘어서는 것이다. 관건은 결국 정신 통제에 있다. 정신을 통제하면 자발적 노예로 만드는 것이 가능하다. 그런 것은 늘 있었던 것 아니냐고? 맞다. 늘 있었다. 물론 대중을 특정 이데올로기를 동원해 통제하고자 하는 시도는 있었다. 지금은 '신자유주의'라는 지배적 이데올로기가 우리를 포위하고 있고, 예전에는 '반공주의'가 그랬다. 기업 인문학 역시 신자유주의적 전략에서 출발한 것은 맞다. 그러나 기업 인문학은 이전의 이데올로기적 공략과는 차원이 다르다. 하나의 이데올로기로 대중을 공격하는 것이 아니라, 여러 이데올로기를 담는 장場인 인문학 자체를 포박해 정신 통제의 수단으로 변질시키고 있기 때문이다.

『최후의 교수들』을 쓴 프랭크 도너휴는 인문학이 처한 참담한 현실을 직시한 몇 안 되는 사람 중 하나였다. 그는 이 책에서 '인문학의 위기'라는 말을 쓰기를 거부했다. 이유는 이렇다. '위기'라는 말을 쓸 때, 그것은 어떤 '이상 상태'를 의미하고 '정상 상태'의 복원이 가능하다는 뉘앙스를 담고 있다. 그런데 오늘날 인문학이 처한 상황은 구조적인 파국 상황이다. 그러므로 단순히 '위기'라고 말한다면, 상황을 과소평가하게 만든다는 것이 그의 문제의식이다.[12] 인문학의 성격 자체를 변질시키는 기업 인문학은 궁극적으로 '인문학 해체' 담론으로 이어질 수밖에 없다.

　　민주노총의 박성식 부대변인은 "인문학은 성장과 효율을 중시하는 자본주의적 가치에 대응하는 가치를 창출해야 하는 것 아니냐"고 반문한 적이 있다.[13] 이 말은 대체로 일리가 있다. 인문학의 길은 기본적으로 길 바깥에 있기 때문이다. 기업 인문학으로 대체되고 있는 인문학은 갈수록 '바깥'을 상상하지 못한다. 말하자면 불구의 학문, 불임의 학문이 되어가고 있다. 인문학이 해체되었을 때, 좌파와 우파 중 누구에게 더 치명적인지를 묻는다면 당연히 좌파다. 그것은 인문학에 좌파적 성격이 내재해 있기 때문이 아니다. 인문학이 성역 없는 의심과 자유로운 정신적 유영을 전제로 성립하기 때문이다. 기업 인문학에 뛰어드는 좌파 인문학자들은 자기 파괴에 일조하고 있는 셈이다.

12　이명원, 「왜 우리는 최후를 맞게 되었나」, 『프레시안』, 2014년 12월 12일.
13　오창은, 「대중화 여부 관계없이 학문체계 자체의 위기 반영」, 『교수신문』, 2011년 4월 18일.

의식 조작 수단으로서의 기업 인문학

인문학, 어디에 쓰는 물건인고?

2011년 삼성경제연구소가 국내 CEO들을 대상으로 설문조사를 했다. 그런데 그 결과가 묘했다. 삼성경제연구소가 발표한 바에 따르면, "CEO들의 97.8퍼센트는 인문학적 소양이 경영에 도움이 된다"고 생각한다. 그러나 한편으로 "대부분의 CEO들은 인문학을 실제 기업 경영에 접목하는 데 어려움을 겪고 있다".[1] 이게 무슨 말인가? 직원들과 구직 청년들에게 늘 '인문적 소양을 갖추라'고 요구하는 CEO들이 정작 자신은 인문학을 구체적으로 사업에 어떻게 이용해야 할지 잘 모른다는 말이다. 누구보다 이재理財에 밝은 CEO들이 구체적인 용도도 모른 채 인문학을 권한다는 것이 말이 될까 싶겠지만, 이것이 현실이다.

인문학을 '어디에 어떻게 쓸지'도 모르는 CEO들이 '인문학이 경영

---

[1] 삼성경제연구소, 「인문학이 경영을 바꾼다」, 『CEO Information』, 2011년 8월 24일.

에 도움이 된다'고 응답한 이유는 무엇일까? 거기에는 심리적인 이유가 커 보인다. 첫째, 자존심 문제. 논리적으로 보았을 때, 인문적 소양이 없는 사람 은 인문학이 경영에 얼마나 도움을 줄 수 있는지도 알 수가 없다. 그러므로 '무식하다'는 느낌을 주기 싫어 '인문학이 경영에 도움이 된다'고 답했을 가 능성이 있다. 둘째, 세계적 추세. 인문학이 경영에 도움이 된다는 것은 아이 폰 인문학 돌풍 이후, 세계적 추세이자 상식이 되어버렸다. 이미 대세가 되 어버린 현상을 부인하기란 쉽지 않은 일일 것이다. 셋째, 모든 지식은 좋다 는 태도. 인문학이건 뭐건 많이 아는 것이 무엇이 나쁘겠는가. 많이 알면 그 것이 무엇이든 도움이 될 것이라고 생각하고 답했을 가능성이 있다. 그렇다 면 '인문학' 대신 다른 것을 집어넣어도 말이 될 것이다. 예를 들어 '점성술 이 경영에 도움이 된다고 생각하느냐?'고 물었어도 '그렇다'고 답할 가능성 이 있다는 말이다.[2]

평범한 기업인들이 어떤 수준에서 인문학의 쓸모를 체감하는지를 보 여주는 것이 있다. CEO 인문학을 수강하는 삼성전자의 한 임원의 말이다. "계약 체결을 하다 보면 며칠 동안 협상 파트너와 함께 지내게 되는데 화젯 거리가 없어 불편했던 적이 많았다."[3] 이게 무슨 말일까? 평소 CEO 인문학 같은 것을 들어 인문교양을 쌓아놓으면, 외국 바이어와 만날 때 풍성한 화 제와 그를 통해 형성되는 공감, 부드러운 협상 분위기 조성에 도움이 된다 는 말이다. 실제로 인문교양은 국제 비즈니스에서 일종의 액세서리 같은 역 할을 한다. 외국 바이어들 역시 대개는 교양 수준이 높은 상류층 출신들이 므로, 그들과 상대하려면 그에 걸맞은 교양을 갖추지 않으면 안 된다. '고급

---

2   이것은 비아냥거리기 위한 말이 아니다. 설문조사나 여론조사가 전제하는 '솔직한 응답'은 사실이 아니라는 점은 다음 두 책에 잘 나와 있다. 강미은, 『여론조사 뒤집기』(개마고원, 1997); 다니오카 이치로, 양진철·김 두한 옮김, 『여론조사의 덫』(심산, 2004).
3   박형숙, 「인문정신의 르네상스인가 시장권력의 영토 확장인가」, 『시사IN』, 2008년 10월 21일(58호).

교양을 쌓아놓으면 막연히 비즈니스에 도움이 되리라는 것, 이것이 평범한 기업인들이 체감하는 인문학의 쓸모다.

한 가지 더 예를 들어보자. 10여 년 전, 나는 프랜차이즈 영어 학원 사업을 크게 하고 있는 유명 어학원 CEO를 만난 적이 있다. 그는 영어 학원으로 자수성가했지만, 아이러니하게도 전공이 한학이었다. 그는 영어 학원을 하고는 있지만, 자신의 교육 철학은 사서삼경에서 나왔다며, 한학에 대한 애정과 자부심을 한껏 드러냈다. 당시 그는 세계적인 보험사에서 수천만 달러의 투자를 유치하는 데 성공한 직후였는데, 그 투자를 얻어내는 데 자신의 한문학적 소양이 큰 도움이 되었다고 했다. 담당자 앞에서 공자왈 맹자왈 하면서 자신의 교육철학을 펼쳤더니 껌뻑 기가 죽으면서 투자를 전격 결정했다는 것이다. 나는 이 말을 곧이곧대로 믿지는 않는다. 투자는 '철학'을 보고 하는 것이 아니라, 말 그대로 '이윤의 가능성'을 보고 하는 것이다. 그러나 한문을 술술 읊어대는 사업자가 뭔가 '있어 보였겠다' 생각은 한다. 그의 말처럼 한문학적 소양이 투자 유치에 부수적으로 도움이 되었을지 모른다.

이것들은 모두 인문학이 '간접적으로' 비즈니스에 도움을 주는 예다. 어학원 CEO도 자신의 한문 실력이 외국 회사의 투자를 유치하는 데 쓰일지는 몰랐을 것이다. 그러기 위해 한문을 배운 것도 아니고……. 삼성전자 임원의 말도 '그런 식으로 인문학이 도움이 될 수 있다'는 말이지, '반드시 그렇다'는 말이 아니다. 그러나 그렇다고 해서 인문학이 경영에 '간접적인' 도움만 주는 것은 아니다. 그랬다면 기업 인문학이 이처럼 창궐하지는 않았을 것이다. 인문학에는 더 '직접적인' 쓸모가 있다. 그것이 무엇일까? 바로 '의식 조작' 영역에서의 쓸모다.

기업 광고에 동원되는 인문학

기업의 대표적인 '의식 조작' 활동은 기업 이미지 광고다. 삼성 하면 떠오르는 "또 하나의 가족"이나 두산 하면 떠오르는 "사람이 미래다" 같은 광고 말이다. 기업 이미지 광고의 목적은 기업이 단지 자본 축적만을 추구하는 곳이 아니라 사회 전체에 공헌하는 곳이라는 것을 널리 알리는 데 있다. 그를 위해서는 부득불 사회적 가치 지향을 담은 담론이 필요하게 되는데, 이때 인문적 사유가 긴요해진다.

인문적 사유는 본래 진리 추구에 복무한다. 그러나 기업 광고에 동원되는 인문적 마인드는 허위의식을 조장하는 데 복무한다. 생각해보라. 삼성이 온 국민의 가족이라는 메시지를 전달하는 광고 내용과 '삼성X파일 사건'으로 드러난 조직적인 정경유착, 삼성생명공익재단·삼성꿈장학재단 등 계열 공익법인을 통해 세금 한 푼 안 내고 편법으로 상속한 것 중 무엇이 삼성의 진짜 모습이겠는가. 혹은 이런 광고 메시지와 삼성반도체 공장에서 일하다 유해 화학물질에 노출되어 '급성 백혈병'에 걸린 노동자를 죽음으로 내몰고도 '산재 처리'조차 해주지 않는 것 중 무엇이 진짜 삼성의 모습이겠는가. 당연히 후자다. 삼성은 국민은 차치하고 자기 직원들조차 가족으로 생각하지 않는 기업이다. 그들에게 가족은 이건희 일가 외에는 존재하지 않는다.

두산도 마찬가지다. "사업을 키우는 것은 기업의 현재를 보장하지만, 사람을 키우는 것은 기업의 미래를 보장합니다"라는 광고 카피와 20대 신입사원들조차 희망퇴직을 강요하고, 이에 응하지 않으면 인권침해(하루 종일 면벽 수행 시키고, 휴대전화를 빼앗고, 화장실도 못 가게 하는 등)도 불사하는 두산의 모습 중 무엇이 진짜이겠는가. 혹은 "우리는 사람에 투자합니다"라는 광고 내용과 중앙대학교 학생들이 낸 등록금 수백억 원을 법인 수익으로

빼돌리는 두산의 모습 중 무엇이 진짜이겠는가. 당연히 후자다.[4]

'박웅현'이라는 사람이 있다. 인문 분야 베스트셀러 저자이자, 삼성 그룹 계열 광고기획사인 제일기획 출신의 광고인이다. 그는 성공적인 광고를 많이 만들어냈다. 그는 SK텔레콤 광고 '기술은 사람을 향합니다' 시리즈도 만들었다. 그중에서 '없애주세요' 편 카피를 보자. "주소록을 없애주세요 / 사랑하는 친구의 번호쯤은 외울 수 있도록 / 카메라를 없애주세요 / 사랑하는 아이의 얼굴을 두 눈에 담도록 / 문자기능을 없애주세요 / 사랑하는 사람들이 다시 긴 연애편지를 쓰도록 / 기술은 언제나 사람에게 지고 맙니다 / 사람을 향합니다."

이 광고는 비틀스의 노래 〈Let it be〉를 배경으로 사뭇 따뜻하고 감동적으로 만들어졌다. 그러나 이 광고는 매우 기만적이다. 주지하다시피, SK텔레콤은 독과점 이동통신 업체 중 하나다. 많은 사람은 휴대전화 중독에 빠져 있으며, SK텔레콤은 그 때문에 매년 천문학적인 수익을 올린다. 그런데 광고는 휴대전화 사용에 저항하는 듯한 뉘앙스를 전달하고 있다. 또한 마음만 먹으면 언제라도 휴대전화를 멀리하고 면대면 접촉을 늘릴 수 있는 것처럼 말하고 있다(광고 내용처럼 사람들이 언제라도 휴대전화를 멀리 할 수 있다면, 그것은 이미 중독이 아닐 것이다).

이 광고는 '사람을 위해 개발된 기술이 사람과 사람 사이를 더 멀고 가볍게 만드는 것이 아닌가' 하는 성찰에서 만들어졌다고 알려져 있다. 이 성찰 내용은 '인문적'인 것이 맞다. 그러나 광고에서 반복되는 '없애주세요'는 누구에게 하는 말인가? 대중(고객)에게 하는 말이다. 이것이 진짜 성찰이라면 대중에게 '우리가 없애겠다'고 해야 맞지 않을까? 그러나 이윤을 추

---

4   네티즌들은 이를 두고 광고를 패러디해 "사람이 노예다", "명퇴가 미래다"라며 두산을 조롱했다.

구하는 기업이 그렇게 할 리 없다. 광고는 귀책사유를 고객에게 떠넘긴다. 이 광고는 첨단 기술로 인한 문제들에서 기업을 면책시킬 뿐 아니라, 그 문제들로 고통 받는 사람들의 마음을 이해하고 위로하는 입장으로 기업의 위치를 재설정한다. 지능적인 유체이탈 화법이다.

"기술은 언제나 사람에게 지고 맙니다"라는 말 역시 사실 왜곡이다. 현실은 반대다. 기술은 사람을 늘 이긴다(나는 50년 가까이 살아오면서 사람이 기술을 이기는 것을 본 적이 없다). 휴대전화든 인터넷이든 3D 프린터든 어떤 신기술이 개발되면, 국가-자본의 절대적 지원과 엄호 속에서 언론들은 장밋빛 미래의 도래를 대대적으로 떠들어댄다. 그것은 신기술을 받아들이지 않으면 안 될 것 같은 압도적인 분위기를 만들어낸다. 사람들은 어릴 때부터 "과학기술=선=진보"로 여기도록 교육받은 까닭에 신기술의 악영향에 대해 어떠한 의심이나 저항도 하지 않는다. 일단 신기술이 개발되고 나면, 그것을 '어쩔 수 없는 흐름'으로 받아들이는 것이 관성화되어 있다. 과학기술에 대한 통제와 관리 측면에서 사람들은 무기력할 뿐이다.

기업 이미지 광고 외에도 CICorporate Identity(기업 통합 이미지), BIBrand Identity(브랜드 이미지) 등이 '기업 아이덴티티'를 구성한다. 이것들은 모두 인위적으로 구성된 것이다. 기업은 자신의 아이덴티티가 자연스럽게 생겨나고 알려지는 것을 내버려두지 않는다. 기업은 끊임없이 자신의 아이덴티티를 인위적으로 만들어 대중에게 선전한다. CI와 BI 로고 디자인과 상품 디자인에도 인문학이 유용하게 쓰일 수 있다. 기업에서 쏟아져나오는 많은 상품은 '장신 정신을 갖고 만든 예술품'으로 선전되고, 이러한 선전이 먹혀들기 위해서는 미학과 결합된 설명과 이미지 구축이 필요하기 때문이다.

기업 인문학의 자기 소외

박웅현이 만든 광고를 볼 때, 많은 사람은 '참 광고 잘 만든다'는 반응을 보인다. 따뜻하고, 미학적이며, 메시지도 좋다는 것이다. '광고 잘 만든다'는 말에는 두 가지 정도의 뜻이 혼재해 있다. 직업의식이 투철하게 자신의 일을 잘 해낸다는 뜻과 광고의 인문적인 분위기(철학적이고 시적이고 성찰적인)가 좋다는 의미다. 나도 그가 만든 광고를 보면 '잘 만들었다'는 느낌이 들 때가 있다. 그러나 그것은 광고가 아니라고 생각했을 때의 이야기다. 그가 만든 영상이 광고인 한, 그 메시지 역시 기업과의 관계 속에서 콘텍스트로 읽힐 수밖에 없다. 그것은 불가피하다.

기업과의 관계 속에서 콘텍스트로 읽으면, 그의 카피는 철학적이지도, 시적이지도, 성찰적이지도 않다. 인문적 관점에서 중요한 것은 '광고가 잘 만들어졌느냐'보다 '얼마나 사회적 진실을 담고 있느냐'다. 더구나 기업 광고를 통해 조장된 허위의식이 사회에 미치는 광범위한 영향을 생각하면, 단지 '투철한 직업의식'으로 합리화될 수 있는 것이 아니다. 그것은 비윤리적이고, 나아가 반인문적이기도 하다. 그럼에도 그의 광고는 그의 인문서로 부드럽게 미끄러져 들어간다.

인문학자도 아닌 카피라이터에게 왜 그렇게 과도한 것을 요구하느냐고 묻지 마라. 그가 인문서를 썼다면, 그는 이미 인문작가다. 인문작가에게는 인문정신이라고 할 만한 것이 있어야 한다. 일반적으로 인문정신의 핵심으로 가장 많이 언급되는 것은 '회의'와 '성찰'이다. 그 안에는 당연히 자신의 직업 활동과 사회적 진실 사이의 회의와 성찰도 포함된다. 그러나 그의 책을 보면, 이런 성찰을 좀처럼 발견할 수 없다. 당연하다. 자기계발적 코드를 가진 인문서들은 대개 저자의 사회경제적 성공을 기반으로 성립하기 때문이다. 기업 인문학의 관점에서 보면, 그가 업계에서 알아주는 카피라이터라는 것은 부끄러워할 일이 전혀 아니다. 그것은 오히려 강조하고 부각해야 할 이력이다.

그는 성공한 카피라이터로서, 인문학을 기반으로 경제적으로 성공한 '롤 모델'로서 기업 인문학 책을 썼다. 그는 두 겹의 기업 친화적 특성을 갖는다. 한 겹은 돈을 받고 기업을 위해 허위의식을 조장하는 데 복무하는 카피라이터의 특성이다. 또 한 겹은 성공한 CEO의 특성이다. 이런 그의 특성은 기업 인문학 저자로서 매력적인 포지션을 제공한다. 독자들도 마찬가지다. 그가 '누구나 알 만한 텔레비전 광고'를 만든 사람이 아니었다면, 그래서 오늘날 사회(기업)가 요구한다는 소위 '인문적 창의성과 상상력'을 얻을 수 있다고 기대하지 않았다면, 독자들 중 상당수는 그의 책을 읽지 않았을 것이다. 내 말은 '인문서에 대한 해설이 쉽고 재미있어서 그의 책을 읽었다'는 독자들이 있을지라도, 거기에 본질이 있는 것이 아니라는 말이다.

혹자는 이렇게 물을지 모르겠다. '그는 자신의 책에서 인문학을 수단화해 성공하는 방법에 대해 말하지 않는 경우도 있다. 그는 그저 자신이 감명 깊게 읽은 인문서에 대해 말할 뿐이다. 그런 경우도 기업 인문학이라 말할 수 있는가?' 그래도 기업 인문학이라 말할 수 있다. 왜냐하면 그의 이력 자체가 기업 인문학의 텍스트이기 때문이다. 글이란 작가의 이력과 동떨어져 독립적으로 읽히는 것이 아니다. 모든 글은 작가의 이력과의 관계 속에서 콘텍스트로 읽힌다. 박웅현 같은 사람은 저서에서 굳이 '인문학을 이렇게 이용하면 돈도 벌고 성공도 할 수 있어요' 하고 말하지 않아도 된다. 그의 이력 속에서 그것은 이미 사족에 불과하기 때문이다.

그의 첫 책은 『책은 도끼다』였다. '책은 도끼다'는 프란츠 카프카가 한 말이다. 그가 인용한 문장은 이렇다. "우리가 읽는 책이 머리를 주먹으로 한 대 쳐서 우리를 잠에서 깨우지 않는다면 도대체 왜 우리가 그 책을 읽는 거지? 책이란 무릇, 우리 안에 있는 꽁꽁 얼어버린 바다를 깨뜨려버리는 도끼가 아니면 안 되는 거야." 이 내용은 카프카가 친구(고교 동창) 오스카 폴락에게 보낸 편지(1904)에 들어 있던 것이다. 그가 인용한 첫 문장과 두 번째 문장 사이에는 본래 이런 문장들이 있었다.

빠진 내용은 이렇다. "자네 말은, 책이 우리를 행복하게 해준다는 거잖아? 맙소사, 책을 읽어 행복해질 수 있다면 책이 없어도 행복할 거야. 그리고 책이 행복하게 해주는 것이라면 아쉬운 대로 자신이 쓸 수도 있겠지. 그러나 우리가 필요한 책은 우리를 몹시 고통스럽게 하는 불행 같은, 자신보다 사랑했던 사람의 죽음 같은, 모든 사람을 떠나 인적 없는 숲 속으로 추방당한 것 같은, 자살처럼 다가오는 책이네."[5] 여기에서 보듯, '책은 도끼다'라는 말은 친구와 책에 대해 논쟁하면서 나온 말이다.

친구인 오스카 폴락은 사람들은 행복하기 위해 책을 읽으며, 책은 마땅히 그런 목적에 복무해야 한다고 생각한다(지금도 이렇게 생각하는 사람이 우리 주변에는 많다). 그러나 카프카의 생각은 반대다. 책은 사람을 행복하기 위해 존재하는 것이 아니다. 우리에게 진짜 필요한 책은 '우리를 고통스럽게 하는 책', '자살처럼 다가오는 책'이라는 것이다. '자살처럼 다가오는 책'이라는 말은 '자신을 죽이는 책'이라는 말이다. 단지 무언가를 깨닫게 하거나, 나의 치부를 들추거나, 양심을 찌르는 정도가 아니다. 나를 죽이는 책, 그것이 진짜 책이고, 우리에게 필요한 책이라는 주장이다.

카프카의 말은 매우 심각한 실존적 문제의식과 실존적 무게를 담고 있다. 그러나 박웅현은 그것을 독서가 주는 깨달음·번뜩이는 아이디어·감수성 제고의 차원으로 의미를 축소시킨다. 깨달음·번뜩이는 아이디어·감수성은 모두 광고를 만드는 데 (나아가 기업이 요구하는 창의성과 상상

---

5 클라우스 바겐바하, 전영애 옮김, 『프라하의 이방인 카프카』(한길사, 2005), 72~73쪽. 가독성을 위해 의미를 훼손하지 않는 선에서 문장을 조금 고쳤다.

력에) 긴요한 것들이다. 광고장이다운 태도라고 할 수 있다. 그리고 이것은 그가 만든 광고들이 그렇듯, 임시방편적인 즐거움, 위로, 격려, 신경안정, 위약 효과(흔히 말하는 '치유')로 미끄러져 들어간다. 그가 낸 일련의 책들이 그렇다. 정리하면, 박웅현은 카프카의 말을 인용하고 있지만, 그의 입장을 대변하는 것이 아니라, 오스카 폴락의 입장을 취한다고 할 수 있다.

박웅현은 한 인터뷰에서 이렇게 말한 바 있다. "나는 책을 오독하는 버릇이 있다. 제가 말한 오독은, 맘대로 해석하라는 방종이 아니에요. 책의 권위에 눌리지 않았으면 하는 바람이죠."[6] 그는 독자들에게 오독을 권한다. 그것은 하나마나한 말이다. 모든 독서는 본래 오독의 가능성을 열어놓기 때문이다. 오독을 하든 말든 그것은 독자의 자유다. 그것은 권하고 말고 할 성격의 것이 아니다. 문제는 필자다. 특히 그처럼 다른 사람의 책을 해설해주는 책을 쓰는 사람들은 원저자의 의도를 충실히 반영(하려고 부단히 노력)해야 한다.

문제가 되는 것은 이것이다. 그가 한 사람의 독자로서 오독하는 것은 아무런 문제가 없지만, 한 사람의 필자로서 방종하는 것은 문제가 된다. 그는 "오독은 맘대로 해석하라는 방종이 아니에요"라고 말했지만, 나는 그것이 역설적 자기 고백이라고 본다. 원문을 마음대로 해석하는 방종을 일삼는 것은 독자가 아니라 그 자신이다. 그것은 개인적 악의나 지적 능력 부족에서 비롯된 문제가 아니다. 기업 이익을 위해 복무하는 카피라이터라는 정체성, 그 연장선상에서 기업 인문학 필자가 되었기 때문에 생기는 문제다.

---

6   엄지혜, 「박웅현 "사랑에 빠지거나 읽지 않았거나"」, 『예스채널』, 2016년 8월 1일.

기업 인문학의 타자 소외

현대자본주의는 '캠페인 자본주의'라고 명명할 수 있을 정도로 기업의 캠페인이 사회적 메시지의 주류를 이룬다. 기업에서 하는 광고들은 대개 생활방식뿐 아니라 세계를 인식하는 방식, 사회 규범과 가치에 대한 캠페인을 포함하고 있다. 그런 까닭에 기업 광고와 캠페인은 엄밀하게 구분되지 않는다. 크게 보면, 광고는 캠페인의 일부라고 보는 것이 맞다. 기업은 생활방식, 인식방식, 규범, 가치를 만들어내고 그것을 캠페인을 통해 끊임없이 대중에게 전달한다. 이렇게 캠페인에 생활방식, 인식방식, 규범, 가치가 포함되어 있다는 점 때문에 인문학이 유용하게 쓰인다.

요즘 '빅데이터'라는 말이 유행이다. 사회적으로 많이 회자되는 통에 이에 대해 관심을 갖는 사람은 많다. 그러나 그것이 누가 어떻게, 무엇을 위해 축적한 데이터냐 하는 것에 대해서는 상대적으로 관심이 소홀하다. 문제의 핵심은 여기에 있다. 빅데이터를 축적하는 주체는 다름 아닌 '기업'이다. 축적 방법은? 주로 인터넷과 컴퓨터를 통해서다. 인터넷과 컴퓨터는 우리의 모든 생활을 기록한다. 병원에서 진단을 받고 처방전을 받아도 전산 처리되고, 신용카드로 대중교통을 이용하거나 쇼핑몰에서 물건을 사도 그 정보가 모두 전산 처리된다. 그 정보들은 기업에 쌓인다. 거기에 인터넷, 스마트폰, 컴퓨터를 사용하면서 우리가 자발적으로 남긴 글뿐 아니라 그 사용 기록들도 기업에 쌓인다.

인터넷, 스마트폰, 컴퓨터는 흔히 편리함을 제공하기 위한 장치라고 생각된다. 그러나 이것들은 편리함만을 위해 존재하는 것은 아니다. 우리가 환기해야 할 것은 이것들은 기본적으로 정보저장 장치라는 점이다. 이것들은 우리가 올린 사진이나 글을 저장하는 것은 물론 그냥 IT기기를 사용하면서 생겨난 흔적들도 저장한다. 이 모든 기록은 기업이 언제라도 이용할 수

—— 의식 조작 수단으로서의 기업 인문학

있는 빅데이터를 형성한다. 이 빅데이터를 잘 분석하면, 사용자의 경험과 행동 패턴, 라이프 스타일을 알 수 있을 뿐 아니라, 사용자가 어떤 생각과 감수성 속에서 살아가는지를 유추하는 것도 가능하다. 여기에 필요한 것이 바로 '인문적 마인드'다. 데이터가 아무리 많아도 그것이 무엇을 의미하는지 파악하기 위해서는 심리학이나 문화인류학 등을 동원한 인문적 통찰이 필요하다.

IT 분야가 인문학을 중시하는 이유도 여기에 있다. 표면적인 이유는 사용자의 경험과 행동 패턴을 관찰해 빅데이터를 이용해 사용자의 니즈를 만족시키는 인터페이스를 개발해야 한다는 것이다. 물론 이것도 이유가 될 것이다. 그러나 이런 이유만 있는 것은 아니다. 무엇보다 IT 분야는 유저들에 대한 데이터를 광범위하게 수집하는 통로이면서, 한편으로는 국가-자본이 생산한 지식과 정보, 감수성을 대중에게 유포·내면화할 수 있는 통로이기도 하다. 인간의 의식을 통제하는 통로가 될 수 있다는 말이다. 이것이 IT가 인문학을 중시할 수밖에 없는 핵심적인 이유다.

기업의 의식 조작 대상이 되는 것은 고객만이 아니다. 직원들도 주된 대상이 된다. 요즘에는 직원들을 대상으로 기업이 실시하는 인문학 강좌도 많다. 자기계발서들을 기업에서 일괄 구매해 직원들에게 나눠주기도 한다. 기존 사고의 틀을 벗어나 문제를 바라보고 해결하는 능력, 창의적인 역량, 우수한 커뮤니케이션 능력, 고객과 직원의 내면적 요구를 이해하는 능력을 제고한다는 것이 이유다. 기업들은 이러한 작업이 기업과 직원들에게 좋은 일, 즉 누이 좋고 매부 좋은 일처럼 이야기한다. 그러나 이것도 단순하게 바라볼 문제는 아니다. 이런 작업의 궁극적인 목표는 노동자들을 기업형 인간으로 만드는 것으로 귀결되기 때문이다.

노동자들은 기업 이익을 위해 복무하고, 일정한 임금을 받는다. 이것은 우리가 다 알고 있는 자본주의의 기본 원리 중 하나다. 자본은 틈만 나면 노동자들의 노동을 착취하려는 속성이 있다는 것도 우리는 알고 있다. 그런데 지금의 양상은 조금 다르다. 예전에는 일시적 기만과 강요에 의해 노동을 착취하려 했다면, 지금은 노동자들의 세계 인식과 자기 인식을 변환시킴으로써 기업의 노동 착취에 자발적으로 협조하게 만든다. 예전의 노동자는 노동자이기 이전에 한 사람의 시민이자 자연인이었다. 그러나 지금의 노동자들은 전적으로 기업형 인간, 기업이라는 조직에 중독된 인간으로 존재하기를 요구받고 있다. 그 변화를 매개하는 것이 기업 인문학이다.

인문학이 직원들의 의식 조작에 개입하는 구체적인 예를 보자. 삼성경제연구소의 보고서에 소개된 예다. "아모레퍼시픽은 기업문화 진단 결과 상당수의 화장품 매장 직원이 자신의 직업에 대한 자긍심과 소속감이 떨어지는 것을 발견했다. 이에 아모레퍼시픽의 기원이 어디 있는지, 어떠한 가치를 실현하려 하는지, 어떤 역경을 거쳐왔는지 등 스토리를 구성했다. 아모레퍼시픽은 창업자 서성환 회장이 어린 시절 부친을 도와 운영했던 창성상회에서 '누구나 편하게 방문하는 단골 화장품 가게'의 기원을 발견했다. 이를 이용해 브랜드 매장 '휴 플레이스'의 부진을 극복하고 새롭게 '아리따움'을 구축했다. 유통 채널인 '아리따움' 자체를 브랜드화하고 매장 직원을 동화 속 요정인 '아이엘'로 명명, 단순한 화장품 판매원이 아닌 '고객의 아름다움을 관리해주는' 뷰티 컨설턴트 개념을 도입해 소명 의식과 자부심을 부여했다."[7]

화장품 매장 직원들의 자긍심과 소속감이 떨어지는 데는 이유가 있을 것이다. 아모레퍼시픽의 매장 중에는 본사 직영점도 있지만, 대부분은 프랜차이즈다. 본사─프랜차이즈 점주(점주가 고용한) 직원과 알바생의 구조

---

7   삼성경제연구소, 앞의 보고서.

속에서 연쇄적 착취가 발생하는 것은 알 만한 사람들은 다 아는 사실이다. 본사는 점주를 착취하고, 점주는 직원과 알바생을 착취한다. 열악한 보수를 받는 매장 직원과 알바생에게 자긍심과 소속감이 있을 리 없다. 이들에게 필요한 것은 창업자의 성공을 신화적으로 각색해 각인시키는 것이나 직원들을 요정 이름으로 부르는 것이 아니라, 정당한 노동의 대가를 산정해주는 것이다.

본사-점주-매장 직원과 알바생으로 이어지는 다단계적 착취 시스템, 그로 인한 매장 직원들의 열악한 임금과 복리후생 문제. 이를 해결하지 않으면서 매장 직원을 뷰티 컨설턴트 '아이엘'로 부르며, 일에 대한 열정을 촉구하는 것은 꼼수에 불과하다. 본래 인문학은 근본적인 문제 제기와 탐구에 관심이 많다. 그러나 기업 인문학은 이처럼 신화와 상징을 개발·유포함으로써 노동자와 고객의 의식을 조작하려 한다. 본래 인문학은 자신은 물론 타인도 대상화하지 않는다. 인문학은 인간 소외 자체에 저항한다. 그러나 기업 인문학은 반대다. 기업 인문학의 관심은 타자는 물론 자신까지도 어떻게 하면 이윤과 성공이라는 목표를 위해 이용해 먹을 수 있을지에 집중된다. 기업 인문학은 철저한 소외의 메커니즘을 갖는다. 기업 인문학을 학문이라 부를 수 있다면, 그것은 불행한 학문이다.

인문적 상상력이 인문학을 살린다고?

인문학과 자본의 연결고리

2008년 성공회대학교에 개설된 'CEO를 위한 인문학'에서 진중권이 했던 강의 제목은 '디지털 시대의 이해: 창의와 상상의 21세기'였다.[1] 진중권의 강의가 아니라도 '인문학적 상상력' 운운하는 강의들은 우리 주변에 넘쳐난다. 기업 인문학이 발호한 이후, 인문학적 상상력은 현대인이 갖추어야 할 필수덕목, 혹은 모든 문제를 해결해줄 만병통치약처럼 선전되고 있다. 그러나 기업 인문학이 발호하기 이전, '상상력'에 '인문학'을 결합하는 레토릭은 일반적인 것이 아니었다. '문학적 상상력'이나 좀더 넓은 의미로 '예술적 상상력'이라는 말은 일상적으로 사용되었지만, '인문학적 상상력'이라는 말은 거의 쓰이지 않았다.

'인문'이라 하면, 흔히 '문사철'을 떠올리며 문학을 포함시킨다. 그러

---

1   박형숙, 「인문정신의 르네상스인가 시장권력의 영토 확장인가」, 『시사IN』, 2008년 10월 21일(58호).

나 서지분류상으로 보면, 문학과 인문은 별개다. 문학이 감성적이라면, 인문학은 이성적이다. 인문 텍스트는 분석적이고 종합적이며, 비판적이고 논리적이다. '인문적 사고'의 핵심은 분석과 종합, 비판과 논리에 있지 '상상력'에 있지 않다. 도정일은 "상상의 능력을 최대화하려는 것이 문학을 포함한 예술이며, 이성의 능력을 최대화하려는 것이 철학"이라고 쓴 바 있다.[2] 문학예술은 상상의 능력을 최대화하려 하지만, 인문학은 오히려 오류를 판단하고 착각을 인지하며 미망을 진단해 무분별한 상상을 제한하려 한다.

　　오해 마시라. 그렇다고 해서 인문학이 상상력과 무관하다는 말은 아니다. 이를테면 종합적 인식이 산출되려면 감성과 오성 사이에 상상력이 작용해야 한다(칸트). 타인의 고통을 이해하는 것도 상상력이 요구되고(수전 손태그), 이론적 가설을 세우거나 새로운 대안세계를 제시하는 데에도 상상력이 요구된다. 신화 역시 외부세계에 대한 변형, 즉 '상상력'이다(요한 하위징아). 정희진은 이런 말을 했다. "성차별은 5,000년 역사를 가진 제일 오래된 제도입니다. 또한 여성은 인류의 2분의 1에 해당되는, 가장 큰 타자 집단입니다. 그렇기 때문에 이 관점에 서면, 성별 문제뿐만 아니라 세상 전체를 다른 식으로 해석하는 것이 가능하죠. 이게 인문학이고, 상상력이고, 창의력입니다."[3]

　　인문학에 상상력이 요구되는 것은 인간과 세계에 대한 이해와 해석, 비판과 대안 모색 때문이다. 그러나 오늘날 우리에게 요구되는 인문학적 상상력이라는 것은 이와 무관하다. 이와 연관된다면, '인문학적 상상력이 기업의 경쟁력과 개인의 글로벌 경쟁력을 높인다'는 말이 나올 수 없다. 인간과 세계에 대한 이해와 해석, 비판과 대안 모색을 위한 상상력이 경쟁력과

2　도정일, 『시장전체주의와 문명의 야만』(생각의나무, 2008), 186쪽.
3　정희진, 「한국 민주주의에는 'ㅇㅇ'가 없다」, 『시사IN』, 2016년 6월 9일(456호).

무슨 상관이란 말인가. 오늘날 인문학적 상상력이 강조되는 것은 순전히 비즈니스 때문이다. 상상력은 인문학이 자본에 가장 손쉽게 결부될 수 있는 연결고리다. 그것 때문에 강조된다.

두바이의 CEO라 불리는 셰이크 모하메드 국왕이라는 사람이 있다. 그는 바다에 야자수 모양의 인공 섬을 띄우고 사막에 실내 스키장을 세워 두바이를 중동의 석유수출국이 아닌, 관광도시로 탈바꿈시켰다. 이것은 인문학적 상상력의 대표적인 성공 모델로 거론된다. 이유는 모하메드 국왕이 수천 편의 작품을 발표한 시인이기 때문이라는 것이다. 그러나 어떤 사람이 시를 쓴다고 해서 그에게 '시인으로서의 면모'만 있는 것이 아니다. 더구나 한 나라를 이끄는 국왕이라면 당연히 '정치인으로서의 면모'도 있을 것이고, 국가를 경영하는 사람으로서 '사업가적 면모'도 강할 것이다.

그가 엄청난 비용을 들여 도시 전체가 하나의 대규모 관광단지가 되는 개발사업에 박차를 가했다면, 그것은 시인의 영감보다는 사업가의 수완과 계산, 기대와 계획이 우선시되었다고 보는 것이 합리적일 것이다. 두바이가 인문학적 상상력의 성공 모델로 선전되는 것은 실체성 때문이 아니라, 비즈니스의 필요성 때문이다. 인공 섬이나 사막 스키장을 본 사람들은 그것을 만든 국왕이 시인이라는 사실을 아는 순간, 그곳이 단순한 유원지나 레저 시설이 아니라, '시적 세계'로 인식될 수 있다. 허상을 조작하는 것은 비즈니스에서 매우 중요하다. 허상은 초超비즈니스적인 것처럼 보이지만, 그렇기 때문에 역설적으로 고도의 상업 전략이 된다.

하나 더 보자. 두산의 소주 '처음처럼'도 인문학적 상상력의 성공의 예로 많이 거론된다. 많이 알려진 대로 '처음처럼'은 신영복의 시 제목에서 따온 이름이다. 서체와 그림, 낙관 모두 신영복의 것을 그대로 썼다. 2008년 출시될 당시 소주에는 "처음으로 하늘을 만나는 어린 새처럼 처음으로 땅을 밟는 새싹처럼 우리는 하루가 저무는 추운 겨울에도 마치 아침처럼, 새봄처럼, 처음처럼 언제나 새날을 시작하고 있습니다. 산다는 것은 수많은 처음을 만들어가는 끊임없는 시작입니다"라는 시가 적혀 있었다. 이런 시가 적힌 소주를 마실 때, 그것은 술의 내용적 실체와 상관없이 시정詩情을 마시는 것이 된다. 역시 판타지를 자극하고, 그것은 기업 이익으로 연결된다.

참고로 이 브랜드를 네이밍한 이는 더불어민주당 손혜원 의원이다. 현재 당명인 '더불어민주당'도 신영복의 책 『더불어 숲』에서 따온 것이다. 역시 그녀의 작품이다. 광고회사 대표였던 그녀는 신영복이 개설한 'CEO를 위한 인문학 과정'의 운영위원이었다. 기업 인문학에 깊이 개입되었던 사람이다. 그 인맥으로 신영복을 설득해 그의 글과 서체를 소주 브랜드에 끌어들였다. 이러한 사소한 사실도 인문학적 상상력이라는 것이 기업 인문학의 산물이라는 것을 보여준다.

기업이 인문학적 상상력을 강조하는 이유

인문학적 상상력은 과학기술과의 결합, 그중에서도 IT와의 결합에서 큰 파괴력을 갖는 것으로 알려져 있다. 이를테면 마크 저커버그는 20세에 '지구상의 모든 사람을 연결한다'는 인문학적 상상력으로 페이스북을 개발했다고 한다. 페이스북 개발이 왜 인문학적 상상력의 산물인지는 그의 지적 편력이 증거로 제시된다. 미국 하버드대학에서 컴퓨터공학과 심리학을 전공한 것, 어린 시절부터 그리스·로마 신화를 탐독하고 고대 역사와 문학에 관심을 가졌던 것 등이 그것이다.

그러나 IT와 인문학의 결합이 꼭 경제적 성공을 담보하는 것은 아니다. 오히려 인문적 소양이 높으면 경제적으로 성공하기 힘들 수도 있다. 대표적인 예로 카피레프트 운동 기조 속에서 오픈 소스 프로그램을 개발하는 리눅스 개발자들이 그랬다. 이들은 프로그램 개발 능력을 가졌으면서 동시에 인문적 소양도 있는 사람들이었다. 이에 대해서는 따로 설명이 필요 없다. 왜냐하면 컴퓨터 프로그램이나 소프트웨어가 만인을 위한 공공재여야 한다는 '인문적 사고'가 없으면, 애초부터 리눅스 개발에 뛰어들기 힘들기 때문이다. 이들의 목적은 돈벌이에 있는 것이 아니므로, 당연히 경제적 성공과도 거리가 멀었다.

페이스북, 네이버, 구글, 마이크로소프트 같은 플랫폼 기업들의 성공은 인문학적 상상력 때문이라기보다는 시장 독과점과 그것을 가능케 하는 제도를 마련하는 정치적 역량에 있다고 보는 것이 현실적이다. 이들 기업의 수입의 원천은 사용자들에 대한 노동 착취에 있었다. 사용자들은 글도 쓰고, 사진이나 동영상도 올려서 콘텐츠를 만든다. 또 콘텐츠들을 퍼날라서 유통한다. 콘텐츠들은 광고를 보게 하기 위한 미끼다. 인터넷에서 유통되는 콘텐츠가 많을수록 이용자가 늘고, 플랫폼 기업들은 더 많은 광고를 유치할 수 있다. 플랫폼 기업들은 다른 수많은 사업자의 사이버 점포를 유치하고 있는 최상위 기업이기도 하다. 여기에서도 엄청난 수익이 발생한다.[4]

기업들은 플랫폼을 제공하는 대가로 사용자들의 위치 정보와 온라인 활동 기록, 연락처 등 각종 개인 정보를 수집한다. 사용자의 프로필과 '좋아요' 표시, 트위터 멘션과 특정 요청에 대한 수락과 클릭 등은 모두 구글, 네이버, 마이크로소프트의 서버가 구축해놓은 정보의 바다에 활용 가치가 높은 정보를 흘려보낸다. 네티즌은 무급 노동에서 텔레비전 시청자보다 훨씬 적극적이다. SNS에서 사용자들이 드러내는 친구 관계에 대한 정보, 감정과 정서, 욕구와 분노는 알고리즘에 의해 이용 가능한 데이터로 전환된다. 프로그램이나 사이트를 공짜로 이용한다는 착각 때문에 노동−착취의 문제가

---

4 최첨단의 이미지를 갖고 있는 사이버의 세계는 생각보다 봉건적이다. 최고 군주 노릇을 하는 플랫폼 기업이 여타의 기업에 영지를 나눠주듯, 사이버 영토는 분할되고 분배된다.

잘 드러나지 않을 뿐이다. IT기업의 천문학적인 가치를 만들어내는 것은 투자자나 CEO, 프로그램 개발자가 아니다. 바로 사용자들이다.[5]

『텔레코뮤니스트 선언』을 쓴 드미트리 클라이너는 IT산업이 "공동체가 창출한 가치를 사적으로 포획하는 비즈니스 모델"이라고 썼다. 상황은 갈수록 태산이다. 사물인터넷으로 인해 스마트 칫솔부터 스마트 변기에 이르기까지 사소한 일상 기기들이 생성하는 데이터가 상업 수단으로 이용되는 지경에 이르렀다. 우리의 생활 자체가 IT기업의 식민지가 되고 있다. 우리의 생활은 IT기업들과 공유되고 있고, IT기업을 허브로 삼아 다시 여타의 기업들과 공유되고 있다. IT기기들은 단순히 편리성만을 제공하지 않는다. 그것은 끊임없이 데이터를 저장하고, 그것을 어디론가 흘려보낸다(그것이 아날로그식 라디오나 텔레비전, 유선 전화기와 결정적으로 다른 점이다).

사물인터넷은 모든 기계, 사업체, 주택, 차량 등을 지능형 네트워크로 연결한다. 이제까지의 전자 기기들은 인간의 조작이 있어야만 가동이 되었지만, 사물인터넷은 인간의 조작 없이, 자신들끼리 정보를 주고받는다. 그것은 무엇을 의미하는가? 사람들의 생활과 의식이 기업에 의해 겹겹이 포위되는 것을 의미한다. 그야말로 '생활의 식민화'다. 그것이 IT기업들의 수익모델인 것이다. 이제까지는 공공재인 지구 환경을 사유함으로써 기업들이 자본을 축적했다면, 지금은 사람들의 생활 자체를 기업이 사유화함으로써 자본을 축적하는 단계로 나아가고 있다. 지금의 단계는 '디지털 전체주의'라 부를 수 있다. 전 인류의 생활과 의식을 포획할 수 있는 단계로 진입하는 바로 이 대목에서 인문학적 상상력이 요구된다.

---

5   피에르 랑베르, 「개인 정보, 이제는 정치적 사안이다」, 『르몽드 디플로마티크』, 2016년 9월 1일(962호).

"당신은 세상을 어떻게 바꿀 수 있습니까?"

2014년 신세계그룹 부회장 정용진은 연세대학교 대강당에서 열린 인문학 강연에서 이런 말을 했다. "'측정할 수 있는 것이 아니면 믿지 않는다'는, 기술공학을 대표하는 기업 구글도 채용 면접을 할 때 '당신은 세상을 어떻게 바꿀 것인가'라는 질문을 던져 지원자의 인문학적 상상력을 평가한 뒤 직원을 선발합니다."[6] 구글이 평소 '측정할 수 있는 것이 아니면 믿지 않는다'는 기술공학적 태도를 갖고 있는 것은 맞다. 중요한 것은 그런 기업이 왜 '당신은 세상을 어떻게 바꿀 것인가'라는 질문을 던지는지에 있다.

정용진의 의도는 '인문학적 상상력'의 중요성을 강조하기 위한 것에 있었다. 그러나 구글의 질문이 '인문적'인 것이 되기 위해서는 '어떻게'가 아니라 '왜'를 물었어야 한다. '당신은 세상을 어떻게 바꿀 것인가'가 아니라 '당신은 세상을 왜 바꾸려고 하는가'가 되어야 한다는 말이다. 인문학에서 중요한 것은 도구적 이성이 아니라 비판적 이성이다. 도구적 이성은 '어떻게how'를 묻고 답하는 이성이고, 비판적 이성은 '왜why'를 묻고 답하는 이성이다. 이것은 인문학의 기본 상식이다. 구글의 구직자들은 '나는 세상을 바꾸고 싶다'고 말한 적이 없다. 그런데도 구글은 그것을 당연한 전제로 삼아 '당신은 세상을 어떻게 바꿀 것인가' 하고 묻는다. 따지고 보면, 이상한 질문인 것이다.

구글이 '당신은 세상을 어떻게 바꿀 것인가?'를 물을 뿐, '당신은 세상을 왜 바꾸려 합니까?'를 묻지 않는 데에는 이유가 있다. 첫째, '어떻게'라는 질문은 얼마든지 자신을 소외시킬 수 있지만, '왜'라는 질문은 자신을 소

---

6   정용진, 「"인문학 눈을 가져야 또 다른 세상 볼 수 있습니다"」, 『주간동아』, 2014년 4월 14일(933호).

외시킬 수 없기 때문이다. 기업 인문학은 자기 소외의 학문이다. 그래서 이렇게 묻지 않는다. 둘째, 묻고 싶은 것이 구글이라는 '기업을 통해서' 세상을 어떻게 바꿀 것인지에 있기 때문이다. 구글이 궁금해하는 것은 '당신 개인이 세상을 어떻게 바꿀 것인가'가 아니다. 그런 것은 안중에도 없다. 여기서 중요한 것은 이것이다. 세상을 그냥 바꾸면 안 된다. 반드시 '기업을 통해서', '기업이 용인하는 방향과 방식으로' 바꿔야 한다. 셋째, 구글이 구직자들에게 '왜 세상을 바꾸려 하는가'를 묻지 않는 것은 답이 이미 정해져 있기 때문이다. 그 답이란 구글의 자본 축적과 사회적 지배권력 확장에 복무하는 것이다. 구글은 자신이 세계인의 경험을 재창조(재조직)할 수 있다고 믿는다. 그러므로 구직자들 역시 이런 기업에 지원할 때에는 '내가 세상을 바꿀 수 있다'는 생각과 태도를 갖고 있을 것이라고 기대된다. 이로부터 '당신은 세상을 어떻게 바꿀 것인가'라는 질문이 파생된다.

주지하다시피, 인문학은 답을 찾는 것이 아니라, 질문을 던지는 학문이다. 정용진도 이 강의에서 인텔 상호작용 및 경험 연구소 소장인 제네비브 벨 박사의 "공학적 사고가 어려운 문제를 해결하는 것이라면, 인문학은 어려운 질문을 던지는 것"이라는 말을 인용했다. 그럼에도 정용진은 기업 인문학의 메시지로 부드럽게 미끄러져 들어간다. 그것은 정용진 개인의 잘못일까? 아니다.

텍스트는 그 자체로 읽히는 것이 아니라, 그 말을 한 사람의 프로필과의 관계 속에서 콘텍스트로 읽힌다. 제네비브 벨의 말도 마찬가지다. 그녀가 인텔 직원이 아니었다면, 이 말은 공학과 인문학의 근본적인 차이에 대해 말하는 것으로 이해될 것이다. 그러나 그녀는 인텔의 관료다. 그런 까닭에 뉘앙스가 다르게 읽힌다. "공학적 사고가 어려운 문제를 해결하는 것이라면, 인문학은 어려운 질문을 던지는 것"이라는 그녀의 말은 기업의 이윤과 권력 확대에 도움이 될 법한 질문을 자신처럼 기업에서 일하는 인문학자가 던지면, 인텔에서 일하는 수많은 공학도가(실은 그들과 더불어) 그 해결점을 찾는 분업 시스템에 대해 말하고 있는 것처럼 들린다(그것은 실제로 그녀가 인텔에서 하는 일이기도 하다).

제네비브 벨처럼 말한 인문학자는 많다. 그러나 정용진 같은 기업인들은 하고많은 인문학자들을 놔두고, 제네비브 벨의 말을 인용한다. 메시지가 친기업적인 것이 되기 위해서는 다른 학자들은 다 제쳐두고 기업에 복무하는(반드시 기업에 소속되어 있지 않다 하더라도) 인문학자의 말이어야 하기 때문이다. 그녀의 말에는 권위가 있다. 그러나 그 권위 역시 인텔이 세계적인 기업이라는 것에서 나온다. 그것은 일종의 자기 복제다. 기업은 특정한 인문학자들에게 권위를 부여하고, 기업 인문학자로 변신한 사람은 그 권위를 등에 업고 다시 자신의 사회적 영향력을 확장해간다.

문화인류학자로서 그녀는 사람과 문화에 대한 수많은 질문을 던지고 연구한다. 그러나 예외가 있다. 기업의 실존적 문제에 대한 질문을 던져서는 안 된다. 이를테면, '인텔은 인간의 생활과 경험을 왜 재조직하려 하는가?', '그 의도는 무엇인가?' 같은 질문은 안 된다. 이 질문은 기업의 문제에 그치는 것이 아니라 주체의 문제로 귀결된다. 기업의 실존적 문제에 대해 질문하지 않으려면, 기업을 위해 복무하는 자신에 대한 실존적 질문도 하면 안 되기 때문이다. 기업에 대해서도, 자신에 대해서도 질문을 던지지 않는 것은 일종의 '정언명령'이 된다.

페이스북 본사 입구에는 르네 마그리트의 미술 작품과 함께 이런 표어가 걸려 있다고 한다. "우리는 기술 회사인가?Is this a technology company?" 이것은 기업에 대한 실존적 질문이 아닐까? 그러나 이 질문은 '우리는 기술 회사가 아니다' 혹은 '우리는 기술 회사 이상이다'라는 답을 가정하고 있기 때문에 실존적 질문이라고 할 수 없다. 이 질문은 '우리는 기술 회사 이상을 지향한다'는 답을 전제해놓고 그 속에서 '우리는 무엇 때문에 기술 회사 이상인가?', '우리는 어떻게 이 회사를 기술 회사 이상으로 더욱 발전시켜나가야 하는가?'를 고민하게 만든다(이것이 마크 저커버그가 표어를 걸어놓은 이유일 것이다).

이 표어가 진정으로 실존적 질문이 되기 위해서는 두 가지 요건을 충족해야 한다. 하나는 표어가 '페이스북'이라는 회사 공간 밖으로 나와야 한다. 그래야 공간과 표어 사이의 콘텍스트에서 사유가 해방된다. 또 하나는 주어가 "우리"에서 "페이스북"으로 바뀌어야 한다. 질문이 "페이스북은 기술 회사인가?Is Facebook a technology company?"가 되어야 하는 것이다. 그래야 객체화된 대상으로서 유의미한 인문적 질문이 된다.

'인문학의 콘텐츠화'라는 덫

IT산업과 더불어 인문학적 상상력이 가장 강조되는 분야가 영화, 드라마, 광고, 게임 등의 엔터테인먼트 산업이다. IT산업과 엔터테인먼트 산업은 공통적으로 지식과 정보, 생활과 경험의 재조직을 위해 인문학적 상상력을 요구한다. 또한 둘 다 대중의 의식 조작에 깊이 관여한다. 둘 사이에 차이가 있다면, IT산업이 지식과 정보를 다루는 데 능하다면 엔터테인먼트 산업은 대중의 심리를 다루는 데 능하다는 점이다.

기본적으로 IT와 엔터테인먼트는 근친 관계에 있다. 영화나 드라마에서 예전에는 구현하기 힘들었던 장면들이 컴퓨터그래픽CG을 통해 이제는 얼마든지 구현되는 것을 생각해보라. 컴퓨터그래픽 기술의 발달은 엔터테인먼트 산업의 상상력에 날개를 달아주었다. 예전에는 상상이 그야말로 상상에 그치는 경우가 많았지만, 지금은 상상하면 웬만한 것들은 모두 구현된다. 높은 실행 가능성은 상상력을 추동할 수밖에 없다. 실현 불가능이라는 장애물이 사라져버린 상상력은 극대화된다.

모든 상상력이 인문적인 것은 아니다. 상상력은 양날의 칼이다. 상상력은 인간과 세계에 대한 비판적 시각, 현실 인식, 역사 인식을 높여줄 수도 있지만, 반대로 현실 망각, 현실 도피, 현실과 역사에 대한 과대망상이나 낭만 조작에 복무할 수도 있다. 전자는 인문적이지만, 후자는 반인문적이다. 전자는 인문학적 상상력이라 부를 수 있지만, 후자는 그렇게 부르기 힘들다. 그럼에도 현실은 문학과 역사에서 영감을 얻어 문화상품이 생산되었다면, 이 둘을 구분하지 않고 모두 인문학적 상상력이라 지칭한다.

오늘날 문화상품 생산에 문학과 역사가 소재와 영감을 제공하는 것은 맞다. 예를 들어 『삼국지』, 『서유기』 같은 고전이나 전쟁의 역사가 게임의 소재로 쓰이는 것, 고대 그리스·로마 신화나 『해리포터』나 『나니아 연대기』 같은 판타지 소설이 영화의 소재로 쓰이는 것,[7] 신라시대나 조선시대 역사를 현대적으로 극화해 퓨전사극을 만드는 것 등이 그렇다. 그러나 문학과 역사에서 소재를 차용했다고 해서 모두 인문적이라 할 수는 없다.

이를테면 『서유기』를 바탕으로 한 일련의 게임들은 대중에게 친숙한 스토리나 캐릭터를 차용하는 상업적 전략을 구사하는 것 이상도 이하도 아니다. 인문적인 것과는 하등의 관계가 없다. 전쟁사를 소재로 하는 게임도 옛날에 실제로 있었던 전쟁을 차용함으로써 사용자의 실감을 높이고자 하는 것이지, 어떤 역사의식을 부여하고자 하는 것은 아니다. 물론 게임을 하면서 전쟁의 역사에 대한 단편적인 정보들은 얻을 수 있겠지만, 그것만으로는 인문적인 메시지를 얻을 수 없다.

소설이 영화나 드라마로 만들어지는 것도 대개는 본격 문학이 아니

7　게임과 영화 역시 근친 관계에 있다. '앵그리 버드'처럼 성공한 게임이 영화로 만들어지거나 〈스타워즈〉처럼 성공한 영화가 게임으로 만들어지는 예는 많다. 요즘에는 게임 장면을 화면으로 옮겨놓은 듯한 영화도 많다. 게임과 영화의 경계는 갈수록 모호해지고 있다.

라 대개는 SF · 판타지소설 같은 장르문학이 원작이다. SF · 판타지소설에도 얼마든지 인문적인 비판 정신이나 세계관이 깃들어 있을 수 있다. 그러나 장르의 특성상 현실 망각이나 현실 도피의 기제로 활용되기 쉬운 것도 사실이다. 오늘날 SF · 판타지소설이 오락 상품의 대세를 이루는 것은 후자 때문이지 전자 때문이 아니다. 문학이나 역사에서 소재와 영감을 얻은 문화 상품이라 하더라도 전체적으로 보면 인문적인 것과는 거리가 멀다고 할 수 있다.

SF · 판타지 · 재난물에도 환경오염 문제, 식량문제, 물 문제, 전염병 문제, 심각한 빈부 격차, 인종 차별 문제 등 심각한 현실적 문제들이 등장하기는 한다. 그러나 그것들은 주인공의 생존투쟁이나 승리의 극적인 연출을 위한 장치로 활용될 뿐이다. 골이 깊을수록 산이 높듯이, 현실이 참혹할수록 생존과 성공의 기쁨이 배가 된다. 현실이 참혹할수록 주인공의 고군분투는 치열해지고, 그 과정에서 극적인 스펙터클과 서사가 생겨난다. 참혹한 현실이 그 자체로 주제가 되기보다는 흥분과 긴장, 짜릿함, 생존하고 성공했을 때의 환희를 제공해주기 위한 조건과 배경으로 기능한다. 참혹한 현실이 오락의 수단으로 전락하는 것이다.

이런 오락물을 즐기는 대중의 대다수가 신자유주의적 질서의 피해자라고 본다면, 이것은 자학과 자기혐오의 오락이다. 관객들은 주인공에게 감정이입을 하고, 생존과 성공 확률이 거의 불가능한 상황 속에서 기적처럼 그것을 해내는 주인공과 자신을 동일시하게 된다. 영화에서 죽어가는 수많은 사람(엑스트라)이 자신일 수도 있다는 생각을 하지 않는다. 그들은 주인공의 생존과 성공의 걸림돌로 여겨질 뿐이다. 이런 서사를 통해 궁극적으로 성공하는 것은 신자유주의적 이데올로기다. 대중이 자신도 주인공처럼 경쟁을 통해 1퍼센트도 안 되는 생존과 성공을 거머쥘 수 있다고 생각하는 한, 신자유주의적 질서는 안전하게 사람들을 지배하게 된다.

여기서 강명관의 말을 들어보자. "인문학의 콘텐츠화란 인문학의 비판적 기능을 박탈하고, 산업화할 수 있는 상품을 생산하라는 자본의 요구다. '문화 콘텐츠'는 바로 인문학에서 짜낸 이윤을 낳을 상품 외에 다른 것이 아니다.……인문학 콘텐츠는 연구비란 형태로 국가가 구매하여 자본에 공여한다.……국가는 상품의 내용을 지시한다. 인문학자는 이제 하청 품팔이 노동자가 된 것이다."[8] 예전에도 인문학이 역사물을 만드는 영화감독의 요구에 부응해 인문학자가 자문을 해주는 식으로 문화상품 생산에 도움을 주는 경우는 있었다. 이때에는 문화상품의 생산자가 영화감독이 된다. 문화상품의 생산 주체로서 창작자의 위상이 살아 있다. 자문해주는 인문학자 역시 인문학자로서 위상이 살아 있다.

그러나 강명관의 말처럼 국가가 내용을 지시하고, 문화 콘텐츠를 사서 기업에 넘겨준 결과로 문화상품이 생산되면, 문화상품의 생산 주체가 사실상 국가-기업이 된다. 영화감독 같은 창작자나 문화 콘텐츠를 만드는 인문학자는 자기 위상을 잃는다. 그 결과로 생산된 문화상품은 어용작품 비슷한 것이 된다. 영화나 드라마 같은 문화상품이 '작품' 취급을 받는 것은 창작자 개인의 세계관과 정신이 살아 있을 때다. 그것이 없으면 작품의 질이 떨어질 수밖에 없다. 컴퓨터그래픽을 사용한 화려한 볼거리, 엄청난 비용과 인력을 동원해 만든 문화상품이 쏟아지지만, 정작 가슴에 남는 작품들은 드문 이유가 여기에 있다.

인문학과 자본의 접점에 문화 콘텐츠가 있다. 많은 대학이 국문과와 철학과가 통합해 '문화콘텐츠학과'라는 이름으로 바꾸고, 컴퓨터 게임에 쓰일 서사를 개발하는 프로젝트 등에 많은 노력을 쏟는다. 기업 프로젝트는

---

8 강명관, 『침묵의 공장』(천년의상상, 2013), 33쪽.

한국연구재단의 연구 프로젝트보다 요건이 까다롭지 않아 연구비는 '쌈짓돈'으로 여겨지는 실정이다.[9] 인문학계 내부에서는 인문학의 콘텐츠화야말로 인문학 위기를 돌파할 유일한 길이라는 주장이 횡행한다. 그러나 인문학의 콘텐츠화야말로 인문학의 존재 이유를 망실亡失하는 덫이라고 보는 것이 옳다.

---

9 경향신문 특별취재팀, 『민주화 20년, 지식인의 죽음』(후마니타스, 2008), 128쪽 참조.

제3장

기업 인문학의 소실 매개자

클레멘트 인문학은
정말 착한 인문학이었을까?

클레멘트 인문학을 긍정하는 시선들

일단 고해성사부터 해야겠다. 나는 『인문 내공』에서 '클레멘트 인문학(일명 '노숙자 인문학')'에 대해 긍정적으로 쓴 바 있다. 사실 이 내용은 본래 원고에 없던 것이었다. 탈고한 후, 출판사 측에서 '현실에서 인문학이 어떤 긍정적 역할을 하는지'에 대해 독자들이 실감할 만한 예시가 추가되었으면 좋겠다는 의견이 있었고, 그 의견을 반영해 쓴 것이었다. 그러나 이유가 무엇이었든 클레멘트 인문학에 대한 문제의식이 부족한 상태에서 썼다는 점은 부인할 수 없다. 내가 이런 이야기를 하는 것은 지금 클레멘트 인문학을 비판하려고 하기 때문이다. 독자들의 혜량을 바란다.

　　나도 그랬지만, 인문학의 긍정적 기능을 논할 때, 많은 사람이 클레멘트 인문학을 주로 호명하는 것은 그 '효용의 가시성' 때문이다. 클레멘트 인문학은 노숙자, 재소자, 빈민 등 워낙 사회 밑바닥에 있는 사람들을 대상으로 한 것이라 인문학을 통해서 약간의 긍정적 변화만 생겨도 눈에 확 띈다. 예를 들어 인문학 교육을 받고 노숙자가 노숙생활을 청산하고 집으로 돌아간다거나, 직업을 갖는다거나, 대학에 입학하는 것은 눈에 띄는 변화다. 그것은 근본적인 변화를 확인시켜준다. 말하자면 노숙자들만큼 교육의 성과를 극대화하기 좋은 대상이 없다.

노숙자들의 귀가율, 취업률, 진학률은 집계도 가능하다. 클레멘트 인문학 과정은 주로 정부나 지자체, 기업의 지원을 받는다. '지원을 받았으면 성과를 보여주어야' 하는 법. 숫자로 집계되는 성과는 '전시'용으로 좋다. 클레멘트 인문학이 숫자를 강조한 것은 처음부터 그랬다. 클레멘트 인문학을 주창한 얼 쇼리스는 자신이 배출한 클레멘트 인문학 과정(1년 코스) 졸업자들 17명 중 16명이 정규 대학에 진학하거나 전일제 일자리를 얻었다고 강조했다.[1]

인문학자들이 클레멘트 인문학을 긍정하는 이유는 또 있다. 클레멘트 인문학이 사회의 인문성 회복과 학문의 사회성 회복에 이롭다고 생각하기 때문이다. 이를테면 클레멘트 인문학 강사들은 소외와 억압 속에서 살아온 노숙자들과 부대끼고, 그들을 가르치는 경험을 통해 '인간과 사회란 무엇인가?' 혹은 이런 사람들에게 '학문과 지식은 무엇인가?'라는 질문을 하게 된다. 노숙자들은 인문적 사유의 대상이 되는 문제들의 첨단에 서 있었다. 그래서 클레멘트 인문학 강사들은 "인문학이 노숙자를 구하는 것이 아니라, 노숙자가 인문학을 살리고 있다"고 말한다.

2005년 성프란시스대학에서 노숙자들을 대상으로 강의했던 최준영은 이런 글을 쓴 적이 있다. "단언컨대 '거리의 인문학'의 최대 수혜자는 거리의 삶을 사는 사람들이 아니라 강사들이었다.……노숙인 강의가 사회적

---

1 얼 쇼리스, 이병곤 외 옮김, 『희망의 인문학』(이매진, 2006), 269쪽. 숫자로 표현되는 성과주의는 기업과 관료사회의 특성이다. 그러나 이런 경향이 신자유주의에서 증폭된 것도 사실이다. 우리는 직장, 사회, 가정에서 '다른 것 다 필요 없이, 숫자로 말하라!'라는 식의 말을 얼마나 많이 듣고 사는가. 클레멘트 인문학이 숫자로 사람들에게 어필하는 것은 다분히 '신자유주의적'이라 할 수 있다.

화제가 된 뒤 곳곳에서 인문학 강좌들이 속속 개설됐다.……그 결과 인문학 강좌의 수가 전국적으로 1백여 개를 넘어설 만큼 활성화됐고, 그것은 곧 대학 내에서 불안한 신분에 처해 있던 일군의 (비정규직) 인문학자들에게 강의 기회를 제공해주는 효과를 낳았다.……우선 대학 강의보다 높은 강사비(교내 강의의 경우 시간당 5만 원 내외를 받는데 비해 시민 인문학에선 시간당 최소 7만 원에서 15만 원을 받는다)를 받는 강의였다. 둘째, (자신의) 사회적 이미지를 제고할 기회, 즉 상징자본을 축적할 기회였다."[2]

클레멘트 인문학에 강사로 참여한 정규직 교수도 있기는 했다. 그러나 그런 사람은 소수에 불과했다. 클레멘트 인문학 강사는 대부분 비정규직 시간강사나 연구원들이었다. 그나마 참여했던 교수들도 이내 발을 빼기 일쑤였다. '얼핏 의미는 있어 보이지만 솔직히 귀찮고 골치 아픈 부가적인 일'로 여겨졌기 때문이다.[3] 클레멘트 인문학은 불안정성과 저임금의 시련에 처해 있는 많은 비정규직 인문학자에게 또 다른 기회였다. 클레멘트 인문학 강의 자체가 큰 돈이 된 것은 아니다(강사들은 얼마간 돈을 받는 경우도 있지만, 무료로 강의해주는 경우도 있었다). 그러나 클레멘트 인문학은 대학 밖에서 인문학 열풍을 통해 경제적 보상을 해주었다.

클레멘트 인문학은 '하다못해 노숙자도 인문학을 공부하는데, 당신은 무엇을 하고 있는가?' 하는 메시지를 전달하며 인문학 열풍을 촉발했다. 클레멘트 인문학이 한국에 도입된 이후 대학, 지자체, 도서관, 영리기업, 사회적 기업, NGO(비정부기구) 등에서 '시민 인문학'과 '대중 인문학'의 이름으로 인문학 강의가 대거 신설되었고, 그것은 비정규직 인문학자와 재야 인문학자들의 생계유지에 도움을 주었다. 클레멘트 인문학은 심리적 보상도

---

2 최준영, 「거리의 인문학 10년, 누구를 위해 종을 울렸나?」, 『ㅍㅍㅅㅅ』, 2015년 1월 19일.
3 최준영, 앞의 글.

주었다. 강사들은 1970~1980년대 야학운동가들처럼 자신이 '현장(에 투신한) 인문학자'가 된 듯한 느낌을 받을 수 있었다. 클레멘트 인문학은 지배계급의 전유물이었던 인문교양을 민중에게도 돌려주는 일 아닌가. 그것은 진보적이고, 보람차며, 의미 있고, 자부심을 가질 만한 일이었다.[4] 많은 인문학자가 클레멘트 인문학을 긍정적으로 바라본 이유였다.

정부와 기업이 재정 지원을 하는 이유

엄밀히 말하면, 소외계층을 교육 대상으로 한다고 해서 야학운동과 클레멘트 인문학이 같은 것은 아니다. 그 둘은 근본적으로 다르다. 가장 중요한 차이는 재정적 지원에서 드러난다. 국내에서 가장 오랫동안(2005년부터) 클레멘트 인문학을 해온 성프란시스대학의 학장 여재훈 신부의 말이다. "지난해까지 한국연구재단에서 생활인문학 지원을 받았다. 강사료나 도서 구입 등 강의 운영에 도움을 받았는데, 올해부터는 지원이 끊겼다.……한국연구재단 외에 삼성코닝정밀소재(대표이사 이헌식)에서 나머지 절반을 지원해주고 있다. 학사 운영은 연구재단, 사무실 운용과 인건비, 식사비 등 부대 비용을 삼성코닝에서 지원한 셈이다."[5]

2008년 '희망의 인문학'이라는 타이틀로 서울시 차원에서 처음으로 노숙자 인문학 강좌를 운영하기 시작한 사람은 오세훈 서울시장이었다. 교육부 산하기관인 한국연구재단, 삼성그룹 계열사, 한나라당 소속 서울시장

---

4 클레멘트 인문학 강사들은 1970~1980년대 야학운동가들이 느낄 법한 자부심도 갖고, 한편으로는 자신이 '인문학의 효용을 증명하라'는 사회적 요구에 적극 화답하고 있다는 느낌도 받는다. 그러나 이것은 서로 어울리지 않는 양가감정이다. 야학운동은 사회변혁운동의 일환이었지만, '인문학의 효용을 증명'하는 일은 신자유주의적 헤게모니의 요구에 부응하는 것이다. 정반대의 지향이 하나의 프로그램에서 조화될 수 있다고 생각하는 것은 착각에 불과하다.

5 최익현, 「소외계층 위한 인문학 교실, 희망의 불씨를 키웁니다」, 『교수신문』, 2012년 11월 26일.

이 클레멘트 인문학의 지원군이었던 것이다. 클레멘트 인문학이 진보적이라면, 뭔가 이상하지 않은가? 나는 예전의 야학운동이 이렇게 관과 기업의 재정 지원을 받아 이루어졌다는 말을 들어본 적이 없다. 더구나 이러한 재정 지원은 강좌의 내용과 형식에 당연히 영향을 미칠 수밖에 없다. 이에 대해서는 뒤에 다시 말하겠다.

성프란시스대학에서 강의한 경희대학교 철학과 교수 우기동은 이런 말을 했다. "우리의 목표는 빈곤을 종식시키고……빈민을 위험한 시민으로 만드는 것이다. 민주주의 사회에서는 모든 시민이 위험하다는 의미와 똑같은 차원에서 빈민들이 위험해질 것이기 때문이다. 그들은 힘 있는 시민이 될 것이다."[6] 이것은 얼 쇼리스의 논조와 같은 말이다. 얼 쇼리스는 클레멘트 인문학의 궁극적인 목적을 "빈민들이 인문학을 통해 자존과 정치적 삶을 회복해 '위험한 시민'으로 거듭나게 하는 것"이라고 했다.

여기서 '위험한 시민'이라는 말은 무슨 말일까? 빈민을 이런 사회 변혁의 주체로 거듭나게 하자는 말일까? 그것은 아닐 것이다. 그런 사업에 정부, 지자체, 기업이 지원할 리 없다. 여기서 중요한 것은 "모든 시민이 위험하다는 의미와 똑같은 차원에서 빈민들이 위험해질 것"이라는 말이다. 이 말을 잘 음미해보면, 그 의미를 유추할 수 있다. 삼단논법으로 설명하면 이렇다. 첫째, 모든 시민은 정치적 삶을 가지므로 위험하다. 둘째, 클레멘트 인문학은 빈민을 그런 시민으로 만든다. 셋째, 그러므로 클레멘트 인문학을 공부한 빈민은 위험한 시민이 된다.

클레멘트 인문학에서 말하는 '위험한 시민'은 반대로 봐도 된다. '안전한 시민'이나 '온순한 시민'을 일컫는 것으로 봐도 무방하다는 말이다. 클

---

6   송화선, 「행복한 철학자 우기동」, 『신동아』, 2009년 10월(601호).

레멘트 인문학은 노숙자들이 일반 시민처럼 되는 것을 '위험한 시민이 된다'고 표현했을 뿐이다. 이것은 억측이 아니다. 미국에서 대학들과 연계해 시작되었던 클레멘트 인문학은 애초부터 극빈층이나 노숙자, 마약 중독자의 자활과 치료 프로그램의 성격이 강했다. 노숙자들의 귀가율, 취업률, 진학률을 주된 성과로 평가하는 것도 클레멘트 인문학의 일차적 목적이 '가만 두면 사고나 칠 법한 사람들'을 체제 안으로 복귀시키는 데 있기 때문이다. 말하자면 클레멘트 인문학은 '어용화된 야학'이다.

　　노숙자를 '시민으로 거듭나게 한다'는 말도 어불성설이다. 노숙자는 시민이 아니라는 것을 전제로 한 말이기 때문이다. 노숙자는 본래 시민의 성원이다. 가난하다고, 못 배웠다고 해서 시민이 아닌 것이 아니다. 그러나 현실적으로는 시민 취급을 못 받고 있는 것도 맞다.[7] 사실상 시민권이 박탈되어 있는 것이다. 그러면 노숙자들에게서 시민권을 박탈한 주체는? 바로 정치권력과 경제권력이다. 클레멘트 인문학은 시민권을 박탈한 권력이 잃어버린 시민권을 되찾아주겠다며 구원자를 자처하는 프로그램이다.

　　인문학이 빈곤을 벗어나게 해주는 학문도 아니지만, 설사 그들의 말대로 몇몇 노숙자가 인문학을 공부해 빈곤을 벗어난다 하더라도 문제는 남는다. 차별과 배제의 사회구조가 바뀌지 않는 한, 노숙자들은 끊임없이 재생산될 것이기 때문이다. 클레멘트 인문학은 통치자들이 볼 때, 여러 가지로 장점이 있는 프로그램이다. 우선 소외계층을 위해 정부와 지자체가 이처럼 노력하고 있음을 과시하기 좋은 프로그램이다. 수강생들 중 자활에 성공하는 사람이 있으면 그 역시 성과다.[8] 그리고 인문학자들과 대중을 대거 기

7　시민이면 누구나 이용할 수 있는 공공시설에서 노숙자들이 쫓겨나는 것을 생각해보라. 혹자는 더럽고 냄새 나는데, 어떻게 함께 이용할 수 있느냐고 반문할 수 있겠다. 그러나 그것도 평등과 인권의 문제다. 예를 들어 북미 도서관에서는 노숙자들이 샤워할 수 있는 시설을 갖춰놓고, 상호 불편을 해소한다. 임윤희, 「노숙인 샤워 시설 갖춘 도서관」, 『시사IN』, 2015년 12월 2일(428호).

업 인문학으로 유인하는 창구 역할을 한다. 이것이 가장 중요하다. 이런 점들 때문에 정부, 지자체, 기업은 클레멘트 인문학을 지원한다.

소외계층에 대한 분할 통치

얼 쇼리스는 가난한 사람들에게 클레멘트 인문학이 필요한 이유를 설명하기 위해 이런 이야기를 했다. 요약하면 이렇다. 사우스 브롱크스 지역에 테니스 코트가 하나 있다. 여러 명의 아이가 하나의 코트를 사용해야 했기에, 아이들은 각자 자신의 순서를 기다려야 했다. 맨 앞에 있던 두 아이의 경기가 끝나면, 그 뒤에 서 있는 두 아이에게 차례가 돌아간다. 그런데 테니스 코트를 차지하기 위해 가난한 아이들과 부자 아이들이 선택한 해결 방식은 서로 달랐다. 가난한 아이들은 무질서 속에서 서로 경쟁하고 싸우느라 대부분의 시간을 허비하고 말았지만, 부자 아이들은 대화와 타협(정치)을 통해 처음의 무질서를 금방 극복하고 효율적으로 시간을 활용할 수 있었다.[9]

얼 쇼리스에 따르면, 가난한 사람들은 사회가 어떤 게임의 법칙에 따라 움직이는지 이해하지 못한다. 가난한 사람들은 그러한 규칙을 습득할 여유도, 활용할 기회도 없었다. 그래서 늘 패배한다. 가난한 사람들에게 인문학이 필요하다고 주장하는 이유다. 그러나 과연 대화와 타협만이 '정치적 삶'일까? 무력을 사용하는 것은 '정치적 삶'이 아닐까?(무력을 사용했던 혁명가나 독립운동가들의 정치적 삶을 생각해보라.) 가난한 아이들이 경쟁하고 싸우

---

8 설사 자활 성적이 안 좋아도 손해는 아니다. 가난과 불행을 정치적으로 합리화하는 명분으로 삼기 좋기 때문이다. 이런 교육을 지원해주었지만, 노숙자들의 그릇된 태도와 의지 부족으로 자활이 안 되고 있다며, 가난과 불행의 책임을 개인의 잘못으로 떠넘길 수 있다.

9 얼 쇼리스, 이병곤 외 옮김, 『희망의 인문학』(이매진, 2006), 61~62쪽; 최진석 외, 『불온한 인문학』(휴머니스, 2011), 214쪽.

는 것은 그렇게 하지 않으면 얻을 수 있는 게 없다는 정치적 현실을 경험으로 깨우쳤기 때문은 아닐까? 부자들이 대화와 타협으로 모든 일을 결정해나간다는 것도 계급적 판타지(편견) 아닐까?(부자들의 흔한 갑질을 생각해보라.) 얼 쇼리스의 비유는 이러한 모든 질문을 무화無化시킨다.

　　인류학자 김현경은 『사람, 장소, 환대』에서 '자기 자리/장소'를 갖는 것의 의미에 대해 깊이 있는 논의를 전개했다. 그녀에 따르면, "사람이 된다는 것은 사회 안에서 자리를 갖는 것"이다.[10] 그리고 "개인에게 자리/장소를 마련해주고 그의 영토에 울타리를 둘러주는 것이 바로 공동체의 역할"이다.[11] 그런데 이놈의 자본주의 사회는 가난한 사람들에게 좀처럼 자리를 내주려 하지 않는다. 예를 들면 이렇다. 부자들은 야구를 보러갈 때, 지정석을 예약한다. 그 자리는 빨리 가건, 늦게 가건, 심지어 가지 않아도 누가 침범하지 않는, 보장되어 있는 내 자리다. 그런데 가난한 사람은 비지정석 티켓을 끊는다. 비지정석은 먼저 가서 앉는 사람이 임자다. 늦으면 자리도 없이 서서 봐야 한다. 경쟁이 생길 수밖에 없다. 잠시 화장실이라도 다녀온 사이, 누가 앉았다면 '그 자리는 내 자리였다'며 언쟁을 벌여야 한다. 이런 상황은 가난한 사람들에게 일상이다.

　　가난한 사람들이 경쟁하고 싸우는 것은 태도나 정신의 문제가 아니다. 조건의 문제다. 그런데 얼 쇼리스는 그것을 '정치적 삶'이나 '정신적 삶'이 없어서라고 말한다. 그리고 가난한 사람들을 교육의 대상으로 삼는다. 사회에 필요한 것은 가난한 사람들을 시민으로 인정하고 그들에게 자리/장소를 내주는 것이다. 그런데 얼 쇼리스의 논리에 따르면, 교육을 받고 그를 통해 가난을 벗어나야 비로소 시민도 되고 자신의 자리/장소를 얻을 수

10　김현경, 『사람, 장소, 환대』(문학동네, 2015), 193쪽.
11　김현경, 앞의 책, 203쪽.

있다. 이것은 인문학 교육만 받으면 누구나 계급 상승을 이룰 수 있다는 낡고 허구적인 교육 이데올로기의 재야在野 버전과 다름없다.

　노숙자나 저소득층에게 인문학이 필요하지 않다는 것이 아니다. 빈민들에게도 인문학은 당연히 필요하다. 그러나 CEO를 위한 인문학이 별도로 존재하지 않는 것처럼 노숙자를 위한 인문학도 따로 존재할 수 없다. 인문학에는 모든 사람을 위한 인문학이 있을 뿐이다. 그러므로 노숙자들을 따로 모아 교육시키는 것은 옳지 않다. 게다가 정부와 기업의 지원하에서 이루어지는 인문학이라니. 그것은 소외계층에 대한 '분할 통치 · 관리 장치'의 일환이 아닌가 하는 의심을 사기에 충분하다.

　노숙자나 저소득층에게 필요한 것은 그들이 원할 때, 원하는 곳에서, 원하는 내용을, 원하는 강사에게, 일반인들과 섞여서 들을 수 있는 기회다. 그들의 지적 욕구는 일반인들의 그것과 다를 바 없다. 분리수거하듯 그들의 의지와 상관없이 빈민들만 따로 모아놓고 가르치는 것 자체가 인권 침해이고 반교육적이다. 그들이 자신들끼리 모여선 안 된다는 말이 아니다. 그들도 모여서 공부할 수 있다. 그럴 때에도 자율적이어야 한다. 이상적인 것은 그들 스스로 공부하고, 학습 공동체를 만들고, 자신들의 문제에 대해 논하는 것이다. 그를 통해 지식의 대상이 아니라, 지식의 주체로 거듭나는 것이다. 교사가 할 일은 그들을 가르치는 것이 아니라, 그들에게 이런 지적 환경을 조성해주고, 그저 지켜보고, 요청하는 것이 있으면, 그것이 무엇인지 들어주는 것이다.[12]

12　이런 문제에 대해서는 자크 랑시에르, 양창렬, 『무지한 스승』(궁리, 2008)에 자세히 나와 있다.

기업 인문학으로의 소실 매개자

나도 여기저기 강의를 다니지만, 강의라는 것이 틀이 중요하다. 특히 누가 나를 부르느냐, 어디에서 강의하게 하느냐가 중요하다. 이것이 기본적인 틀을 형성한다. 강의 내용을 강사가 직접 짜더라도 그렇다. 이 틀을 벗어나지 않는다. 심지어 관리자급이 참석하는지도 틀에 영향을 미친다. 내 경험을 예로 들면 이렇다. 어느 교육청 산하 도서관 초청으로 지역 학부모들을 대상으로 공부(교육) 관련 강의를 하기로 했다. 장소, 대상, 주제라는 틀에 맞춰 강의 내용을 짰다. 그런데 강의실에 도착했더니, 예정에 없이 교육장(교육청 최고 책임자)이 온다고 했다. 내 강의를 함께 듣겠다는 것이다. 높은 분의 느닷없는 행차에 도서관은 분주해졌다.

보통은 강사에 대한 간단한 소개가 있고, 바로 강의가 시작되지만, 높은 분이 오신 까닭에 국민의례, 교육장 인사말이 추가되었다. 강의실 분위기는 경직되었다. 이런 상황이 나와 나의 강의 내용에 영향을 줄까, 안 줄까? 당연히 준다. 나는 준비해간 이야기를 한다고 했지만, 아무래도 문제의식과 주장이 다소 '톤다운' 되는 것은 어쩔 수 없었다. 교육장이 신경 쓰이기도 하고(그가 감시자처럼 보였다), 무엇보다 나를 초청한 도서관 직원에게 누가 될까 싶어서였다.

클레멘트 인문학 중에는 교도소 재소자들을 대상으로 한 강의도 있다. 한국에서는 '평화 인문학'이라는 이름으로 진행되었다. 강의 장소가 교도소인 만큼 훨씬 경직된 분위기 속에서 진행된다. 교도관도 강의 상황을 지켜본다. 교도소 측이 이런 인문학 강의에 협조한 이유는 자명하다. 재소자들의 교화에 도움이 될지 모른다고 생각했기 때문이다. 이것이 '틀'이다. 강사로 누가 가든 상관없다. 설사 진보적이고 인권을 중시하는 사람이 강사로 간다 해도 이 틀을 벗어나기 힘들다. 예를 들어 이런 틀 속에서 '감옥의 일상적인 인권 침해', '왜 감옥에는 가난한 사람들만 바글바글한가?' 같은 문제를 논할 수 있을까? 혹은 마르크스와 레닌을 말할 수 있을까? 없다.[13]

　'감옥의 일상적인 인권 침해', '왜 감옥에는 가난한 사람들만 바글바글한가?' 같은 문제야말로 재소자들이 가장 쉽게 인문학에 접근할 수 있는 주제일 것이다. 일상생활에서 매일 겪는 모순이자 불합리이기 때문이다. 그런데 클레멘트 인문학은 이런 현장과 마주하지 않는다. 현재의 사회구조를 직접 파고들지 않고, 사회적 어젠다에 대한 심각한 문제의식을 던져주지도 않는다.[14] 클레멘트 인문학이 문제 삼는 것은 오로지 수강생 개인의 과거, 태도, 마음가짐이다. 문제가 되는 것은 '나 자신'이다. 내가 문제인 것이다. 전형적인 자기계발의 논리다.

　클레멘트 인문학은 자신이 가진 틀 때문에 '지금 여기'의 문제를 이야기할 수 없다. 그럴 수 없으니, 이야기가 겉돌 수밖에 없다. 예를 들어 플라톤이나 소크라테스, 라캉이나 니체, 혹은 공자나 노자를 이야기하는 식이다. 강의는 시간적으로 옛날에 대한 지식들, 공간적으로 먼 곳에 살았던 인물의 말로 채워진다. 시공간적으로 먼 이야기들은 불가피하게 '지금 여기' 있는 사람들과의 거리를 발생시킨다. 그 거리는 해석을 (더욱 많이) 필요로 하게 되는데, 이 부분에서 목적이 관철된다. 교화나 자존감 고양, 빈곤 탈출 같은 클레멘트 인문학 고유의 목적에 복무하는 해석으로 메워지는 것이다.

　이것은 클레멘트 인문학만의 문제가 아니다. 도서관, 백화점, 관청, 시민단체 등에서 행해지는 '일반 시민을 위한 인문학'도 마찬가지다. 목적이 교화나 자존감 고양, 빈곤 탈출에서 생존과 성공, 힐링과 삶의 여유 같은

13　마르크스와 레닌을 꼭 말해야 한다는 것이 아니다. 그에 대해 말할 수 없다는 부자유, 그것이 중요하다.
14　클레멘트 인문학 수강생들이 가장 많이 하는 질문이 '그런데 내가 이거 알아서 뭐합니까?'인 이유다. 지식과 자기 현실의 관계가 해명되지 않기 때문이다.

것으로 바뀔 뿐이다. 우리가 클레멘트 인문학을 주목해야 하는 것은 이 때문이다. 클레멘트 인문학은 본격 인문학을 기업 인문학으로 변질시키는 데 '소실 매개자' 역할을 한다. 클레멘트 인문학은 노숙자와 재소자의 '사회 복귀' 혹은 '빈곤 탈출'이라는 목표에 맞게 '편집'된다. 이 과정에서 인문학의 성격이 변질된다. '체제 친화적 목표에 복무한다'는 것도, 인문학을 통해 '노숙자들의 스펙을 업그레이드 시켜준다'는 것도 기업 인문학과 똑같다.

　　소외계층을 대상으로 하는 클레멘트 인문학은 진보적이고, 정의로운 활동이라는 인상을 준다. 이 때문에 대학의 신자유주의적 구조 조정에 불만과 피로감을 느끼는 인문학자들, 대학 바깥의 연구 단체에서 활동하는 재야 인문학자들, 진보연하는 인문 저자들이 대거 참여했다. 이들에게 클레멘트 인문학은 대안적 활동의 장, 학문적 실천의 장으로 여겨졌다. 그러나 그러한 이동은 '부처님 손바닥 안'이었다. 이를테면, 대학의 구조 조정이 못마땅해 대학 바깥에서 활동의 장을 모색했던 소장학자들은 한국연구재단이 지원하는 대학 바깥의 프로그램에 다시 포섭되는 꼴이었다.

제3의 길과 클레멘트 인문학

한국을 비롯해 클레멘트 인문학이 세계적으로 확산되는 데에는 큰 정치적 맥락이 있었다. 바로 제3의 길이다. 얼 쇼리스가 클레멘트 인문학을 시작한 것은 1995년의 일이다. 빌 클린턴 정부 때다. 당시 미국의 빌 클린턴, 영국의 토니 블레어, 프랑스의 리오넬 조스팽, 독일의 게르하르트 슈뢰더, 한국의 김대중 등 전 세계에서 동시다발적으로 좌파 정부가 들어섰다. 거칠게 말하면 이 정부들은 모두 '제3의 길'을 추구했다.

　　제3의 길이 있다면, 제1의 길, 제2의 길도 있을 것이다. 그것은 무엇인가? 간단히 말하면 이렇다. 복지국가로 대변되는 사민주의가 '제1의 길'

이다. 그리고 신자유주의가 '제2의 길'이다. 제3의 길이란 '제1의 길'과 '제2의 길' 사이의 길을 말한다. 쉽게 말해 사민주의와 신자유주의를 섞어놓은 길이 제3의 길이다. 이념적 스펙트럼으로 보면, 사민주의는 중도 좌파쯤 된다. 신자유주의는 극우다. 제3의 길은 이 둘 사이의 길을 말하니, 사민주의보다 훨씬 오른쪽으로 이동한 중도파나 중도 우파 노선을 말한다.

얼 쇼리스는 가난한 사람에게 중요한 것은 금전적 지원 형태의 복지가 아니라고 말한 바 있다. 그들에게 자립할 수 있는 정신적 역량과 의지가 없으면, 금전적 지원을 해도 모래알처럼 손가락 사이로 모두 빠져나간다는 것이다. 가난한 사람들에게 필요한 것은 교육, 그중에서도 인문학 교육이라는 것이 그의 주장이다. 이런 주장은 제3의 길 노선과 일치한다. 제3의 길의 강령 중에는 '복지 개혁'이 있다. 그 핵심 내용은 '책임에 기반한 권리'와 '인적 자본에 대한 투자'(사람을 자본으로 보는 철학 부재, 혹은 비인간적 감수성!), '소득재분배보다는 능력재분배'로 요약된다. 가난한 사람들에게 그냥 돈을 주는 것은 무책임과 안일함을 증대시킬 뿐이다. 그러니 금전적 복지를 축소하고, 그 돈을 자립·자활 능력 배양을 위한 교육비로 쓰겠다는 것이다.

예전에도 소외계층을 위한 직업교육이나 기술교육 지원은 있었다. 그러나 얼 쇼리스는 이것도 부정적으로 보았다. 자립할 수 있는 정신적 역량과 의지가 없으면 그 역시 금전적 지원과 마찬가지로 말짱 도루묵이라는 것, 그러므로 일종의 '정신 교육'으로서 인문학 교육이 필요하다는 것이다. 그의 주장은 '책임에 기반한 권리'를 주장하는 제3의 길 노선에 딱 맞는 것이었다. 제3의 길 노선에 따르면, 실업수당을 받을 권리는 일거리를 찾을 책임과 결합되어야 한다. 그것이 진정한 실업문제 해결 방안이다. 이러한 책임감을 증대시키려면 직업교육이나 기술교육보다 인문학 교육이 주효하다.

제3의 길은 인적 자본의 투자에 민간기구와 기업도 끌어들여 복지 정책의 주체로 삼았다. 얼 쇼리스가 정부와 기업의 광범위한 협조를 받아 클레멘트 인문학을 얻어낼 수 있었던 이유다. 클레멘트 인문학은 민간 차원에서 이루어진 사업이긴 했지만, 국가 정책의 일환으로 실현되었던 것이다. 그리고 마찬가지 기조에서 시민교육, 평생교육의 이름으로 도서관, 기업, 단체, 대학을 중심으로 인문학 강의가 줄을 이었고, 그 결과 인문학 열풍이 생겨났다. 한국에서 인문학 열풍이 시작된 2005~2006년의 일이다. 이 무렵은 한국에 클레멘트 인문학이 도입된 직후로 이는 우연이 아니다.

평생학습, 기업 주도의 국민교육

평생학습시대, 행복하십니까?

내가 '평생학습(교육)'이라는 말을 처음 인지한 것은 15년 전 홍대 근처에 있는 출판사에서 일할 때였다. 출판사에서 일하다 보면, 이런저런 책을 찾아봐야 할 일이 많은데, 그 책들을 모두 살 수는 없고 해서 직장에서 가장 가까운 마포도서관을 종종 이용했다. 그런데 어느 날인가 부터 마포도서관이 '마포평생학습관'으로 이름이 바뀌어 있었다(인터넷을 찾아보니, 이렇게 개칭된 것은 1999년의 일이다). 그때는 그냥 '그런가 보다' 했다. 이름이 바뀐 탓인지 종종 강좌 같은 것도 열리는 모양이었지만, 나는 별 관심이 없었다. 도서관으로만 시설을 이용하는 나의 이용 패턴에는 변함이 없었고, 그저 내가 원하는 책을 찾아볼 수 있으면 그 뿐이었다.

그 후에도 평생학습, 평생교육이라는 말은 사회 여기저기에서 들려왔지만, 여전히 무심했다. 그러는 사이 나는 글쟁이가 되었고, 정기적으로 나가는 한겨레문화센터를 포함해서 불러주는 곳이 있으면 종종 강의도 나가게 되었다. 강의는 생계를 위해 중요했다. 인세나 원고료만으로는 내 한

몸 건사하기도 힘들었다. 강의 요청이 들어오면 마다 않고 갈 수밖에 없었다. 도서관에서 들어오는 강의 요청도 종종 있었는데, 어떤 경우는 이름이 '평생학습관'으로 되어 있었다. 나는 어느새 예전에 무관심했던 평생학습관 강좌의 강사가 되어 있었다.

최근에 있었던 일이다. 한겨레문화센터에서 내 강의를 관리하는 담당 직원이 '평생학습사' 자격증을 따기 위해 학원을 다닌다고 했다. 직원 중에서 평생학습사 자격증을 가진 사람이 1명 이상 되어야 문화센터를 운영할 수 있게끔 기준이 강화되어, 회사의 배려하에 자신이 대표로 자격증 준비를 하게 되었다는 것이다. 인터넷으로 찾아보니, 평생교육사 자격 주관처는 교육부 산하 국가평생교육진흥원 평생교육인증실이었다. 평생교육사 자격증은 교육부 장관 명의로 발급되는 국가자격증이다. 진보적인 한겨레신문사의 자회사인 한겨레문화센터는 나로서는 강의하기 편한 곳이었다. 그런데 평생학습사 자격증 문제는 이곳도 국가 관리체제에서 자유롭지 않다는 것을 알려주었다.

내가 이런 이야기를 미주알고주알 하는 이유는? 인문사회 분야의 글을 쓴다는 나조차도 주변의 변화에 대해 얼마나 무심하게 넘어갈 수 있는지를 말하기 위해서다. 아마 독자들도 마찬가지일 것이다. 평생교육에 대한 이야기는 사회에 넘쳐나지만, 이에 주목한 경우는 드물 것이다. 그도 그럴 것이 '평생교육'은 우리가 어릴 때부터 지긋지긋하게 들어왔던 '열심히 공부하라'는 말의 연장선상에서 하는 말처럼 들리기 때문이다. '열심히 공부하라'는 말이 그런 것처럼 '평생 공부하라'는 말도 좋은 말이면서, 동시에 아무런 감흥을 주지 못하는 말로 여겨진다.

사회에 평생교육에 대한 담론이 없진 않다. 그러나 찬양 일색이다. 평생교육은 흔히 '누구나 언제 어디서든지 원하는 교육을 받을 수 있는 학습체계'로 홍보된다. '평생학습권'이라는 말도 횡행한다. 학습이 인간의 전

생애에 걸친 권리라는 것이다. 평생교육을 받으면 급변하는 경제 환경에 대한 대응력이 높아지고, 새로운 경제적 기회도 생긴다고 한다. 평생교육이 사회의 양극화와 교육의 양극화에 대한 해법이라는 주장도 대중 미디어에서 흔히 들을 수 있다. 언뜻 들으면 '교육 유토피아'가 다가오고 있는 것 아닌가 하는 생각도 든다.

지금은 평생학습시대다. 대다수 학생들이 대학에 진학하고, 그것도 모자라 대학원이나 유학을 간다. 사회에 나와서도 공부는 끝이 아니다. 사내외에서 각종 교육을 받는다. 문화센터, 사이버대학, 방송통신대학, 시군구청, 주민자치센터, 도서관, 공무원·공공교육 연수기관, 직업 훈련기관, 산업교육 연수기관, 대학 부설 사회교육기관, 노인사회교육기관·단체, 문화시설이나 사업장 부설 교육기관 등에서 시행되는 교육 프로그램이 넘쳐난다. 직원들이 사내에 학습 동아리를 만드는 것을 격려하고 그것을 지원하는 회사도 많다. 이렇게 교육 프로그램이 넘쳐났지만, 우리 사회가 지적으로 더 성숙하고 풍요로워졌다는 증거는 없다. 이유가 무엇일까?

청춘을 위한 캠퍼스는 없다

최근 한국어판 『르몽드 디플로마티크』에는 이런 기사가 실렸다. "올 여름, 학생들의 성난 시위로 인해 간신히 무산된 이화여대 '미래라이프대학'이 예정대로 진행됐다면? 대학가 어느 미용실에는 이대 '웰니스' 전공 학위가 걸려 있을 것이고, 석사, 어쩌면 박사 미용사가 손님의 머리를 만지고 있을 것이다. 또 어느 피부관리실에서는 아모레퍼시픽 공동산학연구에 참여한 박사 원장이 손님들의 피부에 크림을 바르고 있을지도 모른다."[1] 이제는 동네에서 조그만 가게 하나를 차리려 해도 석박사 학위가 필요한 사회가 되었다.

직업교육은 이미 전문대학교에서 실시되고 있다. 성인(여기서는 정규

교육을 마친 직장인이나 사회인을 칭하는 것으로 쓰겠다)들을 위한 교육이라면 재직자 특별전형, 특수대학원, 사이버대학, 평생교육원 등이 이미 대학에 존재한다. 그런데도 이화여자대학교는 군이 미래라이프대학 설립을 추진하려 했다. 이유가 무엇일까? 이에 대한 가장 흔한 답변은 이화여자대학교가 '학위 장사'를 하려 한다는 것이다. 이 말은 맞다. 저출산, 고령화에 따라 학령인구가 감소하는 상황에서 미래라이프대학 같은 사업은 대학의 새로운 수입원이 될 수 있다. 그러나 이 사업은 단지 정부가 대학의 이익을 보장해주고, 대학이 이에 맞장구친 사업만은 아니다. 여기에는 그 이상의 의도가 숨어 있다.

　　미래라이프대학 사업은 정부의 '평생교육 단과대학 지원사업'(평단사업)의 하나다.[2] 평단사업은 정규교육과 분리되어 있던 성인교육을, 정규교육 안으로 집어넣고자 한다. 쉽게 말해, 정규교육과정 주변에서 얼쩡대던 성인교육과정이 정규교육과정의 중심부로 파고드는 것으로 이해하면 되겠다. 이명박 정부 시절 고용노동부 장관과 기획재정부 장관을 지냈으며 지금은 한반도선진화재단 이사장으로 있는 박재완은 이화여자대학교에서 시위가 발생하자, 「대학은 더이상 청년들의 전유물이 아니다」라는 칼럼을 썼다. 내용은 '대학의 학령기 과정을 본업으로, 평생교육과정을 부업으로 여기는 마인드가 바뀌어야 한다'는 것이었다. 이게 무슨 말인가? 평생교육과정, 즉 성인교육과정이 오히려 대학의 본업이 되어야 하고, 그렇게 될 수 있

1　윤상민, 「무늬만 대학, '주식회사' 한국 대학들」, 『르몽드 디플로마티크』, 2016년 9월 1일(96호).

2　교육부는 2015년 5월 '평생교육단과대학' 개편 방안을 발표했고, 12월 기본계획을 확정·발표했다. 예산은 300억 원이다. 수도권을 포함해 전국을 5개 권역으로 나눠 대학을 선정했다. 서면과 발표 평가를 통해 대구대학교, 명지대학교, 부경대학교, 서울과학기술대학교, 인하대학교, 제주대학교, 동국대학교, 이화여자대학교, 창원대학교, 한밭대학교가 선정되어 10개 대학이 각각 연 30억 원의 국고를 지원받는다. 선정대학은 평생학습자를 전담하는 단과대학을 신설해야 한다. 즉, 평단사업에 선정된 대학은 국고 지원과 등록금 수익을 모두 취할 수 있다. 윤상민, 앞의 기사 참조.

다는 말이다.[3]

이 칼럼은 평단사업의 궁극적 지향점이 어디에 있는지를 드러낸다는 점에서 주목할 만하다. 이 칼럼은 청년학생 대신 직장인, 기업인, 유한마담, 자영업자들이 누비는 대학 캠퍼스를 상상하게 만든다. 이런 주장대로라면, 앞으로 대학은 자격증을 따고, 스펙과 인맥을 쌓고, 직업훈련과 기술교육을 하고, 취직과 승진 시험을 준비하고, 창업에 필요한 교육을 받고, 각종 산업 연수를 받고, 산학 프로젝트가 진행되고, 각종 기업과 산업체들의 콘퍼런스가 열리는 곳으로 변할 것이다. 반면 대학의 본령이었던 기초학문 연구는 사라지거나 주변부로 밀려날 것이다.

아무리 그래도 전문대 과정을 대학 정규과정에서 그대로 가르칠 수는 없다. 어차피 그것으로는 4년이라는 시간을 때울 수도 없고, 대학 정규과정에 편입시킬 만한 명분도 없기 때문이다. 이때 유용하게 쓰이는 것이 인문교양이다. 예를 들어 숙명여자대학교는 프랑스 요리전문학교 '르 꼬르동 블루'를 아예 학위과정으로 가져왔다. 본래 2년제 전문학사학위과정에 '요리와 와인의 미학'이나 '세계 요리와 한식 비교 연구' 같은 인문교양 과정을 넣어 '르 꼬르동 블루 외식경영' 전공을 만드는 식이다. 이런 학과가 많아질수록 교수 집단의 성격도 변화한다. 학자가 아니라, 기업인이나 전문직업인들이 교수로 위촉되는 비율이 높아진다.

아무리 나이를 먹어도 졸업은 없다

'평생교육'이라는 담론은 신자유주의가 전면화된 1990년대 등장했다. 그때

---

3   박재완, 「대학은 더 이상 청년들의 전유물이 아니다」, 『한국경제』 2016년 8월 21일.

부터 대중은 '인적 자본(인적 자원)'으로 호명되었고, 자본의 팽창을 위한 '주체화'의 대상이 되었다. 노동자의 의식 조작은 그전에도 있었지만, 미미했다. 노동자들은 자신이 착취의 대상이 되고 있음을 인식했다. 어느 정도 계급의식과 자의식을 일치시키는 것이 가능했다는 말이다. 그러나 1990년대 이후에는 계급의식과 자의식 사이에 일종의 소외 현상이 발생하기 시작한다. 그 결과 오늘날의 노동자들은 노동자 계급의식이 없을 뿐 아니라, 오히려 자본의 입장에 서서 자기 자신과 자신의 정신을 개조의 대상으로 삼는 심각한 자아분열, 나아가 정신분열 증세를 앓게 되었다. 모두 국가-자본에 의한 대대적인 의식개혁운동 때문이었다. 평생교육 담론은 그 첨단에 있었다.

평생교육정책은 진보 정권과 보수 정권을 모두 관통하며 진행·발전되어왔다. 구체적으로 말하면 이렇다. 교육개혁위원회 설치, 평생교육정책 마련, 평생교육법안 제정, "평생학습사회 건설"을 표방한 '5·31 교육개혁안(세계화·정보화 시대를 주도하는 신교육체제 수립을 위한 교육개혁안)' 수립, 평생교육진흥종합계획 수립이 있었던 것은 문민정부 시절이었다. 이때 한국에서 처음으로 신자유주의 교육 패러다임이 형성되었다. 국민의 정부에서는 국가인적자원개발기본계획 수립, 인적자원개발기본법 제정, 8·31 평생교육법 개정, 교육인적자원부 출범이 있었다. 참여정부에서도 인적자원개발기본계획 수립, 인적자원개발기본법 개정, 12·14 평생교육법 전부 개정이 이루어졌다. 평생교육정책은 이명박 정부, 박근혜 정부에서 더욱 강화되어 오늘날에 이르고 있다. 평생교육 열풍은 단순한 문화적 현상이 아니다. 그것은 교육기본법 아래 초중등교육법, 고등교육법과 더불어 법(평생교육법)까지 마련되어 있는 국가 정책의 산물이다.

대부분의 사람들은 학교 공부를 다시 하라고 하면 싫어할 것이다. 생각만 해도 지긋지긋하기 때문이다.⁴ 평생교육은 그런 식의 공부를 평생 해야 한다는 것을 의미한다. 이제 '졸업과 동시에 해방'은 없다. 평생교육은 자유(로워야 할) 시민들에게 결코 좋은 것이 아니다. 그럼에도 국가는 평생교육을 국민의 권리이자 복지라고 주장한다. 적반하장이 따로 없다. 자신이 하기 싫은 것을 원하는 사람도 있는가. 평생교육은 의무이자 올가미다.[5] 평생교육은 시민들에게 이로운 것이 아니라, 순응적 국민을 양산하고자 하는 국가-자본에 이로운 것이다.

성인교육을 받는 사람들은 대부분 '하고 싶어서 하는 것'이 아니라 '하지 않으면 안 되는 제도와 문화' 속에서 그렇게 한다. 예를 들어 지금의 교사는 '교사 양성'만을 목적으로 하는 교육대학이나 사범대학을 나온 사람들이 대부분이다. 그런데 교원전문대학원을 나와야 교사가 될 수 있고, 교사가 된 후에도 일정 기간이 지나면 교원 자격을 갱신해야 하며, 특수 전문가의 교직 입직이 확대되는 것으로 제도가 변하면 어떻게 되는가?(이것은 실제로 정부에서 꾸준히 검토되고 있는 내용들이다.) 예비교사와 현직교사를 대상으로 한 성인교육시장이 폭발할 것이다. 교사가 되기 위한 교육 기간도 길어지고, 교사가 된 후에도 교원 자격을 유지하기 위해, 혹은 다른 특수 전문가들과 경쟁하기 위해 끊임없이 이런저런 성인교육을 받지 않으면 안 될 것이다.

먹고살기 위해 교육 기간이 길어질수록, 쌓아야 할 스펙이 많아질수록, 통과해야 하는 관문이 많아지고 매 단계마다 경쟁해야 할수록, 정규교육을 마친 이후에도 다시 학교와 교육시장의 호출을 받아 훈육 받는 일이 잦아질수록 대중은 더욱 순종적이 된다.[6] 늘 교육을 받으며 사는 일과 순종적으로 느끼고 생각하는 일은 사회의 지배적 문화가 된다. 교육 내용이 반드

---

4 그것은 공부하기 싫은 내용을 개인의 자율성을 파괴하면서 강제적으로 가르치기 때문이다. 지면상의 이유로 자세히 논할 수는 없지만, 지금의 학교 교육은 엄밀한 의미에서 진정한 배움과 거리가 멀다.
5 평생교육은 학습자 중심의 교육체제라고 홍보되기도 한다. 학습자의 다양한 요구를 반영한 교육이라는 것이다. 그러나 여기서 말하는 학습자의 요구란 신자유주의 체제가 소구하는 것을 자신의 욕망으로 투사한 것과 다름없다.

　　　　　　—— 평생학습, 기업 주도의 국민교육

시 이데올로기적이어야만 이런 아비투스가 형성되는 것은 아니다. 하다못해 주민자치센터에서 요가나 꽃꽂이를 가르친다 해도 그것은 순종적 인간 양성에 이바지한다. 하향식 교육 방식 자체가 순종적 습벽을 만들어내기 때문이다.

평생교육체제는 국가-자본의 평생관리체제다. 요람에서 무덤까지 인간을 훈육 대상으로 삼고,[7] 그 학습 경험과 결과를 종합적으로 기록, 평가, 인정, 누적함으로써 관리하고자 한다. 예전에는 이런 작업이 공교육에서만 이루어졌다. 그러나 평생교육체제에서는 공교육 밖의 학습도 모두 국가가 관리한다. 학점은행제는 이런 기조에서 나온 제도다. 학점은행제는 학교에 오지 않고 원격 강의를 듣는 사이버대학, 디지털대학, 방송통신대학은 물론이고, 그 외의 사교육 기관들(산업교육시설, 평생교육원, 직업전문학교, 학원, 작업장 부설·언론사 부설·시민사회단체의 평생교육시설 등)에서 이루어지는 다양한 형태의 학습과 자격을 학점으로 인정하고 학위를 줌으로써 일반 성인들을 대거 교육시장으로 유인함과 동시에 국가 관리 시스템으로 편입시킨다.

문민정부는 "평생학습사회 건설"을 표방했다. 그 이후 1999년 경기도 광명시를 필두로 평생학습도시들이 속속 생겨났다. 지금은 전국적으로 136개의 도시가 평생학습도시로 지정되어 있다(2015년 5월 기준). 전국의 웬만한 도시들은 모두 평생학습도시가 된 것이다. 독자들은 '평생학습도시'

---

6 교육은 다양한 사회적 모순을 합리화하는 마법의 장치다. 교육체제에 기대면, 웬만한 불행은 '공부 못한 네 탓'으로 환원시킬 수 있다. 교육 신화는 어떤 사람이 사회적으로 성공했을 때보다 실패했을 때 강력하게 어필한다. 경쟁을 기반으로 한 교육은 어릴 때부터 공동체 의식을 산산이 조각내 집단적 항거를 불능케 한다. 국가-자본은 교육을 통해 자신의 면책과 권력 강화라는 이중의 목적을 관철시킨다.

7 평생학습체제 속에서 아이들은 예전보다 일찍(유아기 때부터) 부모의 품에서 떨어져나와 교육받아야 한다. 초중고 학생들은 수업이 끝나고도 학교에 남아 공부해야 한다. 그것이 '방과 후 학교'다. 방과 후 교육활동은 문민정부의 '5·31 교육개혁안'을 통해 공식적으로 제도화되었다. 이 역시 평생학습정책의 산물이다.

하면 시민의 학습을 적극 지원하는 도시 정도로 생각하는 경우가 많을 것이다. 그러나 이 개념은 매우 전체주의적이다. 그것은 초·중등학교, 대학, 도서관, 각종 평생교육기관, 학원, 교육 산업체 등은 물론이고 지하철, 기차, 버스 같은 교통수단과 역사驛舍나 터미널 같은 교통편의시설, 심지어 카페에 이르기까지 도시 공간 전체가 교육자본이 되도록 재구조화하는 것을 의미한다. 나아가 한국의 전 국토를 교육자본으로 만드는 것을 추구한다.

요즘은 교차로, 광장, 정류장, 역사, 터미널은 물론이고 지하철이나 버스 내부, 심지어 카페에도 대형 스크린이 설치되어 있다. 스크린이 공공장소를 모두 점령했다고 해도 과언이 아니다. 그것들은 시민들에게 각종 광고와 뉴스, 캠페인, 정보성 프로그램들의 융단폭격을 가한다. 그것들은 모두 일정한 훈육 효과를 갖는다. 누적된 훈육 효과는 의식과 생활 전반을 재구성한다. 전 국토가 교육자본이 된다는 것은 어디에 있든 훈육을 피할 수 없다는 말이다.

평생학습도시는 도시 공간 전체를 '스마트 학습을 위한 학습 공간'으로 활용한다. 사람들은 커피숍과 도서관, 지하철에서 스마트폰과 아이패드로 인터넷 강의를 듣는다. 권력의 입장에서는 공부해야 할 분량, 쌓아야 할 스펙을 늘려놓을수록 이득이다. 대중이 딴 생각을 하지 못하게 하는 효과가 있기 때문이다. 평생교육은 '학습-일-여가의 유연한 연계'를 추구한다고 한다. 여가란 본래 학습이나 일에서 자유를 의미한다. 그러므로 이것은 사실상 '여가의 죽음'을 의미한다. 평생학습시대 이전에는 사람들이 일하느라 바빴지만, 지금은 배우느라 바쁘다.

국민이 아니라 기업을 위한 교육 복지

당연한 말이지만, 더 많이 배우려면 더 많은 교육비가 필요하다. 평생학습

체제에서 사람들은 더 많은 교육비를 지출하기 위해 더 많이 일해야 한다. 사람들이 더 많은 교육을 받으려고 하는 가장 큰 이유를 꼽으라 하면, 경제적 보상에 대한 기대(온건한 말로 '생활수준 향상') 때문일 것이다. 부자로 살기 위해 공부를 하는데, 공부를 하려면(시키려면) 더 많은 일을 해야 한다. 보장되지도 않는 미래의 경제적 풍요를 위해 현재의 비참한 노동조건을 감내하며 일을 해야 한다. 비참한 노동조건에도 일하려는 사람이 넘쳐날 때, 이득을 보는 것은 누구일까? 바로 기업이다.

평생교육이 진정으로 시민교육을 목표로 한 복지라면, 독일처럼 공교육비가 무료이거나 아주 저렴해야 한다. 그러나 정부는 그런 노력을 하지 않는다. 시민들이 자율적으로 공부할 수 있는 공공 도서관도 늘리지 않는다.[8] 그러면서 평생교육을 외친다. 그것은 대학과 사교육 시장에 돈을 평생 갖다 바치라는 말과 같다. 평생교육은 사람들의 막연한 기대를 부추기며 대학과 기업에 막대한 이득을 안겨준다. 대학은 막대한 등록금을 걷어서 좋고, 기업은 헐값에 노동력을 이용해서 좋다. 국민들은 막대한 교육비를 지출하느라 복리는커녕 비참한 생활을 해야 한다. 평생교육은 국민을 위한 복지가 아니다. 평생교육이 복지라면, 그것은 대학과 기업을 위한 복지다.

평생교육이 복지가 아니라는 것은 소외계층 교육 지원에서 확연히 드러난다. 문맹자, 저학력자, 장애인들을 위한 교육 지원은 여전히 턱없이 부족하다. 전국적으로 사람들이 가장 쉽게 접근할 수 있는 교육기관은 대학이 아니라 초등학교다. 초등학교는 전국에 없는 곳이 없기 때문이다. 이를 평생교육시설로 활용하면, 문맹자와 중졸 이하 저학력자를 쉽게 교육할 수 있다. 그러나 그렇게 하지 않는다. 이유는? 다른 것 없다. 평생교육의 목적

---

8 시민교육의 기본은 공공 도서관 인프라다. 2014년 기준 한국의 공공 도서관의 수는 5.5만 명당 공공 도서관 1개관 수준으로 OECD 국가들 중 최하위다.

이 국민 복지에 있지 않기 때문이다.

저출산과 고령화는 학령인구만 감소시키는 것이 아니다. 생산가능인구도 감소시킨다. 그러면 잠재성장력이 약화된다. 이에 여성, 고령자 등 잠재인력을 적극 재활용해야 할 필요성이 생긴다. 평생교육은 이에 복무한다. 평생교육은 국가-자본의 필요성 때문이지, 국민의 필요성 때문이 아니다. 어떤 사람이 초중고처럼 아이 취급하는 교육을 어른이 되어서도 평생 받으며 살겠다고 마음먹는단 말인가. 평생교육은 범주가 대폭 확장된 일종의 '국민교육'이 죽을 때까지 연장되는 것을 의미한다.

지금은 고용 불안의 시대다. 소위 '노동의 유연화' 정책으로 가장 큰 이득을 보는 것은 말할 것도 없이 기업이다.[9] 기업은 언제든 헐값으로 사람을 데려다 쓰고 버릴 수 있게 되었다. 그렇잖아도 분업 시스템 때문에 일 자체에 대한 성취감과 만족도가 떨어지고, 지긋지긋한 노동에 대한 보상은 오로지 임금뿐인데, 임금은 쥐꼬리만 하다. 일은 고되고, 노동시간은 길다. 비정규직은 일을 열심히 한다고 정규직이 되는 것도 아니다. 일을 해도 미래에 대한 전망을 찾을 수 없는 경우가 태반이다. 그래서 조금 일하다 그만둔다. 조기 퇴직도 많다. 여기에 부당해고가 가세한다. 경기가 안 좋으니, 중소업체나 자영업자들의 도산도 많다. '직업 표류'가 많아지는 이유다.

직업 표류가 많아지는 것은 개인의 경박함 때문이 아니다. '고용 불안'이 가장 큰 요인이다. 평생교육의 명분 중 하나는 "자본의 생산성에 적합하도록 훈련"시키는 것이다. 이것은 전도된 논리다. 무슨 일이든 오래 하면 숙련화는 자연스럽게 이루어지게 마련이다. 그런데 '노동의 유연화' 체제에

---

9 옛날의 노예들은 주인이 의식주를 책임졌다. 그러나 지금의 노동자들은 의식주도 보장받지 못하는 노예다. 그런 점에서 보면, 옛날의 노예보다 못한 노예다. 이런 문제에 대해서는 마크 에임스, 박광호 옮김, 『나는 오늘 사표 대신 총을 들었다』(후마니타스, 2016), 57~136쪽을 참고하라.

서는 노동자들에게 '숙련의 기회'를 보장하지 않는다. 일에 익숙해지기도 전에 잘리거나 '번 아웃burn out(소진)' 된다. 그러면 잠시 쉬거나, 쉬면서 다른 일을 찾아봐야 하는데, 이때 평생교육의 논리가 파고든다. 새로운 일을 하려면 새로운 능력을 갖추는 것이 필요한데, 그러기 위해서는 재교육을 받아야 한다는 것이다.

교육을 많이 받는다고 일자리가 늘어나지는 않는다. 재교육을 받아서 설사 새로운 직장을 구했다 치자. 그래도 여전히 숙련의 기회는 보장되지 않고, 그전에 잘리거나 번 아웃된다. 고용 불안 체제가 변한 것은 아니기 때문이다. 평생교육은 신자유주의적 노동시장의 굴레에서 벗어나게 해주는 장치가 아니다. 그 노동시장을 뒷받침해주는 장치다. 사람들은 아르바이트→실업→교육기관→비정규직→수험생→비정규직→실업→교육기관 같은 패턴을 반복하게 된다. 평생교육 담론은 (예비)노동자를 숙련화하는 것이 아니라, 자본의 생산성에 종속된 방식으로 끊임없이 탈숙련화한다. 그리고 탈숙련화는 과도한 노동 착취를 정당화하는 근거로 다시 동원된다.

기업의 하청업체로 전락한 대학

평생교육은 시민을 지적인 존재로 만들어주는 것과 무관하다. 평생교육체제 속에서 가방끈은 길어지지만, 그런다고 지적인 존재가 되는 것은 아니다. 평생교육은 지식에 대한 시민의 자율적 통제권을 높여주지도 않고, 시민을 지식의 생산자로 만들어주지도 않는다. 평생교육은 특정 주제에 대해 새로운 가설을 생각해내고, 그에 대한 자료들을 찾고, 그 자료들에 대해 판단하고 탐구해서 일정한 결론에 도달하는 능력을 함양해주지 않는다. 오히려 반대다. 평생교육체제는 지식에 대한 국가-자본의 통제권을 확대하고, 철저하게 시민을 통제된 지식의 소비자로 머물게 한다. 국가-자본과 결탁한 교육산업이 제공하는 교육 서비스를 끊임없이 소비하는 것이 평생교육의 실체다. 교육 서비스를 소비하느라 독서할 시간, 사고할 시간, 탐구할 시간도 없다. '평생교육의 역설'이다.

　　신자유주의의 일부인 평생교육은 운영 방식도 신자유주의를 따르는 경우가 많다. 한 원격대학에서 헌법 강의를 듣는 학생의 경험담이다. "법학학점이 필요해서 시간제 수업을 신청하게 되었습니다.⋯⋯헌데 강의를 듣다보니, 내용이 이상하더라고요. 국회의원 의석수가 지역구 243인, 비례대표 56인으로 합계 299석이라는 겁니다. 이상해서 찾아보니, 이는 제17대 국회 내용이더라고요. 학교에 문의해보니 강의가 2007년에 제작된 강의라고 하더라고요. 그리고 현재 강의를 다시 제작할 계획은 없다고 했어요."[10] 이것은 사실상 강의를 하지도 않으면서 수업료를 받는 것으로 볼 수 있다.

　　심지어 인터넷 강의 콘텐츠를 대학 스스로 만들지 않는 경우도 있다. 콘텐츠를 그냥 외주 업체에서 사들여 제공하는 것이다. 사정이 이러하니, 똑같은 업체에서 구매된 온라인 교육 콘텐츠가 각기 다른 학점은행기관에서 제공되는 경우도 있다. 이것은 '콘텐츠 유통'이지, '교육'이라고 할 수 없다. 교육기관들마다 자신만의 차별화된 교육을 강조하며 수강생 모집에 열을 올린다는 점을 생각하면, 이것은 사기에 가깝다.

　　심지어 이런 경우도 있다. 경기도 K대학교 부설 평생교육원은 자신이 직접 운영해야 할 학점은행제 학부를 외부 업체에 위탁했다. 학점은행제 학부를 운영하는 데 필요한 수강생 모집부터 학부 운영 관리 전반을 위탁업체가 책임졌다. 대학이 하는 일은 수강료 수납과 학위 수여뿐이다. 그러면서도 수익의 50퍼센트를 챙겼다.[11] 대학 부설 평생교육원은 일종의 하청

10　정재훈, 「'평생교육' 하는 대한민국, 안녕들 하십니까?」, 『오마이뉴스』, 2015년 4월 6일.

시스템으로 운영되고 있는 경우가 많을 뿐 아니라, 외래 강사의 의존율도 80~90퍼센트에 달한다.

　　사태는 점입가경이다. 2016년 7월 교육부는 '사회맞춤형학과 활성화 방안'이라는 것을 발표했다. 내용을 보면, 대학과 기업이 공동으로 학생을 선발하고 교육과정과 교재도 공동 개발하는 것으로 되어 있다. 사실상 특정학과의 운영을 기업에 위탁하는 모양새다. 예를 들어 연암공과대학교는 학생 선발 때 LG 관계자가 면접관으로 참여해 심사한다. 한동대학교 현대자동차 트랙의 경우 현대자동차 신입사원 채용 절차와 동일한 기준을 적용해 신입생을 뽑는다. 교재도 현대자동차 의사를 반영해 개발한 뒤 현대자동차 산하 현대NGV(산학협력전담)에서 교재 적합성을 검증해 마련한다.[12]

　　'사회맞춤형학과' 제도는 대학을 '기업의 사내 훈련원'으로 전락시키고 있다.[13] 이것은 대학이 기업의 하청 업무를 보고 있는 꼴이다. 이러한 흐름들은 '대학의 민영화'나 '대학 주식회사'라는 말로도 부족하다. 왜냐하면 이 말들은 여전히 '학문 탐구의 전당'이라는 대학의 위상을 실체로 전제로 하기 때문이다. '대학의 민영화'는 대학의 실체적 위상이 존재하고, 거기에 민영화의 요소들이 침투해 들어오는 것, '대학 주식회사' 역시 대학의 실체적 위상이 있고 거기에 수익을 추구하는 기업 마인드가 점령해 들어오는 것을 상상케 한다. 그러나 현실은 대학 자체의 소멸이다. 신자유주의적 평생교육체제 속에서 대학은 아예 사라지고 있다.

11　윤철원, 「'돈 벌이'에 눈 먼 상아탑…교육도 '위탁' 장사」, 「노컷뉴스」, 2015년 2월 10일; 윤철원, 「'비용 떠넘기'에 '단가 후려치기'…대학이야? 건설사야?」, 「노컷뉴스」, 2015년 2월 11일.
12　신혜민, 「입학하면 취업 보장되는 사회맞춤형학과 아시나요?」, 「조선일보」, 2016년 7월 4일.
13　이것은 직업교육도 아니다. 직업교육은 적어도 '특정 기업'을 위해 이루어지지는 않는다.

사회인문학, 투쟁과 투항 사이

탈아카데미 연구 공간들과 기업 인문학

한겨레문화센터에서 처음 강의할 때가 생각난다. 2008년부터 강의를 시작했으니, 벌써 10년이 되었다. 당시 강의 제목은 '인문적 사유와 글쓰기'였다. 글쓰기 강의치고는 다소 무거운 제목이어서 '사람들이 와봤자 얼마나 오겠는가?' 하는 심정으로 별 기대 없이 강의실에 들어섰다. 그런데 이게 웬일인가? 작지 않은 강의실에 사람이 꽉 차 있었다. 유명하지도 않은 나 같은 사람의 강의, 그것도 재미도 없어 보이는 제목의 강의에 이렇게 많은 사람이 몰려오다니, 무슨 일인가 싶었다.

　　돌이켜보면 그것은 '인문학 열풍' 때문이었다. 강의 제목에 '인문'이 들어간 것, 거기에 '글쓰기'라는 실용성이 결합된 것이 주효했다. '인문적 사유'라는 말이 다소 무거워 보였지만, 오히려 그것 때문에 수강생이 많았던 것이다. 그 외 여기저기에서 가끔씩 들어오는 강의 요청도 대부분 인문학과 관련된 것이었다(아마 내가 쓴 책들 중에 『인문 내공』, 『인문학, 세상을 읽다』처럼 '인문'이라는 말이 들어간 책이 있었던 영향도 있었을 것이다). '인문학 열풍'이

내 생계에 어느 정도 도움을 준 것은 부인하기 어렵다.

인문학 열풍의 실체는 기업 인문학 열풍이다. 그러나 누구도 '기업 인문학 열풍'이라고 부르지 않는다. 그냥 '인문학 열풍'이라고 부른다. 더 넓어진 나의 대중적 접촉면은 이 모호함에서 생긴다. 사람들은 강의를 들으러 올 때, 당연히 기업 인문학에 반대하는 내 입장을 알고 오는 것이 아니다. 대부분은 모르고 온다. 강의가 인문학에 관련된 것이니, 막연히 그에 대한 소양을 쌓을 수 있겠거니 하고 오는 것이다. 기업 인문학에 반대하는 내 입장을 결국 알게 되기는 하겠지만, 그것은 강의를 듣고 난 후다. 결국 나로서는 인문학 열풍이 없었다면, 만나지 못했을 사람들을 덤으로 만나게 되는 셈이다.

인문학 열풍의 주된 수혜자가 기업 인문학에 대한 텍스트를 생산하고 그에 대해 강의하는 사람들인 것은 맞다. 그러나 대안 인문학을 표방하는 탈아카데미 연구 공간 수유너머, 철학 아카데미, 다중지성의 정원, 대안 연구공동체 같은 연구 공간들이라고 해서 수혜가 없었던 것은 아니다. 사실 일반인의 눈으로 보면, 도서관, 기업, 백화점 등에서 많이 진행되는 기업 인문학과 이런 연구 공간의 본격 인문학은 명확히 구분되지 않는다. 대개는 전자는 쉽고 대중적이고, 후자는 좀더 심화된 공부 정도로 여겨지는 경우가 적지 않다. 그래서 도서관, 기업, 백화점 등에서 강의를 들은 사람이 인문학을 좀더 공부하고 싶은 마음이 생겨 이런 연구 공간의 문을 두드리기도 한다.

연구 공간들은 대개 독립적이고 진보적이다. 그러나 이런 연구 공간들도 기업 인문학과 전혀 무관한 것은 아니다. 수유너머는 '2008년 대중지성 프로젝트 선언문'에 이렇게 썼다. "오랫동안 지식을 독점한 계몽적 공간 아카데미가 죽어가고 있다. 외적인 권력에 의해 처절하게 부서진 것도 아니고, 스스로 빛나며 폭발한 것도 아니다. 황량하게 시들어가는 지리멸렬한 죽음, 그것이 아카데미에 찾아왔다.……지식의 생산과 소통을 독점해온 근대 아카데미와 지식인의 죽음. 그것이 예고하는 미래가 꼭 비극적인 것은 아니다." 인문학(연구)을 대중적으로 확산시키겠다, 대중에게 돌려주겠다는 의도야 전혀 나쁠 게 없다. 그러나 이 글은 두 가지 점에서 문제가 있다.

첫째, 이 글에는 대학 내 인문학의 죽음을 안타깝게 바라보는 시선이 전혀 없다. 대학이 지식을 독점해온 것도 사실이고, 그 지식으로 대중을 권위적으로 계몽해온 것도 사실이다. 그러나 그렇다고 해서 대학 내 인문학의 죽음이 '잘된 일'이라고 볼 수는 없다. 수유너머의 논조는 '이제 지식의 생산과 소통을 수유너머 같은 열린 지식공동체가 맡을 것'이며 '그것이 새로운 대안이 될 것'이라는 점을 강조하기 위해 나온 것이다. 그러나 대학 내 인문학이 망하는데 그 바깥에서의 활동만으로 인문학의 부활이 이루어질 수는 없다. 그것은 '인문학 열풍'이 분 지 10년이 지난 지금 인문학이 처한 암울한 현실이 반증한다.

그동안 한국 사회의 시민성, 교양성, 인문성이 높아졌다는 증거 역시 어디에도 없다. 인문학 독자가 늘지도 않았다. 오히려 줄었다. 인문의 당의정을 입힌 자기계발서는 좀 팔리지만, 본격 인문서들은 서점 한 구석에서 먼지만 뒤집어쓰고 있는 경우가 허다하다. 대중 강연도 글쓰기라든가 자녀교육 같은 실용적 코드가 결합된 강연에는 사람들이 좀 오지만, 그렇지 않으면 오지 않는다. 강의에 오는 경우도 본격 인문서는 안 보는 사람들이 태반이다. 강의는 듣지만 책은 잘 안 본다.

둘째, 아카데미가 "외적인 권력에 의해 부서진 것이 아니"라고 단정한 것이다. 수유너머는 이 선언문에서 대학 내 인문학이 죽은 이유가 '대학의 기업화'에 있다고 보았다. 옳은 말이다. 사립대학들이 자신의 이윤을 위해 국가-자본과 결탁한 면도 없진 않다. 그러나 대학의 기업화는 국가-자본의 회유와 압력 없이 벌어진 일이 아니지 않는가. 수유너머의 관점은 인문학 위기 원인을 대학 구성원들(특히 인문학자들)에게 전가한 기업 인문학과 매우 닮아 있다.

좀더 적극적으로 기업 인문학에 복무한 혐의(?)를 보이는 경우도 있다. 고미숙이 그렇다. 한국연구재단 주도로 실시되는 이벤트성 행사 '인문 주간'이라는 것이 있다. 2006년부터 매년 실시된 이 행사는 기업 인문학 열풍을 만들어내는 데 큰 기여를 했다. 지금도 여전히 치러지고 있는 대규모 행사다. 행사의 분위기는 이렇다. 2011년 인문 주간의 주제는 '삶의 지혜와 행복 찾기'였고, 2012년의 주제는 '치유의 인문학'이었다. 행복과 치유는 전형적인 자기계발 주제였다. 2010년에는 '인문 주간' 홍보대사로 탤런트 이덕화와 이인혜가 위촉되었다. 연예인까지 동원한 인문학 쇼였다. 2007년의 인문 주간 행사에는 대한상공회의소 회장 손경식이 기조발제를 했다. 그는 "기업을 움직이는 것은 사람, 기업의 고객도 사람, 기업이 속해 있는 사회도 사람, 따라서 사람에 관한 학문인 인문학이 기업 경영에서 소홀히 다뤄져서는 안 된다"라고 말했다.[1]

그런데 이 '인문 주간'의 아이디어를 당시 한국학술진흥재단(현재 한국연구재단)에 처음 제공한 사람이 바로 고미숙이다. 2006년 고려대학교 문과대 교수들을 비롯해 전국의 인문대 학장들이 인문학의 위기를 선언할 때였다. 그때 한국학술진흥재단은 (자신이 죽여 놓은) 인문학에 대한 진흥 방안을 찾겠다며 대학 안팎의 인문학자들을 모아 회의를 했다. 그 자리에서 고미숙은 축제처럼 치러지는 '인문학 주간'을 제안했다. 이후 개최된 '수유너머 학술제'도 인문 주간 행사의 일환으로 한국학술진흥재단의 지원을 받아 치러졌다.[2]

물론 고미숙은 인문학이 대중적으로 확산되기를 바라는 순수한 마음

---

1   박형숙, 「인문정신의 르네상스인가 시장권력의 영토 확장인가」, 『시사IN』, 2008년 10월 21일(58호).
2   박정수, 「인문학의 현장은 어디인가」, 『불온한 인문학』(휴머니스트, 2011), 179쪽.

에 이런 제안을 했을 수도 있다. 혹은 인문 주간 사업이 이런 식으로 흘러갈지 몰랐을 수도 있다. 그러나 국가권력 주도의 사업이라면 좀더 신중하게 생각할 필요가 있었다고 본다. 참고로 내가 이런 이야기를 하는 것은 특정 인(집단)을 비판하기 위한 것이 아니다. 나의 의도는 우리가 의식하지 못하는 사이, 기업 인문학이 얼마나 우리의 폐부 깊숙이 파고들었는지를 실감하자는 데 있다.

자본은 인문학의 어떤 점을 이용하는가?

질문 하나 하자. 인문학이 우민화의 도구로 이용될 수 있을까? 대부분은 '그럴 수 없다'고 답할 것이다. 성찰, 각성, 지혜를 준다고 알려진 인문학이 어떻게 우민화의 도구로 전락할 수 있단 말인가? 그러나 그럴 수 있다. 기업 인문학이 그것을 잘 보여준다. 우민화는 두 방향으로 진행된다. 하나는 우리가 처한 현실에 대해 잘 모르게 하는 것이다. 또 하나는 대중을 친기업적 사고로 무장시키는 것이다. 이 두 가지를 관철시키기 위한 도구로 자본은 인문학을 이용한다. 구체적으로 인문학의 어떤 점들이 자본이 이용하기에 좋은 것일까? 인문학의 핵심이라고 할 수 있는 철학을 중심으로 살펴보자.

주지하다시피, 철학은 윤리·논리·경험·미美·언어·이성·자아 같은 매우 근본적인 문제들을 다룬다. 그래서 우리가 흔히 접하는 고전 목록 중에는 철학책이 가장 많다. 철학이 다루는 문제들은 세월이 흐른다고 해서 가치가 쉽게 퇴색하는 것이 아니기 때문이다. 사람들이 실제로 철학을 공부하는 경우는 많지 않다 하더라도, '알아야 한다'는 압력을 가장 많이 받는 학문이 바로 인문학이다. 교양 차원에서라도 공자나 노자 정도는 알아야 한다, 플라톤·스피노자·니체 정도는 알아야 한다고 누군가 말한다면, 거기에 토를 달기란 쉽지 않을 것이다. 인문학에는 교양시장에서 차지해왔던 전통적 위세가 존재한다. 자본의 입장에서 보면 그 점은 대중을 교육에 동원하기에 가장 좋은 기제가 된다.

박숙자가 쓴 『속물 교양의 탄생』 1장의 첫 문장은 "식민지 경성의 한복판에서 시작된 '양서는 성공의 지름길'이라는 현수막이 전 조선을 향해 나부끼고"라는 묘사로 시작된다.[3] 이런 것을 보면 교양을 쌓는 것, 명저를 읽는 것이 기득권에 편입되는 데 도움이 된다는 논리가 매우 유구하다는 것을 알 수 있다. 친일파가 되어 기득권에 편입되는 것이 조선인의 대표적인 성공 경로였던 시기에도 이런 논리가 통용되었던 것이다. 지금도 마찬가지다. '교양=성공'에 대한 유구한 믿음 속에서 자본이 인문학에 끼어들 여지가 생긴다.

철학은 대체로 어렵다. 근본적인 문제들이 고도의 추상적 언어로 기술되기 때문이다. 그래서 혼자 공부하는 것을 버거워하는 사람도 많다. 사람들은 철학 공부에 교사가 필요하다고 생각한다. 일반적으로 대중이 알아야 한다(읽어야 한다)고 말해지는 철학책들은 주로 고전이다. 고전은 시간적으로 옛날 책이고, 공간적으로 서양 책이 많다. 우리가 살고 있는 지점에서 시공간적으로 가장 먼 지점에서 생산된 텍스트다. 이 머나먼 시공간의 거리를 설명을 통해 메워주는 역할 역시 교사가 한다. 교사는 텍스트와 대중을 매개한다.

철학은 텍스트를 대중이 이해하고 해석하는 데 누군가가 개입할 여지가 큰 학문이다. 이 부분에서 자본이 끼어든다. 텍스트와 대중 사이에 끼어들어 텍스트들을 기업 친화적으로, 비즈니스 친화적으로 해석해 전달한다. 좀더 소극적으로 자본에 복무하는 방법도 있다. '미필적 고의'에 해당하

---

3 박숙자, 『속물 교양의 탄생』(푸른역사, 2012), 23쪽.

는 방법인데, 철학 텍스트에 정통하는 훈련을 주로 하는 것이 그렇다. 철학 고전을 시공간을 초월한 만고불변의 진리를 설파한 책으로 상정하고, 자구 字句 해석에 치중하는 강독이 여기에 해당한다. 그럴 때 공부는 곧잘 텍스트의 미궁으로 빠지고, '실감 없는 지식'을 기억하는 행위로 전락한다. 그런 공부는 현실을 깨닫게 하는 것이 아니라, 오히려 잊게 만든다.

인문학 공부를 하는 사람은 아카데믹한 느낌에 종종 휩싸인다. 아카데믹한 느낌에는 두 가지가 있을 수 있다. 하나는 세상의 온갖 이해관계에서 '독립성'을 지키면서 인문 텍스트들을 통해 세상을 냉철하게 관조하고 성찰하는 것이다. 이것은 좋은 것이다. 또 하나는 현실과 동떨어진, 현실과의 관계를 전혀 해명하지 못하는, 현실에 대한 무관심을 조장하는 공부를 하면서 느끼는 감정이다. 이것은 나쁜 것이다. 두 가지는 모두 인문학이 현실에 대해 갖는 '거리'에서 파생하는 문제다. 기업 인문학은 둘 중에서 후자로 기운다.

인문 고전은 완벽한 책이 아니다. 다치바나 다카시는 이렇게 말한 적이 있다. "어떤 고전이라도 그것은 어느 시점에서 과거 완료의 내용만을 담게 됩니다. 진정한 의미에서의 '과거의 지의 총체'라면……현재 완료여야 합니다."[4] 이탈리아 소설가 이탈로 칼비노도 "고전이란 해야 할 말을 아직 다 하지 못한 책이다"라고 말한 바 있다. 아무리 고전의 반열에 오른 인문서라도 그것은 충분한 책이 아니라, 부족한 책이다. 그 부족함은 '지금 여기서' 공부하는 사람의 주체적 독해와 사회학적 해명으로 채워져야 한다. 그것이 결여된 인문학 공부는 자칫 우민화의 과정이 될 수 있음을 알아야 한다.

4　다치바나 다카시, 이언숙 옮김, 『나는 이런 책을 읽어왔다』(청어람미디어, 2001) 55쪽.

지배층이 두려워하는 것은 사회과학이다

나는 『인문학, 세상을 읽다』 서문에 이런 논조의 글을 쓴 적이 있다. '지금의 세계는 정치, 경제, 환경, 과학, 문화 등 사회의 모든 분야가 총체적 위기에 처해 있다. 이런 위기 속에서 사람들은 보다 근본적인 질문을 던질 수밖에 없는데, 그것이 인문학에 대한 관심을 촉발시키고 있다.' 이 주장은 원론적으로는 맞다. 그런데 생각해보면, 위기는 인문학에 대한 관심만 촉발시키는 것은 아니다. 사회적 위기를 진단하고 대안을 모색하기 위한 것이라면 인문학이 아니라, 사회과학이어도 된다. 아니, 오히려 사회과학이 더 낫다. 그것은 1970~1980년대, 군사독재라는 정치적 위기 상황 속에서 사회과학이 크게 유행했던 것을 봐도 알 수 있다. 당시 사회과학은 투쟁의 무기이자, 현실 분석과 대안 모색의 도구였다.

지금의 세계적 상황은 당장 혁명이 일어나도 이상하지 않을 정도다. 경제 불평등만 봐도 그렇다. 국제구호기구 옥스팜이 발표한 보고서에 따르면, 세계 '슈퍼 리치(초갑부)' 8명(빌 게이츠, 아만시오 오르테가, 워런 버핏, 카를로스 슬림, 제프 베저스, 마크 저커버그, 래리 엘리슨, 마이클 블룸버그)의 재산이 세계 인구 절반이 가진 재산과 비슷하다.[5] 한국은 상위 10퍼센트가 전체 부의 66퍼센트를 갖고 있다.[6] 이런 양극화는 역사적으로 전대미문의 것이다. 그런데도 세계는 조용한 편이다. 전 세계 민중들이 좀더 적극적으로 체제에 저항하고 반격에 나서지 않는 데에는 의식 통제의 문제가 크다. 그 첨단에 기업 인문학이 있다.

---

5   이윤정, 「"슈퍼 갑부 8명의 재산, 세계 인구 절반의 재산과 비슷"」, 『경향신문』, 2017년 1월 16일.
6   이광빈·박초롱, 「우리나라 상위 10%가 富 66% 보유…하위 50% 자산은 2% 불과」, 『연합뉴스』, 2015년 10월 29일.

자본에 기업 인문학은 효율적인 창이자 방패다. 기업 인문학은 대중을 자본 친화적으로 만드는 한편, 사회과학이 사회에 유행할 여지를 없애는 효과도 얻는다. 지금과 같은 경제 양극화 시대에 사회과학이 크게 유행한다고 생각해보라. 1980년대 같은 집단 학습, 토론문화, 학술운동이 사회 곳곳에서 대대적으로 전개된다고 생각해보라. 세계가 변혁의 물결로 뒤덮일 가능성도 배제할 수 없다. 지배층들이 진짜 두려워하는 학문, 위험시하는 학문은 인문학이 아니라 사회과학이다. 과거 민주화 세대들이 사회과학서를 소지하거나 그것을 읽었다는 이유만으로도 정치적 탄압을 받은 것이 그것을 증명한다.[7]

사회과학이 그렇게 위험한 학문이라면, 자본이 사회과학을 식민화하면 되지 않을까 생각할 수도 있다. 지금도 그런 일이 전혀 발생하지 않는 것은 아니다. 심리학이나 사회학 쪽에서는 기업의 프로젝트를 수주해 소비자들의 취향과 트렌드를 분석하기도 한다. 또한 사회과학에는 경영학이나 주류 경제학 같은 자본 친화적 학문들도 있다. 그러나 전체적으로 보면, 사회과학이라는 학문 분야는 대기업이나 초국적 자본을 주된 탐구 대상 중 하나로 삼는 사회학, 정치학, 언론학, 마르크스 정치경제학 같은 학문들이 대거 포진해 있다. 자신에 대한 옵저버 학문들이 전격 포진해 있는 분야를 자본이 식민화하기는 쉽지 않다. 결론적으로 말해 '기업 인문학'보다는 '기업 사회과학'이라는 개념이 성립하기가 훨씬 어렵다.

자본이 사회과학을 식민화하기 어려운 이유는 또 있다. 사회과학은 우리가 살고 있는 '지금 여기'의 현실적 문제를 다룬다. 사회과학은 인문학

---

7 이런 일은 지금도 벌어지고 있다. 2017년 1월 5일 '노동자의 책' 이진영 대표는 이적표현물을 소지했다는 이유로 구속되었다. 그 '이적표현물'이라는 게 카를 마르크스의 『자본론』, 『독일 이데올로기』, 파울로 프레이리의 『페다고지』 같은 책들이었다.

보다 이해하기 쉽고, 관념적이지 않다. 인문학처럼 비장소화, 비역사화된 포즈를 취하는 것 자체가 가능하지 않다. 학문이 다루는 대상이 우리의 생활과 밀착되어 있는 만큼 누군가를 매개로 삼아야 할 필요도 없다. 매개자나 해설자가 굳이 필요 없다. 자본이 텍스트와 대중 사이에 끼어들 여지가 생기지 않는다.

대중 학술운동으로 발전하지 못한 이유

'사회인문학'이라는 개념이 있다. 나는 이 개념을 몇 년 전 『사회인문학이란 무엇인가?』를 통해 인지했다. 이 책을 처음 보고는 '이거다!' 싶었다. 부제도 '비판적 인문정신의 회복을 위하여'였다. 그 후에 『사회인문학의 길』이라는 책을 접했다. 이 책의 부제는 '제도로서의 학문, 운동으로서의 학문'이었다.

'운동으로서의 학문'이라……. 그것은 1980년대 활발했던 학술운동을 떠올리게 하는 말이었다. 1980년대에는 자율적으로 조직된 학회가 많았다. 그 안에는 강사와 교수, 대학원생은 물론 학부생이 포함된 경우도 있었다. 대학원생이 고등교육 소비자나 갖은 이름의 조교·간사·연구보조원으로 전락한 지금은 상상하기 힘들겠지만, 당시에는 대학원생들도 동등한 지식 생산자였다. 학회에서 발행한 학술지들의 대중적 소통 능력도 지금과는 비교할 수 없이 컸다. 학부생은 물론 일반인들도 『역사비평』, 『동향과전망』, 『경제와사회』 같은 학술지를 서점에서 사보기도 했다. 학술활동은 대중과 동떨어진 것이 아니었다.[8]

'사회인문학'은 '사회과학과 인문학의 결합' 이상을 의미한다.[9] 연세대학교 국학연구원장 백영서에 따르면, 사회인문학이란 '인문학의 사회성과 사회의 인문성'을 동시에 구현하려는 비판적 학문 활동이다.[10] 연세대학교 지역학 협동과정 교수 박명림의 설명에 따르면, 사회인문학은 "인문학이 갖는 보편성과 사회가 갖는 구체성, 학문이 갖는 추상성과 실존이 갖는 현장성을 결합"시킨다.[11] 한마디로 사회인문학이란 '인문학의 사회성'과 '사회의 인문성'을 추구하는 학문이라고 생각하면 되겠다.

　'사회인문학'은 새로운 개념이 아니다. 인문성이라는 것 자체가 본질적으로 사회적이기 때문이다. 모든 인간은 구체적인 사회적 시공간 속에서 산다. 인문학의 이념은 인간다운 삶을 고양시키는 것에 있는데, 인간적인 삶이라는 것도 결국 사회 안에서 실현된다. 고대 이래 거의 모든 인문학자는 사회평론가이자 비판적 참여자였다. 어찌 인문학이 사회와 동떨어질 수 있겠는가. 인문학은 인간사회를 대상으로 하기 때문에 원래 '사회'라는 접두어가 굳이 필요 없다.[12] 어찌 보면 그것은 사족이다. 사회인문학 담론은 '고토회복 운동'과 비슷하다. 인문학이 갖고 있었던 옛날의 드넓은 영토, 즉 인문학 본연의 '통합 인문학humanities as a comprehensive discipline'적 성격을 회복하자는 것이다.

　사회인문학 담론이 제기되는 이유는 무엇인가? 오늘날의 인문학이 '사회'를 앞에 붙이지 않으면 안 될 만큼 사회성이 실종되었기 때문이다. 이런 현상은 인문학에만 발생하는 문제는 아니다. 심지어 '사회'를 직접적인 연구 대상으로 삼는 사회학에서도 발생할 정도다. 사회학자 정수복이 『응

8　이러한 학술지들은 민주화운동에도 큰 공헌을 했다. 그러나 김대중 정부 시절(1998년) 등재지 시스템 평가 방식이 도입되면서 모두 제도권 내부로 편입되어 등재지가 되었다. 민주화가 이루어진 후에 본격적인 학문 통제가 이루어진 이 역설!

9　이것은 공부에서도 중요하다. 인문서만 보는 것보다는 사회과학서를 함께 읽어나갈 때, 훨씬 풍부한 지적 함의들을 깨우쳐나갈 수 있다. 망원경 역할을 하는 인문학과 현미경 역할을 하는 사회과학이 결합되면 세계에 대한 통찰력이 훨씬 증가한다.

10　백영서, 『사회인문학의 길』(창비, 2013), 10쪽.

11　박명림, 「왜, 그리고 무엇이 사회인문학인가」, 김성보 외, 『사회인문학이란 무엇인가?』(한길사, 2011), 66쪽.

12　박명림, 앞의 글, 50~54쪽 참조.

답하는 사회학』에서 주장한 바에 따르면, 오늘날의 사회학은 전공자들끼리만 이해할 수 있는 난해한 이론과 각종 통계 수치로 가득 채워진 논문만 양산해내면서, '사회'에서 유리되어가고 있다. 사회와 소통하려는 노력을 포기한 채 연구비를 주는 국가와 기업, 논문심사 기관의 요구에 답하는 데만 정신이 팔려 있다(이러다가 '사회사회학'이라는 개념이 등장하는 건 아닌지 모르겠다).

사회인문학 담론의 방향과 내용은 대체로 옳다. 문제를 제기한 타이밍도 시의적절했다. 그럼에도 사회적 반향은 미미하기 그지없다. '사회인문학'이라는 말을 처음 접한 독자도 많겠지만, 사회인문학 담론이 시작된 지 벌써 10년이 다 되어간다. 그간 책도 3권(『사회인문학이란 무엇인가?』, 『사회인문학의 길』, 『사회인문학과의 대화』)이 나왔다. 그러나 그뿐이었다. 더는 광범위한 학술운동으로 발전하지 못했다. 이유가 무엇일까? 이를 알기 위해서는 사회인문학 담론이 어떤 그릇에 담겨 있는지를 알아야 한다.

사회인문학 담론은 2008년 연세대학교 국학연구원의 HK 사업으로 추진된 '21세기 실학으로서의 사회인문학'이라는 과제에서 시작되었다. 앞서 말한 사회인문학 관련 책 3권도 모두 연세대학교 국학연구원이 수행한 프로젝트의 결과물로 출간된 것이다. 그래서 집필자도 대부분 연세대학교 교수들로 이루어져 있다. HK 사업은 한국연구재단이 관리감독하는 국가사업이다. HK 사업은 연구계획서를 검토해 선정된 연구소를 대상으로 연간 최대 10억 원씩 최장 10년 동안 지원을 해준다. HK 연구소 선정은 크게 각 분야의 교수 등 전문가 집단이 참여하는 전공심사와 한국연구재단 인문사회과학본부장, 역사철학단장, 어문학단장, 사무총장 등이 참여하는 종합심사로 진행된다. 한번 선정된 걸로 끝이 아니다. 연구자들은 그 후에도 관료적 통제를 받아야 한다. HK 사업은 3개년 단계 심사를 벌여 학문적 성과와 예산 사용의 적정 여부를 판단한 뒤 일부 연구소를 탈락시키는 방식으로 관리감독한다.

사회인문학 담론은 어용화된 인문학에 대한 격렬한 저항과 투쟁의 현주소를 보여주는 것이 아니다. 그것은 어용화된 인문학에 대한 대안 담론 조차도 국가의 관리감독을 받으며 이루어지고 있는 인문학의 참담한 현실을 보여준다. 그래서일까? 이 프로젝트의 정식 명칭인 '21세기 실학으로서의 사회인문학'도 곱씹어보면 묘한 뉘앙스를 풍긴다. '21세기 실학'이라는 표현은 기업 인문학과도 잘 어울린다. 정부의 요구를 만족시키는 기업 인문학과 그것을 벗어나려는 인문학적 자장 사이에서 '외줄타기'를 한 결과일 것이다.

백영서는 『사회인문학의 길』에서 자신이 이끌고 있는 이 프로젝트가 한국의 지식생산의 현실을 공공성의 시각에서 점검하고, 그 대안을 모색하는 데 일정한 성취를 쌓았다면서 이런 말을 덧붙였다. "그런데 올해로 6년째 들어선 이 사업이 종료되는 4년 뒤에는 어디서 그 동력을 얻을 것인가. 또다시 포스트HK 사업 같은 것의 지원을 얻을 수 있다면 모를까……." [13] 그의 고민은 10년으로 예정되어 있는 정부 지원이 끊기면, 어디서 연구 재원을 마련하느냐는 것이다. 그도 개인과 집단의 광범위한 연대가 중요하다고 말한다. 그러면서도 여전히 "국가나 대학 등으로부터 지원을 얻어내는 기회 포착력도 중요하다"고 주장한다. [14]

문제는 이것이다. 인문학의 어용화는 학문에 대한 정부의 신자유주의적 통제 때문에 생긴 것인데, 정부의 통제와 지원을 받는 그 대안 담론과 학술운동이 근본적으로 가능하느냐는 것이다. 그것이 가능하다면, 그것은 결국 '어용화된 대안 담론과 학술운동'이 아닐까? 제도 안으로 편입된 사회

---

13 백영서, 앞의 책, 13쪽.
14 백영서, 앞의 책, 14쪽.

인문학 담론은 1970~1980년대의 자율적 학술지들이 등재지 시스템 속으로 빨려들어간 것과 같은 효과를 내게 될 것이다. 오히려 사회의 비판적인 논의의 확산을 막는 '트로이의 목마' 노릇을 할 수도 있다는 말이다. 사회인문학 담론이 시작된 지 10년이 다 되어가도록 별 소득이 없는 것도 무엇보다 그것이 담긴 그릇(HK 사업)의 영향이 큰 것으로 보인다.

박명림은 『사회인문학이란 무엇인가?』에서 이렇게 썼다. "이념적, 현실적, 종교적, 물질적 권력에 대한 일체의 저항을 담고 있지 않다면 인문학의 존재 이유는 상실한다." 그는 "미신, 신화, 권력과 투쟁"하는 것이 학문의 본질이라고도 썼다.[15] 답은 여기에 이미 있다. 인문학자들의 저항과 투쟁은 세계를 향해서도 이루어져야 하지만, 자신을 둘러싸고 있는 학문적 환경과 조건에 대해서도 이루어져야 한다. '인문학의 사회성'과 '사회의 인문성' 회복의 전제는 국가-자본에서의 독립성과 자율성이다. 진정으로 사회인문학을 확산시키려면 독립성과 자율성을 위한 저항과 투쟁이 동반되어야 한다.

---

15 박명림, 앞의 글, 74쪽.

제 4 장

기업 인문학의 경제 담론

사회적 시장경제, 자본의 방패이자 창

이명박은 왜 협동조합을 지원했을까?

서울에서 지하철을 타본 사람이면, 지하철에서 서울시 행정에 대한 홍보물이나 영상물을 본 적이 있을 것이다(서울메트로가 서울시 산하 공기업인 탓에 서울 지하철에는 시정 홍보물이 많이 붙어 있다). 서울시장은 박원순이다. 그는 시장에 당선된 이후 줄곧 협동조합, 마을기업, 사회적 기업, 자활기업, 공유경제, 공정무역, 사회투자기금 조례 제정 같은 사회적 시장경제(사회적 경제) 사업들을 꾸준히 추진해왔다. 그래서 시정 홍보물도 주로 이와 관련된 것들이다. 이런 홍보물들을 보면 어떤 생각이 드는가? 아마 대체로는 이 사업들이 나쁘다는 생각은 잘 안 할 것이다. 정치인 박원순에 대한 개인적 호불호는 있을지 모르지만, 그래도 그가 '좋은 사업은 많이 한다'는 생각을 주로 하지 않을까 싶다.

사회적 경제는 진보적인 이미지를 갖고 있다. 피 말리는 경쟁과 승자독식의 신자유주의 체제에서 사회적 가치와 인간적 가치를 지키는 사업이라고 홍보되기도 한다. 그래서 주로 진보에 의해 정책 입안이 이루어졌을 것이라고 생각하기 쉽다. 그러나 아니다. 2007년 노무현 정부하에 '사회적 기업 육성법'이 제정되기는 했지만, '협동조합기본법'이 제정된 것은 2012년 말 이명박 정부 시절이었다. 그 후 협동조합이 우후죽순으로 생겨났다. 그 때도 신자유주의적이고 친재벌적인 정권에서 협동조합기본법이 통과된 것을 두고, '무슨 저의가 있는 것 아니냐?' 하는 식의 논란이 많았다. 알려진 것은 정부가 제시한 '일자리 창출과 고용안정'이라는 표면적인 이유뿐이다. 협동조합 활성화가 일자리 문제 해결에 도움이 된다는 주장이다.[1]

　　정부가 주장한 '일자리 창출과 고용안정'이라는 이유는 잘 먹혀들었다. 한국협동조합창업경영지원센터 이사장 김성오 같은 사람도 그것을 곧이곧대로 받아들였다. 그는 2008년 세계 금융위기를 협동조합이 극복하는 모습을 보면서, 지푸라기라도 잡는 심정으로 이명박이 협동조합기본법을 추진했다고 보았다. "사업을 조금 해보셨던 이명박 대통령이 안 것 같아요. 지금 일자리 문제가 굉장히 심각하기 때문에 협동조합이 고용에 도움이 된다는 판단을 한 거죠." 그러면서 그는 "백 년 정도 후에 한국의 협동조합 운동사를 누가 쓰면 이명박 대통령이 아마 위대한 대통령으로 기록될" 것이라고 치켜세웠다.[2]

　　한마디로 일자리 문제가 너무 심각하기 때문에 이명박도 어쩔 수 없이 협동조합 활성화 정책을 추진했다는 것이다. 그러나 정권이 존망의 기로에 서 있다면 모를까, 그렇지도 않은 상황에서 보수적 정치 지형에 타격을

1　일자리 문제에 국한해 생각하면 협동조합 지원책은 대참패 수준이다. 2015년 11월 한국노동연구원이 발표한 보고서 「협동조합의 고용 실태와 과제」에 따르면, 협동조합 1곳의 실질적 고용 창출 효과는 1.1~1.6명에 불과했다. 전국적으로 따져도 고용 효과는 8,204명~1만 2,102명에 그친다. 협동조합 근로자의 월평균 임금은 111만 6,000원으로, 전체 임금근로자 평균임금의 절반가량이며, 비정규직 근로자의 평균임금(145만 원)보다도 낮다. 안용성, 「고용 창출 효과 미미…겉도는 정부 '협동조합 정책' 한국노동연구원 보고서 보니」, 「세계일보」, 2015년 11월 19일.
2　이것은 2012년 7월 사회디자인연구소 주최로 열린 강연에서 나온 말이다.

가할 수도 있는 정책을 스스로 실행한다? 이해하기 힘든 일이다. 근 20년간 협동조합운동에 투신해온 사람의 분석이 이 정도였으니, 일반 시민이 그 저의를 안다는 것은 불가능했다. 결론적으로 말하면, 이명박의 저의는 지금까지 미스터리로 남았다고 해야 할 것 같다. 협동조합기본법이 통과된 후, 수천 개의 협동조합이 생겼다가 사라지고, 진보지와 보수지를 막론하고 언론에서 떠들썩하게 다루었던 주제임에도 그랬다.

박근혜 정부는 어땠을까? 박근혜 정부도 사회적 경제를 마다하지 않았다. 오히려 적극 포용했다. 인수위 당시 대통령 당선인 박근혜는 "대한민국이 선진국으로 들어가기 위해 넘어야 할 마지막 관문은 바로 사회적 자본 쌓는 일"이라고 말한 바 있다.[3] 협동조합과 사회적 기업의 이론적 배경이 바로 '사회적 자본'인데, 박근혜가 이를 강조하고 있는 것이다. 또한 당시 안상훈 고용복지분과 인수위원은 "협동조합 등 공동체 기반의 조직을 바탕으로 경제 활성화를 유도하는 두 번째 새마을운동을 추진할 것"이라고 말하기도 했다.[4]

보수진영의 사회적 경제에 대한 사랑은 지금도 이어지고 있다. 2017년 대선 당시 유승민 의원을 필두로 한 바른정당(현재 바른미래당)의 주요 경제정책 중 하나는 '사회적 경제 기본법' 추진이다. 이 법은 2016년 10월 당시 새누리당 유승민 의원이 대표 발의했다. 주 내용은 정부와 지자체가 계획을 수립하고 사회적경제위원회와 발전기금을 설치해 사회적 기업, 협동조합, 마을기업 등 '사회적 경제조직'을 지원한다는 것이다.

이제까지 한국에서 전개된 사회적 경제의 역사를 일별하면 더욱 큰 그림이 보인다. 당인리대안정책발전소 소장 김성구의 글이다. "사회적 시

3   이상훈, 「박근혜 대통령 당선인 "부처 컨트롤타워 필요" 경제부총리제 시사」, 『매일경제』, 2013년 1월 7일.
4   김원정, 「협동조합으로 '제2새마을운동'…답답한 발상」, 『토마토뉴스』, 2013년 7월 19일.

장경제는 1990년대 초 김영삼 정부 때부터 수용되기 시작했다. 현재 뉴라이트의 중심인물인 안병직 교수 그룹과, 이진순 전 KDI 원장 등 경실련 주변의 경제학자들이 사회적 시장경제를 대안으로 제시했다. 김대중 정부에서는 사회적 시장경제가 정부의 공식적인 경제정책으로서의 위상까지 가졌다고 할 수 있다. 이를 계승한 노무현 정부에서도 그렇고, 참여연대 등 시민단체에서 활동하는 경제학자들 대개가 알게 모르게 사회적 시장경제론에 입각해 있다. 뉴라이트로부터 민주당, 이른바 진보적 시민단체 그리고 안철수 진영까지 모두 똑같은 사회적 시장경제를 내세우면서 보수니 중도니 진보니 하면서 자신들의 정치색을 구분하고 있는 것이다."[5]

진보나 보수 모두 좋아하는 어젠다가 존재한다는 것 자체도 이상하지만, 똑같은 정책을 두고 한쪽에서는 진보적인 것이라 하고 한쪽에서는 보수적인 것이라 칭하는 것도 이상하다. 그것은 사회적 경제 담론이 심상치 않은 의미를 갖고 있음을 암시한다. 무엇보다 이 글은 김영삼 정부 이후 모든 정권에서 사회적 경제정책이 선택되고 실행되어왔음을 보여준다. 사회적 경제는 호황이나 불황 같은 경제적 상황에 좌우되는 정책도 아니었고, 진보와 보수 혹은 정파적 이해에 관계된 정책도 아니었다. 사회적 경제는 그 모든 것을 초월하는 어젠다였다.

사회 전체를 포위해나가는 사회적 경제

'사회적 경제'는 대단히 모호한 개념이다. OECD의 정의에 따르면, 사회적 경제는 "국가와 시장 사이에 존재하는 모든 조직들로 사회적 요소와 경제적

---

5   김성구, 「뉴라이트로부터 안철수까지, 사회적 시장경제가 뭐기에?」, 『미디어오늘』, 2013년 6월 30일.

요소를 함께 가진 조직들"을 말한다. 말만 놓고 보면, 무슨 뜻인지 알기 힘들다. 왜냐하면 국가와 시장 사이에 존재하는 조직은 어떤 식으로든 모두 사회적 요소와 경제적 요소를 갖고 있기 때문이다. 그렇지 않은 조직은 없다. 사적인 이익을 추구하는 기업이라고 해서 사회적 요소가 없는 것이 아니고, 시민단체 같은 조직이라고 해서 사회적 요소만 있고 경제적 요소가 없는 것이 아니다. 심지어 조직폭력배도 사회적 요소와 경제적 요소를 모두 갖는다.

또 다른 정의도 있다. 정부나 지자체에서 주로 사용하는 것인데, "'사람 중심의 경제'로서 이윤의 극대화가 최고의 가치인 시장경제와 달리 사람의 가치를 우위에 두는 경제활동"이라는 정의다. OECD의 정의보다는 덜 모호한 것처럼 보이지만, 이 역시 따지고 들어가면 의미가 명확하지는 않다. '사람 중심의 경제'와 '이윤 중심의 경제'가 명확히 나누어지는 것이 아니기 때문이다. 우리는 '이윤이 많을수록 구성원(사람)에게 이롭다'는 논리를 흔히 듣지 않는가. 게다가 사회적 경제조직 역시 무자비하기 그지없는 신자유주의적 경제 구조 속에서 생존해야 한다. 이런 상황에서는 언제든 생존의 논리가 이윤 중심의 논리로 이어지기 쉽다.

스페인의 협동조합 몬드라곤은 협동조합을 하려는 사람들에게는 이상적인 모델로 여겨지는 곳이다. 협동조합 관련 책을 보면, 반드시 언급되는 곳 중 하나다. 그러나 여기서도 시장에서 살아남아야 한다는 압력이 끊임없이 작용한다. 물론 노동자 중심으로 구성된 협동조합은 노동자들을 쉽사리 해고하지 않으려 노력할 수 있다. 그러나 신자유주의하에서 노동자를 위한 가치는 후순위로 밀리기 십상이다. 실제로 몬드라곤에서도 노동자 20퍼센트가 비정규직이다. 언제든 해고될 수 있는 신분이라는 말이다. 또한 1991~1992년 경제 위기 때에도 임금을 30퍼센트까지 삭감한 적이 있다.[6]

'사회적 경제'에 대한 정의는 왜 이렇게 모호할까? 거기에는 이유가 있다. 의미하는 것이 너무 포괄적이기 때문이다. 사회학자나 경제학자, 혹은 사회적 경제에 종사하고 있는 사람들에게 물어봐도 속 시원한 답변을 듣기 힘들 정도로 그렇다. 내 생각에 사회적 경제의 실체를 이해하기 데 가장 유용한 도구는 '제3섹터the third sector'다. 제3섹터를 이해하면 사회적 경제 역시 이해하기 쉽다. 네이버 '시사상식사전'에 따르면, 제3섹터는 "국가(제1섹터)와 영리 활동의 경제 분야(제2섹터)를 제외한 나머지 영역, 즉 비영리 영역"을 말한다. 그러나 네이버 '행정학 사전'에는 "공공 부문과 민간 부문의 공통 영역을 지칭"한다고 되어 있다. 무엇이 맞을까? 둘 다 맞다. 전자는 전통적인 정의에 가깝고, 후자는 지금의 현상을 설명하는 데 적합하다. 제3섹터의 의미는 전자에서 후자로 이동 중이다.

전통적인 의미에서 제3섹터에 속하는 것으로는 사회운동단체, 시민단체, 자선단체가 있다. 요즘에는 이 외에도 제3섹터에 속하는 것이 많다. 협동조합, 사회적 기업, 마을기업, 자활기업은 물론이고 공공근로, 자활근로, 사회책임투자, 공정무역, 자원봉사, 재능기부, 소셜 크라우딩 펀드, 마이크로 크레딧, 윤리적 소비 같은 활동도 포함된다. 젊은 층에서 흔히 볼 수 있는 사회적 기업가, 사회 혁신가, 소셜 디자이너, 마을 활동가 등도 이에 포함된다. 제3섹터의 범주는 예전과는 비교가 안 되게 넓어졌다. 어디를 가나 '사회적인 것the social'이 출몰하고 있다고 말할 수 있을 정도다(사회적인 것이 다 사라져가는 시대에 사회적인 것이 창궐한다고 말해야 하는 이 역설!)

사전적 정의에 따르면, 정부와 기업에서 일하는 사람들은 제3섹터에 속하지 않는다. 그러나 현실은 다르다. 예를 들어 시청에서 일하는 공무원이 사회적 기업이나 마을기업과 관련된 업무를 하거나 그와 관련된 일에 동

---

6   정선영, 「협동조합의 허점을 이용하는 지배자들」, 『레프트21』, 2013년 5월 25일(105호).

원된다면 그도 제3섹터 활동을 하고 있는 셈이 된다. 일반 회사원도 마찬가지다. 그가 기업이 운영하는 자선재단이나 기업 내 '사회공헌사업부'에서 일한다면 그 역시 제3섹터에 한발 걸치고 있는 셈이다. 어떤 은행원이 미소금융이나 햇살론 같은 서민정책금융 업무를 본다면 그도 제3섹터 일을 하고 있는 것이다.

　　비정부기구나 비영리단체와 아무 관련이 없는 일반 시민은 어떨까? 그런 사람이라도 어디 가서 재능기부활동을 하거나, 뜻있는 영화를 만드는 데 필요한 자금을 모으는 소셜 크라우딩 펀드에 투자한다면 제3섹터 활동을 하는 것이다. 네이버 해피빈으로 환경이나 동물, 가난한 노인을 위해 일하는 단체에 기부하거나, 매출액의 일정 비율을 좋은 곳에 기부하는 상품을 이용하는 것도 제3섹터 활동을 하는 것이다. 또한 어떤 학생이 수행평가점수를 따기 위해 봉사활동을 하는 것, 가난한 노인이 공공근로를 하는 것도 제3섹터 활동을 하는 것이다. 우리가 일상생활 속에서 경험하는 제3섹터의 영역은 매우 광범위하다. 예전에는 국가와 시장을 제외한 '나머지'에 속했던 영역이 지금은 국가와 시장을 포함해 사회 전체로 육박해 들어간다.

시민에 의한 시민 관리 체제

제3섹터가 비대해지는 것, 그것은 전 세계의 거대한 흐름이다. 왜 이렇게 제3섹터가 비대해지는 것일까? 가장 큰 이유는 자본의 정치경제적 권력을 증대시키기 좋은 자산을 갖추고 있기 때문이다. 사회운동단체, 시민단체, 자선단체 같은 전통적 제3섹터는 오랜 활동을 통해 선善, 봉사, 희생, 진보 같은 상징자본을 축적해왔다. 제3섹터는 원칙적으로 기업처럼 자신의 경제적 이익을 추구하기 위한 조직이 아니다. 그러므로 대중의 경계심이나 의심을 사지 않는다. 제3섹터는 대중에게 접근하기 좋은 통로다.

　　　　　　　　　　　　　　　　　　　　　—— 사회적 시장경제, 자본의 방패이자 창

제3섹터는 공익적, 공동체적, 사회적 가치를 갖고 있다. 제3섹터는 본래 '사회적(공적)'이다. 제3섹터는 정당처럼 권력 장악을 추구하지도 않는다. 그런 점에서 '순수하게 사회적'이다. 그것은 '사적' 이익을 추구하는 기업의 성격과 극명하게 대립되는 측면이기도 하다. 이 '사회적 순수성'이 자본의 '사회적 권력 증대'에 유용하게 쓰인다. 제3섹터가 사회성을 갖는다면, 자본은 경제성을 갖는다. 그 둘의 결합이 '사회적 경제'다. 자본은 이 둘을 버무려 자신의 사회적 권력을 증대시켜나간다. '시민사회'의 이름으로 시민들로 이루어진 본래적 의미의 사회를 공격해 들어가는 이 전술은 너무 교묘해서 사람들이 좀처럼 눈치 채지 못한다.

사회적 경제는 기본적으로 자본에 의한 사회방어운동의 일환이다. '사회적 경제'라는 용어는 1977년 프랑스의 사회학자 앙리 데로슈가 '사회적 경제 기업'이라는 용어를 제안하면서 쓰이기 시작했다. 이 용어가 1970년대 대량생산체계에 위기가 닥치고 실업률이 폭등한 이후 제시된 것은 우연이 아니었다. '사회적 경제'라는 용어가 다시 등장한 것은 1990년대였다. 1980년대 영미에서 확산된 신자유주의 경제정책(워싱턴 컨센서스)은 1990년대 세계적인 경제 위기를 낳았다. 1992~1993년 유럽을 시작으로, 중남미(멕시코, 브라질), 한국을 비롯한 동아시아 국가들, 러시아가 잇달아 외환위기를 맞았다. 이에 대한 반발로 전 세계 여러 나라에서 반反세계화 운동도 격화되었다.

이런 상황에서 1998년 조지프 스티글리츠가 세계은행 수석부총재로 임명되었다. 세계화의 첨병기구인 세계은행에 비주류로 여겨졌던 경제학자가 전격 영입된 것이다. 그 이후 '포스트 워싱턴 컨센서스'라고 불리는 패러다임이 만들어졌다.[7] 워싱턴 컨센서스가 전 세계의 경제를 하나로 통합하는 것이라면, 포스트 워싱턴 컨센서스는 의식, 문화, 사회제도, 정책, 인프라를 새롭게 하는 것을 핵심으로 한다. '사회적 경제'는 이러한 흐름 속에서 신자유주의를 극복할 대안이자 치유책으로 선전되며 전파되기 시작했다.

사회적 경제는 단순한 자본의 위기관리 전략이 아니었다. 그것은 신자유주의의 보완재일 뿐 아니라, 한층 업그레이드된 사회 공격 무기였다. 복지 분야에서 사회적 경제가 어떻게 기능하는지 보자. 흔히 사람들은 지금이 신자유주의가 지배하는 세상이니, 복지 예산이 점점 줄어들 것이라고 생각하기 쉽다. 그러나 실제로는 복지 예산이 점점 늘고 있다. 복지 예산이 늘면, 복지 수준도 높아져야 할 것이다. 그러나 시민들은 그런 느낌을 좀처럼 받지 못한다. 그것은 지금 시행되고 있는 복지가 '생산적 복지'이기 때문이다.

김대중 정부 이후 지금까지 시행되고 있는 '생산적 복지'란 수혜자가 경제적으로 생산적인 역할을 할 수 있도록 국가가 '투자'하는 개념이다. 지금의 복지는 공공부조나 소득 재분배 차원에서 행해지는 것이 아니다. 따라서 복지 수혜자에게 직접 현금을 주지 않는다. 대신 생산성을 높일 수 있는 교육을 받는 데 필요한 비용의 일부를 국가가 보조해주거나, 공공근로처럼 국가가 해야 할 사회 서비스의 일부를 복지 수혜자에게 시키고 그 노동의 대가를 지불하는 형식을 취한다. 기업이 일정한 경제적 이익을 기대하며 사업에 투자하듯, 국가가 투자하는 것이 '생산적 복지'다. 투자를 받는다는 것은 그에 상응하는 '성과'를 보여주어야 한다는 말이기도 하다. 지금의 복지는 말하자면, 자본에 의해 '식민화된 복지'다.

예를 들면 공공근로는 국가에 여러모로 이득이다. 공공부조금으로 수혜자의 노동력을 이용하는 것도 이득이고, 정부나 공기업이 제공해야 할 사회 서비스의 일부를 수행하게 하니 공무원 고용(인건비)을 줄일 수 있다. 국가는 사회취약계층에게 일자리를 제공했다고 선전할 수도 있다. 공공근

---

7 조지프 스티글리츠는 신제도주의 경제학자다. 포스트 워싱턴 컨센서스는 워싱턴 컨센서스에 신제도주의 경제학이 결합되어 만들어졌다.

로는 국가 서비스에 대한 아웃소싱의 형태를 취하는데, 이 또한 신자유주의 정책 기조에 맞다. 아웃소싱되는 사회 서비스가 많아질수록 국가의 기능은 축소되는 효과가 있기 때문이다. 국가의 기능 축소는 자본이 추구하는 바다. 국가의 기능이 축소될수록 자본이 메울 수 있는 사회적 영역은 커진다.

공공근로가 국가 행정기구의 직접적인 관리감독하에 이루어지는 아웃소싱이라면, 사회적 기업이나 마을기업은 '하청 아웃소싱' 형태다. 다단계처럼 국가가 사회적 기업이나 마을기업을 지원·감독하면, 사회적 기업이나 마을기업은 그 지원·감독하에서 시민들에게 사회 서비스를 제공하고 의식을 통제한다. 시민들은 제공받아야 할 국가의 사회 서비스를 돈을 지불하고 제공받는 경우도 생긴다. 그럴 경우 사회적 기업이나 마을기업은 향후 자본이 누릴 사회 서비스의 시장화와 그로 인한 혜택을 미리 닦아놓는 셈이 된다. 이러한 일들이 신뢰, 협동, 호혜, 자족의 이름으로 행해진다.

사회적 경제조직은 취약계층에게 일거리를 제공하거나, 지역민들을 자기 사업에 참여시킨다. 사회적 경제조직은 비유하자면 학교 선도부와 비슷하다. 선도부들이 교육 관료를 대신해 같은 학생으로서 학생을 통제하듯, 사회적 경제조직은 국가-자본을 대신해 시민이 시민의 의식과 생활방식을 관리하는 역할을 한다. 활동가는 일을 하면서 자신의 의식은 물론 다른 시민의 의식도 자본 친화적으로 변화시킨다.

사회적 경제는 고도의 사기극이다

사회적 기업가, 사회 혁신가, 소셜 디자이너, 마을 활동가로 일하는 청년들은 이런 말을 한다. "나의 활동은 꼭 가사노동하고 비슷하다. 밖에서 인정해주지는 않지만 (사회에) 필요한 일을 한다."[8] 그들이 이렇게 말하는 데에는 이유가 있다. 국가가 제공해야 할 사회 서비스의 일부를 맡아 하거나, 공동체 형성과 유지, 공공 이익에 관련된 일을 하기 때문이다.[9] 전통적으로 사회 공동체를 위한 일은 진보적이고, 의미 있고, 좋은 일로 여겨졌다. 청년 활동가들이 자신의 일이 '사회에 필요한 일'이라고 생각하는 것도 그 때문이다. 국가-자본은 바로 이것을 이용한다. "공동체를 위한 일=선善"이라는 통념에 기대어 소기의 목적을 달성한다.

김대중 정부 이전까지만 해도 시민운동단체, 시민단체, 협동조합에서 일했던 활동가들은 '진보'라는 자기 포지션이 확실했다. 그때는 '나는 사회 진보를 위해 일하고 있다', '사회 공동체를 위해 일하고 있다'는 자긍심이 있었다. 그러나 지금은 이런 포지션과 자긍심을 갖기가 힘들다. 조직 자체의 독립성과 자율성이 붕괴되었기 때문이다. 지금의 수많은 사회적 경제조직은 국가-자본의 재정 지원, 그리고 그에 따른 관리감독을 받고 있다. 국가-자본의 지원과 감독을 받는 조직이 어떻게 독립적이고 자율적일 수 있겠는가. 말하자면 '어용화된 시민조직'이다.

물론 경제적 자립에 성공해 더는 국가나 기업의 재정 지원을 받지 않고 자율 운영이 가능해진 조직들도 일부 있을 것이다. 그러나 다수의 사회적 경제조직이 국가-자본의 기획과 지원하에 생겨난 조직인 만큼 경제적 자립이 되었다고 해서 그 역할이 변하는 것은 아니다. 경제적으로 자립하면, 국가-자본으로서는 오히려 더 좋다. 국가-자본의 경제적 부담이 사라지기 때문이다. 그것은 국가-자본이 목적했던바, 스스로의 힘으로 국가-자본의 이익을 위해 활동하는 '좀비 조직'이 마침내 완성되었음을 의미한다.

사회적 경제조직에서 일하는 활동가들은 인지 부조화에 시달린다.

---

8   바꿈, 세상을 바꾸는 꿈, 「청년활동가의 고민 "우리 일은 활동인가 노동인가"」, 『미디어오늘』, 2017년 4월 2일.
9   엄밀히 말해 국가가 제공해야 할 사회 서비스는 공무원이 제공하는 것이 맞다. 그러기 위해서는 공무원의 수가 지금보다 훨씬 늘어야 한다. 그럼에도 국가는 공무원의 수는 늘리지 않고, 이를 사회적 경제조직에 위탁해서 헐값에 처리한다.

한편으로는 자신이 하는 일이 사회적으로 유익하고, 꼭 필요한 일이라고 생각하지만, 한편으로는 자신이 국가-자본의 뒤치다꺼리를 하는 것 아닌가 하는 자괴감에 시달린다. 활동가들은 국가-자본이 파견한 각종 전문가 집단에서 교육을 받아야 한다. 국가-자본의 지원금을 받기 위해서는 그들이 요구하는 특정한 규범과 요구사항에 따라 문서를 작성하고 성과를 보고해야 한다. 활동가들은 그 과정을 통해 관료주의를 답습하고, 기업의 생산양식에 동질화된다.

활동가들의 고민은 이렇다. 자신이 하는 일을 사회운동으로 생각하자니 국가-자본의 간섭을 너무 많이 받고, 그렇다고 생계 수단으로 생각하자니 박봉에 4대 보험도 안 되고, 노동권의 보호도 받지 못한다. 생계 수단으로서 자신의 일을 생각하면, 활동가들의 처지는 비정규직보다 못한 것이 현실이다. 엄밀하게 말하면, 활동가들은 노동자도 아니고 사회운동가도 아니다. 많은 청년이 활동가가 되는 것은 사회운동이 발달해서가 아니라, 국가-자본의 정책적 산물이다. 청년 활동가가 많아진 것은 국가가 터놓은 물꼬로 물이 흘러가는 것과 같다. 취직하기는 어렵지만, 활동가로 일하기는 쉽다. 청년들 중에는 '이렇게 계속 놀 수는 없고, 일단 할 수 있는 것을 하자'는 마음으로 사회적 경제조직에 들어가는 경우도 많다. 자칫 잉여인간으로 남기 쉬운 현실 속에서 청년들은 (사회적으로 의미가 있다고 선전되는) 이런 활동을 통해서 자신의 존재 가치를 증명하고, 또 확인하고 싶어 한다.

실업자가 많아지면 사회불안이 높아지고, 지배체제가 위험에 처하는 것은 모든 사회의 불문율이다. 그 때문에 국가로서는 약간의 재정 지원으로 실업률을 낮출 수 있고, 사회불안도 잠재울 수 있다면 좋다. 국가-자본으로서는 사회적 경제조직은 잠재적 실업자들을 효율적으로 관리하기 위한 '거대한 저수지' 같은 것이다. 물론 사회 문제에 관심이 있어, 신념과 의지를 갖고 사회적 경제조직에 투신하는 청년들도 있을 것이다. 국가-자본으로서는 이것도 대환영이다. 좌파가 될 만한 청년들을 대거 끌어들여 '사회의 기술적 관리자'로 만드는 일이기 때문이다. 사회적 경제는 이래저래 비용 대비 효과가 큰 장치다.

청년들이 사회적 경제조직에 몸을 담그면, 처음에는 돈도 벌고 사회적으로 유용한 일을 한다는 마음이 들 수 있다. 그러나 시간이 지날수록 여기가 비영리조직인지 영리기업인지, 자신이 노동자인지 사회운동가인지 알 수 없게 된다. 공적 자금이나 정책 자금을 받으며 일하지만, 신분도 모호하고, 미래도 보장되지 않는다. 워낙에 저임금인 탓에 '내가 노동 착취만 당하고 있는 것 아닌가?' 하는 생각에 휩싸이게 된다. 활동가들은 누가 무슨 일을 하느냐고 물을 때, "어떻게 한 줄로 나의 일을 소개할 수 있을지 항상 고민"이라고 말한다.[10] 주변에서는 흔히 "쟤가 일을 하는 것인지 노는 것인지" 알 수 없다는 반응을 보인다.

이런 일이 벌어지는 것은 사회적 경제가 공식-비공식, 국가-민간, 사적-공적, 능동-피동, 착취-복지 사이에 존재하기 때문이다. 그 모호함 속에서 활동가들의 정체성은 위기를 맞는다(사회적 경제에 대한 OECD의 개념 정의가 모호한 것도 이 때문이다). 사회적 경제란 공기와 같다. 누군가 '공기가 무엇이냐?'고 물었을 때 허공을 가리킬 수밖에 없는 것처럼 사회적 경제가 무엇이냐고 물었을 때도 그렇다. 그것은 공식-비공식, 국가-민간, 사적-공적, 능동-피동, 착취-복지 그 모두이면서 동시에 그 무엇도 아니다.

'사회적 경제'라는 용어 자체가 '상징 조작'이자 '언어오염'이다. 여기서 말하는 '경제'는 신자유주의 경제다. 신자유주의는 결코 '사회적'일 수 없다. 신자유주의는 그 자체로 '반사회적'이다. 사회적 경제는 사회 전체가

---

10 바꿈, 세상을 바꾸는 꿈, 앞의 기사.

자본 경제의 먹잇감이 되는 것을 의미한다고 보는 것이 맞다. 국가-자본은 좋은 말들을 선점하고 오염시킴으로써 대중의 무기력을 조장한다. 그것은 언어의 문제를 넘어 사유의 문제다. 국가-자본은 언어를 선점하고 오염시킴으로써 대안적 사유와 급진적 사유를 차단한다.

협동조합 그 자체는 나쁜 것이 아니다. 협동조합 방식의 경제 운영 원리를 국가와 자본이 따른다면, 그것은 혁명적 변화가 될 것이다. 그러나 이명박에 의해 협동조합기본법이 제정되고, 정부의 지원하에 협동조합이 우후죽순으로 생겼다가 지원이 끊긴 후 대거 사라지고 나면 어떤 현상이 벌어지는가? 이제 협동조합은 사회적 대안이 될 수 없다. 누군가 협동조합을 대안으로 거론했을 때 '그거 다 해봤어. 그런데 안 됐잖아?' 하는 반응이 돌아오게 된다. 이명박은 과연 다수의 협동조합이 머잖아 망할 것이라는 것을 몰랐을까? 나는 '알았다'고 생각한다.

강력한 신자유주의적 정책을 실시하면서, 그 안에서 '약간의 도움을 줄 테니 너희들 힘으로 살아남아 봐'고 했을 때 대부분의 협동조합이 얼마 안 가 망할 것이라는 것은 쉽게 예상할 수 있다. 체제 수호의 측면에서 이명박의 협동조합 담론은 김 빼기이자, 예방주사 노릇을 한다. 간단히 말해 '없는 사람들끼리 돕고 살라'는 것이다. 거기에서 배제된 것은 '경제 분배'에 대한 사회적 논의다. 경제가 '사회적인 것'이 되려면, '기간산업 국유화'나 '노동자 자주관리' 같은 생산관계에 대한 정치적 쟁점이 논의되어야 하지만, 그런 것은 온데간데없다. 사회적 경제는 고도의 사기극이다. 그것은 빈곤과 비인간화에서 탈피하고자 하는 대중의 심리를 역이용해 사회적인 것을 사적인 것으로 흡수할 뿐이다.

사회투자론, 유시민의 위험한 신념

유시민의 신자유주의적 발언들

『대한민국 개조론』은 유시민이 자신의 국가발전 전략을 담은 책이다. 그 전략은 '외부적으로는 선진통상국가, 내부적으로는 사회투자국가로 나아가야 한다'로 요약된다. 그가 말하는 선진통상국가란 무엇일까? 그가 국가 발전 전략을 어떻게 세워야 할까 고민하다가 힌트를 얻었다는 대외경제정책연구소의 보고서를 보자. 거기에는 선진통상국가가 이렇게 정의되어 있다. "노동·금융·경쟁 등 경제 각 분야에서 글로벌 스탠더드를 갖추고, 적극적 해외투자와 외국인 투자 유치를 통하여 글로벌 네트워킹을 구축하는 한편, 강한 서비스산업과 부품·소재산업을 보유하고 IT 등 미래성장산업에 집중투자하면서, 개방 친화적 사회 인프라가 형성된 국가."[1]

간단히 말해 선진통상국가란 상품, 인력, 자본의 국경 없는 이동과

---

1   최낙균 외, 『선진통상국가의 개념 정립』(대외경제정책연구원, 2005).

그를 통한 자본축적의 경쟁에서 승리하는 국가를 말한다. 한국이 선진통상국가로 나아가야 하는 이유에 대해 유시민은 이렇게 설명한다. "한국 경제는 박정희 집권 18년 동안 개방화로 가는, 돌아올 수 없는 다리를 건너고 말았다."[2] 그러므로 "버릴 수 없는 유산이라면 차라리 긍정적인 태도로 그것을 활용하고 더 발전시키는 편이 낫"다.[3] "어차피 피할 수 없는 것이라면 개방화를 즐기자.……이미 통상국가가 되어버린 대한민국을 통상국가로서 더 크게 성공하는 나라로 만들자."[4]

한국이 박정희 집권기 세계 무역 시장에 본격적으로 뛰어든 것은 맞다. 그러나 자본시장을 포함해 전면적인 시장 개방 압력을 받은 것은 외환위기 전후였다. 그러므로 선진통상국가로 나아가야 하는 당위성을 박정희 시절까지 소급해 그 필연적 귀결로 설명하는 것은 무리가 있다. 선진통상국가가 되자는 것은 단지 돈 잘 버는 나라가 되자는 것이 아니다. 신자유주의 체제를 우리가 주도하자는 것이나 다름없다. '영미 자본주의와 초국적 자본이 마련한 경제적·사회적 규범과 관행, 즉 탈규제, 민영화, 노동시장의 유연성 등 신자유주의 핵심 의제를 앞장서서 수용하자는 것이며, 한국과 관계를 맺는 협약·협정 대상국에도 그 규범과 관행을 관철시켜나가자는 것이다.

지금 우리가 신자유주의 체제에 살게 된 것은 우리의 자의가 아니었다. 그것은 국제통화기금IMF을 통해 강요받은 결과였다. 외환위기와 신자유주의 체제 이식으로 극심하게 고통 받았던 나라, 지금도 그 고통에서 벗어나지 못한 나라가 이제 한숨 돌렸다고 해서 그 야만적 체제를 주도하는

2 유시민, 『대한민국 개조론』(돌베개, 2007), 37쪽.
3 유시민, 앞의 책, 39쪽.
4 유시민, 앞의 책, 41쪽.

—— 제4장 기업 인문학의 경제 담론

국가가 되자고 해도 되는 것일까? 그것도 평소 자신을 진보로 칭하고, 지금은 국내 유일의 원내 진보정당의 당원인 사람, 진보 진영에 상당한 영향력을 갖고 있기도 한 사람, 대중 인문서 분야에서 가장 인기 있는 필자이기도 한 사람에게서 나온 이런 주장을 어떻게 이해해야 할까?[5]

유시민의 이러한 주장은 결코 소극적이지 않다. 그는 이렇게 썼다. "2006년 5월부터 여러 차례 사회투자정책을 참여정부의 핵심 정책으로 채택해줄 것을 대통령께 건의했고, 그 결과 참여정부의 장기 국가재정계획 「함께 가는 희망 한국 비전 2030」의 중요한 구성 요소로 자리를 잡았다."[6] 거기에는 " '능동적 세계화'라는 용어가 등장하지만, 저는 더 적극적인 자세가 필요하다는 생각에서 '선도적 세계화'라는 표현을 선택했다."[7] 이것은 유시민이 얼마나 전력을 다해, 진심으로 정부를 사회투자정책으로 이끌었는지를 고백하는 내용이다.

그는 이런 말도 했다. "국가가 직접 사람을 고용해 서비스를 공급하는 기존의 사업 방식을 버려야 한다. 민간 공급자와 시장의 힘을 최대한 활용하는 것이다."[8] 솔직히 말해 나는 이런 발언이 신자유주의자와 어떻게 다른지 모르겠다. 당혹스러울 정도로 그렇다. 내가 이것만 가지고 이런 말을 하는 것은 아니다. 이 외에도 『대한민국 개조론』에는 그의 신자유주의적 발언이 많다.

---

5   나는 그의 전공이 '경제학'이었던 것에 일말의 혐의를 두고 있다. 그의 경제학적 관점이 주류에서 다소 벗어나 있다는 의견도 있지만, 그렇다고 그가 비주류 경제학에 동의한다고 볼 근거가 있는 것도 아니다. 인류학자 송제숙은 『복지의 배신』에서 "대한민국의 자유주의적 세력이 신자유주의 수립에 기여했다"는 가정을 세웠는데, 유시민의 주장과 행보는 그것을 증명하는 것처럼 보이기도 한다.

6   유시민, 앞의 책, 50쪽.

7   유시민, 앞의 책, 58쪽.

8   유시민, 앞의 책, 116쪽.

국민을 빚쟁이로 만드는 사회투자론

'사회투자론'은 1994년 영국 노동당의 사회정의위원회the Commission on Social Justice에 의해 새로운 국가전략으로 처음 제시되었고, '제3의 길'을 창시한 앤서니 기든스가 널리 유포한 개념이다. 이 개념이 한국에 도입된 것은 외환위기 직후다. IMF가 강제한 신자유주의 복지개혁으로 도입되었다. 김대중 정부 시절 '생산적 복지'라는 이름으로 단행되었다. 생산적 복지란 말 그대로 '노동 생산성 제고를 목표로 한 복지'를 말한다. 생산적 복지는 노무현 정부에서 '사회투자'라는 개념으로 업그레이드되었다.[9] 노무현 정부에서 이러한 복지 개혁을 담당했던 유시민이 퇴임 후에도 사회투자론을 적극 설파하고 있는 것이다.

유시민에 따르면, 선진통상국가와 사회투자국가는 상호 되먹임 관계에 있다. "더 큰 세계시장에서 더 많은 부가가치를 취득하지 않고는 사회투자의 재원을 조달할 방법이 없다."[10] 그래서 우리는 사회투자국가로 나아가야 한다는 것이다. 거꾸로 말해도 말이 된다. '인적자원개발'과 '사회적 자본' 확충에 전력을 다하는 사회투자국가가 되어야 선진통상국가라는 위업을 달성할 수 있다. 정리하면 '선진통상국가가 되어야 사회투자 재원을 마련할 수 있고, 사회투자국가가 되어야 선진통상국가로 성공할 수 있다. 그래서 두 가지 정책을 동시에 추진해야 한다'는 것이다.

'인적 자원'과 '사회적 자본'은 모두 자본 친화적 담론이다. 인간은

---

9   김대중 정부가 복지 대상자에게 직접 돈을 주고 실업과 빈곤을 벗어날 수 있도록 하는 일련의 자활 서비스를 동시에 실행했다면, 노무현 정부는 복지 대상자에게 직접 주는 돈을 대폭 줄이고, 국가가 일련의 사회 서비스를 제공하는 것으로 변했다는 말이다. 그러니까 신자유주의 관점에서 보았을 때 '업그레이드'된 것이지, 경제적 평등을 추구하는 진보적 관점에서 보면 더 퇴보한 것이라 할 수 있다.

10 유시민, 앞의 책, 62쪽. 이것도 시장주의자들이 흔히 말하는 '낙수 효과'를 떠올리게 한다.

자원이나 상품이 아니라 그 자체로 존엄한 존재다. 복지 지출도 마땅히 인간의 존엄성을 구현하기 위한 것이어야 한다. 그런데 유시민은 복지 지출이 경제적 이익과 경쟁력 강화에 복무해야 한다고 말한다. 정치인 신기남은 『대한민국 개조론』에 대해 "교육, 노동, 공동체 의식 등 인간으로서 지향해야 할 숭고한 가치를 돈과 투자의 시각으로 보고" 있다고 비판했는데,[11] 맞는 말이다.

유시민은 사회투자론을 '사람에게 투자하는 것'이라고 설명한다. 자칫 사람 중심의 사고, 즉 휴머니즘의 산물로 사회투자론을 오해하게 하는 설명이다. 사회투자론은 신자유주의 시대에 필요한 경쟁력 있는 인적 자원 양성을 위한 복지 지출을 핵심으로 한다. 국민은 물론이고 정부의 (복지)정책까지 모두 경제적 이익에 복속시키는 논리다. 사회투자론의 목적은 '복지 대상자(국민)'의 존엄성을 위해서가 아니라, 그 뒤에 있는 자본-국가의 경제적 이득을 도모하는 데 있다.

오늘날은 언어오염이 심한 시대다. '사회투자'라는 말도 그렇다. '누군가 좋은 뜻을 가지고 사회에 투자한다면, 그것은 좋은 것 아닌가?' 하고 생각할 수 있다. 그러나 불특정 다수로 이루어져 있는, 모든 사람이 속해 있는 '사회'를 투자의 대상으로 삼는다는 것은 가능한 일일까? '사회투자'는 사회에 투자해서 수익을 얻을 수 있다는 말인데, 이것이 가능할까? 수익이 난다면 그 수익은 누가 가져갈까? 투자를 받는 사람의 입장에서 생각해봐도 '사회투자'는 이상한 말이다. 투자를 받는다는 것은 빚을 얻는 것과 같다. 투자를 받아서 사업을 했는데, 사업이 망했다면 투자금을 돌려주지 않아도 되지만, 그렇지 않다면 원금과 수익의 일부를 투자자에게 돌려주어야 한다.

---

11 박소정, 「신기남, "정동영·유시민은 짝퉁 한나라당"」, 『연합뉴스』, 2007년 7월 29일.

—— 사회투자론, 유시민의 위험한 신념

사회투자정책은 국민을 국가의 채무노예로 만든다. 그것도 국민의 세금으로, 복지의 이름으로 국민을 채무자로 만든다. 이상하지 않은가?

우리는 자신이 낸 돈으로 자신의 복지에 쓰는 일에 어울리는 말을 이미 알고 있다. 바로 '자조自助'다. 복지는 '투자'가 아니라, '자조'라 불러야 마땅하다. 국민은 스스로를 돕는다. 그 스스로 돕는 일을 정부에 맡겨놓았을 뿐이다. 그런데 그 정부가 국민을 투자의 대상으로 '대상화'한다. 국가가 '투자'를 해주었는데, 취직도 못하고 빈곤에서 벗어나지도 못하면? 수혜자의 잘못이 된다. 그것이 투자의 논리다. 사회투자의 논리는 국가 정책의 잘못으로 인한 빈곤과 실업 문제에 대한 책임을 개인들에게 떠넘긴다.

'사회투자'라는 말은 그 자체로 모순어다. 왜냐하면 '사회투자'가 의미하는 것은 '사회적 지출의 자본화(이윤-생산적 투자화)'인데, 그것은 그 자체로 사회적 의미를 지워버리기 때문이다. 사회투자정책에 사회가 없는 이유다.

사회투자정책은 탈복지를 유발한다

유시민은 이렇게 썼다. "보수는 선진통상국가를 좋아하고 진보는 사회투자국가를 좋아하니, 각자 좋은 것을 하나씩 가지면 서로 좋지 아니한가?"[12] 그러나 진보는 사회투자국가를 좋아한다는 것은 근거 없는 단정이다. 진보 온라인 매체 『레디앙』에는 이런 글이 올라와 있다. 전태일노동연구소 소장이자 마르크스주의 경제학자인 박승호의 글이다. "진보파는 사회투자국가를 좋아한다는 (유시민의) 주장은 전혀 사실이 아니다. 이런 점에서도 그는 이

---

12 유시민, 앞의 책, 48쪽.

미 거짓말을 하고 있다.……사회투자국가는 진보파에게도 좋고 보수파에게도 좋은 국가가 아니다. 보수파에게는 좋지만 진보파에게는 나쁜 국가이다. 진보파는 분배 개선과 복지를 원하지 사회투자국가를 원하지 않는다."[13] 노르웨이에서 30년 가까이 노조운동을 펼치고 있는 아스비에른 발도 "워크페어workfare(일-복지) 정책은 우파에게 더 바람직한 정책"이라고 썼다.[14]

워크페어는 전통적 복지를 일컫는 웰페어welfare에서 파생된 신조어로 노동과 연관된 복지를 말한다. 실업률 축소를 목표로 직업 훈련 비용을 지원해준다거나, 복지를 대가로 공공근로를 시키는 것, 혹은 (정부가 보기에) 일할 능력이 있고 적절한 일자리를 제공했는데도 일하지 않는 사람에게 복지 혜택을 삭감하는 것 등이 워크페어 정책에 속한다. 사회투자론의 핵심이 워크페어다. 이런 워크페어 정책은 왜 우파에 어울릴까? 아스비에른 발의 설명이다. "워크페어 정책의 바탕에는 시장자유주의자의 인간관이 깔려 있다.……인센티브가 없으면 절대로 일을 하지 않는 그런 인간이다. 공동체 지향적이고 사회적으로 책임을 지는 존재로서의 인간은 신자유주의 이데올로기에는 존재하지 않는다."[15]

워크페어의 목적은 복지 수혜자의 숫자를 줄이고 그들을 다시 직장으로 돌려보내는 것에 있다. 복지를 노동으로 대체하려는 것이다. 이 정책이 성공하기 위해서는 복지 혜택이 최하층민의 임금보다 높아서는 안 된다. 최하층민의 임금보다 높으면, 일은 안 하고 복지에 안주하려는 모럴 해저드가 발생할 것이기 때문이다. 그러므로 일하지 않는 것을 아주 불쾌하게 만

13 박승호, 「'그의 사회투자국가는 신자유주의 국가다」, 『레디앙』, 2011년 9월 24일(http://www.redian.org/archive/38255; http://www.minkahyup.org/bbs/view.php?id=board&no=44322, 2017년 12월 5일 접속).
14 아스비에른 발, 남인복 옮김, 『지금 복지국가는 어디로 가고 있는가』(부글북스, 2012), 274쪽.
15 아스비에른 발, 남인복 옮김, 앞의 책, 279쪽.

들어 '내 더러워서라도 일하고 만다'는 말이 절로 나오게 만들어야 한다. 이 때문에 워크페어 정책은 그 자체로 사회적 혜택이 적정 수준으로 올라가는 것을 가로막는 장벽으로 기능한다.

사회투자론은 투자 이념에 맞지 않는 복지는 제거하고 생산성에 큰 도움을 주지 않는 빈곤층 성인에 대한 정부 지출을 줄인다. 그 결과 광범위한 '탈복지화'를 유발한다. 한국의 복지 수준이 형편없다는 것은 다 아는 사실일 것이다. 중산층까지 보편적으로 현금을 지급하는 서구 복지국가와는 사정이 또 다르다. 한국의 GDP 대비 사회적 보호 지출 비율은 6.21퍼센트다(2014년 기준). OECD 평균인 16.46퍼센트의 절반도 안 된다. 이런 상태에서 탈복지를 유발하는 워크페어 정책을 주장하는 것은 만행이다.

인류학자 송제숙에 따르면, 신자유주의적 사회 관리는 복지 혜택을 받을 '자격이 있는 시민'과 '자격이 없는 시민'으로 차별화한다. 예를 들어 취업이 가능할 것으로 여겨지는 단기 노숙인은 '자격이 있는' 노숙인, 정처 없이 떠도는 장기 노숙인(부랑인)은 '자격이 없는' 노숙인으로 분류한다. 특히 정보통신 산업이나 서비스 산업에 기여하는 사람, 소위 '신지식인'은 지원 받을 자격이 있는 전도유망한 존재로 분류한다. 이들은 대체로 복지 혜택에 의존할 필요가 없는 특권층이었다(참고로 송제숙은 외환위기 직후인 김대중 집권 초기 '서울시 실업대책위원회' 모니터링 팀에서 29개월 동안 일했다. 그 경험을 바탕으로 이런 이야기를 한 것이다).[16]

이런 일이 벌어지는 것은 사회투자정책이 말 그대로 '워크페어(일-복지)'이기 때문이다. 투자를 해서 실업률을 낮추는 데 도움이 될 만한 사람들에게 혜택이 집중된다. 그 과정에서 정말로 사회적 지원이 절실한 사람들

---

16 송제숙, 앞의 책, 33쪽.

은 복지에서 배제되거나 급여를 삭감 당한다. 사회투자정책하에서는 정부가 복지의 이름으로 기업을 지원하는 것도 가능하다. 평생 교육, 사회적 경제, 공익재단이나 자선단체, 사회적 자본과 관련해 기업들은 얼마든지 개입할 수 있기 때문이다. 기업으로서는 정부의 사회투자정책을 '정부의 재정 지원을 받는 사업 모델'로 삼는 것도 가능하다.

그 결과는 우리가 지금 목도하는 바다. 복지 재정은 늘고 있다는 소식은 들리는데, 사회 안전망이 튼튼해진다는 느낌은 전혀 받지 못한다. 경제 불평등도 완화되기는커녕 더 심화된다. 실업자, 빈곤층, 장애인 등에 대한 금전적 지원을 축소해 국가가 '사회 서비스' 비용으로 써버리기 때문이다.

전통적 복지는 소비적, 사회투자는 생산적?

유시민은 이렇게 썼다. "사회투자정책은 '모든 국민은 인간다운 생활을 할 권리를 가진다'는 헌법 제34조 규정을 소극적으로 해석하는 기존의 시혜적 복지정책보다 훨씬 적극적으로 건설적인 개념이다."[17] 말부터 바로잡자. 복지는 '시혜'가 아니다. 그것은 국가의 책무이자, 시민의 권리다. 유시민은 왜 사회투자정책이 인간다운 생활을 구현하기 위해서 '훨씬 적극적으로 건설적인 정책'이라고 말한 것일까? 논리는 이렇다.

복지 지출에는 소비적 지출과 투자적 지출 두 가지가 있다. 사회투자론자들은 전통적 복지를 소비적 지출로 본다. 정부가 복지 대상자에게 직접 돈을 주면, 그 돈은 수혜자가 쓰고 나면 그냥 없어지는 돈으로 보는 것이다. 그래서 '소비적'이라 말한다('소비적'이라는 뜻에는 '낭비적'이라는 뉘앙스도 들

---

17 유시민, 앞의 책, 48쪽.

어 있는 듯하다). 그러나 사회투자는 취업이 된다거나 복지 대상자 개인의 경쟁력이 강화된다거나 하는 식으로 일정한 성과를 남기기 때문에 '훨씬 적극적으로 건설적인 정책'이라는 것이다. 바꿔 말해 '생산적'이라는 것이다. 그러나 한국과 같은 낮은 복지 수준에서 소비적 지출과 투자적 지출을 나누는 것이 가능한 일일까? 실태를 알기 위해 최근 신문에 실린 글 하나를 보자. 빈곤사회연대 사무국장 김윤영의 글이다.

"2010년 12월 31일, 한해를 마감하는 마지막 날 서울의 한 노부부가 목숨을 끊었다. 그들은 부양의무자 기준 때문에 이혼을 가장하고 한 명분의 수급비로 함께 생활하던 중이었다. 이들은 유서에 '수급비 가지고는 생활이 안 돼 죽음을 선택한다'고 남겼다. 당시 수급비는 43만 원, 부부의 한 달 월세는 30만 원이었다. 정부의 입장에서 이들은 부정수급자다. 사실혼 관계를 은닉하고 허위로 이혼신고를 해 부양의무자 기준을 회피하고 수급비를 받아서다."[18]

이들은 정부 기준으로 부정수급을 해서 겨우 43만 원의 수급비를 받아낼 수 있었다. 그러나 그것으로도 생활이 안 돼 목숨을 끊었다. 한국의 복지 실태가 이러하다. 정부에서 지급하는 복지 급여로는 기본적인 생활을 영위하는 것도 쉽지 않다. 그런 상황에서 급여로 받은 돈을 다 써버렸다고 해서 그것을 '소비적'이라고 비난할 수 있는 것일까? 나아가 정부가 좀더 충분한 복지 급여를 지급하고, 그 돈을 나에게 어떻게 투자할지를 수급자가 정하면 안 되는 것일까? 그것은 '투자'가 아니고, 정부가 하라는 대로 해야만 '투자'일까? 나에게 지금 무엇이 필요하고, 어디에 돈을 써야 나의 경쟁력과 생산성이 높아질지 가장 잘 아는 것은 자신이 아닌가.

---

18 김윤영, 「수급자는 복지의 적인가?」, 『한겨레』, 2017년 11월 30일.

사회투자론자들이 흔히 비난하는 복지 대상자들의 모럴 해저드도 대개는 턱 없이 낮은 복지 수준 때문에 생겨나는 문제다. 예를 들어 생계급여로 매일 술을 사먹는 사람이 있다 치자. 술을 사먹는 이유야 개인마다 차이가 있을 수 있다. 그러나 미래에 대한 아무런 희망도 갖지 못해 이렇게 사는 사람이 적지 않다. 사람에게 희망을 갖게 해주는 것도 '복지'의 역할이다. 인간이 기본적인 삶을 유지하기 위해서는 의식주행교衣食住行敎, 즉 옷, 음식, 집, 교통, 교육이 모두 필요하다. 이것들이 턱 없이 부족하고, '목숨만 겨우 부지할 정도의 생계비'만 복지의 이름으로 지급한다면? 미래에 대한 아무런 희망이나 삶의 의지를 갖지 못하고 '될 대로 돼라'는 심정으로 사는 사람이 많아지게 된다.

사회투자론자들은 복지 혜택만 받고 일하지 않는 사람들도 모럴 해저드라 비난한다. 이것도 야박하기 그지없는 급여 기준 때문이다. 예를 들어 어떤 빈민이 생계급여로 매월 40만 원을 받는데, 폐지를 주워다 팔아서 한 달에 20만 원을 벌었다 하자. 그러면 정부는 그에게 일정한 소득이 생겼다고 판단해 40만 원 주던 생계급여를 30만 원 정도로 줄인다. 그러면 그는 어떤 생각을 하게 될까? 차라리 일을 하지 않는 것이 낫다는 생각이 들지 않을까? 그것은 게으름이나 도덕성하고는 전혀 상관없는 문제다. 그것은 경제적 합리성의 문제다. 야박한 급여 기준이 그를 실업으로 유도하고 있다고 봐도 무방하다.

사회투자론자들은 이런 사람들을 맹비난하는 이유는 따로 있다. 이를 트집 잡아 아예 복지제도를 없애고, 대신 사회투자정책을 부양하려는 것이다. 그러나 전통적 복지 제도에 맹점이 있거나 미비점이 있다면, 그것을 고쳐나갈 일이지, 그것을 빌미로 사회투자국가로 넘어가자는 주장에 현혹되면 안 된다.

사회 관리 전략으로서의 사회투자론

사회투자정책이 주력하는 것은 교육이다. 왜 그럴까? 사회투자론의 논리는 이렇다. 첫째, 교육은 다섯 분야 중에 돈이 가장 적게 들면서도, 사회 관리 효과가 가장 큰 분야이기 때문이다. 둘째, 21세기 지식 기반 경제에서 가장 중요한 자원은 '인간의 지식'이다. 지식이 있어야 창업도 하고, 취직도 하고, 개인과 국가 경쟁력도 키울 수 있다는 것이다. 셋째, 교육이 '기회의 평등'을 실현하는 주된 방법이기 때문이다. 그래서 사회투자정책은 사람들에게 직접 복지 급여를 지급하는 대신, 직업훈련, 평생교육, 창업교육 같은 교육에 많은 재정을 쏟아붓는다.

그러나 교육을 많이 받는다고 일자리 자체가 많아지는 것은 아니다. 교육을 받는다고 만성적인 경제 불황이 호황으로 바뀌는 것도 아니고 '고용 없는 성장'을 부추기는 경제구조가 변하는 것도 아니다. 교육을 한다고 정부의 시장규제 완화 기조가 변하는 것도 아니다. 이것들은 모두 교육과 무관한 일들이다. 지금과 같은 신자유주의적 조건 속에서 더 많이, 더 오래 교육받는다는 것은 소수의 양질의 일자리를 향한 경쟁률만 높아지는 것을 의미할 뿐이다.

사회투자론자들은 기회의 평등을 제공하면 결과의 평등도 자연히 실현될 것처럼 말한다. 그러나 그것은 요원한 일이다. '사회진보연대' 편집부장 신진선의 글이다. "불평등이 만성화되고 고착화된 상태, 시장 내의 경쟁과 효율성을 강조하는 사회적 조건 속에서 온전한 기회의 평등은 실현되기 불가능할뿐더러, 또 설사 기회의 평등이 실현된다 하더라도 위와 같은 조건으로 인해 불평등으로 귀결될 가능성이 크다. 사회투자국가론에서 주장하는 기회의 평등이라는 것은 고작 불안정한 일자리, 직업훈련, 평생교육 등일 뿐이다."[19] 맞는 말이다. 사회투자정책은 기껏해야 저임금 · 불안정 일자리만을 제공한다. 이 때문에 실업률이 낮아진다고 해도 그것이 빈곤율이 줄어드는 것을 의미하지는 않는다. 실업률이 떨어져도, 빈곤율은 오히려 올라가는 경우도 많다.

기든스는 복지국가가 원칙적으로 민주적이지 않다고 주장한다. 복지국가는 결과적 평등을 강조하기 때문에 항상 일부 사람들, 즉 장애인, 실업자, 최저 소득자, 홀아비, 과부, 고아, 독거노인, 임산부, 아동의 이익만 보호한다는 것이다.[20] 기만적인 언술이다. 복지는 '사회 안전망'이다. 사람은 누구나 살다가 예기치 않게, 자기 의지와 상관없이 실업, 빈곤, 재해, 질병, 장애 등에 시달릴 수 있다. 복지는 이러한 위험에서 국민을 보호한다. 사회 안전망이라는 말에서 보듯, 그것은 사회 전체를 위한 것이지 일부 사람들을 위한 것이 아니다.

기든스는 이런 말도 했다. "(전통적인 복지제도처럼) 사회복지개혁의 함의가 협소해 주로 가난한 사람들에게만 맞춰진다면 사회분화를 초래할 것이다."[21] 역시 궤변이다. 오히려 갈수록 심화되어가는 경제적 불평등이 방치되었을 때, 사회 분열과 갈등이 가속화할 것이라고 예상할 수 있다. 더 기가 막힌 것은 '내가 낸 세금에 가난한 사람들이 무임승차한다'는 식으로 하층민에 대한 혐오와 '사회분화'를 불러일으키는 것은 신자유주의자들(극우 정치인들)이라는 사실이다. 기든스는 극우의 논리로 전통적 복지제도를 깎아내림으로써 사회투자론을 부양하고자 한다.

"사회복지개혁의 함의가 협소"하면 안 된다는 그의 주장도 주목할 만하다. 그의 말처럼 사회투자론은 단순한 복지개혁이 아니다. 그것은 경제

---

19 신진선, 「사회투자국가론 비판」(http://www.pssp.org/bbs/download.php?board=journal&id=1836&idx
    =3, 2017년 12월 5일 접속).
20 가오롄쿠이, 김태성 · 박예진 옮김, 『복지 사회와 그 적들』(부키, 2015), 151쪽.
21 가오롄쿠이, 김태성 · 박예진 옮김, 앞의 책, 157쪽.

정책의 일환이기도 하고, 노동정책의 일환이기도 하며, 사회정책의 일환이기도 하다. 복지를 매개로 한, 광범위한 사회개혁 담론이다. 복지는 다른 어떤 신자유주의적 개혁 프로그램과도 무리 없이 잘 들러붙는다. 이제까지 우리가 논했던 클레멘트 인문학, 평생 교육, 사회적 경제 외에도 공익재단이나 자선단체, 사회적 자본에 대한 지원을 복지의 이름으로 실행하는 게 가능하다. 신자유주의가 복지를 사회개혁의 전위로 삼는 이유다.

신자유주의하에서는 필연적으로 만성적인 실업, 빈곤, 노동 불안정성, 사회적 불안정성이 확산될 수밖에 없다. 안 그래도 거기에 고령화 문제나 의료 기술의 발전에 따른 의료비 증가로 역시 더 많은 복지 재정이 필요한데, 신자유주의가 파생시키는 이와 같은 문제들은 더 높은 복지 요구를 확산시킬 수밖에 없다. 그런데 고복지는 부자들의 이익을 심각하게 위협한다. 이로부터 사회 관리 전략으로서 복지 개혁의 필요성이 대두된다. 복지 분야를 선제공격해 복지를 사회투자로 바꿀 수 있다면, 부자들은 자신의 부를 빼앗기지 않을까 걱정하지 않아도 된다. 또한 서민들의 일상생활과 밀접한 연관이 있는 복지를 사회투자 개념으로 대체하면 사람들의 생활감정과 의식, 문화에 넓고 깊게 영향을 미칠 수 있다.

사회투자론자들이 사회투자정책이 필요한 이유로 강조하고 있는 '새로운 위험'은 대부분 신자유주의의 산물이다. 신자유주의적 제도들 때문에 유발된 위험을 신자유주의적 복지 정책으로 극복할 수 있다고 주장하는 것 자체가 코미디다. 사회투자론의 진짜 기능은 '국민의 인간다운 생활' 구현이 아니라 사회 관리에 있다고 봐야 한다.

제 5 장

기업 인문학의 정치 담론

박애 자본주의, 경영이 된 자선

자선사업은 경영의 일환이다

우리는 일상적으로 자본가들의 자선을 각종 매체를 통해 접한다. 이들은 자선재단을 설립해 의약품을 나눠주고, 병원을 짓고, 대학을 세우며, 도서관을 짓고, 식량문제 해결을 위한 농업 개발을 지원하며, 복지시설과 시민단체를 후원한다. 자본가들의 자선 행위를 사회적 담론으로 승화시킨 말들도 사회에 횡행한다. '박애 자본주의'가 대표적이다(유사어로 '인간의 얼굴을 한 자본주의', '착한 자본주의', '따뜻한 자본주의' 같은 것들이 있다). 말처럼 자본주의에 인류애가 넘치면 얼마나 좋으랴. 그러나 이것은 형용모순이다. 자본주의 체제 자체가 비인간적이고, 냉혹하기 그지없는 성격을 갖고 있기 때문이다. 그 본성은 쉽게 변할 수 있는 것이 아니다.

　　자본가들의 자선의 역사가 시작된 것은 19세기 말이다. 사기와 투기를 통해 철도, 금속, 석유 분야에서 자신의 제국을 건설한 앤드루 카네기, 존 데이비슨 록펠러, 러셀 세이지는 자신의 치부를 가리고, 가난한 사람들을 위해 산업 현대화를 이룬 기업가로 자신을 부각하기 위해 자선사업과 자선재단을 '발명'했다.[1] 예를 들어 철강재벌 카네기는 복지재단을 만들어 빈민을 구제하면서 동시에 자기 공장인 US스틸의 노동자들이 파업을 하면 폭력배와 경찰을 사주해 기관총으로 쏴죽이기도 했다. 그럼에도 한편으로는 기부와 자선을 했다. 이유는? 가난한 사람들이 너무 못살게 되면 파업과 시위를 하며 반항하게 되고, 그러면 자신을 부자로 만들어준 시스템이 위험에 처하게 되기 때문이다. 카네기는 "부자와 빈자를 조화로운 관계 속에 묶어두기" 위해 자선사업이 필요하다고 보았다.[2]

자선사업은 본래부터 체제 방어적 성격을 갖고 있었다. 자본가들은 자신들을 부자로 만들어주는 체제를 유지하기 위한 '부담금' 정도로 여겼다. 그러나 1980년대 신자유주의가 발흥한 이후, 자본가들은 자선사업에서 새로운 가능성을 발견했다. 자선사업이 자본의 축적과 자신들의 사회적 권력 증대에 유용한 수단이 될 수 있음을 발견한 것이다. 이때부터 자선사업은 수동적 · 방어적인 것에서 능동적 · 공격적인 것으로 변했다. 지금의 박애 자본주의는 자선 행위에도 효율과 성과 측정이라는 '비즈니스 방법론'을 적용하고 있다는 점에서 종래의 자선과 뚜렷이 구별된다.

박애 자본주의의 정신적 지도자는 피터 드러커다. 인생 후반 비영리 부문에 관심을 가졌던 드러커는 '비영리 부문에도 경영관리가 필요하다'고 주장했다.[3] 기업이 영리 부문을 경영관리하는 것은 당연한 일이었지만, 비영리 부문까지도 경영관리의 범주에 포함시킬 수 있다는 것은 획기적인 발상의 전환이었다. 오늘날 자본가의 자선사업은 경영활동의 일환이다. 자선사업에 경영학적 용어가 다수 동원되어 설명되는 것도 그 때문이다.

---

1 니콜라 귀요, 김태수 옮김, 『조지 소로스는 왜 가난한 사람들을 도울까』(마티, 2013), 98쪽.
2 한형식, 「착한 자본주의의 허상을 넘어」, 라미아 카림, 박소현 옮김, 『가난을 팝니다』(오월의봄, 2015), 335쪽.
3 매슈 비숍 · 마이클 그린, 안진환 옮김, 『박애 자본주의』(사월의책, 2010), 158쪽.

빌 게이츠와 그의 부인 멀린다 게이츠가 운영하는 '빌 & 멀린다 게이츠 재단'(게이츠 재단)에 자신의 돈을 맡기고 자선활동을 '아웃소싱'하는 워런 버핏은 이렇게 말했다. "나는 자선활동을 할 때에도 사업을 운영할 때와 똑같은 방식으로 행동한다."[4] 그는 자선사업은 투자와 마찬가지로 분업화·전문화되어야 한다고도 했다. 실제로 지금의 자선재단들은 경영컨설팅 전문가들의 도움을 받아 운영된다. 캐나다의 유명한 주류회사 시그램Seagram의 상속자로 자신의 이름을 딴 자선재단의 이사장이기도 한 찰스 브론프먼의 말이다. "지속 가능하고 심층적인 영향력을 갖기 위해서는 자선도 규율과 전략, 결과를 중시하는 태도 등을 중시하는 기업처럼 관리되어야 한다. 당신들의 지원에 의존하는 자선 조직은 회사가 주주들 앞에서 회계감사를 받듯이 당신들에게도 똑같은 방식으로 검증을 받아야 한다."[5]

이 말은 얼마나 철저한 경영 마인드 속에서 자본가가 자선 조직을 후원하는지를 드러낸다. 자본가의 후원은 주주가 기업에 투자하는 것과 같다. 기업 운영이 투자자인 주주들에게 평가받아야 하듯, 자선 조직은 후원자인 자본가에게 평가받아야 한다. 자본가가 투자자라면, 자선활동의 수혜자는 소비자가 된다. 조지 소로스도 자선활동과 관련해 이렇게 말했다. "관료주의에 물든 사람들은 실패를 인정하기 싫어합니다. 그 때문에 리스크를 기피하고 혐오하지요. 반면 우리는 리스크를 얼마든지 견딜 수 있습니다. 따라서 훨씬 더 커다란 보상을 얻게 되는 것입니다."[6]

우리는 자본가들이 말하는 '리스크'와 '보상'이 무엇을 의미하는지 잘 알고 있다. 그것은 손해와 수익의 다른 말이다. 이처럼 자본가들은 자선

---

4 매슈 비숍·마이클 그린, 안진환 옮김, 앞의 책, 140~141쪽.
5 브누와 브레빌, 「자선이 복지국가 역할을 대신한다면」, 『르몽드 디플로마티크』, 2014년 12월 4일(75호).
6 매슈 비숍·마이클 그린, 안진환 옮김, 앞의 책, 399~400쪽.

사업에서조차 손익계산서를 들이민다. 기부와 자선은 흔히 가난한 사람들에 대한 연민이나 동정, 선의와 양심 차원에서 행해진다고 알고 있다. 그러나 자본가의 기부나 자선은 냉정한 경영 마인드 차원에서 행해진다고 보는 것이 옳다.

자선보다 홍보에 열심인 이유

기업은 철저하게 이익 극대화를 목표로 움직인다. 기업은 주주들의 이해관계를 최우선으로 고려해야 할 의무가 있으며, 그 외 다른 이익에 도움을 줄 법적 권한이 없다. 이를 '주주 이익 최대화the best interests of the corporation'의 원칙이라고 한다.[7] 이에 따르면 진심에서 우러난 기업의 자선은 법에 어긋난다. 경영진이 '사회적 인정'을 받기 위해 회사 돈으로 기부나 자선을 행한다면, 그것은 도둑질과 다를 바 없다. 남의 돈으로 자신의 명예를 산 꼴이기 때문이다. 그럼에도 기업의 자선활동에 대해 항의하거나 반대하는 주주들은 거의 없다. 왜 그럴까? 자선활동이 기업 이익, 나아가 주주 이익에 도움이 되리라는 것을 알기 때문이다.

자선활동은 기업의 이미지를 좋게 한다. 기업의 좋은 이미지는 직원 채용, 시장 평판, 장기적 시장 개척 측면에서 도움이 된다. 이미지가 나쁜 회사에서 일하는 직원보다는 이미지가 좋은 회사에서 일하는 직원의 만족감이 크리라는 것은 의심할 여지가 없다. 회사의 이미지가 좋고, 그 회사에서 일하는 것에 자부심이 있다면, 유능한 인재를 더 낮은 임금으로 채용하는 것도 가능하다. 소비자도 좋은 이미지를 가진 회사의 제품을 소비하려 한

---

7 웨이드 로우랜드, 이현주 옮김, 『탐욕 주식회사』(팩컴북스, 2008), 157쪽.

다. 기업의 이미지가 좋으면 외국 시장 진출이나 새로운 분야의 시장 진출도 용이할 것이다. 기업의 좋은 평판은 언제나 이익을 뜻한다.

요즘에는 대기업이 주최하는 대학생 봉사활동 프로그램도 많다. 자사 직원들을 봉사활동에 동원하면 회사 업무의 일부로 간주되어 인건비가 들지만, 이렇게 하면 인건비도 들지 않는다. 그것은 기업의 박애주의로 대대적으로 선전된다. 그러나 그것은 기업의 박애주의가 아니라 봉사자의 박애주다. 대학생 봉사활동 프로그램은 다른 부수적인 효과도 있다. 대학생들은 봉사활동을 하는 과정에서 친기업적 정서와 사고를 자연스럽게 내면화하게 된다. 기업으로서는 이것도 좋은 일이다.

기업이 관심을 갖는 것은 선행 자체가 아니라 선한 것처럼 보이는 것이다. 그래서 기부나 자선에 쓰는 돈보다 훨씬 많은 돈을 홍보하는 데 쓴다. 우리가 기업의 자선활동이 활발하다고 알고 있는 것은 순전히 기업의 대대적인 선전 때문이다.[8] 윤리적으로 보자면, 이러한 '홍보용 자선'은 진정한 자선이 아니라고 할 수 있다. 이렇게 홍보에 열을 올리는 것에 대한 변명도 없지는 않다. 자선활동을 널리 알리는 것이 또 다른 자본가나 대중의 자선을 불러온다는 것이 대표적이다. 이것은 맞는 말이다. 그러나 그것이 좋은 일만은 아니다.

나중에 다시 설명하겠지만, 박애 자본주의의 궁극적인 목적은 자본가들의 사회적 권력 확대에 있다. 선도적인 박애 자본가의 캠페인 때문에 기부와 자선에 참여하는 동료 자본가가 많아진다면, 그것은 자본의 단결력을 높이는 일이 된다. 그를 추종하는 대중이 많아질수록 박애 자본가는 더

---

[8] 영국의 『가디언』이 2004년에 발표한 '기빙 리스트'에 따르면 FTSE 100 기업의 기부액(기부금, 직원의 자선활동시간, 기타 관련 관리비 포함)은 세전이익의 0.97퍼센트밖에 안 된다. 한국 상장기업들의 2014년 매출액 대비 기부금 비율은 평균 0.1퍼센트에 불과하다.

—— 박애 자본주의, 경영이 된 자선

높은 도덕적 권위를 갖게 된다. 대대적인 캠페인 덕분에 자선재단에 동료 자본가들과 대중의 돈이 모이면, 그 자선재단은 사용처와 수혜자들에게 더 많은 발언권과 영향력을 갖게 된다. 그것은 자신이 바라는 대로 사회 구조, 문화, 제도를 바꿀 수 있는 권력의 기반이 된다.

박애 자본주의에 박애는 없다

삼성그룹 회장 이건희는 2012년 삼성생명공익재단 이사장 취임 25주년 기념행사에서 의료사업에 대해 "자본을 창출하는 게 아니라 자본을 투입해 '박애'를 창출하는 것"이라고 말한 바 있다. 삼성은 헬스 케어, 의료기기사업을 포함한 의료사업을 차세대 주력 사업으로 삼고 있는데, 이건희는 이것을 '박애 자본주의의 요람'이라고 칭한 것이다. 그는 1993년 삼성의료원 건립 공사 현장에서도 "낙후된 병원이 환자 입장에서 얼마나 큰 고통인지 너무도 잘 알면서 그대로 둔다는 것은 사회적으로 책임 있는 기업의 총수로서 할 일이 못된다"고 말한 바 있다.[9] 의료는 본래 공공재고, 공공재여야 한다. 이건희는 의료의 공공성을 붕괴시키고, 의료를 시장화하는 것을 '박애'라고 말하고 있다.

이런 아전인수는 빌 게이츠에게서도 발견된다. 그는 2008년 다보스 포럼 연설에서 문맹자나 반문맹자가 최소한의 훈련이나 도움만으로 즉시 컴퓨터를 사용할 수 있도록 비문자 방식 인터페이스를 개발하는 것, 농어촌 지역에서 컴퓨터를 사용하는 데 방해가 되는 높은 접속 비용을 해결할 방법을 모색하는 것, 아프리카에 소프트웨어를 기부하고, 컴퓨터 사용법을 가르

9　「"의료사업은 자본 창출 아닌 자본 투입해 '박애'를 창출"」, 『일요경제시사』, 2012년 12월 1일.

칠 강사를 보내는 것 등을 '자선활동'이라 칭했다. 그러나 이것은 자선이라기보다는 투자에 가깝다. 왜냐하면 컴퓨터를 이용하지 않았던 사람들을 컴퓨터 이용자로 만드는 것은 새로운 고객을 창출하는 것과 다름없기 때문이다. 일단 컴퓨터를 쓰기 시작한 사람은 앞으로도 지속적으로 컴퓨터를 쓸 가능성이 높다는 점, 세계 IT 시장에서 마이크로소프트가 차지하는 독점적 지위를 감안하면 그렇다.

빌 게이츠도 이에 대해 "윈-윈에 해당하는 일"이라면서 "컴퓨터에 대한 접근성이 높아지고 컴퓨터를 구입할 수 있는 사람들이 늘어나는 비즈니스 모델"이라고 인정한 바 있다.[10] 빌 게이츠의 말은 결국 수혜자에게도 이익이고 기업에도 이익이라는 뜻이며, 자선이기도 하고 비즈니스이기도 하다는 뜻이다. 그렇다면 서민을 타깃으로 한 기업의 저가 상품 개발, 시장 개척, 저가할인 정책(하나를 사면 하나를 더 얹어주는 '1+1'이라든지, 물건을 사면 증정품을 준다든지, 할인을 하는 것 등)도 모두 자선사업이라고 말할 수 있을 것이다.

'그라민은행'이라고 있다. 많이 들어보았을 것이다. 빈민의 인권 향상에 기여했다고 그 설립자 무함마드 유누스가 노벨평화상을 받았던 방글라데시의 그 은행이다. 그라민은행이 하는 일은 그전까지 은행을 이용할 일이 없었던 빈민들을 새로운 고객으로 만드는 것이었다. 워낙에 가난한 탓에 은행에 저축하러 올 일도, 대출을 받을 수도 없었던 사람들, 그래서 자본주의 금융 시스템 바깥에 있었던 사람들에게 소액 대출을 해줌으로써 시스템 안으로 끌어들였다. 기업의 논리로 보면 새로운 시장 개척이다. 그럼에도 이 사업은 대출 받은 돈으로 빈민들이 사업을 시작하면 빈곤에서 탈출, 삶

---

10 마이클 킨슬리, 김지연 옮김, 『빌 게이츠의 창조적 자본주의』(이콘, 2011), 52쪽, 416쪽.

의 질이 좋아질 것이라며 "신용은 인권Credit is Human Right"이라는 구호 속에서 '박애'로 포장되었다.

　　방글라데시 빈곤 문제는 근본적으로 땅 없는 농민들의 문제였다. 그라민은행이 농민들이 땅을 살 만큼의 돈을 빌려주었다면 이야기는 다를 수 있다. 그러나 그라민은행은 그러지 않았다. 토지 소유 구조가 변하는 것을 원치 않기 때문이다.[11] 그라민은행은 과일행상, 인력거, 유실수 재배, 가축을 사육할 정도의 돈만 빌려주었다. 그러나 이마저도 쉽지 않았다. 너무 소액만 빌려주기 때문에 대부분 비즈니스의 진입 장벽을 넘을 수 없었기 때문이다. 이자도 너무 비쌌다. 이자는 방글라데시 정부의 개입으로 이자상환법이 도입된 이후에도 공식 이자율이 무려 28퍼센트 선이었고, 연체이자를 포함하면 훨씬 높았다. 그라민은행에서 일하는 NGO 활동가들은 채권 추심에 열심이었다. 채권 추심의 성과가 NGO 내에서 승진의 중요한 잣대였기 때문이다.[12]

　　또한 그라민은행은 보험업에 진출, 대출자 집단을 영업 대상으로 삼았다. 보험에 가입하는 조건으로 대출을 해주면서, 보험료를 빼고 대출금을 지급했다. 일명 '꺾기'라 불리는 불공정 거래였다. 또한 다농Danone 등 초국적 자본들과 합작회사를 설립하고, 이 제품을 사는 데만 돈을 쓰도록 조건을 달아 대출해주었다. 결국 돈은 그라민은행과 제조업체 사이만 왔다 갔다 하고 빈민에게는 빚만 남게 만들었다.[13] 그라민은행의 재원은 선진국 투기금융의 투자를 받은 것이었다. 소액 대출을 통해 생긴 이윤은 다시 선진국으로 흘러들어가는 구조였다. 소액 대출은 국제적 금융 네트워크 속에서 이

11　당시 미국의 한 좌파 저널은 "방글라데시에서 토지 개혁을 주장하는 사람들의 뒤통수에는 총알이 박히고, 유누스에게는 노벨평화상이 주어진다"고 썼다. 라미아 카림, 박소현 옮김, 앞의 책, 332쪽 참조.
12　라미아 카림, 박소현 옮김, 앞의 책, 350~351쪽.
13　라미아 카림, 박소현 옮김, 앞의 책, 351~352쪽.

루어진 일이었다. 결국 그라민은행이 한 일은 주변부 빈민들을 빚의 노예로 만들어 착취함으로써 선진국의 배만 불린 것이었다.[14] 그것이 사회적 기업 그라민은행이 행한 '박애'의 실체였다.

자본가의 사익과 복지를 위한 공익재단

『박애 자본주의』에서 미국의 세무변호사이자 관련 분야 작가인 윌리엄 자벨은 이렇게 단언했다. "사람들이 기부를 하는 이유는 대부분 감세 혜택을 받기 위해서입니다. 상속세를 없애도 자선기부활동에 아무런 문제가 없을 거라는 주장은 말도 안 되는 소리입니다."[15] 자본가들의 자선이 감세와 밀접한 관련이 있다는 것은 분명하다.

　　좀더 구체적으로 살펴보자. 2003년 미국의 공익재단들은 300억 달러를 사용했지만, 그들이 받은 기부금에 대한 세금 혜택으로 50억 달러를, 투자 소득에 대한 세금 공제를 통해 150억 달러를 회수했다.[16] 기부를 해도 그중 상당 부분이 돌아오고, 투자를 해서 소득을 올려도 거의 세금을 내지 않는다는 말이다. '꿩 먹고 알 먹고'다. 게이츠 재단은 매년 기금의 95퍼센트를 투자하고 나머지 5퍼센트만을 자선기금으로 사용한다. 이 정도면 자선 조직이 아니라 투자회사로 보는 것이 맞지 않을까? 그것도 세금을 거의 내지 않는 투자회사다.[17]

　　돈이 공익재단에 속해 있다면 세금징수원은 함부로 손을 대지 못한다. 공익재단만큼 자신의 재산을 지키기 좋은 수단이 없다. 자본가들은 자

---

14 라미아 카림, 박소현 옮김, 앞의 책, 353쪽.
15 매슈 비숍·마이클 그린, 안진환 옮김, 앞의 책, 88쪽.
16 매슈 비숍·마이클 그린, 안진환 옮김, 앞의 책, 443쪽.
17 실제로 주식시장에서 공익재단들은 주요 기관투자자(큰손) 중 하나다.

　　　　　　　　　　　　　　　　　　　　—— 박애 자본주의, 경영이 된 자선

신의 재산을 공익재단에 이전시켜놓고, '나는 재산을 사회에 환원했노라' 주장한다. 공익재단에 출연한 돈을 지키는 방법은 간단하다. 이사회를 자신의 측근이나 일가로 구성해놓으면 된다. 그러면 그 돈에 대한 통제권은 여전히 자신에게 있는 것이나 다름없다.

국민들은 흔히 누군가 공익재단에 돈을 출연하면 그 돈 전부가 기부·자선에 쓰이는 것으로 안다. 실상은 그렇지 않다. 공익재단을 세울 때, 자본가들은 일반적으로 현금보다는 주식, 부동산 등 현물로 출연한다. 그리고 현물은 유지한 채 그 주식 배당금이나 부동산 임대수입에서 나오는 재원을 목적사업에 쓴다. 말하자면 원금은 그대로 두고 거기에서 나오는 이자로만 기부·자선하는 꼴이다. 명분은 있다. 원금이 줄어들면 '자선활동이 지속되지 않는다'는 것이다. 이 명분하에서 자본가들은 출연한 원금을 굳건히 지킨다.

문제는 투자수익조차도 전부 기부·자선에 쓰이는 것이 아니라는 사실이다. 공익재단을 만들면 당연히 운영비가 들어간다. 이 투자수익에서 운영비를 충당하고, 남은 것을 기부·자선에 쓴다. 대체로는 구린 데가 많은 공익재단일수록, 이해하기 힘들 정도로 운영비 규모가 크다. 그럴 경우 전체 기금에서 실제로 기부·자선에 쓰이는 돈은 매우 적을 수 있다. 심지어 공익재단에 들어 있지 않았으면 냈어야 할 세금보다 적을 수 있다. 공익재단은 기부만 하는 데가 아니다. 남의 돈을 기부 받기도 한다. 대개는 설립자가 출연한 기금에 다른 사람들이 기부한 돈이 합쳐져 공익재단 기금을 형성한다. 앞서 말했듯이 공익재단은 설립자의 측근, 혹은 그 일가에 의해 운영되는 경우가 많다. 이들은 공익재단에서 월급도 받고 차량도 지원 받으며, 출장 명목으로 해외도 나간다. 그럴 때 공익재단은 얼마든지 설립자의 측근이나 일가의 복지를 위한 기관으로 변질될 수 있다.

최순실·박근혜 게이트의 중심에도 '미르재단'과 'K스포츠재단'이라는 공익재단이 있었다. 최순실은 이를 통해 천문학적인 불법 정치자금을 모집하고 그 대가로 재벌기업들에 특혜를 주었다. 박근혜가 박정희에게서 물려받은 유무형의 자산을 관리하고, 그를 바탕으로 부를 축적하고, 오랫동안 사회적 영향력을 유지할 수 있었던 것도 정수장학회, 한국문화재단, 영남학원, 육영재단 같은 공익재단이 있었기 때문이다. 전두환도 천문학적인 정치비자금을 조성하고 관리하기 위해 일해재단을 만들었다. 이명박도 청계재단을 만들었는데, 절세와 자금 세탁 용도가 아니냐는 의혹을 받고 있다.

공익재단은 상속·증여세를 물지 않고, 경영권을 편법으로 유지하기 위한 수단으로 이용되기도 한다. 삼성전자 부회장 이재용이 이사장으로 있는 삼성문화재단과 삼성생명공익재단은 삼성생명 지분을 각각 4.68퍼센트, 2.18퍼센트씩 총 6.86퍼센트를 보유하고 있다. 삼성생명은 '삼성물산→삼성생명→삼성전자'로 이어지는 순환출자 고리의 핵심 계열사다.[18] 이재용은 공익재단을 통해 상속·증여세를 한 푼도 내지 않고 5조 4,402억 원에 달하는 계열사 지분을 손아귀에 쥘 수 있었다. 이런 일은 다른 재벌기업에서도 흔히 발견된다. 이쯤 되면 공익재단은 범죄의 온상이라 불러야 좋을 듯하다.

자선을 한다고 감세를 해주어야 한다는 논리 자체가 문제다. 왜 자선을 하면 세금을 깎아주어야 하는가? 착한 일 한다고 감세해주어야 한다면, 물에 빠진 사람을 구한 시민이나 남이 잃어버린 물건을 찾아준 개인에게도 감세해주어야 할 것이다. 이것은 도덕적 측면에서도 옳지 않다. 자선을 자선이 아니게 만드는 일이기 때문이다. 무엇보다 공익재단을 통해 대규모의 절세가 이루어지면, 서민은 더 많은 세금을 내야 한다. 어차피 국가 운영에

---

18 배동진, 「재벌 공익재단? 속내는 계열사 경영 지배권 강화」, 「부산일보」, 2015년 5월 28일.

박애 자본주의, 경영이 된 자선

필요한 돈은 누군가 내야 하기 때문이다. 그것은 부의 불평등을 심화한다.

필요한 것은 자선이 아니라 정의다

자본가로서는 세금을 내는 것보다 공익재단을 만드는 것이 당연히 유리하다. 세금을 거의 내지 않고, 그 돈에 대한 통제권을 자신이 갖게 되기 때문이다. 그 돈을 얼마나, 어디에, 어떻게 쓸 것인지는 설립자 마음에 달려 있다. 예를 들어 빌 게이츠는 게이츠 재단과 게이츠 트러스트라는 재단의 회장이다. 두 재단의 가용 수단은 650억 달러에 달한다. 이 두 재단을 하나의 국가로 보면 그 경제 규모는 국내총생산 기준 세계 70위다. 미얀마나 우루과이, 불가리아보다 앞선다. 그럼에도 그는 회장이 되는 것에 굳이 선출을 받을 필요가 없다.[19] 공익재단에도 감사가 있기는 하지만, 유명무실한 거수기거나 협력자인 경우가 많다. 공익재단만큼 민주적 통제에서 벗어나 있는 곳은 없다.

설사 재단에 의해 기부·자선이 상당히 실천된다 하더라도 문제는 남는다. 경제학적으로 보면, 기부·자선은 부의 재분배 기능을 한다. 그것은 본래 정부가 해야 할 일이다. 정부는 세금을 걷어서 서민을 위한 정책과 복지를 실현함으로써 부의 재분배 기능을 한다. 자본가가 국고로 환수될 돈으로 자선을 하는 것은 정부가 갖는 부의 재분배 권한을 재단이 일부 이양받는 것과 같다. 정부는 이중으로 배임背任 행위를 하고 있는 셈이다. 하나는 걷어야 할 세금을 걷지 않는 것, 또 하나는 부의 재분배 권한을 자본가에게 넘기는 것이다.

---

19 브누와 브레빌, 앞의 글.

기업이나 자본가가 세금 내는 것을 두고 칭찬할 사람은 없다. 그것은 당연히 해야 할 일이기 때문이다. 그러나 공익재단을 세워 세금을 내지 않고, 그 돈으로 자선을 하면, 명예와 권한이 쏟아진다. 진정한 사회 환원은 자선이 아니라 세금을 통해 이루어지는 것이 맞다. 예를 들어 법인세율이 30퍼센트라는 것은 그 자체로 기업 활동으로 번 이익의 30퍼센트를 사회에 환원한다는 뜻이다. 기업이나 자본가들은 그냥 세금을 성실히 납부하면 된다. 이렇게 간단한 방법을 놔두고 공익재단을 만들어 감세가 가능하도록 제도화하는 것은 자본의 이익 수호를 위한 것이라고밖에 해석할 수 없다.

자본가들은 위기를 벗어나기 위한 용도로 공익재단을 설립한다. 예를 들어 이명박이 청계재단을 설립하게 된 것은 'BBK 주가 조작' 사건 때문이었다. 이명박은 대통령 후보였던 2007년 대선 막바지에 자신이 BBK를 설립했다고 말하는 광운대학교 강의 동영상이 폭로되면서 최대 위기를 맞았다. 이때 그는 "우리는 내외가 살아갈 집 한 칸이면 족해 그 외 가진 재산 전부를 내놓겠다"며 전 재산 기부 공약을 내걸었다. 그 결과가 2009년의 청계재단 설립이었다. 이건희가 '삼성이건희장학재단'을 설립한 것은 '안기부 X파일 사건'과 '에버랜드전환사채CB' 때문이었다. 2006년 이 사건으로 재판을 받고, 비난 여론이 거세지자 8,000억 원 상당의 재원을 기부하겠다고 발표했고, 그 결과 설립된 것이 삼성이건희장학재단이다.

게이츠 재단이 만들어진 것도 마이크로소프트에 대한 사회적 비난 여론과 무관하지 않다. 마이크로소프트는 1991년부터 독점금지법 위반, 세금 체납, 탈세 혐의로 논란에 휩싸였고, 1998년에는 독점금지법 위반 판결을 받기도 했다. 그 후 빌 게이츠는 최고경영자직을 사임한 후, 재단을 만들어 활동하기 시작했다. 이런 예들은 열거하기 힘들 정도로 많다. 범죄를 저지른 자본가가 면죄부의 대가로 재산의 사회 환원을 약속하는 것은 사회와의 '거래'라고 봐야 한다. 그것도 '사기성 거래'다. 앞서 이야기했듯이, 얼마든지 공익재단을 통해 자신의 재산을 지키고, 부를 축적하는 것이 가능하기 때문이다.

별일이 없어도 공익재단 하나쯤 만들어두는 것은 자본가에게 좋다. 그것이 위기 대비용 보험이 되기 때문이다. 자본가들이 모종의 사건으로 재판을 받을 때 '그간의 사회 공헌이 참작'되어 경미한 처벌을 받거나 면죄부를 받는 것을 우리는 흔히 본다. 정상참작의 빌미를 제공하는 가장 좋은 수단이 공익재단이다. 공익재단 하나쯤 갖고 있는 것은 이래저래 결코 손해보는 장사가 아니다.

폴 라파르그는 『자본이라는 종교』에서 "많이 빼앗고 조금만 돌려주기가 바로 자선"이라고 썼다.[20] 자본가들이 자선의 이름으로 내놓는 선물들은 모두 착취의 산물이다. 자본주의는 기본적으로 착취하고 수탈하지 않으면 존립할 수 없는 체제다. 그런 체제가 체제의 최대 수혜자인 글로벌 자본가들의 변덕스러운 자선으로 교정될 수 있다는 것은 코미디에 불과하다. 자본가들이 진정으로 빈곤 문제 해결에 관심이 있고, 박애의 마음을 갖고 있다면 전 세계 민중에 대한 착취를 그만두면 될 일이다. 우리에게 필요한 것은 자선이 아니다. 자본가로 하여금 세금을 빠짐없이 내게 하고, 시장 독과점을 허용하지 않는 사회 정의다.

---

20 니콜라 귀요, 김태수 옮김, 앞의 책, 21쪽에서 재인용.

기업의 사회적 책임, 자본 파시즘의 징후

더 많은 세금을 내겠다는 자본가들

미국에 '책임지는 부자Responsible Wealth'라는 단체가 있다. 1997년 코닥의 전 사장이었던 척 콜린스가 처음 설립한 이 단체에는 빌 게이츠의 아버지인 빌 게이츠 시니어, 헤지펀드의 대부 조지 소로스, 전설적인 투자자 워런 버핏, CNN 창업자인 테드 터너, 선마이크로시스템스의 공동 창업자인 빌 조이 등 미국에서 '내노라하는' 갑부들이 모여 있다. 이들은 놀랍게도 스스로 상속세와 주식 배당 소득세 폐지 반대, 근로자들의 최저임금 인상, 경영자들의 연봉과 혜택 축소를 주장하며 기업과 부자들의 사회적 책임을 촉구한다. 한국 언론에서는 이들의 행태가 노블레스 오블리주의 모범으로 자주 거론된다.

최근 빌 게이츠는 로봇세를 걷자는 말도 했다. 2017년 2월 17일 그는 과학기술 전문매체인 『쿼츠』와의 인터뷰에서 로봇이 사람의 일자리를 빼앗아갈 것이라며, 로봇세를 거둬 일자리를 잃은 사람들의 재교육이나 아동교육, 사회 복지 비용으로 써야 한다고 말했다. 그는 '로봇을 만드는 회사'가 아니라 '로봇을 사용하는 회사'에 세금을 물리자고 했다(참고로 현재 인공지능 로봇 연구 개발을 이끄는 업체는 마이크로소프트, 애플, 구글, 아마존닷컴, 페이스북 등이다). 그래도 마이크로소프트에 피해가 될 수 있는 말이었다. 로봇세를 물리면 로봇을 사려는 회사들이 로봇 구매에 훨씬 신중해질 수 있기 때문이다.

알리바이도 없진 않다. 로봇세를 물리면 로봇 자동화로 인한 대량 실업과 소비 감소 같은 시장에서 충격을 완화할 수 있고, 기술 혁신의 속도를 조정할 수 있으며, 무엇보다 과학기술에 대한 대중의 공포와 불안을 잠재울 수 있다. 그것은 단기적 관점에서는 손해일 수 있지만, 장기적 관점에서는 지속 가능한 수익 창출의 조건이기도 하다. 이것은 빌 게이츠의 인터뷰에서도 확인되는 맥락이다. 그럼에도 많은 사람은 그의 말에 환호한다. 실업이나 빈곤 따위는 전혀 걱정할 필요가 없는 세계 최고의 부자가 일반 시민의 실업 문제나 복지 문제까지 배려해주는 인상을 받기 때문이다. 그야말로 '착한 자본가'의 전형이 아닌가.

빌 게이츠 자선재단의 규모는 웬만한 국가 재정을 뛰어넘는다. 그 경쟁 상대는 이제 개별 국가의 정부가 되어버렸다. 빌 게이츠와 게이츠 재단의 엄청난 재력이 마이크로소프트의 시장 독과점에서 비롯되었음은 주지의 사실이다. 그는 사실상 전 세계 컴퓨터 이용자들에게 세금을 걷는 사람과 같다. 그런 사람이 전 세계 최고의 부자가 되는 것은 당연한 일이다. 로봇산업도 마찬가지다. 로봇산업은 최첨단 과학기술 분야인 만큼 아무나 뛰어들 수 있는 분야가 아니다. 로봇산업 역시 결국 몇몇 글로벌 기업이 독과점하는 방향으로 수렴될 것이라고 예상할 수 있다.

기업의 법정세율과 실효세율을 높이고, 성실 납부하게 하는 것은 매우 중요한 일이다. 그러나 거기에만 몰두하면, 몇몇 대기업의 법인세가 전체 세수稅收에서 차지하는 비중이 너무 커지게 된다. 법인세 납부의 집중도가 심화된다는 것은 그 자체로 시장 독과점이 심각하다는 증거다. 예를 들어 삼성그룹과 현대자동차그룹의 세수가 전체 법인세 세수에서 차지하는 비중은 20.6퍼센트다(2012년 기준). 두 그룹의 시장 독과점이 점점 커져 비중이 30~40퍼센트에 이르면 어떻게 되는가. 두 그룹의 자본가들은 '내가 국민을 먹여 살리고 있다', '대한민국은 우리 재정에 의존해 운영되고 있다', '내가 이 사회를 책임지고 있다'는 생각을 갖게 될 것이다. 여기에 기업(인)의 기부와 자선 규모가 보태지면, 이런 확신은 더욱 커지게 된다.

이것은 단지 심정의 문제가 아니다. 실제로 내는 세금에 비례해 기업과 자본가의 사회적 권력은 더욱 커진다. 다시 말하지만, 각종 꼼수를 부려 감세·면세의 혜택을 누리고 세금 포탈을 하는 자본을 향해 '더 많은 세금을 내라'고 요구하는 것은 필요하다. 그러나 기업은 마음껏 돈을 버는 대신 세금만 성실하게 내면 된다는 생각은, 세금만 제대로 내면 얼마든지 시장 독과점을 용납할 수 있다는 논리로 이어지기 쉽다.

가장 중요한 것은 독과점 방지다. 시장 독과점을 방치하고, 세금만 걷으면 되는 것이 아니라, 애초부터 시장 독과점을 막아야 한다. 몇몇 대기업이 많은 세금을 내는 것이 아니라, 여러 중소기업이 내는 법인세가 전체 세수에서 차지하는 비중이 높아야 한다. 돈이 한곳에 집중된다는 것은 그 자체로 민주주의를 훼손할 가능성이 높아진다. 기업의 경제 규모가 일정 정도 이상 커지지 못하게 하는 법적 장치가 필요하다.

반세계화 운동과 자본의 셀프 개혁

앞서 말했듯이, '책임지는 부자'라는 단체가 생긴 것은 1997년이었다. 유럽, 남미, 동아시아, 러시아 등 세계에 연쇄적인 외환위기가 발생하고, 그에 대한 반대급부로 반세계화 정서가 전 세계 곳곳에서 격화될 때였다. 그런 상황에서 만들어진 '책임지는 부자'는 약자의 연대에 균열을 일으키고, 계급 대결을 완화하기 위한 것이라는 혐의를 벗기 어렵다.

1999년 코피 아난 유엔 사무총장이 '다보스포럼'에서 제안해 2000년 7월 정식으로 성립한 '유엔글로벌콤팩트UN Global Compact'도 마찬가지였다. 1999년은 신자유주의 세계화에 맞선 시애틀 투쟁이 뜨거웠던 해였다. 초국적 기업들의 인권침해 규탄과 대안 체제를 요구하는 소리가 최고조에 이르렀다. 이에 유엔에서는 국가의 감독 기능과 기업의 보상 등의 내용을 담은 '초국적 기업과 기타 사업체의 인권 책임에 관한 규범(유엔 규범)'이 만들어졌다. 유엔 규범은 초국적 기업을 통제하기 위한 국제조약의 기초가 될 수 있는 것이었다.

이때 '기업의 사회적 책임Corporate Social Responsibility, CSR'[1] 이행을 명분으로 발표된 것이 '유엔글로벌콤팩트'다. 유엔글로벌콤팩트는 국제협약이라고는 하지만, 유엔 사무총장의 배려 속에서 초국적 자본가들이 모여 만든 일종의 '자율 규정'이었다. '유엔글로벌콤팩트 10대 원칙'은 이렇다.

① 기업은 국제적으로 천명된 인권의 보호를 지지하고 존중한다.
② 기업은 인권 침해에 공모하지 않을 것을 확실히 한다.
③ 기업은 결사의 자유와 단체교섭권의 실질적인 인정을 지지해야 한다.
④ 기업은 모든 형태의 강제 노동을 철폐해야 한다.
⑤ 기업은 아동 노동을 효과적으로 철폐해야 한다.
⑥ 기업은 고용과 업무에 관한 차별을 철폐해야 한다.
⑦ 기업은 환경 문제에 대한 예방적 접근을 지지해야 한다.

---

1   이하 문맥에 따라 '기업의 사회적 책임'과 CSR을 병행해 쓰기로 한다.

⑧ 기업은 환경에 대한 책임 강화에 솔선해야 한다.

⑨ 기업은 환경 친화적인 기술의 개발과 확산을 촉진해야 한다.

⑩ 기업은 금품 강요 및 뇌물수수 등을 포함하는 모든 형태의 부패에 반대해야 한다.

내용은 좋다. 인권, 노동, 환경, 반부패에 대한 내용이 골고루 들어가 있다. 그러나 자율 규정인 만큼 강제성이 있는 것도 아니고, 누군가에 의해 그 이행을 평가받는 것도 아니며, 원칙을 어긴다고 처벌을 받는 것도 아니다. 무엇보다 이 원칙을 이행할 구체적인 방법이 제시되어 있지 않다. 애초부터 실천할 의지가 없었으니 구체적인 방법론 따위가 있을 리 없다. 유엔 글로벌콤팩트는 자본에 대한 국제적인 규제를 회피하기 위한 일종의 '선수치기'였다. 그저 자신들이 정한 윤리적 기준을 자신들이 알아서 지키도록 노력할 테니, 믿고 지지해달라는 것이 전부였다. 자본이 가장 두려워하는 것은 국가나 공동체에 의한 규제다. '규제받기 전에 우리 스스로 개혁하고 정화하겠다'고 나서면, 강력한 규제의 필요성에 대한 대중의 관심은 약화되고, 규제 법안은 제출되거나 통과되지 않는다.[2]

CSR은 그 태생부터가 자본의 위기 모면과 관련이 있었다.[3] 기업의 윤리 경영과 사회적 책임에 관한 담론이 처음 부상한 것은 1929년 세계 경제대공황 때였다. 이를 계기로 자선활동의 법제화가 이루어지고 자선재단은 독립적인 지위를 갖게 되었다. 그런데 그런 CSR에 대해 지금은 진보 쪽에서

2　이 같은 논리는 자선이나 기부에도 통용될 수 있다. 분배를 요구받기 전에, 자선이나 기부를 하면, 경제적 불평등에서 대중의 관심을 돌리고, 정치적 갈등이나 투쟁 없이도 현실적인 문제들이 잘 해결되고 있다는 인상을 줄 수 있다.

3　CSR 외에도 윤리 경영, 사회적 기업, 박애 자본주의처럼 '기업'과 '사회'가 서로 접근하는 개념들은 모두 처음에는 체제 방어의 수단으로 제기되었으며, 모두 셀프 개혁적 성격을 갖는다는 공통점이 있다.

도 적극 요구하고 호응하고 있다. CSR은 말부터가 매력적이다. 기업의 사회적 책임, 얼마나 매력적인 말인가. 그러나 예나 지금이나 변함없는 사실은 기업은 사회적 문제를 해결하거나 부조扶助하기 위해 존재하는 조직이 아니라는 점이다. 투자자들에게 이윤을 가져다주는 것을 유일한 법적 의무로 삼는 기업에 사회적 책임을 부여하고 그 이행을 촉구하는 것 자체가 난센스다. 근본적인 관점에서 볼 때, '기업의 사회적 책임'이라는 말은 성립하지 않는다.[4]

　　진보진영에서 CSR을 촉구하는 것은 자본의 논리만이 판을 치는 현실에 대한 불만 때문이다. 그러나 자본의 자체 방어 수단으로 제기된 CSR이 현실을 개혁할 대안이 될 수는 없다. 사회에서 CSR이 강조되는 다른 이유는 기업의 규모 때문이다. 소수의 재벌기업이나 초국적 기업이 국가 경제나 세계 경제를 쥐락펴락하게 된 오늘날, 그 거대한 규모 때문에라도 사람들은 기업의 사회적 책임에 동의하게 되었다. 재벌기업이나 초국적 기업이 세계 경제에 치명적인 영향을 끼치는 것은 엄혹한 현실이다. 그것은 자본이 가진 위력이자 권리로 기정사실화되고 있다. 그런데 권리만 있고 그에 걸맞은 책임이 없다면, 당혹스럽고 난감한 일이다.

　　하지만 기업에 사회적 책임을 부여하고 그 이행을 촉구하는 것은 여전히 난센스다. 초국적 기업이 엄청난 규모로 성장할 수 있었던 것은 신자유주의 때문이고, 그로 인해 사회적 영향력에서 절대강자가 되었다. 초국적 기업의 모든 힘은 시장 독과점에서 나온다. 궁극적인 해결책은 시장 독과점을 추동하는 신자유주의를 혁파하는 일이다. 신자유주의를 혁파하는 제도적 장치와 법적 규제가 필요한 것이다. 그런데 CSR은 이러한 해결책을 외면

4　'기업 윤리', '윤리 경영' 같은 말도 마찬가지다. 기업은 도덕을 위해 존재하는 조직이 아니다. 이런 말들은 기업이 마음먹기에 따라서 얼마든지 도덕적이 될 수 있음을 전제한다는 점에서 기만적이다.

한 채 현실의 문제들을 자본(가)의 선의와 양심에 호소하는 행태를 보인다.

'기업의 사회적 책임'이라는 말이 사회에서 쓰이는 행태를 보면, 진보진영과 자본 사이에 거대한 분열이 있음을 알게 된다. 진보진영이나 시민사회는 이 말을 쓸 때, 자신을 언술 주체로 설정한다. 자신들이 발화자가 되어 기업을 상대로 그 영향력에 걸맞은 사회적 의무를 부여하고 그 이행을 촉구하는 용도로 쓴다. 그러나 자본의 입장에서 보면, CSR은 전혀 다른 의미로 읽힌다. 사회 전체에 대한 책임을 위탁받은 주체, 사회 전체를 책임질 실질적 권한이 있는 주체, 나아가 세계 전체를 지배할 힘이 있는 주체로서 기업은 자신의 위상을 확인하고 추구하는 개념으로 CSR을 인식할 수 있다.

기업이 사회 전체를 책임지게 된다면?

1963년 조지프 W. 맥과이어는 『비즈니스와 사회』에서 CSR을 "사회에 대한 기업의 경제적·법적 의무뿐만 아니라 전체 사회에 대한 책임까지를 의미한다"고 정의했다. 주주는 물론이고, 직원, 협력업체, 소비자, 지역사회, 나아가 기업 활동으로 영향을 받는 모든 사람에 대해 책임감을 갖고 경영을 해나가야 한다는 개념이 CSR이다. 사실 사회 전체의 부조를 받아 기업이 운영되고 있는 현실을 감안하면, 기업이 사회 전체를 위해 복무해야 하는 것은 당연한 일이다.

정부는 경제를 성장시킨다, 경기를 부양한다, 과학기술산업을 선도한다는 등의 명목하에 대자본을 일상적으로 지원한다. 기술보증기금, 산업은행 같은 공공기관을 동원해 기업의 설립과 회생을 지원하는 것은 물론이고, 국민연금기금, 공무원연금기금, 신용보증기금 같은 공적 연기금이 기업의 대주주인 경우도 많다. 대기업들은 연구개발R&D에 대한 재정지원도 수시로 국가에 요청한다. 도로, 공항, 철도, 전력, 통신, 수도 같은 공공 인프라의 가장 큰 수혜자도 대자본이다. 기업들은 공공 인프라 건설 과정에서 사업자로 선정되어 많은 이윤을 얻을 뿐 아니라, 그것을 이용할 때에도 각종 혜택을 받는다.

1997년 말의 외환위기나 2008년 미국발 금융위기 같은 경제 위기 상황, 혹은 대기업의 도산 위기 상황에서 정부가 집행하는 구제금융은 또 어떤가. 이때도 정부는 기업을 살린다며 공적 자금을 퍼붓는다. 그 대가 역시 결국은 국민이 치러야 한다. 자동차나 휴대전화를 구입할 때 주어지는 면세 혜택이나 보조금도 일차적으로는 기업을 위한 것이라 볼 수 있다. 이런 점들을 생각하면, 기업이 탄생하고 유지되고 성장하는 것은 국가의 대대적인 부조 속에서 이루어진다고 볼 수 있다.

크게 보면 기업들은 모두 '사회적 기업'이다. 이윤도 추구하지만, 한편으로 사회적 목적도 추구하기 때문에 '사회적 기업'[5]이라는 것이 아니라, 사회의 부조 속에서 성장했다는 점에서 사회적 기업이다. 그러나 현실은 어떠한가. 기업들은 온갖 사회적 부조는 다 받으면서, 이윤은 사적으로 취한다. 대기업이 부도 위기에 처했을 때, 그 손실분을 메워주는 것도 결국 국민이다. "동전을 던져 뒷면이면 기업이 벌고, 앞면이면 우리가 잃는다"는 말이 딱 맞다.[6] 국민에게 이득인 경우는 없다. 동전 앞면이 나오건 뒷면이 나오건 기업만 무조건 이득이다. 이러니 일각에서는 지금의 체제가 자본주의가 아니라 '부자들을 위한 사회주의'라는 말이 나온다.

복지국가소사이어티 정책위원 홍기표는 이런 글을 쓴 적이 있다. "만약, 국가가 기업의 창설이나 혹은 기업의 위기에 개입해서 그 대가로 해당

---

5   현재는 이런 의미로 '사회적 기업'이라는 말이 사용되고 있다.
6   2013년 영국 노동조합 총회(TUC)의 의뢰로 사회문화적 변화 연구센터(CRSCC)가 발표한 보고서에 나오는 말이다.

기업의 소유권을 주식으로 보상 받는다면 기업은 향후 배당을 통해 국가 재정에 기여하게 된다. 또한, 배당 이전에 소유 자체로서 사회적 성격을 갖게 된다. 이것은 전체 기업의 사회적 성격을 높이기 위한 전략으로서 매우 큰 가치가 있는 것이다."[7] 이 말이 맞지 않을까? 국민의 돈으로 기업의 창설 혹은 경영난 극복에 도움을 받았다면, 그만큼 기업이 '사회화' 되는 것이 옳지 않을까 싶다.[8]

진정으로 '기업의 사회적 책임'이 구현되기 위해서는 자본가에게 사회에 대한 통제권이 주어지는 방식이 아니라, 반대로 자본과 자본가가 민주적으로 통제되는 방식이어야 한다. 대체적인 통제 방향은 이렇다. "독점을 제한하는 강력한 법과 제도가 마련되어야 한다. 대기업이 학교와 병원 등 공익 법인을 운영하는 것, 기업의 정당을 후원하는 것에 제한을 두어야 한다. 언론이 기업의 논리에 의해 운영되지 않아야 하고, 그 원칙 속에서 소유에도 제한이 가해져야 한다. 기업가가 정치나 관료가 될 때 회전문을 통과해 소관 사기업에서 일하지 못하게 해야 한다. 부당한 이윤, 무분별한 환경 파괴 등 기업 경영자들에게 잘못된 기업 운영에 대한 책임을 물을 수 있어야 한다."[9]

자본 파시즘 도래의 징후

빌 게이츠는 2008년 1월 24일 다보스포럼에서 주목할 만한 연설을 했다. 내용을 간단히 요약하면 이랬다. '경제 불평등이 심화되어 하루 1달러 미만의

---

7   홍기표, 「강만수의 '부자 감세', 그 속뜻은?」, 「프레시안」, 2009년 9월 8일.
8   생산수단의 사회화는 사회 구성원 다수의 이해에 따라 생산수단이 운영되는 것을 말한다.
9   김동춘, 「1997년 이후 한국 사회의 성찰」(길, 2006), 20쪽.

생계비로 살아가는 빈민들이 전 세계 10억 명에 이른다. 자본주의는 부유한 사람들뿐 아니라 가난한 사람들을 위해서도 기여할 수 있는 방안을 찾아야 한다. 이 문제를 개선하는 데에는 정부보다 기업이 효율적이다. 기업이 각국 정부 및 비영리단체들과 협력해 기부와 자선 활동을 비롯해 빈민을 도울 수 있는 길을 모색할 것이니, 그 대가로 사회적 인정을 달라.'[10]

이 말은 이상하다. 누군가 착한 일을 하면, '사회적 인정'이 생기는 것은 자연스러운 일이기 때문이다. 그런데 빌 게이츠는 그것을 '요구'했다. 자연스럽게 생기는 것을 그는 왜 요구하는 것일까? 여기서 우리는 그가 원하는 것이 단순한 칭찬이나 좋은 평판 이상의 것임을 알 수 있다. 광범위한 대중의 동의를 요구해야만 얻을 수 있는 것, 그것이 무엇일까? 정치적 권한이나 권력 아닐까? 빌 게이츠는 이런 말도 한 적이 있다. "우리가 직면한 세상은 부의 불균등이 심하고 국가 간의 차이도 크지요. 만약 세상을 한 사람이 통치한다면 그렇지는 않겠지요."[11] 그는 세계적 차원의 권력 집중이 부의 불평등 문제의 해결책이라고 말하고 있다.

자본의 역사는 단순히 '부의 축적'의 역사가 아니다. 자본의 역사는 자본의 권력 증대의 역사다. 산업혁명 이후 조금씩 자신의 몸집을 불려온 기업은 신자유주의의 발흥을 통해 극단적인 부의 집중을 이루었고, 그 부를 바탕으로 세계 전체에 대한 지배력을 노리는 지경에 이르렀다. 1993년 세계무역기구WTO가 설립되면서 거대기업들은 국제무역과 투자 규정에 관한 막대한 힘을 확보했고, 국민국가의 규제에 구애받지 않고 전 세계를 누빌 수 있는 자유를 부여받았다. 전 세계 어디에나 존재할 수 있는 글로벌 자본은 속인주의나 속지주의의 영향에서도 자유롭다. 사실상 치외법권의 특권

---

10 마이클 킨슬리, 김지연 옮김, 『빌 게이츠의 창조적 자본주의』(이콘, 2011), 19~31쪽 참조.
11 마이클 킨슬리, 김지연 옮김, 앞의 책, 63쪽.

을 누리는 것이나 마찬가지다.

현재 자본권력의 위상을 잘 보여주는 것이 '투자자-국가 소송제도 Investor-State Dispute, ISD'다. 1990년대 초 미국, 캐나다, 멕시코가 북미자유무역협정NAFTA을 체결할 때 처음 생긴 이 제도는 외국투자자들의 이익과 재산이 부당하게 침해되는 것을 막는다는 이유로 대부분의 자유무역협정FTA에 포함되어 있다. 말만 들으면, 투자자들의 재산을 지켜주는 방어적 성격만 갖고 있는 제도처럼 보인다. 그러나 실제로는 투자대상국의 주권을 마음대로 침해할 권한을 자본에 주는 제도다. 비유하면 이런 식이다.

"나는 번화가 중에서도 신호등이 있는 사거리에 조그만 토스트 집을 열었다. 워낙 큰 길을 끼고 있어 행인이 많았고, 신호가 바뀌는 주기도 길었다. 그래서 아침 출근 때에는 신호를 기다렸다가 향긋한 빵 내음에 취한 사람들이 가게로 엄청 꼬여들었다. 그야말로 '길목'이라는 무형자산의 덕을 톡톡히 보고 있었던 것이다. 그런데 어느 날 시청에서 신호등을 없애고 대신 그 자리에 지하도를 만들기로 했다. '길목'은 없어졌고, 사람들은 빵 내음을 맡을 겨를도 없이 지하도 입구로 빨려 들어갔다. 매상이 절반이나 줄었다. 결국 시청은 지하도를 만듦으로써 나의 무형자산을 없앤 것이니 내 사적 소유를 침해한 것이다. 따라서 시청은 그 지하도를 없애거나 내게 보상을 해야 한다."[12]

누군가 (고의든 실수든) 토스트 가게의 유리창을 깼다든가 했을 때, 가게 주인이 그 재산 손실에 대한 변상을 요구하는 것은 당연히 이해할 수 있다. 그러나 이 경우처럼 시청이 공공의 이익을 위해 지하도를 만들었는데, 그것이 가게의 수익성을 침해했다며 가게 주인이 시청에 소송을 건다면? 황

---

12 홍기빈, 『투자자-국가 직접소송제』(녹색평론사, 2006), 69쪽.

당하게 들릴 것이다. 그러나 ISD에서는 이런 소송이 얼마든지 가능하다. 외국투자자는 누군가 유리창을 깼을 때처럼 자신의 재산에 대한 직접적인 훼손은 물론이고, '길목' 같은 '무형자산'에 대한 침해에 대해서도 '미래에 창출될 수익'을 침해했다며 국가를 상대로 소송을 걸 수 있다. 소송을 걸면 국가는 언제든 세계은행 산하 국제투자분쟁조정센터ICSID로 불려나가야 하고, 중재심판 결과가 나오면 그에 복종해야 한다.

문제는 이 '무형자산'이란 것이 모호하기 짝이 없다는 데 있다. 무형자산에는 특허권이나 사업권 같이 비교적 구체적인 것도 있지만 대중적 평판, 기업의 이미지, 더 나아가 그 이름도 아리송한 '굿윌goodwill(영업권)' 등 '기업의 소득 창출에 도움이 되는 모든 사실관계'가 다 들어간다.[13] 무형자산이라는 게 코에 걸면 코걸이, 귀에 걸면 귀걸이다. 그럼에도 개별 국가들은 ISD 때문에 독립적으로 법령과 정책을 마련하고 시행할 수 없게 된다. ISD는 외국투자자의 수익성이 떨어지게 할 만한 모든 종류의 제도적·법률적·행정적 변동을 막아야 할 책임이 국가에 있음을 내용으로 한다. ISD에서 표상된 개별 국가의 지위란 자본의 하수인에 불과하다.

이런 문제에 대한 걱정과 통찰은 이미 오래전에 있었다. 1920년대의 걸출한 미국 지식인, 경제학자 존 코먼스와 사회철학자 모리스 코언은 사물에 그치지 않고 모든 사회적 사실관계로 그 대상이 확장된 '사적 소유'는 사회적 권력으로 봐야 한다는 견해를 내놓았다. 나아가 코언은 이러한 권력은 이미 전통적인 국가의 권력, 즉 주권sovereignty을 '대체'하는 것이라고 분석했다.[14] 지금의 상황은 국가 주권이 자본에 의해 일부 침해되거나 양도되는 것 이상으로 봐야 하는 것 아닌가 싶다. 그것은 코언의 말처럼 '대체'되고

---

13 홍기빈, 앞의 책, 69쪽.
14 홍기빈, 앞의 책, 70쪽.

있다.

앨빈 토플러는 『권력이동』에서 이렇게 썼다. "각국 정부와 정부 간 단체들이 초국적 기업의 필요에 제대로 부응하지 못하면, 초국적 기업들은 국제기구에 직접 참여하겠다고 할 가능성이 크다. 혹은 대기업들이 UN, 세계은행, WTO 같은 국제기구에 새로운 종류의 회원으로 가입하겠다고 요구할지 모른다. UN도 이들에게 일부 NGO에게 허용하는 자문 역할을 기업에게도 허용할지 모른다. UN은 1국 1투표권 원칙을 버리고 초국적 기업이나 종교단체 등을 위해 추가적인 표결 자격을 설립할 가능성이 크다." [15]

기업들의 권력 위상은 개별 국가들과 마찬가지로 유엔의 회원으로 가입할 것을 예상하는 학자들이 있을 정도로 강력해졌다. 이런 상황에서 사회적 책임을 이행해달라고 자본가의 양심에 호소하는 CSR은 자칫 '우리의 경제적 생존은 물론이고 정치적인 문제들까지도 모두 당신(자본가)에게 맡길 테니, 우리를 책임져 달라'는 것이 되기 쉽다. 책임과 권한은 동전의 양면이다. 기업이 사회적 책임을 져야 한다고 요구하는 것은 기업에 사회를 책임질 권한, 즉 사회를 지배할 권한을 주는 것과 같다.

기업들이 세금을 적게 내거나 안 낼 방법에 골몰하고, 착취와 약탈을 일삼는 것도 나쁘지만, 그보다 위험한 것은 자본이 어느 날 팔을 걷고 '좋다. 당신들 요구대로 우리가 사회를 책임지겠다' 하고 나서는 것임을 알아야 한다. 나는 그것을 자본 파시즘의 도래, 그 징후로 봐도 좋으리라 본다.

---

15 앨빈 토플러, 이규행 옮김, 『권력이동』(한국경제신문사, 1990), 555쪽.

　　　—— 기업의 사회적 책임, 자본 파시즘의 징후

거버넌스, 선거 없는 정치권력 잠식

거버넌스의 주체는 기업이다

언제부턴가 우리는 주변에서 '거버넌스Governance'라는 말을 많이 듣는다. 거버넌스는 우리말로 '협치協治'다. '협치'는 그 말 자체로 사람을 끌어당기는 자성磁性이 있다. 서로 사이좋게 협력해서 통치를 해나간다는 말이니, 얼마나 좋은 말인가. 흔히 우리는 '협치' 하면 정치권 내부의 협치, 즉 여야 정치인들의 협치를 떠올린다. 그러나 거버넌스는 이와 다르다. 정치권 바깥의 대상인 기업, 시민사회와 협력해서 국정 운영을 해나가는 것을 말한다.

거버넌스는 '더 강한 민주주의'로 이해되기 쉽다. 정부가 '독단적'으로 국정 운영을 하지 않고, 기업과 시민사회까지를 파트너로 삼아 함께 국정 운영을 해나간다는 개념이기 때문이다. 실제로 이런 개념 때문에 거버넌스에 대해 호의적인 태도를 보이는 진보 인사도 적지 않다. 지금의 민주주의가 미진한 것은 사실이다. 그러나 그 때문이라면, 협치 대상은 기업이나 시민사회가 아니라 국민이 되는 것이 옳다. 직접 민주주의적 요소가 확대되는 것이 옳다. 민주주의의 기본 원리는 국민의 자기 통치다. 진정한 협치의 대상인 국민을 놔두고 거버넌스가 대안이 되어야 할 이유는 없어 보인다.

혹자는 기업이야 그렇다고 치고, 왜 시민사회에 대해서까지 경계하는가 하고 물을지 모르겠다. 시민사회가 국민을 대신해 국정 운영에 참여하는 것은 좋은 것 아닌가 생각할 수 있는 것이다. 이에 관해 당인리대안정책발전소 부소장 한형식의 글을 보자. "시민사회가 구체적으로 누구인지가 모호합니다. 우리 눈에 보이는 것은 NGO(비정부기구)나 박애재단들 정도인데 NGO가 시민사회를 온전히 대변한다고 말할 수도 없습니다. 소수 엘리트들이 시민의 이름으로 활동하는 과잉 대표성도 심각한 문제입니다. 하지만 더 심각한 문제는 모호한 '시민'이라는 개념 덕에 자본이 시민의 얼굴을 하고 시민사회로 들어오는 것입니다. 박애재단들이 대표적인 사례입니다."[1]

시민사회 영역은 기업에서 독립적이지 않다. 기업은 자기 스스로 박애재단 같은 NGO를 만들기도 하고, 우호적인 NGO에 재정지원을 하며 파트너십을 갖는다. 예를 들어 세계 최대의 자연보호단체 '세계자연기금World Wide Fund for Nature'은 코카콜라의 후원을 받고, 북미 지역의 최대 환경단체인 시에라클럽Sierra Club은 미국의 유명한 주방세제업체 클로락스Clorox가 만든 천연세제 그린웍스green works를 홍보한다. 그린웍스에는 시에라클럽의 로고가 찍히고, 시에라클럽은 그 대가로 판매액의 1퍼센트를 받는다.

그린피스도 코카콜라와 협력 관계를 맺고 있다. 몇 년 전 그린피스는 코카콜라 등 대기업과 협력해 온실가스 배출량을 줄이는 '천연 냉매'를 개발하고, 완구회사 마텔이 바비 인형 포장 방식을 바꾸도록 했는데, 그것이 그린피스의 큰 성과 중 하나였다. 코카콜라 CEO 네빌 이스델은 "10년 전이라면 코카콜라와 그린피스가 한 방에 같이 있다는 것을 상상조차 하지 못했

---

1   한형식, 「착한 자본주의의 허상을 넘어」, 라미아 카림, 박소현 옮김, 『가난을 팝니다』(오월의봄, 2015), 344쪽.

을 것"이라며 급속히 변화된 기업과 NGO의 긴밀한 협력 관계를 단적으로 표현했다.[2]

　　한국에도 이런 예는 많다. 일례로 포스코청암재단은 2006년 '시민운동가 해외 연수' 프로그램을 마련했다. 사회단체 활동가 10인에게 1인당 4만 달러를 지급해서 1년 동안 미국의 대학에서 교육받을 수 있게 했다. 이 재단은 그 후로도 5년간 1년에 10명씩 50여 명에게 이런 기회를 제공했다. 환경단체를 지원하기 위해 2002년 설립된 환경재단에도 상당 부분의 후원금이 기업에서 들어온다. 심지어는 환경 문제를 일으키는 기업의 돈도 들어온다. 이렇게 기업에서 받는 돈은 결국 시민사회의 정당성을 훼손한다.[3]

　　기업처럼 운영되는 NGO도 많다. 우리는 일상적으로 유니세프, 월드비전, 플랜코리아, 세이브더칠드런 같은 단체들이 기업처럼 신문방송에 광고를 집행하는 것을 목도한다. NGO들은 자신들의 활동을 홍보하기 위해 연예인을 '홍보대사'로 기용하고, 각종 텔레비전 오락 프로그램이나 다큐멘터리를 후원하고 협찬한다. 간혹 길을 걷다가 만나는 NGO 후원 모집인들도 대부분 자원봉사자나 활동가가 아니다. 이들은 후원회원 모집 실적에 따라 수수료를 받는 전문 마케팅 기업 직원들이다.[4]

　　NGO들은 더는 기업과 싸우지 않는다. 대신 공정무역, 친환경 상품 소비를 촉진한다. 국가와 기업을 상대로 투쟁하고 저항하는 대신 국가·기업과 제휴하고, 그 후원을 받으며, 그 자신의 성격을 변화시켜 기업처럼 운영된다. 이처럼 시민사회 영역은 많은 부분 기업에 습윤濕潤되었다. 정치 영역도 그렇다. 경제인들의 정치 진출이 갈수록 많아지고 있다. 경제인들이

2　매슈 비숍·마이클 그린, 안진환 옮김, 『박애 자본주의』(사월의책, 2010), 309쪽.
3　인권오름, 「기업 후원받는 사회운동, 어떻게 봐야 하나」, 『프레시안』, 2006년 9월 18일.
4　이에 대해서는 피터 도베르뉴와 제네비브 르바론이 쓴 『저항 주식회사』(동녘, 2015)에 자세히 나와 있으니 참고하라.

장관, 국회의원, 대통령이 되어 거버넌스 체제를 제안하고 주도한다. 그러면 정부-기업-시민사회, 삼각동맹인 거버넌스 체제의 주체는 누구이겠는가? 사실상 정부가 아니라 기업이라고 봐야 하지 않겠는가?

자선활동에서 거버넌스로!

기업의 자선은 거버넌스의 성립과 유지에 중요한 역할을 한다. 기부나 자선을 통해 확보된 도덕적 권위나 도덕적 리더십은 거버넌스 내에서 기업이 권력 행사를 하고, 그것을 정당화하는 데 유용하게 쓰인다. 사실 이런 점은 피터 드러커에 의해 일찍이 간파되고 있었다. 그는 사회적 영향력을 확대해나가는 데 최고경영자들과 슈퍼부자들에게 결정적으로 부족한 것이 '도덕적 리더십'이라는 것을 잘 알고 있었다. 그래서 그들에게 비영리 부문에 관심을 갖고 투자하라고 끊임없이 촉구했다.[5]

자본 축적에서 수단과 방법을 가리지 않고, 그 결과 천문학적인 부를 거머쥐게 된 슈퍼부자들에게 도덕적 원칙 따위가 있을 리 없다. 그러나 그들에게는 엄청난 규모의 돈이 있다. 많은 돈을 자선사업에 투자할수록 도덕적 권위가 생긴다면, 이제까지 가장 약한 고리로 여겨졌던 도덕성은 역설적으로 가장 강한 고리로 전환될 가능성이 있다. 자선사업에 투자할 수 있는 돈의 규모만 따지자면, 세계 최고의 자본가들이 도덕적 영역에서 가장 유리한 지점에 서게 된다.

거버넌스는 국민의 허락도 없이 자본으로 하여금 일상적으로 정치권력을 누리게 하는 장치다. 기업은 대통령이나 국회의원처럼 국민에 의해 선

---

5 매슈 비숍 · 마이클 그린, 안진환 옮김, 앞의 책, 158쪽 참조.

출된 권력이 아니다. 그럼에도 거버넌스를 통해 국민의 대행자 노릇을 한다. 그것은 '더 강한 민주주의'가 아니라, 오히려 민주주의를 파괴하는 행위로 봐야 한다. 기업은 아무리 자선을 해도 자신의 존재 목적인 이윤을 포기하지는 않는다. 그것은 거버넌스 활동에서도 똑같다. 기업은 사회적 의사결정 문제를 손익계산 문제로 변질시켜버린다.

거버넌스는 그 성립과 운영에서 민주적 과정을 거치지 않으므로, 국민의 동의도 받지 않는다. 그러나 적어도 대중이 기업의 거버넌스 참여에 적극 반대하지 않는 여론은 필요하다. 이런 분위기를 조성하는 데 주효한 것이 '자선'이다. 기업의 자선활동은 최고경영자나 슈퍼부자 같은 극소수 사람들의 아이디어와 변덕스러운 결정에 의존한다. 그들 소수가 사회적 문제들에 대한 경중과 우선순위를 결정한다. 자선은 문제해결 주체를 정부에서 유력한 자본가들에게로 옮긴다.

기업의 자선은 여타의 사회적 문제가 정부의 활동 없이도 잘 해결될 수 있다는 착각을 불러일으킨다. 예를 들어 교육, 보건, 문화, 예술 분야 등의 부족한 복지 재원을 자본이 대신 메운다면, 사람들은 "정부 없어도 되겠네", "정부가 지금보다 작아져도 되겠네" 하고 생각할 수 있다. 기업의 자선은 '작은 정부'를 획책한다. 한 국가나 사회가 유지되는 데 필요한 공공서비스는 정부 규모에 따라 커지거나 작아질 수 있는 것이 아니다. 정부 규모가 작아지면, 공공서비스에 일정한 공백이 생길 수밖에 없고, 누군가는 그것을 메울 수밖에 없다. 작은 정부론은 정부가 담당해왔던 공공 영역이 자본에 이관되는 것을 의미한다.

기업의 자선이 암묵적으로 전하는 메시지는 자본주의를 이대로 유지하면서도 모두가 행복해질 수 있다는 것이다. 박애 자본주의의 논리는 이렇다. '문제는 자본주의에 있는 것이 아니다. 설사 다소간의 문제가 사회에서 발생한다 하더라도 그것은 섬세한 배려와 조정을 얼마든지 극복해나가는 것이 가능하다. 오히려 그런 문제들을 극복하기 위해서는 자선사업만으로는 부족하며, 거버넌스처럼 기업에 일정한 정치적 권한을 떼어주는 것이 긴요하다. 그래야 착한 자본주의가 구현될 수 있다.' 이러한 논리는 진정한 사회 변화를 막는 데에도 유효하다. 자본가들의 은총에 힘입어 모두가 행복해질 수 있다는 믿음은 약자의 연대에 균열을 일으키기 때문이다.

자본이 정부에서 공공 영역을 넘겨받는 것은 종종 자기희생으로 묘사된다. 이런 글이 그렇다. "국가는 지난 30여 년에 걸쳐 후퇴해왔다. 오늘날 큰 정부가 다시 돌아올 가능성은 높지 않다. 세금을 올리는 정부의 능력은 특히 경제성장을 촉진해야 할 필요성 때문에 제한될 수밖에 없다.……이는 곧……부자와 투자자들을 끌어들여야 한다는 것을 뜻한다.……정부들이 부자들의 손길에 의존하는 경향을 보이는 것은 당연한 일이다.……만약 부자들이 사회적 책임을 떠맡지 않는다면……자신들이 그토록 많은 부를 축적할 수 있게 해준 경제체제에 정치적 반격을 가하도록 대중을 선동하는 셈이 된다는 뜻이다."[6]

주장이 교묘하다. 빈곤에 시달리는 민중이 경제체제를 위협할 수 있고, 자본은 그것을 회피하고자 한다는 말은 맞다. 이 글은 자본에는 그럴 의향이 전혀 없는데, 어쩔 수 없는 상황 속에서 공공 영역을 떠맡는 듯한 뉘앙스를 담고 있다. 적반하장이다. 경제성장을 명분으로 감세를 단행하고, 그 결과 작은 정부가 구현된 것은 다름 아닌 자본의 집요한 노력 때문이다. 이런 상황을 조장한 주체가 바로 자본이다. 그 노력의 결과로 생겨난 '관리되지 않는 공공 영역'은 자본의 전리품이다. 자본이 공공 영역을 떠맡는 것은 일종의 약탈이다. 그것은 정치 침탈, 민주주의 침탈, 국민의 정치적 권리 침

---

6   매슈 비숍·마이클 그린, 안진환 옮김, 앞의 책, 36쪽.

탈이기도 하다.

자선활동은 단순한 선행이 아니다. 그것은 정치활동의 일환이다. 자선활동과 정치활동의 경계는 흐릿하며, 거버넌스는 그 연장선상에 있다. 거버넌스란 기업의 제도적 관리 체계 안으로 민주주의가 편입되는 것을 의미한다. 거버넌스의 결과는 기업의 이해관계를 정치적 영역에서 반영하는 정도에 그치지 않을 것이다. 궁극적으로 '정치의 소멸'을 유발할 가능성이 높다. 우리가 새삼 환기해야 하는 것은 이것이다. 민주주의를 위한 기업은 없다.

기업이 정부보다 효율적이라고?

기업이 정부 업무를 자신들에게 맡기라고 종용하는 가장 큰 명분은 '정부보다 기업이 문제 해결에 효율적'이라는 것이다. 자본가들은 국가의 낭비와 무능력, 과도한 구조 비용, 직원들의 불충분한 업무 처리 능력, 관료주의 같은 문제를 언급하면서 시장이야말로 혁신을 이끌어내는 강력한 힘을 갖고 있다고 주장한다. 매슈 비숍은 "돈을 버는 데 가장 능력을 발휘했던 부호들이야말로 돈을 쓰는 데도 가장 효율적으로 쓸 수 있다"고 지적한다. 특히 금융권이나 자본시장을 이용해 돈을 번 21세기 거부들은 '레버리지'를 활용할 줄 아는 사람들이라고 강조한다.[7] 이런 시각은 자선사업뿐 아니라 국정 운영에도 적용된다. 부호들은 나라 살림(국가 경영)도 잘할 수 있고, 그 효과를 극대화할 능력이 있는 것으로 표상된다.

과연 그럴까? 정부 업무를 기업이나 기업가가 담당하면 비효율성이

---

7 김준형, 「만국의 자본가여 단결하라」, 『머니투데이』, 2010년 8월 17일.

줄어들까? 그렇지 않다. 관료주의는 정부만의 몫이 아니다. 막스 베버가 '형식 합리성'이라 부른 형식화, 도구화, 관료화는 기업에도 많다. 미국의 인류학자 데이비드 그레이버가 쓴 『관료제 유토피아』라는 책이 있다. 이 책에 따르면, 행정의 시장화가 되면 번문욕례繁文縟禮(많은 문서와 번거로운 절차)는 오히려 강화된다. 시장이 관료제에서 독립적이라는 생각은 정부의 역할을 줄이는 자유방임 경제정책을 정당화하고자 고안된 것에 불과했다. 행정의 시장화는 규칙과 절차, 서류 작업의 분량, 관료 집단의 수를 오히려 더 늘린다. 행정의 시장화는 관료주의를 소멸시키는 것이 아니라, 국가의 관료주의를 기업의 관료주의로 대체할 뿐이다.

비효율성의 증거로 자주 제시되는 공기업의 부채도 그렇다. 공기업의 부채는 흔히 '문제'라고 생각된다. 그러나 꼭 그렇게 볼 것은 아니다. 한 형식의 말이다. "공기업 부채가 문제라는 시각이 많은데 다른 각도로 봐야 한다. 공기업은 본래 부채를 지려고 만든 건데 일반 민간기업 잣대로 보면 안 된다. LH(한국토지주택공사) 부채가 130조라고, 이것만 놓고 보면 나라 망한다 생각하지만 내용상 악성 부채가 아니다. 이건 순자산이 늘면서 따라느는 부채다. 공공임대주택의 보증금, 이런 게 회계상 빚으로 잡히지만 정부는 이런 데 돈 쓰라고 존재하는 거 아닌가."[8]

설사 정부의 운영이 비효율적으로 이루어지고 있다 하더라도 그렇다. 그것을 고쳐 쓰는 게 맞지, 정부의 역할을 자본에 넘기는 것이 옳은 것은 아니다. 정부 운영이 비효율적으로 이루어지는 원인에 대해 논하고 시정하는 것과 그것을 빌미로 정부 기능을 기업에 이관하는 것은 전혀 다른 문제다. 그것은 택시 기사(정부)가 운전을 다소 서툴게 한다고 그를 내쫓고, 운전

---

8 김원정, 「당인리대안정책발전소 "신자유주의 대안 찾는다"」, 『토마토뉴스』, 2013년 5월 27일.

면허(국민이 부여한 정치적 권한)도 없는 사람(기업)을 데려와 운전대를 맡기는 것과 같다. 국민은 기업의 영향을 받을 수는 있지만, 기업에 영향을 미치기는 힘들다. 사적 영역에 속하는 기업은 기본적으로 민주주의 시스템은 물론이고, 아예 정치권 바깥에 있기 때문이다.

이런 말을 하는 사람들도 있다. '갑부들은 이미 막대한 부를 갖고 있으므로, 돈 때문에 부정이나 부패에 휩쓸릴 여지가 적다. 돈 때문에 여러 이해관계에 휩쓸릴 위험도 없고, 다른 개인이나 기업에서 정치자금을 받으려 애쓸 필요도 없다. 선거 기간에 누군가에게 금전적 빚을 질 필요도 없으니, 당선 후 그 빚을 갚기 위해 노력할 필요도 없다. 그들은 자산만 있고 부채가 없기 때문에 누군가의 요구나 기대를 채워주어야 할 필요가 없다. 다른 관료들과 달리 돈 때문에 공직을 수행하지도 않는다. 하다못해 공직에 있는 동안 무급으로 일해도 된다. 그래서 갑부는 가장 비용이 적게 드는 공무원이다.' 한마디로 엄청난 부가 그들을 공평무사한 공직자로 만들고, 그 때문에 진정한 사회개혁에 헌신할 수 있는 사람으로 만든다는 이야기다.

근거 없는 소리다. 그들 대부분은 돈에서 자유로운 사람이 아니라 오히려 '부 중독자'다. 미국의 사회학자 필립 슬레이터의 말이다. "모든 중독은 양이 관건이다. 중독자와 비중독자를 구분하는 기준도 상당 부분 양에 달려 있다. 1년에 한두 번 헤로인을 복용하거나 매주 한 번 술을 마시는 사람을 중독자라고 볼 수는 없다. 하지만 독한 위스키를 매일 반 파인트(약 285ml) 넘게 마신다면 본인이 인정하든 안 하든 알코올중독자라고 봐야 할 것이다. 같은 이유로 나는 보유 자산이 100만 달러가 넘거나 연간 순소득이 5만 달러 이상이면 누구든 부 중독자로 봐도 무방하다고 생각한다."[9]

---

9 필립 슬레이터, 이시은 옮김, 『부 중독자』(어마마마, 2015), 47~48쪽. 이 책은 1980년에 쓰였다. 그러므로 여기에 10을 곱해야 현재의 달러 가치가 된다.

그는 이런 말도 했다. "돈 지상주의에 '적당히'란 없다. 재산을 축적하고 싶다면, 다른 모든 것을 배제한 채 일하는 시간 내내 그 목표에만 집중해야 한다.……부 중독은 철저히 경쟁적인 게임이기 때문이다. 조지프 손다이크 2세Joseph Thorndike Jr.의 말대로 '큰 재산을 얻은 사람들의 공통적인 특징은 한 가지 목표에 전념한다는 것이다.'"[10] 여기서 말하는 한 가지 목표란 '부 축적'이다. 순환논리처럼 들리겠지만, 거부들은 부를 축적하는 데 만사를 제쳐놓고 전념했기 때문에 거부가 되었다. 거부들이 사리사욕에 휩쓸릴 위험이 없다는 것도 거짓말이다. 자본가들만큼 이해득실에 민감한 사람도 없다.

기업인들이 부정부패에 연루될 위험이 적다고? 아니다. 기업인들만큼 범죄와 가까운 사람들도 드물다. 기업인들의 횡령, 배임, 분식회계, 주가조작, 불법 · 편법 상속, 노조 파괴 등은 우리가 일상적으로 목도하는 바다. 법 자체가 그들 편일 뿐 아니라, 막대한 부가 그들을 법적 처벌에서 보호해주는 현실은 그들로 하여금 거리낌 없이 범법 행위를 하게 만든다. 자본가들은 공평무사한 자유인이 아니라 이득을 위해서라면 무슨 일도 할 수 있는 무뢰한에 가깝다.

이런 이야기를 하는 사람들도 있다. '거부들은 다 쓰고 죽기에는 너무 많은 돈을 갖고 있다. 그 많은 돈을 다 어디에 쓸 것인가? 그러므로 그들에게 공직을 제공해 자신이 가진 재원과 역량을 사회에 환원할 기회를 주는 것이 필요하다. 그들은 기업인답게, 정부나 NGO보다 훨씬 자유롭게 리스크를 감수할 수 있고, 통념에 반하는 시도를 해볼 수 있으며, 먼 미래에 보상이 돌아올 전략도 실행할 수 있다.' 이런 말들도 근거 없기는 마찬가지다. 평

---

10 필립 슬레이터, 이시은 옮김, 앞의 책, 69쪽.

생 동안 무슨 짓을 해도 다 쓸 수 없는 엄청난 부를 갖고 있다고 해서 그 돈을 사회에 환원할 마음이 생기는 것은 아니다.

미래에 대한 전망을 갖고 어떤 정치적 결정을 하는 것은 철학을 요하는 일이다. 그러나 기업인들이 이런 철학을 갖고 있는지 의문이다. 오히려 기업인들은 대개 눈앞의 가시적 이익에 연연하는 경우가 많다. 정치에서도 '리스크 감수'와 '통념에 반하는 시도'는 얼마든지 일어날 수 있지만, 아무리 그렇더라도 국민의 열망, 민주적 절차와 무관하게 감행될 수 있는 것은 아니다. 그러나 여기서 말하는 '리스크 감수'와 '통념에 반하는 시도'는 독선적인 벤처사업가의 경영과 다를 바 없어 보인다.

글로벌 거버넌스 협력자로서의 NGO

거버넌스 체제는 한 국가 영역에 국한된 것이 아니다. 그것은 다시 세계로 확장되어 '글로벌 거버넌스' 체제를 형성한다. 글로벌 거버넌스가 제기된 것은 인권, 식량, 난민, 환경, 경제 위기 문제 등은 개별 국가의 능력과 경계 안에서는 해결되기 힘들고, 세계적 차원의 대처가 필요하다는 이유 때문이었다. 여기에서 세계화는 거스를 수 없는 시대정신으로 전제된다. 그것은 불편한 일이다. 왜냐하면 세계화는 전 세계 민중들이 선택한 것이 아니기 때문이다. 한국만 해도 문민정부 시절, 정부에 의해 일방적으로 '세계화'가 선언되지 않았던가. 전 세계 민중에게 세계화는 좋든 싫든 적응해야 할 환경으로 제시되었지, 민중이 선택할 수 있고 논의할 수 있는 대상으로 제시된 적이 없다.

글로벌 거버넌스 담론은 풀뿌리 민주주의와 무관하다. 그것은 오히려 엘리트주의와 연관된다. 2008년 미국발 금융위기 이후, 유엔총회 전문가 위원회 위원장이었던 조지프 스티글리츠는 일명 『스티글리츠 보고서』를 발간했다. 여기서 그는 세계은행, IMF, 국제부흥개발은행IBRD 같은 국제금융기구들이 세계금융위기에 효과적인 대응을 하지 못했다며, 국제전문가 자문단의 도움을 받는 '세계경제협력이사회Global Economic Coordination Council, GECC'라는 새로운 국제기구가 필요하다고 역설했다. 이 '전문가'들이 누구를 말하는지는 구체적인 설명이 없어 알 수 없다. 그러나 '세계경제협력이사회'라는 명칭으로 보건대 경제관료 출신 인사, 경제학자, 글로벌 자본가 중심으로 구성될 것을 어렵지 않게 짐작할 수 있다.

경제는 어려운 분야이므로 전문가 중심으로 구성되는 것이 당연한 것 아니냐고 생각할지 모르겠다. 그러나 우리가 매일 현실에서 부딪치는 문제들을 전문가들만 판단할 수 있다는 생각 자체가 비민주적이다. 『경향신문』 논설주간 이대근의 말이다. "스콧 암스트롱 미국 펜실베이니아대 교수는 최소한의 지식 수준을 넘기만 하면 전문가와 비전문가의 차이는 사라진다고 했다. 미국 저널 『위험 분석Risk Analysis』에 게재된 논문 4편을 받아보았다. 4편 모두 위험 인식, 위험 판단에서 전문가와 일반인의 차이가 없다는 결론을 냈다. 한 논문은 이렇게 요약했다. '전문가의 위험 판단은 일반인보다 정확한가? 그 대답은 모른다는 것이다.'······탈원전 문제도 다르지 않다. 경제적 이익과 불안을 동시에 가져다주는 원전 증설, 경제적 손실은 있지만 안전과 지역갈등 해소를 보장하는 탈원전 사이에 전문가의 기술적 식견은 별 쓸모가 없다." [11]

현재 가장 대표적인 글로벌 거버넌스 기구는 유엔이다. NGO들은 각국 정부, 초국적 자본가들과 더불어 글로벌 거버넌스의 대표적인 참여자다. 그 참여 규모도 엄청나다. 1992년 유엔 주최로 브라질의 리우데자네이루에

---

11 이대근, 「그 많던 시민은 다 어디로 갔을까」, 『경향신문』, 2017년 7월 4일.

서 열린 '환경과 개발' 회담에는 1,420개 NGO가 참여했다. 1995년 코펜하겐에서 열린 사회개발회담에는 2,300여 개 NGO가 참여했고, 같은 해 베이징 세계여성회의에는 무려 4,000여 개 NGO가 참여했다.

유엔에는 전 세계 인류의 생활수준 향상을 목적으로 하는 '경제사회이사회ECOSOC'라는 기관이 있다. 경제사회이사회는 전 세계 NGO들 중에서 일정한 자격 요건을 갖춘 NGO들을 뽑아 자신과 협의할 수 있는 지위(일명 '협의적 지위')를 부여한다. NGO들은 여기에 뽑히기 위해 서로 경쟁한다(이것도 비민주적이다. 왜 NGO들이 서로 뽑히기 위해 경쟁해야 하는가). 이 지위를 획득한 NGO들은 경제사회이사회의 어젠다들을 미리 회람할 수 있고, 어젠다를 상정할 권리도 가진다. 참고로 '협의적 지위'를 획득한 NGO의 수는 2011년 기준 3,400개가 넘는다.[12]

글로벌 거버넌스 활동에서 NGO는 각국 정부보다 유리한 면이 있다. 왜냐하면 각국 정부는 국경이라는 틀을 벗어나기 힘들기 때문이다. 그러나 NGO는 다르다. NGO는 각 나라와 지역에 뿌리박을 수도 있지만, 초국적 자본처럼 국경을 초월한 NGO 조직을 건설하는 것도 가능하다. 실제로 글로벌 거버넌스에 참여하는 NGO들은 후자가 갈수록 많아지고 있다. 작고 독립적이고 자율적인 NGO, 각 나라와 지역에 뿌리박고 있는 NGO가 아니라, 그 본부가 주로 구미 선진국에 있고, 각 지부들이 각국에 흩어져 있는 글로벌 조직이 많다.

거대한 규모의 글로벌 NGO일수록 글로벌 자본과 영합하기 쉽고, 그 손에 놀아나기도 쉽다. 규모가 클수록 최상층부에서 무슨 일이 일어나는지 기층부에서는 알 수 없고, 소수의 지도부만 설득하거나 구슬리면 글로벌 거

---

12 경제사회이사회에서 협의 자격을 얻은 NGO의 수는 1948년 41개, 1968년 377개, 1998년 1,350개로 급증해왔다.

버넌스의 정책을 정당화할 수 있다. 글로벌 거버넌스에서 NGO의 역할은 분명하다. 그것은 NGO의 참여 없이 어떤 정책이 결정되었을 때를 상상해 보면, 금방 이해할 수 있다. NGO는 글로벌 거버넌스 정책의 '정당화'를 위해 필요하다. NGO들은 글로벌 거버넌스의 견제자나 감시자가 아니라, 가장 강력한 협력자이자 지지자다.

사회적 자본, 사회적 관계를 자본화하다

퍼트넘의 대중적 성공, 그 이면

'사회적 자본Social Capital'이라는 말이 있다. 독자들도 한번쯤 들어보았을지 모르겠다. 사회에 횡행하는 말이기 때문이다. '사회적 자본'이라는 말은 모호하다. 말만 놓고 보면, '공적 자금'이나 도로나 항만 같은 '사회 인프라'를 의미하는 것 같기도 하고, 공공사업에 투자된 기업의 돈을 의미하는 것 같기도 하며, '생산수단의 사회화'를 의미하는 것 같기도 하다. 아니면 (하나마나한 말이지만) 자본이 일정한 사회적 기능을 갖는다는 것을 표현한 말인가 싶기도 하다. 그러나 이 모두 아니다. 그러면 사회적 자본이란 무슨 뜻인가?

네이버에서 '사회적 자본'을 검색해보면 이런 정의가 뜬다. "사회적 자본은 사회 구성원들이 힘을 합쳐 공동 목표를 효율적으로 추구할 수 있게 하는 자본을 이르는 말이다. 사람과 사람 사이의 협력과 사회적 거래를 촉진시키는 일체의 신뢰, 규범 등 사회적 자산을 포괄하여 말한다."(『시사경제 용어사전』) 이것은 사실상 미국 정치학자 로버트 퍼트넘의 정의를 베껴놓은 것이다. 퍼트넘은 『사회적 자본과 민주주의』(1993)에서 사회적 자본을 "협력된 행동을 촉진함으로써 사회의 효율을 개선시켜주는 신뢰, 규범, 네트워크와 같은 사회 조직의 요소들"이라 정의했다. 둘이 거의 비슷하다는 것을 알 수 있다.

퍼트넘의 사회적 자본론을 간단히 요약하면 이렇다. 미국에서는 1910년대부터 꾸준히 상승했던 각종 공식적·비공식적 단체나 모임에 대한 시민의 참여가 1970년대부터 하락하기 시작했다. 그것은 호혜성, 신뢰, 네트워크, 공동체의 가치관이라는 사회적 자본이 감소했다는 것을 의미하고, 이 때문에 현재 교육, 복지, 안전, 경제발전, 건강, 관용, 평등, 행복, 정부 업무수행능력, 민주주의 등 모든 공익적인 면에서 위기가 초래되고 있다는 것이다. 그러므로 지금부터라도 기부와 봉사활동을 하고, 사회적 기업이나 NGO 활동에 참여하고, 학교 학부모 모임에 참석하고, 그것이 아니면 하다 못해 동네 교회나 조기 축구회라도 나가라는 것이다. 그러면 사회적 자본이 축적되고, 그 축적된 사회적 자본이 경제도 발전시키고, 민주주의도 발전시킨다는 말이다.

좀더 자세히 설명하면 이렇다. 예를 들어 부모들이 학교에서 자원봉사 활동을 하고 아이들이 숙제를 해가도록 챙길 때 학교는 더 잘 가르친다.(교육) 경제적 곤란에 처한 사람에게 이웃과 친척이 도움의 손길을 내밀 때, 아동 복지 담당 부서는 성과를 더 잘 거둔다.(복지) 동네에 누가 들어오고 나가는지 마을 사람들이 지켜보는 곳에서는 경찰의 사건 해결 비율도 높다.(안전) 가볍게 알고 지내는 사람이 많을수록 직장을 구할 확률이 높다. 신뢰와 사회적 네트워크가 풍부한 지역은 상거래가 활성화되어 경제적으로도 앞서나간다.(경제발전) 이웃과 교류하고, 봉사활동을 할 때 신체적·심리적 스트레스가 줄고, 면역체계는 향상된다. 반면 고립된 사람들은 흡연, 음주, 과식, 운동부족 등으로 인해 심장마비, 뇌졸중, 암, 우울증, 흡연, 비만, 혈압 상승의 위험이 높아진다.(건강) 사회적 네트워크가 활발한 곳에서는 사회적 존재로서 자신의 존재 가치를 확인할 수 있게 되고 정서적으로도 풍요로워져 행복감이 높다.(행복) 사교 활동과 단체 활동이 많은 곳일수록 투표율과 자발적 정치 참여가 높다.(민주주의)

퍼트넘의 주장을 듣고 있노라면, '사회적 자본'이라는 것이 만병통치약처럼 느껴진다. 그는 '사회적 자본'이라는 용어를 대중화시키는 데 성공했는데, 거기에는 퍼트넘의 '사회적 자본=정치경제적 성공'이라는 단순 명쾌함이 큰 역할을 했음을 부인하기 힘들다. 사실 학자들 사이에서는 사회적 자본에 대해 정의가 합의된 바 없다. 그럼에도 퍼트넘의 정의가 네이버에 버젓이 실려 있는 것은 순전히 그의 대중적 영향력 때문이다. 그가 대중적 성공을 거둔 데에는 담론에 포함된 자기계발적 논리도 한몫했다. 특정한 가치가 사회적 성공에 복무한다는 것은 전형적인 자기계발의 논리다. 그는 사회과학적 주제에 자기계발 논리를 동원함으로써 대중적으로 어필하는 데 성공했다.

그러나 이것만으로 그의 성공이 충분히 설명되는 것은 아니다. 여기에 추가되어야 할 것이 있다. 그는 세계화의 첨병기구인 세계은행과 미국 클린턴 행정부 정책에 자문 역할을 했던 인물이다. 그가 세계적인 권위를 얻게 된 데는 세계은행과 미국 정부의 후원이 컸다. 그의 주장에 대해 그간 여러 학자의 반론이 있었음에도 그의 권위가 흔들리지 않은 것은 그 때문이었다.[1]

---

1 한형식, 「착한 자본주의의 허상을 넘어」, 라미아 카림, 박소현 옮김, 『가난을 팝니다』(오월의봄, 2015), 340쪽.

그가 풀뿌리 민주주의를 주장한다고?

독자들은 퍼트넘의 사회적 자본에 대한 정의를 보면, 무슨 생각이 나는가? 아마 대개는 별 생각이 나지 않을 것이다. 왜 그럴까? 좋은 말들만 나열되어 있는 것처럼 느껴지기 때문이다. "협력된 행동을 촉진"한다는 말이나 "신뢰, 규범" 같은 말들은 그 자체로 나쁠 것이 없다. 사회적 자본을 확충하자는 퍼트넘의 주장은 '사회적 자본은 본래 좋은 것인데, 그 좋은 것을 확장시켜서 좋은 사회로 만들자'는 말이나 다름없다. 그래서 호불호의 감정을 불러일으키지도 않고 시비 판단의 거리로 생각되지 않는다.

그러나 퍼트넘의 주장에는 논리적 맹점이 없지 않다. 그는 사회적 자본을 구성하는 핵심적 요소로 협력, 신뢰, 규범 같은 것을 거론한다. 그러나 그것이 맞는 말일까? 각종 단체나 모임에서 활동해본 사람들은 알겠지만, 그 안에는 협력, 신뢰, 규범 같은 요소들만 있는 것이 아니다. 그와 반대되는 갈등, 협잡, 일탈의 요소들도 얼마든지 깃들 수 있다. 퍼트넘은 각종 단체나 모임이 사회적으로 긍정적인 역할만 하는 것처럼 말한다. 그러나 조직 자체가 사회적으로 부정적인 역할을 할 수도 있다. 독일의 나치와 사회적 자본의 관계가 단적인 예다.

1933년 독일의 나치 정당은 100만 명에 가까운 당원을 가진 대중 운동으로 발전했다. 그것은 수많은 시민 결사체의 촘촘한 네트워크가 기여한 결과였다. 나치 정당은 투표를 통해 국민의 선택을 받기 전부터 지역을 중심으로 광범위한 조직 확산에 나섰는데, 재향 군인회 같은 군대 관련 조직은 물론이고, 볼링 클럽이나 동물 사육자들의 모임, 합창 모임 역시 나치 정당의 당원 가입에 긍정적인 영향을 미쳤다.[2]

조직도 조직 나름이다. 또한 똑같은 시민조직이라도 어떤 성격의 시민행동을 하는지가 중요하다. 예를 들어 일상적으로 정부의 보조금과 특혜를 받고 관제데모를 일삼고, 정부의 입장을 대변하는 여론 조작에 이바지하는 한국의 관변단체들은 결코 사회적으로 긍정적인 역할을 한다고 볼 수 없다. 사회적 자본이 "사회 구성원들이 힘을 합쳐 공동 목표를 효율적으로 추구할 수 있게 하는 자본"을 의미한다면, 그 "공동 목표"가 무엇이냐에 따라 사회적 자본은 선이 될 수도, 악이 될 수도 있다. 사회적 자본을 의미하는 '사회 협력을 촉진하는 관계자원'이란 다양할 수밖에 없다. 퍼트넘의 사회적 자본론은 사회적 관계의 일면, 혹은 특정한 사회적 관계만을 부각시켜 사회적 자본을 정의하는 우를 범하고 있다고 볼 수 있다.

그가 쓴 일련의 사회적 자본 관련 저작들(『사회적 자본과 민주주의』, 『나 홀로 볼링』, 『우리 아이들』, 『아메리칸 그레이스』)에서 줄곧 강조되는 것은 사회적 자본이 가져다주는 호혜성이다. 호혜성이라는 것은 간단히 말해 '누이 좋고 매부 좋다'는 것인데, 이런 호혜성은 온갖 계급계층의 이해관계가 격돌하는 사회에서 흔치 않다. 더구나 상위 1퍼센트가 세계 부의 45퍼센트를 차지할 만큼 빈부 격차가 심화된 지금과 같은 상황에서는 더욱 그렇다. 그럼에도 퍼트넘은 공평무사한 개념으로서 호혜성을 언급한다. 독자들은 흔히 시민과 시민 사이에서 생겨나는 호혜성을 생각할 수 있고, 퍼트넘 역시 그것을 유도한다. 그러나 공평무사한 개념으로서 호혜성은 지배자와 피지배자, 99.9퍼센트의 전 세계 민중과 0.1퍼센트의 초국적 자본가들을 모두 포괄할 수밖에 없다. 그렇다면 그것은 결국 일방적으로 슈퍼부자의 편을 드는 것이라고밖에 볼 수 없다.

퍼트넘의 사회적 자본론에 많은 사람이 호감을 갖는 이유는 무엇보다 풀뿌리 민주주의 때문이다. 기층에 수많은 단체, 모임, 공동체가 조직되

---

2 「사회적 자본social capital은 어떻게 나치 정당의 확산에 기여했나」, 『newspeppermint』, 2013년 7월 30일 (http://newspeppermint.com/2013/07/29/bowlingforfascism/).

어 있으면 민주주의에 도움이 된다고 생각하는 것이다. 이런 생각은 당연히 잘못된 것이 아니다. 문제는 단체, 모임, 공동체의 성격이다. 퍼트넘이 강조하는 사회적 자본의 형태를 보면 일관되게 비정치적인 형태를 취하고 있음을 알 수 있다. 그가 강조하는 것은 노동조합이나, 계급적 당파성을 가진 조직, 사회운동조직이 아니라 기부나 봉사활동, NGO, 사회적 경제 동참, 교회, 동호회, SNS, 학교 학부모 모임 같은 비공식적이고 사적인 모임, 혹은 이웃에 대한 관심과 배려다.

퍼트넘 담론의 비정치성은 사회적 자본 확충을 위해 그가 제안한 실천 의제에서도 드러난다. 그가 『나 홀로 볼링』에서 제안한 주된 실천 의제는 가족적인 분위기의 사업장 만들기, 사회적 책임을 지는 신앙부흥운동, 공동체 참여를 강화하는 전자오락 개발, (지자체 행사 같은 데서 우리가 흔히 보는) 춤 경연 대회, 노래자랑, 동네 연극, 랩 페스티벌 같은 시민참여 문화행사 조직하기 같은 것들이다. 공공정책 전문가로서 빌 클린턴과 조지 부시 미국 대통령, 토니 블레어 영국 수상의 정책 자문을 했던 사람의 대안치고는 자못 부끄러운 것이다.

퍼트넘은 사회적 자본을 결속형bonding과 교량형bridging으로 구분한다. 그리고 결속형보다는 교량형을 선호한다. 퍼트넘이 결속형을 부정적으로, 교량형을 긍정적으로 보는 이유는 이렇다. 전자는 학연·혈연·지연 등으로 묶인 사람들 사이에 형성되는 것으로 내부 지향적이며 네트워크의 배타적 정체성과 동질성을 강화하는 경향을 갖는 반면 후자는 외부 지향적으로 다양한 사회적 계층 사이에 호혜성의 네트워크를 만들어낸다는 것이다.[3] 쉽게 말해 결속형은 '끼리끼리 해먹는' 데 좋은 것으로, 교량형은 포괄적인

3 로버트 D. 퍼트넘, 정승현 옮김, 『나 홀로 볼링』(페이퍼로드, 2009), 702쪽.

　　　　　　　　—— 사회적 자본, 사회적 관계를 자본화하다

호혜성을 제공하는 사회적 자본으로 본 것이다.

그러나 결속형에는 학연·혈연·지연만 있는 것이 아니다. 예를 들어 1980년대의 야학, 전교조, 노동운동 조직, 농민운동 조직, 학생운동 조직, 문학예술운동 조직을 생각해보라. 이들 조직은 결코 '배타적'이라고 할 수 없다. 이들 조직은 끈끈한 연대로 이루어져 있었지만, 이들 조직의 운영과 투쟁은 결코 자기 이익만을 위한 것이 아니었다. 거기에는 사회적·역사적 전망과 사명 의식이 담겨 있었다. '결속형=배타적'이라는 도식은 쉽게 성립할 수 있는 것이 아니다.

그가 교량형 사회적 자본을 선호하는 데에는 다분히 정치적인 이유가 있는 것으로 보인다. 그것은 무엇보다 체제에 아무런 해가 되지 않는다. 결속형이 끈끈한 연대라면, 교량형은 느슨한 연결이다. 우선 응집력에서 차이가 난다. 약자들의 끈끈한 연대는 정치 세력화되기 쉽다. 그래서 늘 권력에 위협이 된다. 그러나 교량형 사회적 자본을 이루는 사회관계들(NGO나 사회적 경제 참여, 동호회, 종교 활동, 기부나 봉사활동, SNS를 통한 친구 맺기 등)은 권력에 전혀 위협이 되지 않는다. 사람들이 이 같은 관계 맺기에 몰두하는 한 체제는 안전하다. 이 같은 사회관계는 국가-자본 권력이 지원, 후원, 협찬, 세제와 복지정책을 통해 관제화하기도 좋다. 권력의 입장에서 교량형 사회적 자본은 얼마든지 사회가 잘 돌아가도록 하는 윤활유로 활용하기 쉽다.

스스로 고립을 택하는 사람은 없다

퍼트넘의 지적처럼 오늘날 전체적으로 사람들의 관계 자원이 축소되고 있는 것은 맞다. 사람들이 관계 자원 결핍 때문에 외로워하고 불행해하는 것도 맞다.[4] 문제는 관계 자원이 사람들이 마음먹기에 따라 얼마든지 확충될 수 있는 것처럼 퍼트넘이 말한다는 점이다. 과연 그것은 마음먹기에 달린 일일까? 대표적인 관계 자원 결핍계층인 '1인 가구'를 보자. 언론에서는 1인 가구를 새로운 라이프스타일이자, 트렌드인 것처럼 소개하지만, 1인 가구를 자발적으로 선택한 사람들은 드물다. 화려한 싱글 생활을 즐기는 '골드족'도 있다고는 하지만, 그 수는 극소수에 불과하다.

현재 1인 가구는 모든 세대 구성 형태 중에 가장 많은 비중을 차지하고 있다. 1인 가구가 많아지는 이유로 제시되는 것은 여러 가지다. 여성의 경제활동 증가, 가족 가치의 약화, 개인주의 심화, 기러기 가족의 증가, 결혼관의 변화, 경제적 빈곤, 고령화 등이다. 그러나 이 중에서 핵심적인 원인 하나만 꼽으라고 하면, '경제적 빈곤' 때문이다. 외환위기 이후 1인 가구가 대폭 늘기 시작했다는 점, 1인 가구의 빈곤율이 50퍼센트에 달한다는 점, 빈곤율이 특히 높은 20~30대 청년층과 노년층에서 1인 가구의 비중 역시 높다는 점이 그것을 잘 보여준다. 1인 가구의 대부분은 빈곤에 시달리고 있으며, 빈곤에 시달리기 때문에 1인 가구가 되었다.

다인 가구를 구성하려고 하면, 그에 걸맞은 소득과 집이 있어야 하는데 지금은 취업난과 실업률이 심각하다. 집값은 비싸고, 일을 해도 저임금 일자리와 불안정 일자리에 종사하는 사람이 너무 많다. 한국에서 1인 가구의 대부분은 월세를 산다(1인 가구는 임대소득자의 가장 큰 봉이다). 세대를 구성하는 인구 대비 생계비가 가장 많이 드는 것도 1인 가구다. 그러므로 생계를 유지하기 위해서는 남보다 장시간 일하지 않으면 안 된다. 결국 돈도 없고, 시간도 없어서 사람들을 만나고 싶어도 그러지 못하는 경우가 잦아진다.[5]

관계 자원 확충은 마음먹기에 달린 일이 아니다. 마음먹기에 달린 일

---

4 그러나 NGO에 대해서도 이 말이 맞는 것은 아니다. 2015년 기준, 전 세계 NGO의 수는 1,000만 개에 달한다(출처: 『The Global Journal』). 그중 대부분은 1990년대 이후 급증했고, 국가-자본의 지원과 배려하에 지금도 그 수가 증가 추세에 있다. 엄밀하게 말하면, NGO의 수는 급속히 증가하지만, 개개인의 관계 자원은 감소하고 있다고 할 수 있다.

이라면 1인 가구의 대부분은 관계 자원 결핍에 시달리지 않아야 한다. 왜냐 하면 1인 가구만큼 외로움과 고립감에서 벗어나기 위해 분투하는 경우는 없기 때문이다. 늘 외로움과 고립감에 시달리는 만큼 각종 동호회에 가입해 활동하고, 처음 보는 사람들끼리 모여서 함께 밥을 먹는 소셜 다이닝에 참 여하기도 하며, 그냥 심심해서 친구를 불러서 술을 마시고, SNS 친구들을 만드는 데 열심인 경우가 많다. 그럼에도 이것은 임시방편일 뿐이다. 그나 마 젊을 때에는 SNS 등을 통해 새로운 친구를 사귀기도 쉽지만, 나이를 먹 으면 그마저도 쉽지 않다.

현재 상황은 관계 자원의 결핍 정도가 아니라 시민사회 그 자체의 붕 괴를 염려할 단계인 것으로 보인다. 우리는 일상적으로 언론을 통해 목도하 는 상상을 뛰어넘는 갑질 사건들이 그것을 잘 보여준다. 요즘의 갑질은 단 지 강자가 약자를 무시하거나 홀대하는 수준이 아니다. 욕설은 물론이고 폭 행, 엽기적인 학대, 성추행과 성폭행을 일삼는다. 정치인이나 관료가 국민 을 개, 돼지, 레밍으로 지칭하는 것은 또 어떤가. 이것은 단순한 사건이나 사 고가 아니다. 이런 현상은 '계급의 신분화', '계급의 인종화'가 진척되는 과 정으로 봐야 한다.

내가 기억하기로 '계급의 신분화'를 노골적이고 상징적으로 드러낸 첫 사건은 2010년 SK그룹 일가 최철원의 소위 '맷값 폭행사건'이었다.[6] 그 후 이와 유사한 엽기적인 사건이 점점 많아졌다.[7] 주지하다시피, 한국은 조 선시대까지 신분제 사회였다. 신분제 사회에서 양반은 상놈을 때려도 된다.

---

5   미국의 기독교 철학자 니컬러스 월터스토프Nicholas Wolterstorff는 이런 말을 한 적이 있다. "나는 나의 삶을 챙기느라 당신에게 손 쓸 여력이 없다. 그리고 당신도 나에게 손 쓸 수 없다.……사람들은 행복할 때만 '우 리 한 번 모이세!' 할 수 있다." 이 말이 딱 맞다. 우리가 다른 사람을 필요로 할 때는 행복할 때가 아니라 불 행할 때지만, 실은 불행할 때 오히려 관계 자원의 결핍을 맞는다.

6   이 사건은 회사 인수합병 과정에서 고용승계를 해주지 않는다며 SK본사 앞에서 1인 시위를 한 50대 노동자 를 최철원이 회사 사무실로 불러 야구방망이와 주먹으로 폭행한 뒤 맷값으로 2,000만 원을 준 사건이다.

상놈은 양반에게 따지거나 대들 수도 없다. 신분이 다르기 때문이다. 맷값 폭행사건은 이런 유의 사고방식이 만들어낸 사건이다. 완전한 퇴행이다. 조선시대에나 일어날 법한 사건들이 일어나고 있는 것이다.

정치인이나 관료가 국민을 동물로 지칭하는 것도 그렇다. 사람을 동물로 지칭한다고 사람이 동물이 될 수는 없다. 그것은 초등학생도 안다. 그럼에도 이런 표현을 쓰는 것은 일반 국민이 자신과는 전혀 다른 어떤 종류의 존재로 보이기 때문이다. 빈부 격차와 계급 격차는 예전에도 있었다. 그럼에도 그 격차가 적을 때에는 '우리는 모두 같은 시민'이라는 '시민 의식'이 있었다. 그러나 지금은 없다. 신자유주의 체제 속에서 계급 격차가 비교 불능으로 확대되었기 때문이다.

자산이 2억 원인 사람은 자산이 1억 원인 사람을 자신과 같은 사람으로 볼 수 있다. 비록 재산 규모가 2배 차이가 나지만, 같은 종류의 사람으로 인정할 수 있다. 그러나 그 재산 규모가 몇 십 배, 몇 백 배, 몇 십만 배 차이가 난다면? 같은 사람이라고 생각하지 않을 가능성이 높다. 이것은 양심이나 인격의 문제가 아니라 물적 토대의 문제다. '민주주의'라는 것도 경제적 격차는 있지만, 그와 상관없이 '너와 나는 다 똑같은 종류의 인간', 즉 똑같은 주권을 가진 '시민'이라는 의식 속에서만 작동될 수 있다. 그러나 작금의 현상들은 현격한 계급 격차 속에서 시민 의식과 그에 기반한 시민사회가 붕괴되고 있음을 보여준다.

이런 상황에서 비공식적이고 사적인 관계 자원을 확충함으로써 사회 제반 문제를 해결할 수 있다는 퍼트넘의 사회적 자본론은 얼마나 우스운가.

7　당시 나를 더욱 놀라게 한 것은 사건 자체가 아니라 사건에 대한 사람들의 반응이었다. "매 몇 대 맞고 2,000만 원 누가 준다면, 나라도 맞겠네" 하는 반응을 보이는 사람들을 주변에서 여럿 보았던 것이다. 경제적 대가가 있다면 인간 이하의 대접도 감수할 수 있다는 노예 의식이 부지불식간에 광범위하게 받아들여지고 있음을 의미했다.

　　　　　—— 사회적 자본, 사회적 관계를 자본화하다

퍼트넘의 논리적 하자가 여기에 있다. 사회적 자본의 축소는 빈부 격차와 계급 격차의 확대로 생긴 여러 결과 중 하나에 불과하다. 그런데 그는 어처구니없게도 사회적 자본 부족을 제반 문제들의 근본 원인으로 보고, 그것을 해결책으로 제시한다.

그가 언급하는 사회적 신뢰의 문제도 그렇다. 사회적 신뢰 붕괴에 가장 큰 역할을 한 것은 국가-자본 권력이다. 하루가 멀다 하고 터져나오는 정치인들의 뇌물수수, 친인척 비리, 사업 비리, 직권남용, 직무유기 등 부정부패 사건들과 비도덕적 행동들을 생각해보라. 혹은 기업인들의 담합, 일감 몰아주기, 탈세, 횡령, 주가 조작 등의 편법·탈법 행위들을 생각해보라. 그럼에도 퍼트넘의 사회적 자본론은 사회적 신뢰를 붕괴시킨 사회지도층의 책임은 은폐하고, 그 책임을 일반 시민들에게 뒤집어씌운 후 그 복구의 의무 역시 일반 시민들에게 지운다.

퍼트넘은 공동체 생활에 적극적으로 관여하는 사람이 그렇지 않은 사람보다 사회적 신뢰도가 높다고 말한다. 그러나 과연 그럴까? 한국의 사회운동단체에서 일하는 사람들의 경우 제도에 대한 신뢰도는 오히려 일반인보다 낮은 것으로 조사되고 있다. 정당에 가입해 적극적으로 활동하는 사람들도 마찬가지다. 그들의 정부 신뢰도 역시 소극적인 정치 참여자들보다 낮다. 왜 그럴까? 정치활동에 깊이 관여할수록 정부활동과 정치에 관한 어두운 면을 많이 알게 되기 때문이다.[8]

퍼트넘은 개인들에게 사회적 자본 확충을 위해 각종 단체와 모임에 참여할 것을 권한다. 그리고 권력에는 그것을 유도하라고 권한다. 그러나 사회적 자본 확충은 강요하거나 유인한다고 해결될 문제가 아니다. 그것은 빈

---

8   박희봉·이희창·조연상, 「우리나라 정부 신뢰 특성 및 영향 요인 분석」, 『한국행정학보』, 2003년 9월(제37권 제3호).

부 격차가 줄어들고, 그 결과로 사람들에게 경제적 여유와 시간적 여유가 주어진다면 자연스럽게 해결될 문제다. 인간은 사회적 동물이다. 타인과 관계를 맺는 것은 인간의 본성이다. 사회 속에서 일정한 소속감을 갖고, 서로 관심과 사랑을 나눌 사람이 있을 때 행복하다는 것을 모르는 사람은 없다. 많은 사람이 관계 자원 결핍에 시달리는 것은 국가-자본 권력이 신자유주의 체제를 구현했기 때문이지, 사람들이 스스로 자신을 고립시켜서가 아니다.

최후 승자는 자본이다

퍼트넘의 사회적 자본론이 보여주는 성격과 기능을 정리하면 다음과 같다. 첫째, 그것은 신자유주의 체제가 인간 관계 전반을 규정하고 지배하는 단계에 이르렀음을 보여준다. 둘째, 제반 사회적 문제의 원인을 은폐하고, 엉뚱한 곳(사회적 자본)으로 원인을 돌린다. 사회적 자본만 충족되면 제반 문제가 해결될 것 같은 환상을 만들어낸다. 셋째, 관계 자원 파탄의 책임 소재를 수많은 개인에게 돌림으로써 권력의 책임을 면탈한다. 넷째, 시장을 견제하는 유일한 대안이라고 여겨지는 시민단체나 NGO를 체제 친화적으로 개조한다. 개조된 시민단체나 NGO는 권력을 중심으로 시민들이 통합될 수 있도록 시민과 권력 사이에서 '교량' 역할을 하게 된다.

　　퍼트넘의 사회적 자본론은 자본권력의 정치권력 잠식에 필수적인 '작은 정부 만들기'에도 복무한다. 퍼트넘은 시민방범대가 조직됨으로써 마을의 치안이 좋아지고, 평소 알고 지내는 사람의 소개로 실업률이 낮아지고, 이웃의 관심과 배려로 사회적 약자에 대한 관청의 복지 담당자와 사회복지사의 업무 부담이 줄어든다고 주장한다. 이런 주장은 그만큼 정부의 역할과 기능이 축소되어도 좋다는 논리로 비약되기 쉽다. 실제로 퍼트넘은 미국 시민들이 혼자 볼링을 하게 된 원인 중 하나로 '복지국가의 성장'을 든다. 과거 가족, 교회, 자발적 결사체들이 맡고 있는 기능을 복지 관료가 맡음으로써 관계 자원이 부실해졌다는 것이다.

우리는 앞서 거버넌스에 대해 살펴본 바 있다. 거버넌스가 성립하기 위해서는 우선 시민사회를 구성하는 다양한 단체나 모임이 존재해야 한다. 그냥 존재하기만 하는 것이 아니라, 국가-자본 권력에 호의적이고 협조적이어야 한다. 호의와 협조가 자연적으로 이루어질 리 없다. 거기에는 국가-자본 권력의 통제와 관리가 필요하다. 효과적인 통제와 관리를 위해서는 단체와 모임이 국가-자본 권력과도 연결되어 있어야 하지만, 단체와 모임끼리도 연결되어 있어야 한다. 시민 네트워크는 그래서 필요한 것이 된다.

거버넌스 체제에서 정부의 역할은 전체 네트워크를 관리하는 조정자다. 정부는 행위의 주체가 아니다. 거버넌스를 구성하는 수많은 주체가 서로 경쟁하고 협력할 수 있는 장을 마련하고, 한 발 뒤로 물러서서 지켜보다 중재하거나 조정할 일이 있으면 그 일을 할 뿐이다. 그것이 거버넌스 체제에서 이상적인 정부의 역할이다. 정부가 한 걸음 물러나는 만큼, 한 걸음 앞으로 나아가 그 자리를 메우는 것은 자본이다. 정부의 기능·지위 축소와 자본의 기능·지위 강화는 비례한다.

퍼트넘의 사회적 자본론은 민주적 참여, 협력체제, 시민의 주인 의식을 주장한다. 그것은 비유하자면 학생들이 강요당하는 '자기주도 학습'과 비슷하다. 입시교육 시스템하에서 자기주도 학습이란 '너 어차피 공부해야 할 거, 네가 알아서 주체적으로 열심히 하라' 하는 말이다. 그것은 독립적이고 자율적으로 공부하고 싶은 것을 스스로 결정하고, 자신이 하고 싶은 방법에 따라 공부해나가는 것과는 거리가 멀다. 퍼트넘이 말하는 민주적 참여, 협력체제, 시민의 주인 의식도 마찬가지다. 자본 주도의 거버넌스 체제라는 틀은 이미 정해져 있다. 그 안에서 '시민들이여, 주인 의식을 갖고 참여하고, 서로 협력하라'는 말이다.

자본주의4.0, 자본의 영원회귀

'신자유주의를 바꾸자'는 신자유주의자들

2012년 다보스포럼 개막 직전, 포럼의 회장 클라우스 슈바프는 기자들에게 이런 말을 했다. "우리가 죄를 지었다.……나는 자유시장제도의 신봉자이지만 시장은 사회를 위해 기능해야 한다. 자본주의 체제는 너무 과잉이 많고 포용성은 부족하다. 현 상황은 자본주의란 말로는 설명이 안 된다."[1] 이 말을 어떻게 이해해야 할까? 슈바프는 1971년 "상위 1퍼센트 중에서도 상위 1퍼센트에 속하는 최상류층을 위한 사교 클럽"이라 불리는 다보스포럼을 만든 사람이다. 이런 사람이 "우리가 죄를 지었다"고 말하다니, 갑자기 개과천선이라도 한 것일까?

헤지펀드, 기습공격 투자, 위험차익 거래, 기업 인수합병 등 가장 투기적인 방법으로 천문학적인 부를 일군 조지 소로스도 마찬가지다. 그 역시

---

1   윤휘종, 「자본주의 36.5」 (1부) 자본주의는 지금 진화 중 (2) 길 잃은 신자유주의, 『파이낸셜뉴스』, 2012년 2월 1일.

지금의 글로벌 자본주의의 한계와 불공정한 세계를 비판하는 발언을 여러 차례 했다. 그러나 그의 (가시적) 태도는 슈바프와 또 달라서 금융투기로 부를 쌓은 것에 대해서 어떠한 반성도 하지 않았다. 그는 이렇게 말했다. "나는 부를 쌓은 것에 대해 어떤 죄책감도 느끼지 않는다. 널리 유행하는 규칙에 따라 돈을 벌었기 때문이다. 나는 그 규칙이 부적절하다는 사실을 알고 있으며, 그것이 바뀌는 쪽을 지지한다. 하지만, 그 규칙에 준해 움직이지 않았다면, 그것을 바꿀 수 있는 역량을 갖추지 못했을 것이다."[2]

말이 묘하다. 일반적으로 우리가 어떤 죄책감을 느끼는 것은 자신의 양심에 걸리기 때문이다. 그런데 소로스는 지금의 규칙이 용인하는 방식으로 돈을 벌었기 때문에 죄책감을 느끼지 않는다고 말한다. 그러면서도 한편으로는 양심 때문에 지금의 규칙이 부적절하다고 말한다. 자신의 비도덕적인 일에 대해서는 양심이 발동하지 않지만, 체제에 대해서는 유독 양심이 예민하게 발동하는 모양새다. 소로스의 태도는 말하자면 이런 것이다. '잘못된 자본주의 체제 때문에 내가 너무 많은 돈을 벌고 있어. 이것을 고치지 않으면 나는 앞으로도 부당하게 더 많은 돈을 벌게 될 거야(당신들의 부를 마구 약탈하게 될 거야). 나는 그것을 멈출 수 없어. 그러니 사람들아, 나와 함께 체제를 바꾸자.' 웃기지 않는가.

표면적 태도의 차이에도 슈바프와 소로스의 주장에는 공통점이 있다. 지금의 자본주의 체제를 변화시키고자 하는 욕망이다. 그 부분에서만은 정확히 일치한다. 그 둘만 그럴까? 아니다. 앞서 살펴보았듯이, 빌 게이츠나 워런 버핏 같은 자본가들도 자본주의 체제 변화에 적극 동의한다. 그뿐인가. 우리가 이제까지 논의했던 사회적 시장경제, 거버넌스, 박애 자본주의,

---

2   매슈 비숍 · 마이클 그린, 안진환 옮김, 『박애 자본주의』(사월의책, 2010), 397쪽.

기업의 사회적 책임, 사회적 자본도 체제 변화를 꾀하는 담론이다. 우리는 현재 대대적인 자본의 이데올로기적 융단폭격 속에서 살고 있다. 이러한 담론들은 인문학의 외피를 쓰고 대중에게 잘 팔려나가고 있다.

아무튼 이런 조지 소로스가 적극 추천한 책이 있다. 아나톨 칼레츠키가 쓴 『자본주의4.0』이다. 이 책의 한국어판 표지에는 "자본주의의 미래를 이해하려면 반드시 읽어야 할 책이다!"라고 적혀 있다. 책 맨 앞에는 이 책을 내는 데 도움을 준 사람들을 언급하고 그들에게 감사의 말을 전하는 '감사의 글'이 실려 있는데, 이것을 보면, 칼레츠키와 소로스가 매우 긴밀한 관계에 있음을 알 수 있다. '감사의 글'에서 칼레츠키는 2009년 9월 새경제사상연구소Institute for New Economic Thinking 설립을 위해 조지 소로스의 집에 모였던 저명한 경제학자들에게 많은 도움을 받았다며 감사의 말을 전하고 있다.

새경제사상연구소는 조지 소로스가 자금을 대고 미국의 조지프 스티글리츠와 영국의 로버트 스키델스키 교수가 주도하는 연구소다. 칼레츠키는 이 모임에서 조지 소로스·조지프 스티글리츠 등과 토론하면서 "이론경제학이 정치선전의 형태로 타락했으며, 자본주의 시스템과 '함께' 재탄생되어야 한다는 확신을 얻을 수 있었다"고 썼다. 이것이 『자본주의4.0』의 핵심 주장이라는 점을 생각하면, 소로스는 한 사람의 독자로서 이 책을 추천한 것이 아니다. 그는 책의 내용에 결정적인 영감을 준 사람으로서, 자기 동료에게 헌사를 바쳤다고 봐야 한다.

책의 내용이나 입장 역시 소로스 혹은 슈바프와 비슷할 수밖에 없다. 칼레츠키는 책에서 2008년의 미국발 금융위기가 지나친 시장 의존이 얼마나 위험할 수 있는지를 보여주는 증거라고 비판하며, 자본주의 체제에 대한 조정이 필요하다고 주장한다. 그리고 그 변화된 체제를 '자본주의4.0'이라 명명했다. 그는 본래 신자유주의를 적극 옹호하고 전파하던 사람이었다. 그런 사람이 태도를 바꿔 신자유주의로 인해 세계적인 경제 위기가 초래되었으니, 이제 새로운 버전의 자본주의 체제가 필요하다고 주장하고 있는 것이다.

뒤틀린 상생과 공생의 의미

칼레츠키가 주장하는 자본주의4.0의 개념은 이렇다. 미국·프랑스의 정치혁명과 영국의 산업혁명으로 시작되어 1929년 세계경제 대공황과 함께 막을 내린 전통적인 자유방임 자본주의가 '자본주의1.0'이다. 그 이후 대공황 극복을 위해 정부가 시장에 적극 개입하게 된다. 프랭클린 루스벨트 대통령의 뉴딜, 린든 존슨 대통령의 '위대한 사회', 영국과 유럽의 복지국가 개념을 포괄하는 정부 주도의 수정자본주의, 이것을 '자본주의2.0'이라 한다. 그러다 1970년대 두 차례 석유파동으로 수정자본주의도 위기를 맞게 된다. 자본주의는 다시 정부의 시장 개입을 최소화하는 신자유주의로 선회하게 되는데 그것이 '자본주의3.0'이다. 그리고 2008년 미국발 금융위기로 신자유주의 역시 위기를 맞게 된다. 그 이후 제기되는 것이 '자본주의4.0'이라는 것이다.

자본주의4.0은 간단히 말해 '인간의 얼굴을 한 따뜻한 자본주의'다. 그 구호는 공생, 상생, 동반성장, 녹색성장, 기업의 사회적 책임 같은 것들이고, 자본가들의 기부와 자선도 주된 실현 방식으로 언급된다. 한마디로 자본주의4.0은 "따뜻하고 존경받는 자본가들"에게서 문제의 해법을 발견한다고 보면 되겠다.

칼레츠키의 4단계 자본주의 진화론을 보고 있노라면 '역사는 반복되는 것 아닌가?' 하는 생각도 든다. 왜냐하면 힘의 중심추가 시장(1.0)→사회(2.0)→시장(3.0)→사회(4.0)로 반복해서 왔다 갔다 하는 것처럼 보이기 때문이다. 그러나 자본주의2.0과 자본주의4.0은 우선 주체가 다르다. 수정자본주의를 주도한 것은 정부였다. 그러나 자본주의4.0 담론을 주도하는 것은 글로벌 자본이다. 자본주의2.0에는 민주적 요소가 있었다. 그러나 자본주의4.0은 철저하게 위에서부터의 개혁이다. 그것은 경제체제에서 메이지 유신, 혹은 친위 쿠데타라 할 수 있다.

　　엄밀하게 말하면 자본주의4.0은 힘의 중심추가 사회로 기울었다고 할 수도 없다. 자본주의4.0의 중심축은 신자유주의와 마찬가지로 여전히 자본에 있기 때문이다. 자본주의4.0은 사회(정부)를 자본 쪽으로 바짝 끌어당기는 것을 말한다. 그런데도 칼레츠키는 단순히 시장과 사회가 합쳐졌다는 이유로 시장경제에 사회적 가치가 구현되었다고 말한다. 그가 말하는 자본주의4.0은 "공공·민간의 혼합 모델", "적응성 혼합 경제"다. 그는 "자본주의4.0에서는 정부와 민간경제가 더욱 가까운 관계가 될 것"이며,[3] "정부와 시장은 분리하기 어려워질 것"이라고 했다.[4] 결국 정부와 시장이 하나가 된다는 이야기인데, 그것은 시장이 정부를 포식하는 것을 의미한다.

　　정부와 시장이 하나가 되어야 하는 이유는 이렇게 설명된다. 자본주의3.0의 시대엔 언제나 시장이 옳고 정부가 잘못되었다고 여겨지고, 자본주의2.0의 시대에서는 언제나 정부가 옳고 시장은 잘못되었다고 여겨졌다. "새로운 자본주의 시대 가장 큰 특징은 정부와 시장 모두 잘못될 수 있고, 때로는 이런 오류가 거의 치명적일 수도 있다는 사실을 인식하는 데 있다."[5] 칼레츠키의 말은 정부와 시장 모두 잘못될 수 있음을 인식하면, 정부와 비즈니스가 대립 관계가 아니라 동반자 관계가 될 것이고, 또 그렇게 되어야 한다는 것이다.

3　아나톨 칼레츠키, 위선주 옮김, 『자본주의4.0』(컬처앤스토리, 2011), 22쪽.
4　아나톨 칼레츠키, 위선주 옮김, 앞의 책, 24쪽.
5　안찬수, 「신자유주의 대체할 새 경제 패러다임」, 『내일신문』, 2011년 8월 19일.

사람들은 흔히 '상생과 공생'이라고 하면 대기업과 중소기업의 상생과 공생을 생각한다. 그러나 자본주의4.0 담론에서 상생과 공생은 그런 뜻이 아니다. 칼레츠키가 주장하는 상생과 공생은 크게 두 가지다. 하나는 자본과 정부의 상생과 공생이다. 그런데 이것은 앞서 말했듯이 자본이 정치를 집어삼키는 것을 말한다. 또 하나는 자본이 약자, 특히 빈민을 돌보는 것이다. 이것은 보통 기업의 자선과 기부를 말한다. 결국 칼레츠키가 주장하는 상생과 공생은 자본이 정부와 사회를 포식하는 것을 의미한다고 볼 수 있다.

칼레츠키의 주장에는 이해하기 힘든 대목이 있다. "정부의 역할은 커지더라도 정부의 크기는 줄어들어야 한다"는 주장이 그것이다.[6] 정부의 역할이 커지려면 정부의 크기도 커져야 하는 것은 상식이다. 그럼에도 그는 반대로 말한다. 이것도 '정부의 민영화'를 염두하고 읽어야 이해가 된다. 정부 기능을 자본에 넘기면, 넘기는 만큼 정부는 작아진다. 그러면서도 많은 일을 할 수 있다. 이것을 '국가의 준자율적 비정부조직화the quango-ization of the State(특수법인화)' 혹은 '통치의 탈국가화'라 한다.

자본주의4.0은 철저하게 자본을 위한 담론이다. 『자본주의4.0』이 발간되자마자 『조선일보』나 『파이낸셜뉴스』 같은 보수지와 경제지들이 자본주의4.0을 알리는 데 앞장섰던 것도 그 때문이다.

자본주의 밖은 없다

칼레츠키는 자본주의에 대한 신념이 매우 강한 사람이다. 그는 '자본주의는 죽지 않으며, 시대에 맞춰 진화하는 시스템'이라는 신념을 갖고 있다.[7] 그

---

6 정승양, 「유능한 정부가 시장경제 살린다」, 『서울경제』, 2011년 8월 19일.

에게 자본주의는 하나의 체제가 아니다. 그것은 어떠한 변화에도 진화하고 적응할 수 있는 일종의 모母체제다. 그래서 연성軟性 버전으로 자본주의 진화를 설명한다. 그가 보는 자본주의는 계속 버전을 바꿔가며 어떠한 상황에서도 적응해 살아남을 수 있는 유기체다. 그에게 자본주의 밖은 없다(여기서 우리는 그의 전체주의적 시각을 읽을 수 있다).

칼레츠키는 '정부와 시장의 협력'을 통해 '따뜻한 자본주의'를 만들어나가자고 한다. 말은 좋다. 그러나 이 해법은 엉뚱하다. 왜냐하면 이제까지 정부와 기업이 서로 적대적이어서 많은 사회적 문제가 발생한 것이 아니기 때문이다. 현실은 반대다. 정경유착은 사실상 제도화되어 있다고 해도 과언이 아니다. 그 관계 속에서 신자유주의는 우리 생활 곳곳에 뿌리내릴 수 있었다.

칼레츠키의 주장을 찬찬히 뜯어보면, 신자유주의와 별 다를 것 없는 것이 많다. 그는 여전히 공공서비스의 민영화에 찬성하고, 사회투자론에 동의하며, 선택적 복지를 주장한다.[8] 그래서 자본주의4.0은 신자유주의를 극복하고 있는 것이 아니라 그것을 계승하고 있다는 비판을 받기도 한다. 『한겨레』의 콘텐츠평가실장 김지석의 글이다. "신자유주의는 시장근본주의와 함께 금융자본주의, 정치적 신보수주의 등을 기반으로 하지만 이 책은 시장근본주의만을 도마에 올린다.……자본주의4.0은 신자유주의의 중요 내용을 계승하고 있으며 '신자유주의 체제의 속편'이라고 해도 지나치지 않다. 이상하게도 이 책 한국판의 부제는 '신자유주의를 대체할 새로운 경제 패러

---

7 조은효·성초롱, 「『자본주의 36.5』 (1부) 자본주의는 지금 진화 중 (1) '자본주의 4.0' 아나톨 칼레츠키 인터뷰」, 『파이낸셜뉴스』, 2012년 1월 30일.

8 공공서비스의 민영화와 선택적 복지가 되어야 자본이 공공 영역을 파고들어갈 틈이 생긴다. 보편적 복지는 순전히 정치적 영역에 해당되는 것이어서 자본이 경제적 영역을 남겨놓지 않는다. 혹자는 '사회투자론은 제3의 길에 포함되는데, 왜 신자유주의라고 말하는가?' 하고 의문을 가질지 모르겠다. 그러나 나는 제3의 길 자체가 신자유주의의 좌파 노선이라고 생각한다. 이에 대해서는 나중에 다시 설명하겠다.

다임'으로 돼 있지만 말이다."[9]

칼레츠키가 시장근본주의만을 문제 삼는 것은 맞다. 그러나 칼레츠키가 시장근본주의를 버렸느냐 하면 그것도 아니다. 시장근본주의에 대한 진정한 극복은 '시장에 대한 민주적 통제'를 강화하는 데 있다. 그러나 칼레츠키는 이에 대해 일언반구도 없다. 오히려 반대로 '적응성 혼합 경제'라는 이름으로 정치적 권한의 일부를 자본에 떼어주어 시장근본주의의 문제를 극복하자고 주장한다. 칼레츠키는 국내 한 언론과의 인터뷰에서 이런 말을 했다. "기업의 역할은 직원들의 복지에 대한 투자를 확대하는 데 있는 게 아니라 그간 정부가 담당했던 의료, 교육 등 공공서비스를 판매하는 데 있다. 즉, 현재 정부가 주도하고 있는 복지서비스가 시장경제 안으로 편입돼야 한다는 거다."[10]

이것은 시장근본주의를 반대하는 것이 아니라, 오히려 그것을 옹호하는 것이다. 비유하면 자가용의 주인도 아닌 사람이 제일상석에 앉아 운전자에게 이리 가라 저리 가라 참견해서 자동차를 막다른 길로 다다르게 해놓고 '네가 운전해서 길을 잃었으니, 이제 내가 직접 운전 하겠다'며 운전대를 내놓으라고 하는 꼴이다.

자본은 왜 이데올로기 공세를 퍼부을까?

역사적으로 자본의 이데올로기적 공세가 없었던 적은 없었다. 그러나 최근처럼 버라이어티한 이데올로기적 공세가 숨 돌릴 틈도 없이 이루어진 적은 없었다(이제까지 다룬 사회적 시장경제, 박애 자본주의, 거버넌스, 기업의 사회적

---

9 김지석, 「신자유주의 계승한 '자본주의4.0'」, 『한겨레』, 2011년 11월 18일.
10 조은효 · 성초롱, 앞의 기사.

책임, 사회적 자본, 자본주의4.0 등이 모두 이에 해당한다). 이유가 무엇일까? 그 것은 무엇보다 세계의 경제 상황이 심상치 않게 돌아가고 있기 때문인 것으로 보인다. 흔히 사람들은 2008년 미국발 금융위기 이후 세계경제가 호전되고 있는 것으로 알고 있지만, 다른 시각도 있다. 대표적인 경우가 마르크스주의 경제학자 박승호가 그렇다. 그는 지금의 상황을 '지구적 자본주의의 위기'라고 말한다.

그는 1929년 세계대공황의 발발 이후 1937년 두 번째 위기가 닥쳐온 것을 언급하며, 지금의 상황이 그와 비슷한 것으로 본다. '21세기 대공황'의 2차 쇼크가 시작되었다는 것이다. 그는 2008~2015년의 시기를 대공황의 제1국면으로 보고, 그 이후 제2국면이 진행되어 또 다른 금융위기가 나타날 것으로 예측했다. 그걸로 끝이 아니다. 그 후로도 긴축재정과 통화팽창으로 인한 간헐적 금융위기가 지구적 자본주의를 깊은 불황의 늪에 빠뜨릴 것으로 보았다. 이러한 예측은 기우일까? 그렇지는 않다. 실제로 2008년의 금융위기를 발생시킨 조건들은 그 후로도 변한 것이 없기 때문이다. 박승호의 설명이다.

"아무것도 바뀌지 않았어요. 2008년 세계금융공황이 터지자 자신들도 놀랐으니까 부랴부랴 금융개혁을 약속했지요. 또 일반 국민들도 '월가의 탐욕'을 비난하며 개혁을 요구했어요. 2011년 '월가를 점령하라'는 시위가 대표적이지요. 근데 지금 돌아보면 남은 게 아무것도 없습니다. 독일이 투기를 제한하자며 유럽연합 차원에서 토빈세(국제 투기자본을 규제하기 위해 단기성 외환거래에 부과하는 세금)를 도입하자고 거론하자 당장 영국이 발끈했어요. 유럽 금융기관들도 반대했습니다. 또한 거대 은행들의 일부가 국유화되었지만 매우 형식적인 것이었습니다. 문제를 일으킨 경영진은 그대로 있고 (국유화는) 국가의 돈을 투입하기 위한 요식 절차에 불과했습니다."[11]

1929년의 세계대공황과 달리 각국 정부는 곧바로 개입해서 공황이 더 크게 번져나가는 것을 막았다. 사상 초유의 저금리에 돈을 무제한으로 풀고 각종 경기부양책으로 대응했다. 그러나 정말로 불이 꺼진 것일까? 언제라도 큰 화마火魔로 변할 수 있는 불씨가 남아 있는 것은 아닐까? 이러한 조치는 미봉책일 뿐이다. 이러한 동시다발적 조치에도 세계경제가 좀처럼 회복되지 않는 이유를 박승호는 이렇게 설명한다.

"시스템 붕괴를 막기 위해 시도한 무리한 대책들이 곧바로 후유증을 일으킨 것이지요. 막대한 돈을 투입해야 했는데 돈이 하늘에서 떨어지는 일은 없잖아요? 그러면 국채를 발행해서 조달해야지요.……(특히) 유로화를 공동으로 사용하는 유로존 나라들(19개국)은 자국 통화가 없으니 돈을 찍어서 재정 조달을 못하고 고스란히 국채를 발행해서 조달할 수밖에 없고,…… 그렇게 되면 이들 유로존 약소국들은 해외 채권자들에게 혹독한 긴축재정을 강요받습니다. 유로존 나라들이 가장 극심했지만, 다른 선진국들도 정도의 차이가 있을 뿐 대부분 긴축재정에 들어갔습니다. 이렇게 선진국 정부가 긴축에 들어가면서 선진국의 실물경제가 위축되지요. 그리고 그 여파는 신흥국의 실물경제에도 미치게 되고, 그래서 2012년부터는 사실상 '지구적 불황'이 시작되었다고 봅니다."[12]

석연찮은 분위기는 다보스포럼에서도 다소 감지된다. 미국발 금융위기 이후 열린 2009년 다보스포럼의 의제는 '위기 이후의 세계'였고, 2010년에는 '더 나은 세계'로 금방 위기가 극복된 것 같은 분위기를 연출했다. 그러나 2011년에는 '새로운 현실'로 고심의 흔적을 남기더니, 2012년에는 '대전환'이라는 패기만만한 주제를 설정했고, 2013년에는 '탄력적 역동성'을 주제로 다소 낙관적 전망을 내놨다. 그러나 2014년 다시 '세계의 재편'

11 허수영·이정무, 「자본주의4.0은 없다. 21세기 대공황은 현재 진행형」, 『민중의소리』, 2015년 10월 18일.
12 허수영·이정무, 앞의 기사.

에 이어 2015년 '새로운 글로벌 상황'이라는 다소 무거운 분위기로 돌아섰다. 이런 것을 보면, 자본 쪽에서도 탈출구를 부단히 모색하고 있지만, 그리 수월하게 이루어지고 있지는 않음을 짐작할 수 있다.[13]

지금은 자본의 위세가 역사상 유래 없이 높은 시대다. 그러나 한편으로는 위기의 시대이기도 하다. 계속 빈부 격차가 심화되고, 세계적인 불황이 깊어질수록 계급간의 반목과 투쟁이 확산될 가능성 역시 높아지기 때문이다. 그것은 자칫 자본주의 체제 자체를 뒤흔들지도 모른다. 자본의 집요한 이데올로기적 공세는 두 가지를 의미한다. 하나는 자본권력이 전 세계 민중의 용인 속에서 정치권력을 접수할 날이 머지않았다고 보고 박차를 가하고 있다는 점, 그러면서도 한편으로는 이렇게 이데올로기적 공세를 펴붓지 않으면 안 될 정도로 위기감을 느끼고 있다는 점이다.

선제적 대응으로서의 기부와 자선

당연한 말이지만, 자본은 경제 위기가 심화되기 전에 미리 그 사실을 안다. 그리고 선제적 대응을 한다. 『자본주의4.0』도 그렇다. 이 책이 발간된 것은 2011년이다. 2008년 미국발 금융위기가 발생한 지 얼마 안 된 시점이었고, 월가 점령 시위가 확산될 때였다. 이 책은 '따뜻한 자본주의', '인간의 얼굴을 한 발전 전략'이 가능하다고 주장함으로써 대중투쟁이 자본주의를 부정하고 새로운 체제로 나아가는 것을 막는 데 일조했다.[14] 이 책이 그렇게 강

---

13 2016년에 와서야 탈출구로 보일 만한 주제가 다보스포럼에 등장했다. 바로 '제4차 산업혁명의 이해'였다. 이에 대해서는 뒤에서 다루겠다.

14 이 책은 현재 절판이다. 절판된 시점을 보니, 2015년에 이미 절판된 것 같다. 출간 당시 그렇게 많은 언론 조명과 지식인들의 관심을 많이 받았던 책이 불과 3~4년 팔리고 절판되어버린 것 역시 자본주의4.0 담론의 일회적 성격을 잘 보여주는 것으로 보인다.

조하는 기부와 자선도 경제 위기에 일정한 선제적 기능을 할 수 있다. 역사적 전례가 있다.

　　1929년 3월 취임 연설에서 허버트 후버 대통령은 "공공의 행복을 위해서 미국인들이 서로 협력하는 능력"을 치하했다. 그리고 "미국인들의 공공 건강, 여가, 교육과 가정을 개선하기 위해 연방정부와 수많은 에이전시, 전국 혹은 지방, 개인적 혹은 공공 에이전시들 간의 협조체제를 발전시켜나가겠다"고 발표했다. 그해 10월 대공황이 시작되자, 후버는 이 계획을 실행해 옮겼다. 증가하는 실업에 대항해서 기부금을 모금할 시민위원회와 지역자치단체위원회를 창설했다. 모금된 돈은 구호단체로 전해져서 실업상태에 있는 국민들의 저녁을 준비하고 석탄을 배급하고 의료 활동을 베푸는 데 쓰였다. 개인적 차원의 자선만이 늘어나는 구호 수요를 간신히 지탱할 수 있었다.[15]

　　후버의 이러한 '사회복지의 자선화'는 경제 위기가 계속되면서 한계에 부딪혔다. 기부금으로 낼 돈이 시민들의 호주머니에 남아 있지 않게 되었던 것이다. 이 정책은 프랭클린 루스벨트 대통령에 의해 폐기되어 뉴딜 정책으로 선회했다. 그럼에도 후버는 기부와 자선을 통해 한동안 '제로비용의 통치'[16]를 구가할 수 있었다. 자선과 복지는 반비례한다. 복지가 잘 되어 있는 나라들을 보면 민간 자선활동이 그리 활발하지 않다. 그것은 시민들의 도덕성이 낮기 때문이 아니라, 복지가 잘 되어 있어 자선활동을 벌여야 할 이유가 별로 없기 때문이다. 반면 복지 시스템이 잘 갖춰지지 않은 나라들은 자선활동이 활발하다. 자선이 활발하고 안 하고는 시민의 도덕성 문제가 아니라, 정책의 문제다.

15　브누와 브레빌, 「자선이 복지국가 역할을 대신한다면」, 『르몽드 디플로마티크』, 2014년 12월 4일(75호).
16　미국의 역사가 올리비어 준츠(Olivier Zunz)가 한 말이다.

기부와 자선은 빈곤문제를 해결하라는 사회적 요구에 대한 정부의 부담을 상쇄한다. 또한 기업 통제에 대한 정치인들의 책임을 면하게 해준다. 정치권력은 거액의 기부를 약속한 자본가들을 초대해 언론 앞에서 함께 사진을 찍고, 그들의 사회적 책임 이행을 찬양한다.[17] 그를 통해 정부가 외부의 자원까지 동원해 난관에 빠진 사회를 구하기 위해 노력 중이라는 인상을 준다. 그리고 국민들도 이 '착한 자본가'들을 본받아 기부와 자선에 나서라고 부추긴다. 이것은 정부가 해야 할 일을 안 하는 부작위, 혹은 배임에 해당한다. 그럼에도 이러한 행위는 기업까지 끌어들여 '총력'으로 과업을 수행하는 것처럼 포장된다.

기부와 자선에는 중요한 정치적 기능이 숨어 있다. 그것은 사람들로 하여금 '기업에 의존해 살아가도 괜찮겠다'는, 혹은 '그렇게 살아가는 것도 이상하게 느껴지지 않는다'는 생각과 생활방식을 만들어낸다. 사람을 길들인다는 말이다. 세상에 공짜는 없다. 국민의 대표 기관도 아닌 기업에 의존해 살아간다면, 우리는 그만큼 기업에 권력과 권위를 내주어야 한다. 정부처럼 우리 손으로 뽑은 대표도 아닌, 오로지 사적 이익을 추구하는 조직에 우리의 공적·사적 삶을 모두 내맡기는 것, 그것은 노예적 사고와 생활양식을 배태한다.

자선은 이데올로기의 기능도 한다. 인도 소프트웨어 산업의 대표주자인 인포시스Infosys의 공동창업자 난단 닐레카니는 이런 말을 한 적이 있다. "사람들이 기업 자본주의를 경제발전을 위한 최선의 형태로 받아들이게 하기 위해서도 자선은 필요합니다."[18] 좀더 구체적인 정황도 있다. 헝가리

17 버락 오바마가 그랬다. 그는 워런 버핏과 빌 게이츠, 다른 40여 명의 억만 장자들이 자신들의 전 재산의 절반을 기부하겠다고 약속한 후, 기부 약속 캠페인의 선도자인 두 거인들을 백악관에 초청했다.
18 매슈 비숍·마이클 그린, 안진환 옮김, 앞의 책, 432쪽.

출신의 유대인인 조지 소로스는 자신이 헝가리를 비롯한 동유럽의 탈공산
화와 소련의 붕괴를 위해 자선재단 '열린사회재단'을 세웠고, 그를 통해 체
코슬로바키아의 77헌장, 폴란드의 자유노조, 소련 내 유대인들을 비롯해 동
유럽의 반체제 그룹들을 지원해 상당한 성과를 거두었다고 말한 바 있다.[19]

　　자본가들의 자선은 정치와 무관한 선의에서 비롯된 것이 아니다. 그
렇다면 평범한 시민들의 자선은? 당연히 그 자체로서는 특별한 정치적 의도
가 없을 것이다. 그러나 그 역시 자신의 의도와 상관없이 정치적으로 이용
당할 가능성이 상존한다는 것을 알아야 한다.

19　매슈 비숍 · 마이클 그린, 안진환 옮김, 앞의 책, 398쪽.

　　　　　　　　　　　　　　　　　—— 제5장 기업 인문학의 정치 담론

제 6 장

기업 인문학의 과학 담론

빌 게이츠는 왜 빅 히스토리를 지원할까?

빌 게이츠와 빅 히스토리의 만남

벌써 10년도 훨씬 지난 일이다. 후배가 내 생일에 책을 한 권 선물했다. 빌 브라이슨의 『거의 모든 것의 역사』였다. 이 책의 첫 느낌은 이랬다. '한 권에 모든 역사를 담았다고? 오만하군.' 당시 이 책이 잘 팔린다는 사실은 알고 있었다. 내용을 들여다보니 대개 알고 있는 기초적인 내용이었다. 특징이 있다면 여러 학문의 지식을 잘 버무려 놓았다는 것 정도였다. 당시는 '한 권으로 읽는 ○○○'이나 '하룻밤에 읽는 ○○○' 같은 책이 많이 나올 때였다. 나는 『거의 모든 것의 역사』도 이런 류의 책으로 보았다. 대중이 읽기 쉽게 기초적인 지식을 잘 정리해놓은 일종의 교양 다이제스트 북으로 여긴 것이다. 그리고 잊었다.

　　내가 이 책을 다시 떠올린 것은 최근 '빅 히스토리'라는 말이 사회에 회자되면서였다. 데이비드 크리스천과 밥 베인의 『빅 히스토리』(2013), 데이비드 크리스천의 『시간의 지도』(2013), 신시아 브라운의 『빅 히스토리』(2013), 유발 하라리의 『사피엔스』(2015) 등 빅 히스토리 계열의 책이 잇따라 출판시장에서 큰 반향을 불러일으켰다. 이 책들은 우주의 탄생부터 현대 인류의 역사까지 모두 다루는 것이 『거의 모든 것의 역사』와 유사했다. 단순한 유행은 아니라고 생각했다. 무엇보다 '빅 히스토리'라는 네이밍이 심상치 않았다. 그것은 하나의 학문 분과명으로 쓰일 수 있는 것이었다.

아나나 다를까, 빌 게이츠가 빅 히스토리 연구 프로젝트에 1,000만 달러(약 115억 원)를 투자했다는 이야기가 들려왔다. 페이스북 설립자 마크 저커버그 역시 북클럽에서 함께 읽고 싶은 책으로 『사피엔스』를 추천했다고 한다. 빅 히스토리는 글로벌 자본가들의 적극적인 호응과 지원 속에서 성장하고 있었다. 특히 빌 게이츠는 아예 발 벗고 나서는 수준이다. 그는 전 세계의 모든 중고생이 빅 히스토리의 틀 안에서 과학과 역사를 통합적으로 배우도록 노력하겠다고 말했고, 그것을 실천하고 있다.

재정적인 도움은 물론 테드TED 등을 통해 빅 히스토리의 개념을 세상에 알렸고, '국제 빅 히스토리 협회' 창설에도 참여했다. 그의 후원으로 만들어진 온라인사이트 '빅 히스토리 프로젝트'는 빅 히스토리를 배우고 가르칠 수 있는 교안敎案, 동영상 강의, 관련 자료를 무료로 제공하고 있다. 그 결과 지금은 전 세계 50여 개 대학(2014년 기준)과 수많은 중 · 고등학교에서 빅 히스토리가 정식 과목으로 채택되고, 그 수는 급속히 늘어나고 있다.[1]

빌 게이츠가 빅 히스토리를 지원하게 된 경위는 이렇다. 그는 평소 운동을 하면서 다양한 온라인 동영상 강의를 시청하는 습관이 있는데, 어느 날 우연히 데이비드 크리스천 교수의 빅 히스토리 강의를 듣고 눈이 번쩍 뜨였다. "역사는 이렇게 가르쳐야 한다"고 생각한 빌 게이츠는 마침 미국에

---

1 한국에서는 2009년부터 이화여자대학교에 빅 히스토리 강좌가 개설되었다. 중 · 고등학교에는 2012년부터 강좌가 개설되어 서초고 · 풍문여고 · 대원국제중 · 성수중 · 상암중 등에서 빅 히스토리를 방과후 과목으로 운영하고 있다. 또한 2015년에는 서울 하나고등학교가 처음으로 빅 히스토리를 정규과목으로 도입했다.

와 있던 데이비드 크리스천을 만나서, 빅 히스토리를 전파하는 데 자기가 일익을 담당하면 좋겠다고 했다. 두 사람은 곧바로 의기투합해 빅 히스토리 프로젝트를 시작하기로 했다.

빌 게이츠를 만나기 전 데이비드 크리스천은 어떤 상태에 있었던가. 오스트레일리아 매쿼리대학의 역사학자인 데이비드 크리스천은 공산주의가 몰락하던 1989년에 역사 입문 강의를 어떻게 할지 고민하다가, '우주 빅뱅부터 시작하면 좋겠다'는 아이디어를 떠올렸다. 그때부터 빅 히스토리 개념의 강의를 시작했다고 한다. 그로부터 20년이 넘는 세월을 빅 히스토리를 알리기 위해 혼자 고군분투한 것이다. 그런 그에게 거짓말처럼 빌 게이츠가 나타났다. 천우신조의 기회였다. 주지하다시피 빌 게이츠는 세계 최고의 자본가다. 단순히 돈만 많은 것이 아니다. 그는 세계가 주목하는 셀러브리티이자 오피니언 리더이기도 하다. 실제로 빅 히스토리는 빌 게이츠를 만나면서 획기적 전기를 맞이했다. 그것은 부인할 수 없는 사실이다.

빌 게이츠가 빅 히스토리를 지원하는 이유

인터넷에는 '빌 게이츠가 한눈에 반한 빅 히스토리'라는 제목의 동영상이 돌아다닌다. 이 동영상에서 빌 게이츠는 자신이 빅 히스토리를 후원하게 된 이유를 설명한다. 그는 자신이 가장 좋아하는 학문이 빅 히스토리이며, 그 이유는 빅 히스토리가 단지 긴 시간을 다루기 때문이 아니라 "다른 어느 분야보다 포괄적이며, 우리가 자연과학, 역사학, 경제학에서 배우는 모든 것을 융합하고 있기 때문"이라고 밝힌다. 그는 "이런 공부를 할 기회가 좀더 일찍 있었다면 공부에 훨씬 더 흥미를 갖고 많은 것을 알게 되었을 것이라고 생각"해 후원하게 되었노라 설명한다.

이에 따르면 후원은 빌 게이츠 자신의 지적 호기심과 선의가 낳은 결과일 뿐이다. 그러나 사업의 성공을 위해서는 수단과 방법을 가리지 않았던 사람, 그 결과 전 세계 PC와 소프트웨어시장을 독과점하는 데 성공함으로써 세계 최고의 부자가 된 장사꾼이 이런 일을 할 때에는 단순한 지적 호기심이나 선의 이상의 의미가 있을 것이라고 보는 것이 합리적이다.[2] 그것이 무엇일까?

융합학문은 빅 히스토리 외에도 많다. 그런데 빌 게이츠는 유독 빅 히스토리에 높은 관심과 지지를 보냈다. 그것은 빅 히스토리가 융합학문의 '끝판왕'이었기 때문이다. 앞에 언급한 동영상에서 빌 게이츠는 "다른 어느 분야보다 포괄적"이어서 빅 히스토리를 좋아하고 후원하게 되었노라 말했다. 여기서 포괄의 대상은 다른 모든 학문이다. 빅 히스토리는 다른 모든 학문을 포괄하는 학문이며 어떤 사람도, 어떤 학문도, 어떤 세계도 빠져나갈 수 없는 '거대한 틀'을 구축하려 한다.

빅 히스토리는 우주의 탄생과 진화, 별과 원소의 기원, 지구와 태양의 형성, 생명의 출현, 인류의 출현과 그 이후 인류의 역사를 다룬다. 국제 빅 히스토리 협회의 정의에 따르면, "빅 히스토리는 우주, 지구, 생명, 인류의 역사를 통합학문을 통해 하나의 일관된 이야기로 이해하려는 노력이다". 우리가 갖고 있는 모든 지식과 정보는 따지고 보면, 우주, 지구, 생명, 인간에 관한 것이다. 빅 히스토리는 이 모든 지식과 정보를 동원하고 융합하는 학문을 자임한다. 이로부터 매우 중요한 빅 히스토리의 위상이 도출된다. 바로 모든 학문을 포괄하는 '틀(프레임)'로서의 위상이다. 이에 대해서는 뒤에 보충 설명하겠다.

---

2 빌 게이츠가 어떤 부당하고 약탈적인 방법으로 경쟁기업들을 패퇴시키고 성공했는지에 대해 관심 있는 독자들은 다음 책들을 읽어보라. 로베르토 디 코스모, 조성애 옮김, 『세계를 터는 강도』(영림카디널, 1999); 윈디 골드만 롬, 김인수 · 고병권 옮김, 『마이크로소프트 파일』(더난출판사, 1999).

빌 게이츠가 빅 히스토리를 지원하는 이유가 여기에 있다. 빅 히스토리를 접한 순간, 그는 빅 히스토리를 모든 학문을 통솔하고 재편하는 모#학문으로 만드는 것이 가능하다고 생각했을 것이다. 빅 히스토리는 자연과학과 인문학의 융합학문이라고 규정되지만, 실은 자연과학을 비롯한 과학기술의 비중이 압도적이다. 그런 빅 히스토리는 전체 학문체계를 기업 중심으로 재편하고 통제하는 데 매우 효과적인 수단으로 여겼을 것이다. 자본주의 사회에서 과학은 궁극적으로 기업을 위해 개발되고 존재하기 때문이다. 빅 히스토리는 모든 학문을 포괄하는 틀 역할을 할 수 있으면서도, 기업 친화적 학문으로 보였을 것이다. 빌 게이츠는 빅 히스토리를 활용해 학문 전체에 대한 통제권을 확대하려 한다는 것이 내 생각이다.

'빅 히스토리 책장론'이 의미하는 것

조지형이라는 사람이 있다. 한국의 빅 히스토리 학자 제1호다. 이화여자대학교 사학과 교수였던 그는 데이비드 크리스천이 2009년부터 5년간 이화여자대학교에 석좌교수로 재직하며 빅 히스토리를 강의한 것을 계기로 빅 히스토리의 의미와 가능성을 눈여겨보았다. 이후 자신의 제자 김서형과 함께 본격적으로 빅 히스토리를 연구하고 알릴 본거지로 지구사연구소를 설립한다.[3]

조지형은 빅 히스토리를 책장에 비유했다. 소위 '책장론'이다. "우리가 책을 통해 지식을 축적하는데 읽은 책이 100권, 200권 점점 늘어나면 그

3　조지형은 2008년 10월부터 2년 동안 이화여자대학교 산학협력단장을 맡았다. 그의 기업 친화적 성격을 보여주는 소소한 이력이다. 2015년 2월에 그가 갑자기 사망한 후 '조지형 빅 히스토리 협동조합'이 발족했다. 이 조직은 현재 한국에 빅 히스토리를 전파하는 전진기지 역할을 하고 있다.

책이 어디에 있는지 찾기가 어려운데, 그때 필요한 것이 책장"이다. "책장에 내가 가진 책을 분야별로 꽂아서 한눈에 보면 찾고자 하는 책을 쉽게 알아볼 수 있을 뿐만 아니라, 내가 어느 분야에 편중되어 책을 읽어왔는지, 또부족한 부분은 어느 것인지를 알게 되는 것처럼 빅 히스토리가 지식체계의전체적인 프레임을 제공할 것이다."[4]

여기서 중요한 것은 '프레임'이라는 말이다. 조지형은 빅 히스토리를하나의 프레임으로 본다. 이 같은 발언은 빌 게이츠도 한 적이 있다. 앞에 언급한 동영상을 보면 그가 "빅 히스토리는 학문의 전체적인 윤곽을 보여준다"고 말하는 대목이 나온다. 조지형의 책장론과 일맥상통하는 말이다. 빅히스토리가 동원하는 학문은 많다. 천문학, 물리학, 화학, 지질학, 지리학, 생물학, 생태학, 인류학, 고고학, 역사학, 문학, 경제학, 의학, 미래학 등 웬만한 학문은 다 동원된다. 빅 히스토리는 이들 학문의 허브이자 연결고리를자임한다.

그러나 조지형의 비유가 올바른 것은 아니다. 책장은 책을 담는 틀이다. 빌 게이츠였다면 빅 히스토리를 모든 학문을 담는 '플랫폼'으로 비유했을지 모르겠다. 책장이건 플랫폼이건 그것은 틀이고 장場일 뿐이다. 반면에빅 히스토리는 일정한 콘텐츠를 갖고 있다. 그 자체로 한 권의 책인 것이다. 말하자면 빅 히스토리는 책장이 아니라, '작은 책(여러 학문 분야)이 여러 권들어 있는 거대한 한 권의 책'이라고 보는 것이 맞다. 빅 히스토리는 공평무사한 틀이 아니라 일정한 지향을 갖고 있는 거대한 책이다.

조지형은 이런 말을 한 적이 있다. "이름 자체가 빅 히스토리이다 보니 마치 이것이 역사학의 한 분야처럼 인식되고 있어요. 그런데 이런 편견

---

4 박수진, 〈인류 역사와 우주 역사의 만남, '빅 히스토리' 시리즈 출간기념 기자 간담회〉, 2013년 10월 28일,
교보문고 북뉴스(http://news.kyobobook.co.kr).

은 역사에 대한 편협한 이해에서 비롯된 것이죠. 사실 역사 자체는 인간이 독점할 수 있는 게 아닙니다. 자연의 역사, 우주의 역사 등 세상의 모든 것에는 나름의 역사가 있지요. 그런데 역사 정확히 말하면 '역사학'에 대한 고정관념이 강한 탓인지 빅 히스토리라고 하면 첫 반응이 '미시사의 반대인가요?' 혹은 '거시사의 다른 이름인가요?' 이렇게 오해를 합니다. 여기서 확실히 말하건대 아닙니다.……개인사, 가족사, 지방사, 민족사, 지구사, 자연사, 우주사 등. 빅 히스토리는 이 모든 것의 역사를 가능한 한 가장 크고 넓은 관점으로 보자고 제안합니다."[5]

　　조지형의 주장은 이렇다. 기존의 역사학은 인류의 역사를 다룬다. 역사학은 그나마 인류 역사 전체를 다루는 것도 아니다. 역사책은 흔히 인류가 문자로 기록을 남긴 약 5,500년 전부터 시작된다. 역사학에서 중요한 것은 사료이고, 그것 없이는 역사학이라는 학문이 성립하지 않는다고 생각하기 때문이다. 그런데 인류가 지구상에 처음 출현한 때는 250만 년 전이다. 최초의 인류 오스트랄로피테쿠스의 등장을 따지면 그렇고, 현생 인류인 호모사피엔스가 등장한 때도 15만 년 전이다. 결국 역사학이라는 학문은 인류의 역사 중에서도 극히 일부만을 다룬다. 그러면서 문자 기록 이전의 시간, 즉 인류의 출현 이후 대부분의 시간을 차지하는 그 거대한 시간은 '선사先史'라는 이름으로 통친다. 그 시간을 제대로 다루지 않는 것이다.

　　그런데 빅 히스토리는 문자 기록을 중심으로 한 역사학은 물론 그 이전의 인류의 역사를 다루는 고고학이나 고인류학도 함께 논한다. 그뿐인가. 다른 생명체들의 역사, 지구의 역사, 우주의 역사도 다룬다. 그러니까 빅 히스토리는 역사학의 분과가 아니라, 그 반대로 보는 것이 옳다. 역사학이 빅

<hr />

5　　강양구, 「인류는 우주의 먼지! '크고 아름다운' 그것이 온다!」, 『프레시안』, 2013년 2월 1일.

히스토리의 분과다. 그것도 큰 비중을 차지하는 것이 아니라 빅 히스토리를 구성하는 여러 하위 분과 중 하나일 뿐이다. 그것이 조지형이 궁극적으로 말하고자 했던 바다.

인터넷에는 '자연과학과 인문학의 융합, 빅 히스토리'라는 제목의 동영상도 떠돌아다닌다. 조지형의 제자 김서형은 동영상에서 이렇게 말한다. "이제까지 단편적인 지식을 배워왔다면, 빅 히스토리는 큰 맥락 속에서 그 지식들을 재배열해가는 것입니다." 여기서 말하는 '단편적인 지식'은 각 개인이 알고 있는 지식을 말하는 것이 아니라, 여타의 학문을 말한다. 빅 히스토리 관점에서는 모든 학문이 총체적이지 못한, 단편적 지식에 불과하기 때문이다. 그러므로 빅 히스토리가 그 단편적인 지식들을 재배열한다고 했을 때, 그것은 빅 히스토리가 단순한 학문 연결이나 융합을 넘어 전체 학문체계에 대한 컨트롤타워 역할도 한다는 뜻으로 해석할 수 있다.

빅 히스토리가 최상위 학문?

국제 빅 히스토리 협회의 창립이사인 신시아 브라운은 『빅 히스토리』 서문에 "언젠가 모두가 빅 히스토리로 공부하게 될 것"이라고 호언장담했다. 빅 히스토리는 이제 막 기지개를 펴기 시작한 신생학문이다. 그런데 거기에 종사하는 학자들은 무모할 정도로 자신만만하다. 이러한 자신만만함은 유발 하라리에게서도 발견된다. 그는 이렇게 말했다. "지금 아이들 세대는 기성 교육으로는 (세상 변화에) 대처할 수 없다는 것을 알게 되는 역사상 첫 세대가 될 것이다."[6] "지금 학교에서 배우는 것의 80~90퍼센트는 아이들이 40대가

---

6 한승동, 「"인간 감정조차 인공지능보다 뛰어나다는 보장 없다"」, 『한겨레』, 2016년 4월 26일.

됐을 때 별로 필요 없는 것일 가능성이 크다. 현 교육 체제는 산업시대에 어떻게 살 것인가를 위해 만들어진 것이기 때문"이다.[7]

　그의 말대로라면 학문체계 전반에 지각변동이 불가피하다. 아무짝에도 쓸모없는 학문이란 존재할 수 없기 때문이다. 학문이라는 게 새롭게 생길 수도 있고, 성격이 변할 수도 있으며, 힘을 잃을 수도 있다. 그러나 그것은 오랜 세월을 거치면서 자연스럽게 이루어지는 현상이다. 간혹 미래학자들이 학문에 대한 전망이나 예언을 한 적은 있지만, 그것은 대개 개별 학문의 부침이나 유불리에 대한 것이었지 기존 학문 전체에 대한 부정은 아니었다. 나는 어떤 학문의 종사자들이 전체 학문 재편의 담론을 유발 하라리처럼 과감하게 피력하는 것을 본 적이 없다.

　유발 하라리는 여러 인터뷰에서 사회·경제적으로도 그렇고 학문적으로도 "완전히 새로운 모델이 필요하다"고 주장했다. 그가 말하는 이상적 학문의 모델은 바로 빅 히스토리다. '지금 왜 이렇게 빅 히스토리가 절실한가?' 인구증가, 에너지, 자원, 물, 농경지, 삼림, 어장, 기후변동, 지구온난화, 경제 불평등, 생명공학이나 인공지능의 위협 같은 전 지구적 당면 과제들은 한두 분야의 학문으로 해결할 수 없기 때문이다. 이런 문제들을 해결하기 위해서는 인류의 모든 지혜를 총동원해야 하는데, 그러기 위해서는 학문 간 칸막이를 넘어 우주, 지구, 생명, 인간, 모든 것의 역사를 아우르며 그 해답을 찾아가야 한다. 이것이 유발 하라리를 비롯한 빅 히스토리 학자들이 가장 많이 하는 답변이다.

　그러나 정말 우주적 시공간의 차원에서 인간과 세계를 이해하면 이런 문제가 해결되는가? 지구적 문제를 해결하기 위해 지구적 시민의식이 필

7　김슬기, 「"인공지능, 30~40년 내 모든 영역서 인간 넘어선다"」, 『매일경제』, 2016년 4월 26일.

요하다는 것은 인정할 수 있다. "지구적으로 생각하고, 지역적으로 행동하라"는 말도 있지 않은가(빅 히스토리에는 '지역적 행동'에 대해서는 아무런 언급이 없다). 그러나 빅 히스토리가 다루는 것은 무려 우주다. 공간적으로 우주 전체이고 시간적으로는 우주의 기원부터 현재까지다.

우주에 대해 알 필요가 없다는 말이 아니다. 우주물리학, 천문학, 고고학, 인류학, 뇌과학 등 궁금한 것이 있으면 무엇이든 탐구할 수 있다. 우주의 기원부터 현대사까지 다룬 책이 단지 하나의 대중 출판 콘셉트에 불과하다면 트집 잡고 말 것도 없다. 그러나 빅 히스토리는 하나의 학문으로 인정받길 바라고 있으며, 그것도 학문으로서 최고의 위상을 노리고 있다. 그리고 지구적 문제의 솔루션을 자임한다. 그렇기 때문에 문제 삼는 것이다.

지구적 문제에 대한 인식과 해결을 생각하면, 오히려 가장 최근의 역사를 더 잘 알아야 하는 것 아닐까? 실제로 우리가 지금 겪고 있는 여러 문제가 자본주의 이후, 더 정확하게는 신자유주의 이후 극심해진 것은 부인할 수 없는 사실이다. 자본주의 체제의 가장 큰 수혜자는 자본가, 그중에서도 글로벌 자본가들이다. 현재의 대책 없는 낭비 경제체제를 가장 강력한 힘으로 뒷받침하는 이들도 글로벌 자본가들이다. 앞에서 말한 에너지, 자원, 물, 농경지, 삼림, 어장, 기후변동, 지구온난화, 경제 불평등, 생명공학이나 인공지능의 위협 중에서 기업과 연관되지 않은 문제가 있는가. 그러나 빅 히스토리는 그 연관성을 논하지 않는다.

어떤 학문이 존재한다고 할 때, 거기에는 당연히 심화된 고급 콘텐츠가 있어야 한다. 그리고 그것을 대중이 이해하기 쉽게 만들어놓은 대중 교양서가 존재해야 한다. 그런데 빅 히스토리는 모든 학문을 포괄한다는 개념상 그럴 수가 없다. 그래서 기초 교양서만 존재한다. 이것은 빅 히스토리가 학문다운 학문이 아니라는 것을 말한다. 학문 위의 학문, 즉 최상위의 학문을 지향한다는 점에서 빅 히스토리는 다른 학문을 초월하려 하지만, 한편으로는 고급 콘텐츠가 없다는 점에서 학문 그 자체로 성립되지 않는다. 독자적인 학문으로 서지도 못하면서 최상위 학문의 위상을 차지하겠다는 모순, 그것이 빅 히스토리가 처한 현실이다.

우주 속에서 길 찾기? 우주 속에서 길 잃기!

빅 히스토리는 우리가 처한 세계와 인간에 대한 관심을 환기한다고 주장하지만, 현실은 반대다. 오히려 무지를 조장한다. 우리가 처한 구체적인 현실을 내팽개치고 우주의 기원으로 달려가기 때문이다. 물론 아주 먼 옛날의 일도 지금의 문제와 연관이 있을 수는 있다. 그러나 현재의 문제에 가장 큰 영향을 미치는 것은 아무래도 가장 최근의 일이다. 문제 인식과 해결의 측면에서 보면, 우주의 기원으로 회귀하는 것은 매우 비효율적인 방법이다. 빅 히스토리 학자들은 자신들의 지적 탐험과 여정을 '우주 속에서 길 찾기'라고 말하지만, 내가 보기에는 '우주 속에서 길 잃기'다.

빅 히스토리는 우주의 기원부터 알지 못하면 우리라는 존재, 우리가 처한 문제에 대해 알 수 없을 것이라고 협박한다. 그 주장은 이렇다. 우리가 당면한 다양한 문제를 알고 해결하기 위해서는 우리 인간이 누구이고, 어디서 왔으며, 어디로 가는지를 알아야 한다. 결국 우리가 당면한 문제들은 이 여정 속에서 파생된 문제이기 때문이다. 그런데 인류에 대해 알고 싶다면 인류가 유인원에서 어떻게 진화했는지 질문해야 한다. 더 거슬러 올라가 어떻게 유인원으로 진화했는지 질문해야 한다. 지구상에 존재하는 혹은 존재했던 생명의 기원에 대해 질문해야 한다. 마침내는 지구의 기원은 물론이고 우주 전체의 기원에 대해 묻지 않을 수 없다. 이것이 빅 히스토리의 논리다.

인간이 우주에서 나온 것은 맞다. 그렇다고 해서 우주의 기원부터 알아야만 인간을 이해할 수 있는 것은 아니다. 이를테면 우주가 전체이고, 인간이 부분이며, 부분이 전체를 반영한다면, 인간을 통해서 우주를 이해할 수도 있을 것이다. 그러나 빅 히스토리는 이 길을 봉쇄한다. 빅 히스토리의 논리는 국정교과서의 논리와 비슷하다. 한국은 현재 친미파가 지배한다. 친미파의 원조는 친일파다. 한국의 사회구조와 제도와 문화를 모두 이들이 만들었고, 우리가 겪고 있는 많은 문제가 여기에서 파생되었다. 지배세력으로서는 이 문제를 학생들이 잘 모르게 해야 한다. 그래서 근현대사 비중을 대폭 줄이고 고대사 비중을 늘린 국정교과서로 교육하려고 한다.

빅 히스토리도 마찬가지다. 137억 년가량의 우주 역사를 24시간, 즉 하루로 환산하면 인간이 지구에 등장한 역사는 1초에도 못 미친다. 우주적 차원에서 기술하다 보면, 인류 역사의 비중은 대폭 축소될 수밖에 없다. 인간을 알아야 한다는 미명하에 시작된 서술이건만, 정작 인간에 대한 부분이 대폭 삭제되는 것이다. 빅 히스토리에서는 서술되는 인류의 역사는 심플하다. 수렵 시대, 농경 시대, 현대, 딱 3개밖에 없다. 그나마도 과학기술과 인간의 상호작용 중심으로 기술된다. 이런 상황에서 현대사회의 가장 첨예한 문제인 자본의 문제, 그 자본이 조종하거나 접수하는 정치권력의 문제를 제대로 다룰 리 없다.

옛날에는 아무런 지식과 정보를 주지 않음으로써 무지를 조장했다면, 지금은 훨씬 세련된 방법을 쓴다. 많은 지식과 정보를 주는 척하면서 무지를 조장하는 것이다. 그 첨단에 빅 히스토리가 있다. 빅 히스토리는 엄청난 양의 과학적 지식과 정보를 제공한다. 그러면서 한편으로 진짜 중요한 문제에 대해서는 언급하지 않거나, 언급하더라도 그에 대한 관점이 지배자들에게 이롭게끔 섬세하게 조절한다. 민중의 정치의식이 첨예화되는 것은 자본권력이 가장 경계하는 바다. 빅 히스토리는 과학적 지식을 내세워 사람들을 비정치, 나아가 반정치로 이끈다.

예를 들어 『사피엔스』에서 우주의 탄생부터 현대사까지 장황하게 기술한 유발 하라리는 결론 부분에서 이렇게 썼다. "예컨대 프랑스혁명을 보자. 혁명가들은 왕을 처형하고, 농민들에게 땅을 분배하고, 인권선언을 하고, 귀족의 특권을 폐지하고, 유럽 전체를 상대로 전쟁을 벌이느라 바빴다. 하지만 이 중 어느 것도 프랑스인의 생화학 시스템을 바꾸지는 못했다.…… 이것이 프랑스인의 행복에 미친 영향은 크지 않았다."[8]

유발 하라리가 '생화학 시스템' 운운하는 것은 인간의 행복이 세로토닌, 도파민, 옥시토신 같은 생화학 물질에 의해 결정된다고 보기 때문이다. 그에 따르면 "우리를 정말로 행복하게 해줄 수 있는 유일한 일"은 "우리의 생화학적 시스템을 조작하는 일"이다. "일례로 프로작(항우울제)은 생화학 시스템 자체를 바꾸지 않지만 세로토닌 수치를 높여줌으로써 사람들을 우울증에서 빠져나오도록 돕는다." 그러므로 "우리는 정치적, 사회적 개혁이나 반란이나 이데올로기에 시간을 그만 낭비하고" 이런 "(생화학) 요법을 개발하는 데 수십억 달러를 투자한다면, 혁명을 일으키지 않아도 과거 어느 때보다도 사람들을 더욱 행복하게 만들 수 있다".[9]

그는 우리를 불행하게 만드는 사회적 조건을 개선하기보다 제약회사가 만든 항우울제를 복용하거나 마인드 컨트롤을 통해 자기 생각과 기분을 조작하는 데 몰두하라고 조언한다. 그는 이런 말도 했다. 행복이란 "개인의 삶을 의미 있고 가치 있는 것으로 바라보는 데서 온다. 우리는 스스로를 '아기 독재자의 비참한 노예'로 볼 수도 있고, '사랑을 다해 새 생명을 키우고 있는 사람'으로 간주할 수도 있다. 그 큰 차이를 결정하는 것은 우리의 가치 체계다."[10] 행복이라는 것이 생각하기에 달려 있으니, 긍정적으로 사고하면

8   유발 하라리, 조현욱 옮김, 『사피엔스』(김영사, 2015), 549쪽.
9   유발 하라리, 조현욱 옮김, 550쪽.
10 유발 하라리, 조현욱 옮김, 552쪽.

행복해질 수 있다는 말이다. 전형적인 자기계발의 논리다.

　　이것이 유발 하라리가 우주의 탄생부터 현대사까지 장황하게 기술한 후 내린 주요 결론 중 하나다. 빅 히스토리는 우리가 누구이고, 어디에서 와서 어디로 가는가 같은 창대한 철학적 질문으로 이야기를 시작한다. 그러나 결론은 이처럼 미약하기 짝이 없다. 그것은 철학적 질문이 실제 탐구 주제라기보다 빅 히스토리의 학문적 존립 근거를 위해 동원되었기 때문이다.

빅 히스토리, 글로벌 자본의 이데올로기

세계 인식의 보편 수단이 된 자연과학

인공지능의 선구자 요제프 바이첸바움이 쓴 『컴퓨터 사회, 과연 낙원인가』라는 책이 있다. 이 책은 인공지능 개발에 앞장선 과학자가 깊은 우려 속에서 쓴 현대문명에 대한 경고장이다. 이 책에서 그는 "우리 모두가 세계를 하나의 컴퓨터로 만들었고, 컴퓨터 이미지에 따라서 세계를 또 다시 창조"하고 있다고 썼다.[1] 컴퓨터를 만든 것은 인간이지만, 그렇게 만들어진 컴퓨터가 다시 세계를 창조하는 일이 벌어지고 있다는 것이다. 컴퓨터를 비롯한 과학기술의 현실에 대한 지배력은 갈수록 증대하고 있다. 그것은 흔히 '과학기술 사회'라는 말로 표현되고 있다.

당연한 말이지만, 과학기술의 지배력이 증대할수록 자연과학적 세계관은 득세한다. 사람들은 자연과학을 통해서만 세계를 파악할 수 있다고 믿

---

[1] 요제프 바이첸바움, 이말 옮김, 『컴퓨터 사회, 과연 낙원인가』(명경, 1995), 11쪽.

게 된다. 자연과학에 대한 교조적 믿음은 커지고, 세계 인식의 도구로서 자연과학 이외의 다른 가능성은 모두 내던져진다. 자연과학만이 무엇이 현실이고 그것이 어떤 상태인지 언명할 수 있는 권리를 갖는다. 자연과학적 세계관은 건전한 인간정신을 표상함과 동시에 인간과 세계를 이해하는 유일한 길이 된다.

진화생물학자이자 빅 히스토리 전도사인 장대익은 이렇게 말했다. "현대사회에서 과학은 하나의 도구가 아니라 인간, 사회, 우주에 대한 이해와 관련이 있다.……과학을 모른다는 것은 인간에 대한 궁극적인 질문에 대해 반쪽자리 지식밖에 모른다는 뜻이다."[2] 장대익의 말은 과학이 무언가를 개발하고 발견하는 수단인 것을 넘어 인간과 세계에 대한 '인식 수단'이라는 것이다. 또 다른 빅 히스토리 전도사인 부산대학교 물리교육과 교수 김상욱도 "이제는 과학이 교양"이라고 주장한다. 이것은 교양으로서 '이제는 과학도 알자'는 말이 아니다. 교양의 터줏대감이었던 문사철이 이제는 그 자리를 과학에 내주어야 한다는 말이다.

오늘날 자연과학적 세계관은 기계적인 상을 광범위하게 만들어낸다. 관료, 학교, 인체, 노동, 법률, 기업, 병원, 군대 등 많은 사회적 표상이 기계적인 이미지를 갖는 것은 우연이 아니다. 심지어 인간의 삶이나 의식에 대한 물음들도 기계적인 이미지를 갖는다. 예를 들면 이렇다. "삶의 어떤 양상이 형식화될 수 있는가?"라는 물음은 본래 "인간의 책무와 책임성에 대한 인식은 어떻게, 어떤 형태로 가능한가?"라는 윤리적 물음에서 파생되었다. 그런데 자연과학에서는 "삶의 어떤 양상이 형식화될 수 있는가?"라는 물음이 "인간이라는 종은 어떤 기술적 양태에 속하는가"라는 물음으로 변형된다.[3]

---

2 백승찬, 「과학철학자 장대익」, 『경향신문』, 2013년 11월 1일.
3 요제프 바이첸바움, 이말 옮김, 28쪽.

── 제6장 기업 인문학의 과학 담론

자연과학적 세계관은 과학적 사실에 근거하지 않은 가치판단은 환상에 불과하다고 주장한다. 그러나 따지고 보면, 과학도 과학적 사실도 가치판단의 대상이다. 우주과학, 물리학, 생물학도 결국은 인간이 한다. 그 학문을 하는 사람의 가치판단이 투영된다. 그럼에도 자연과학적 세계관은 학문 주체로서 인간을 망각하게 하고, 그 자리에 절대 진리로서 '과학'을 들어앉힌다. 자연과학적 세계관은 가치판단의 객체로서 자신을 열외시키고, 다른 모든 존재와 사건에 대한 가치판단의 유일한 주체로 자신을 설정함으로써 전도된 인식 구조를 드러낸다. 자연과학적 세계관이 사람들에게 가장 큰 영향력을 미치는 것은 외부 세계에 대한 인식의 측면이 아니다. 바로 그 자신에 관한 인식의 측면이다.[4]

빅 히스토리는 이러한 자연과학적 세계관을 극단적으로 밀어붙인 경우다. 빅 히스토리는 기본적으로 과학기술의 현실적 지배라는 주된 흐름에 편승한다. 빅 히스토리의 세계적 유행에 가장 큰 지원군이 과학기술의 지배력이라는 점은 의심할 여지가 없다. 그리고 과학기술의 지배력은 과학기술의 발전은 무조건 선善이라는 명제, 즉 과학기술에 대한 교조적 숭배에서 나온다. 과학기술의 발전은 적극적으로는 인류가 마땅히 나아가야 할 길이고, 소극적으로는 불가피한 것으로 인식되고 있다.[5]

---

4 자연과학적 세계관을 가치판단의 대상으로 삼는 학문으로는 과학철학이 있다. 그러나 빅 히스토리는 최고의 학문 위상을 노리는 까닭에 자신에 대한 메타학문으로서 과학철학이 웅거할 여백을 허락하지 않는다. 인문학과 자연과학의 융합을 표방하는 빅 히스토리는 과학철학 역시 자신이 포괄하는 인문학, 거기서 파생된 하위 학문 중 하나로 취급할 뿐이다.
5 과학기술에 대한 교조적 숭배 담론을 생산해내는 것은 국가-자본이다. 과학기술에 대한 궁극적 이용권과 통제권을 갖고 있는 것도 국가-자본이다. 과학기술은 국가-자본의 주된 권력 기반이기도 하다. 이 담론의 보편화가 갖는 힘은 엄청나다. 국가권력과 자본권력을 민주적으로 통제하려는 시도는 있지만, 과학기술에 대한 민주적 통제를 모색하는 사람은 극소수다. 그것은 권력 유지의 측면에서 국가-자본의 최후 보루가 과학기술이 될 수 있음을 의미한다.

자연과학에 포획된 인문학

우리는 '융합' 하면, 대등한 관계 속에서 여러 학문이 서로 섞이고 조화되는 것을 떠올린다. 그러나 융합학문은 그런 것이 아니다. 융합학문에서 자연과학과 인문학의 관계는 전혀 대등하지 않다. 심하게 말하면, 포식자(자연과학)-피식자(인문학) 관계라 할 정도로 불평등하다. 이런 경향은 융합학문에서 전반적으로 발견된다.

사회생물학의 창시자 에드워드 윌슨은 "우리의 공동 목표 중의 하나는 철학을 과학으로 최대한 빨리 전환시키는 것이다"라고 말했다.[6] 그는 이런 글도 썼다. "우리가 이 지구상에 존재하는 사회성 종의 목록을 작성한다고 할 때, 마치 다른 혹성으로부터 온 동물학자처럼 박물학적 관점에서 인간을 살펴보면 어떨까. 거시적 관점에서 인문과학과 사회과학은 각각 생물학의 특수한 분야로 볼 수 있고, 역사나 전기 그리고 픽션은 인간의 인성학 내지 생태학에 대한 조사 문헌이 되며, 인류학과 사회학은 단 한 종류의 영장류에 관한 사회학이 된다."[7]

사회생물학은 자연과학 중 하나의 분과 학문에 불과한 생물학, 그 생물학의 하위 분과 학문 중 하나인 진화생물학, 그 진화생물학의 하위 분과 학문 중 하나에 불과하다. 에드워드 윌슨은 그런 사회생물학이 인문사회과학 전체를 포섭할 수 있다고 주장한다. 그의 '컨실리언스Consilience(통섭)'라는 개념은 '자연과학과 인문사회과학을 하나의 원리로 통합하려는 것'인데, 여기서 통합의 기준이 되는 것도 결국은 '생물학적 원리'다.

이런 태도는 빅 히스토리 학자들도 똑같다. 신시아 브라운은 "역사는

---

6 에드워드 윌슨, 최재천 · 장대익 옮김, 『통섭: 지식의 대통합』(사이언스북스, 2005), 44쪽.
7 Edward O. Wilson, 『Sociobiology: The New Synthesis』(The Belknap Press, 2000), p.547.

과학적 작업의 한 부분"일 뿐이라며 "구태여 두 부분으로 나눠 하나는 '과학'이라 부르고 다른 하나는 '역사'라고 부를 이유는 없다"고 말했다.[8] 사회생물학이 생물학을 중심으로 인문사회과학을 흡수하려는 시도였다면, 빅 히스토리는 자연과학 전체를 동원해 인문사회과학을 지배하려는 프로젝트다. 그러나 자연과학을 중심으로 인문사회과학을 흡수·통합하겠다는 입장은 사회생물학이나 빅 히스토리나 똑같다.

사회생물학이나 빅 히스토리가 인문학을 흡수하려는 것은 가능할까? 가능하지 않다. 인문학과 자연과학은 근본적으로 다른 학문이기 때문이다. 아인슈타인은 『만년의 회상』에서 이렇게 썼다. "우리는 순수과학이라는 영역 내에서는 '거짓말하지 말라'와 같은 문장과 마주칠 기회가 없다.……사실 및 관계들에 대한 과학적 언명은……윤리적 명령을 산출하지 못한다."[9] 학문을 하는 사람이라면, 아인슈타인처럼 생각하는 것이 옳지 않을까?

섣부른 융합은 그 학문적 성과도 미미하다. 철학자 이정우의 글이다. "늘 느끼는 것이지만 자연과학적 관점을 인간과 문화에까지 확장시킬 때 늘 불만족스럽고 나아가 우스꽝스럽기까지 한 결과들이 나오곤 한다. 자연과학에서 세운 어떤 관점이나 이론을 사회과학, 인문학을 가로지르는 과정 없이 곧바로 확장해서 인간과 문화를 이야기하는 경우, 늘 조야한 결과로 이어진다. 리처드 도킨스가 그렇다."[10] 리처드 도킨스는 진화-유전학적 모델로 인간의 윤리, 종교, 예술 혹은 의미, 목적, 동기 등을 모두 해명하려 한다. 그 결과 인간은 유전자에 의해 창조된 '생존기계'로 전락한다. 이런 점을 감

---

8 유상호, 「빅뱅에서부터 다시 쓴 지구인의 역사」, 『한국일보』, 2009년 8월 29일.
9 이남인, 「인문학과 자연과학은 어떻게 만날 수 있는가」, 이인식 기획, 『통섭과 지적 사기』(인물과사상사, 2014), 172쪽에서 재인용.
10 이정우, 『탐독』(아고라, 2006), 368쪽.

안하면 이정우의 말이 틀렸다고 할 수 없다.

　또 다른 빅 히스토리 전도사 중에 이근영이라는 사람이 있다. 그는 '빅 히스토리 연구소' 소장으로 한국의 핵심적인 빅 히스토리 전도사다. 그는 이런 말을 한 적이 있다. "몇 주 전인가, 리처드 도킨스가 옥스퍼드대학교의 수학 교수와 대담하는 동영상을 보았습니다. 이 수학 교수는 도킨스에게 '생명의 기원'이라는 문제에 대해 집요하게 물고 늘어졌습니다. 처음에는 현재 생물학자들이 말하는 생명의 기원에 대한 일반적인 이야기로 답하던 도킨스가 갑자기 '외계인이 지구에 와서 생명의 기원이 되었는지 내가 알 게 뭐냐'는 식으로 나오며 화를 내더군요. 그러면서 그건 과학자에게 할 질문이 아니며, 거기에 대해 답하지 못한다고 해서 자신이 하는 말의 타당성을 의심할 수는 없다고 말했습니다." 그러면서 이근영은 이런 것이 바로 "전형적인 과학자의 태도"라고 비판했다.[11]

　자연과학은 인문학과 달리 목적 인과관계, 즉 행위와 목적 사이에 존재하는 인과관계의 관점에서 대상을 연구하는 학문이 아니다. 예를 들어 천문학은 지구가 태양의 주위를 도는 목적이 무엇인지를 질문하지 않는다.[12] 이근영의 말대로 리처드 도킨스의 태도가 이런 과학자의 태도에 해당하는 것은 맞다. 그러나 리처드 도킨스는 빅 히스토리와 근친 관계에 있는 진화생물학자로 융합학문을 하는 사람이다. 그런데도 이근영은 리처드 도킨스를 비판한다. 내가 주목한 것은 바로 이 대목이다. 이근영의 비판은 빅 히스토리가 갖고 있는 근본주의적 성격을 드러내는 것으로 보인다. 같이 융합학문을 하는 사이지만, 진화생물학 정도는 융합다운 융합에 끼지도 못하는 것으로 치부된다.

11　안은별, 「은밀하게 위대하게 '미래 창조'? 빌 게이츠도 반했다!」, 『프레시안』, 2013년 6월 21일.
12　이남인, 앞의 글, 앞의 책, 142쪽 참조.

빅 히스토리의 글로벌 관점이 의미하는 것

빅 히스토리에서 인간은 지구인, 즉 지구에 살고 있는 하나의 종으로 취급된다. 거기에는 민족, 국민, 계급, 성의 구별이 없다. 지배자와 피지배자도 없고, 패권 국가와 종속 국가도 없으며, 자본가와 노동자의 구별도 없다. 이로부터 권력과 헤게모니를 둘러싼 정치적 문제들이 상당 부분 은폐된다.[13] 사회적 문제들이 언급되기는 하지만, 책임 소재를 따지지 않고 막연히 '인류'가 당면한 문제이고, '인류'가 해결해야 할 과제로 제시될 뿐이다.

빅 히스토리 학자들은 지구적 문제를 해결하기 위해서는 지구적 시민의식을 가진 사람들이 많아져야 한다고 주장한다. 그리고 빅 히스토리가 이에 복무한다고 말한다. 지구적 시민의식을 가진 사람이 많아져야 하는 것은 맞다. 지구적 문제에 대한 진정한 문제의식과 해결책을 갖기 위해서는 첨예한 많은 사람이 정치경제적 문제들과 마주해야 한다. 그러나 빅 히스토리는 이를 회피한다.

빅 히스토리 학자들은 학교와 기업, 단체 등에서 가장 각광받는 연사 그룹이다. 그들이 초청되는 강연은 빅 히스토리가 과학에 대한 흥미와 인문적 지식 습득, 빠르게 변화하는 세상에 유연하게 대처할 수 있는 사고 능력을 기르는 데 도움이 된다고 홍보된다.[14] 빅 히스토리가 글로벌 인재 양성에 유효하다는 말도 흔히 볼 수 있다. 그러나 엄밀하게 말하면, '지구적 시민'과 '글로벌 인재'는 다르다. 그러나 그 차이를 섬세하게 구별하는 사람은 드

---

13 사람들은 흔히 정치 이야기를 하는 것만이 정치적인 것이라고 생각한다. 그러나 정치 이야기를 하지 않는 것도 정치적이다. 그런 이야기를 하지 않는 것을 원하고, 그럼으로써 이득을 보는 세력(기득권 세력)이 엄연히 존재하기 때문이다.

14 더구나 빅 히스토리는 첨단 학문인 우주과학을 대거 포함시키고 있는 까닭에 과학의 세기인 21세기에 걸맞은 학문이라는 인상도 준다. 빅 히스토리는 이 시대가 요구하는 모든 지적 요구에 부응하는 종합선물세트처럼 포장된다.

물다. 빅 히스토리는 이런 점을 이용해 '지구적 시민'에서 '글로벌 인재'로 미끄러져 들어간다.

유발 하라리는 글로벌 관점이 '지구(세계)제국' 건설 담론으로 이어진다. 그는 한국에서 열린 기자간담회에서 이렇게 말했다. "인류가 미래에 도전하고 있는 과제를 해결하기 위해서는 어떤 형태로든 전 지구적 정치적 체제가 필요하다.……작은 공동체의 문제는 우리가 직면하고 있는 지구적 문제, 예컨대 지구온난화 같은 문제를 이해하거나 해결할 수 있는 힘이 부족하다는 것이다. 솔직히 말해서 현재의 기술 정도하에서는 지구온난화를 막는 유일한 방법은 경제성장을 멈추는 것이다. 그런데 어떤 정부도 공식적으로 경제성장을 멈추겠다고 하면 살아남을 수 없다.……전 지구적 힘이나 정책이 없는 상태에서 환경문제나 온난화 문제를 효과적으로 해결할 방법은 없다."[15]

그의 말은 이렇다. 지금처럼 각 나라들이 경제성장을 놓고 서로 경쟁하는 상황에서는 지구온난화나 환경문제를 결코 해결할 수 없다. 그러니 전 지구적 힘이나 정책을 가질 수 있는 지구제국이 필요하다는 것이다. 그러나 과연 지구제국이 건설된다고 해서 전 지구적 문제들이 해결될지 의심스럽다. 지구제국을 건설하는 문제는 생태나 환경의 문제가 아니라, 다분히 정치적인 문제다. 현실적으로 보면, 전 세계를 누가 지배하고 통제할 권력을 갖느냐 하는 문제다.

그는 지구제국과 관련해 이렇게 썼다. "우리 눈앞에서 형성되고 있는 지구제국은 특정 국가나 인종 집단이 지배하는 것이 아니다. 옛 로마 제국과 비슷하게 이 제국은 다인종 엘리트가 통치하며, 공통의 문화와 이익에

---

15 김남중, 「유발 하라리 "인공지능이 인류 위협…전 지구적 정치체제 필요"」, 『국민일보』, 2016년 4월 26일.

의해 지탱된다."[16] 그는 지구제국이 구체적으로 어떤 주체들이, 어떤 과정을 통해 건설 가능한지를 말하지 않는다. 어떻게 하면 지구제국에서 권력이 국가와 인종에 상관없이 공평무사하게 분배될 수 있는지, 지구제국이 인류 공통의 문화와 이익에 복무할 수 있는 구조를 만들 수 있는지에 대해서도 말하지 않는다. 그저 막연히 이렇게 될 것이라고 말할 뿐이다. 그것은 지나치게 낙관적인 것 아닐까?

현실적으로 지구제국을 건설한다면, 그 건설을 추진하고, 지구제국이 건설된 후에 그 권력을 장악할 확률이 가장 높은 주체는 누구일까? 그 주체는 전 세계 정치경제를 쥐락펴락할 수 있는 힘과 권한을 갖고 있는 집단, 국제기구에도 자신의 뜻을 관철시킬 수 있는 집단, 국경을 초월해 전 세계 여기저기에 자기 조직을 광범위하게 갖추고 있는 집단, 그래서 전 세계에서 동시다발적으로 자기 조직을 움직일 수 있는 집단, 즉 글로벌 권력에 이미 가장 가까이 근접한 집단일 것이다. 그 집단이 누구겠는가? 바로 글로벌 자본이다.

『르몽드 디플로마티크』한국어판 발행인 성일권은 이렇게 썼다. "세계화 진행 이후 진정한 권력은 국가나 정부보다 세계적 규모의 대기업과 금융자본 그룹이 장악하고 있다. 국제문제 처리에 있어서도 국가나 정부보다 이들 대기업의 영향력이 더 강하게 작용한다. 이들 대기업, 대자본이야말로 오늘날 세계화의 주역들이다. 이들은 매년 스위스의 다보스에서 세계경제포럼WEF을 열고 IMF, 세계은행, WTO 등 이른바 세계화 삼위일체 기구와 함께 그들의 지배 전략을 모색한다."[17] 전 세계에서 가장 큰 권력을 갖고 있는 것이 글로벌 자본이라는 점은 사회 문제에 관심을 가진 사람이라면 이미

---

16 유발 하라리, 조현욱 옮김, 『사피엔스』(김영사, 2015), 296쪽.
17 성일권, 「자본의 국제주의에 맞선 '탈자본' 국제주의」, 『르몽드 디플로마티크』, 2017년 1월 2일(100호).

알고 있는 사실이다.

더 큰 문제는 에너지, 자원, 물, 농경지, 삼림, 어장, 기후변동, 지구온난화, 경제 불평등 같은 전 지구적 문제들을 양산하는 구조를 조장하고 확산시킴으로써 가장 큰 이득을 얻는 집단이 바로 글로벌 자본이라는 사실이다. 유발 하라리는 생명공학이나 인공지능의 위협도 전 지구적 문제로 거론한다. 이런 문제를 양산하는 주체 역시 글로벌 자본이다.[18] 대개는 국가의 지원을 받아 생명공학이나 인공지능이 개발되지만, 그 성과를 전유하고, 그 성과를 상업적으로 이용하는 것은 결국 자본이다. 생명공학이나 인공지능의 위협 문제를 해결하는 일은 국가-자본을 민주적으로 통제하는 일이 수반되어야 한다. 그러나 유발 하라리는 이에 대해서도 일절 언급하지 않는다.

인간과 과학기술의 관계에 대한 유발 하라리의 태도는 양가적이다. 그는 기본적으로 과학기술에 대해 호의적이다(모든 빅 히스토리 학자가 이렇다). 인류의 위대함도 주로 과학기술의 발달과 관련해 부각된다. 과학기술을 발달시키는 측면에서 인류는 유능하다. 신의 지위를 넘볼 정도로 유능하다. 그러나 과학기술을 통제하는 일에 대해서는 놀랄 만큼 무능하다. 인류는 과학기술을 발전시킬 수만 있을 뿐, 그것을 통제하는 것은 아예 불가능한 것으로 전제한다. 그래놓고 과학기술의 발전으로 인한 재앙에 대응하기 위해서는 지구제국을 건설해야 한다고 말한다. 이 얼마나 무책임한 해결책인가. 그것은 사실상 문제 해결을 일부 글로벌 엘리트에게 '위탁'해야 한다는 말과 같다.

유발 하라리의 지구제국 담론은 전 지구적 문제를 양산하는 주범이

---

18 심지어 대자본은 자신이 발생시킨 이런 지구적 문제들조차도 새로운 이윤 추구의 기회로 활용한다. 예를 들어 물 오염이 심해지면 생수 시장을 개척하고, 미세먼지 문제가 심각해지면 공기 청정기 마케팅을 공격적으로 펼치는 식으로 말이다.

문제의 해결사로 등장하는 것에 암묵적으로 동의한다는 점에서 기만적이다. 전 지구적 문제 운운하는 것은 실제로 그것을 해결하기 위해서가 아니라 전 세계적으로 일원화된 권력과 지배 구조를 만들기 위한 구실일 가능성이 높다. 지구제국이 건설된다면 지금과는 또 다른 차원의, 지금보다 훨씬 심화된 노예 사회가 실현될 것이다. 전 세계의 권력이 한 곳으로 집중되는 형태는 전체주의적일 수밖에 없기 때문이다. 의심의 눈으로 유발 하라리의 지구제국 담론을 바라볼 수밖에 없는 이유다.

빅 히스토리의 기업 친화적 개념들

오늘날 융합적 사고는 기업이 원하는 인문학적 상상력, 창의성, 발상의 전환에 필요한 필수 덕목처럼 여겨지고 있다. 빅 히스토리 학자들은 이에 발맞춰 빅 히스토리의 내용도 내용이지만, 빅 히스토리가 취하는 총체적 융합의 형식 자체가 시대가 요구하는 유연성과 창의성에 많은 도움을 준다고 강조한다.

융합이 어떻게 기업 마인드와 결합되는지를 잘 보여주는 예가 있다. 장대익은 한국과학창의재단 주최로 열린 '제2회 Experimental Seminar'에서 이런 요지의 발표를 한 적이 있다. "지난 40억 년 동안 지구상의 생명체가 수많은 '진화적 융합evolutionary fusion'을 통해 '창의적 혁신creative innovation'을 이룩해왔다며 이런 자연의 혁신에 대한 이해를 통해 인간의 기술과 지식의 혁신도 이해할 수 있다."[19] 이 자리에는 서강대학교 경영학부 교수 김주영도 참석했는데, 그는 기술적 혁신이 기업의 수익에서 얼마나 중

---

19 박정열, 「자연에서 혁신 모델을 찾다」, 『사이언스타임즈』, 2011년 9월 26일.

요한 역할을 하는지에 대해 발표했다. 김동준 이노캐털리스트 대표도 기업이 혁신적 제품을 내놓을 때 시장의 반응과 연결시켜 '진화적 관점에서 혁신'을 이야기했다. 어떤가. 톱니바퀴들처럼 서로 잘 맞물려 돌아간다는 느낌이 들지 않는가.

　빅 히스토리에 등장하는 핵심 개념에서 친기업적인 뉘앙스를 발견하는 것은 어렵지 않다. 예를 들어 '창발創發, emergence'은 본래 생물학에서 자주 쓰이는 개념이다. 어떤 조건이 맞아 생명이 나타났을 때, 그 생명에서는 '조건들'로만 환원되지 않는 새로운 특징이 나타나게 되는데, 그것을 '창발'이라 한다. 그런데 데이비드 크리스천은 이 개념을 빅 히스토리 전체에 적용시킨다. 창발성이 우주의 나이인 137억 년 동안 물질이 생명으로, 또 새로운 형태로 이어진 것을 설명하는 핵심 개념이라며 강조하는 것이다. 이 창발성에서 기업들이 그토록 요구하는 '창의성'을 떠올리는 것은 이상한 일일까?

　데이비드 크리스천이 강조한 또 다른 핵심 개념으로는 '집단학습 collective learning'도 있다. 그는 인간의 역사에도 생물의 역사에 존재하는 자연선택과 같은 수준의 개방적이지만 방향성이 있는 패러다임이 존재하는데, 그것을 '집단학습'이라고 말한다. 인간이 동물과 구분되고, 환경을 효율적으로 사용하고, 물질적 축적을 이루고, 문명을 만들 수 있었던 것이 '집단학습' 때문이라는 것이다.[20] 이 '집단학습'이라는 개념에서 인터넷과 SNS를 떠올린다면, 이상한 일일까? 더구나 그는 IT업계의 거물 빌 게이츠의 절대적 지원 속에서 세계적인 학자로 떠오른 사람 아닌가.

　유발 하라리의 '인지혁명'이라는 개념도 있다. "인지혁명이란 약 7만

20　안은별, 앞의 기사.

년 전부터 3만 년 전 사이에 출현한 새로운 사고방식과 의사소통 방식을 말한다." 유발 하라리에게 인지혁명은 농업혁명·과학혁명과 함께 호모사피엔스의 역사를 설명하는 핵심 개념이다. 그런데도 언어 체계가 발달한 이유에 대해 '그건 중요하지 않다'며 회피한다. 인지혁명이 촉발된 원인에 대해서도 "우리는 잘 모른다. 가장 많은 사람들이 믿는 이론은 우연히 일어난 유전자 돌연변이가 사피엔스의 뇌의 내부 배선을 바꿨다는 것"이라고 말하며 그냥 넘어간다.[21]

그의 말대로 설사 유전자 돌연변이가 생겼다 하더라도 그 자체가 인지혁명의 필요충분조건이 되지는 않는다. 유전자 돌연변이가 인지혁명을 촉발하기 위해서는 그것이 주는 생존의 이로움이 있어야 한다. 내가 아는한, 인류의 언어 체계와 의식, 소통의 발달은 '노동'에 빚지고 있다. 예술비평가 에른스트 피셔는 이렇게 썼다. "손이 인간의 이성을 해방시키고 인간의 의식을 생산했다. 도구의 사용을 통해 노동과정에서 원인과 결과의 자연적 관련은 역전되었다. 즉 예기되고 예견된 효과가 '목적'으로서 노동과정의 입법자가 되었다. 벌이 벌집을 짓는 기술은 많은 인간 건축가들을 무색하게 한다. 그러나 건축가는 밀초로 집을 짓기 전에 머릿속에서 이미 집을 짓는다."[22] 그러나 유발 하라리는 이런 노동의 가치가 어떻게 지금의 우리를 만들었는지에 대해서도 언급하지 않는다.

유발 하라리에게 인간을 이해하는 가장 중요한 틀은 '상상을 믿는 능력'이다. 그에 따르면, 사피엔스의 언어가 다른 동물과 다른 것은 다른 사람의 이야기를 전하고(뒷담화) 존재하지 않는 이야기를 꾸며낼 수 있기 때문이다(허구). 그는 테드 강연에서 이렇게 설명했다. "허구 덕분에 우리는 집단

---

21 유발 하라리, 조현욱 옮김, 앞의 책, 44쪽.
22 에른스트 피셔, 한철희 옮김, 『예술이란 무엇인가』(돌베개, 1993), 33쪽.

적으로 상상할 수 있게 되었다. 성경의 창세기, 호주 원주민의 신화, 현대의 민족주의 같은 공통의 신화를 짜낼 수 있다. 그런 신화들 덕분에 사피엔스는 많은 숫자가 모여 유연하게 협력하는 능력을 갖출 수 있게 되었다." 상상을 믿는 능력과 스토리, 뭔가 떠오르지 않는가. 그렇다. 기업들이 누누이 강조하는 인문학적 상상력과 스토리텔링이다.

나의 지적에 "돼지 눈에는 돼지만 보인다"고 할지 모르겠다. 그러나 의심과 비판의 눈으로 빅 히스토리를 읽어나간다면, 친기업적 뉘앙스를 발견하기란 그리 어려운 일이 아니다. 빅 히스토리는 그 형식 자체가 스토리텔링이다. 우주의 기원부터 지금의 과학기술 문명까지를 물 흐르듯 이야기 형식으로 써내려간다. 요제프 바이첸바움은 "근대 자연과학이 내놓은 정신적 우주론들은 모두 논리적 필연이라고 주장된다"고 쓴 바 있다.[23] 빅 히스토리가 그렇다. 빅 히스토리의 서사는 오늘날 우리가 과학기술 사회를 살게 된 것이 필연인 것처럼 기술한다.

역사가 베네데토 크로체의 말처럼 "모든 역사는 현대사다". 그러나 빅 히스토리는 그중에서도 글로벌 자본이 지배하는 과학기술 사회, 그것을 대변하는 시선으로 우주와 인류의 역사를 기술하고 있다는 의심을 거둘 수 없다.

---

23 요제프 바이첸바움, 이말 옮김, 앞의 책, 29쪽.

제4차 산업혁명론의 허상

5년 만에 '3차'에서 '4차'로 도약?

지난 제19대 대통령 선거에서 대선후보들은 너나 할 것 없이 제4차 산업혁명 지원을 공약했다. 제4차 산업혁명이 미래의 첨단산업이니, 정부가 이를 지원하면 경제도 성장하고, 일자리 문제도 해결할 수 있다는 주장이었다. 언론들도 이에 가세해 제4차 산업혁명 관련 뉴스들을 대거 쏟아냈다. 이에 많은 사람은 제4차 산업혁명 시대의 도래는 필연이고, 우리 경제의 희망 역시 제4차 산업혁명에 있다는 생각을 갖게 되었다. 제4차 산업혁명을 알아야 하고, 가능한 한 빨리 모종의 조치를 취해 제4차 산업혁명을 주도해나가지 않으면 안 된다는 분위기가 팽배해졌다.

외국도 이럴까? 그렇지는 않은 것 같다. 예를 들어 2016년 클라우스 슈바프가 다보스포럼에서 제4차 산업혁명을 처음 소개했을 때, 미국의 『슬레이트』는 "무의미한 구호에 지나지 않는다"고 비판했고, 영국의 『가디언』은 슈바프의 『제4차 산업혁명』에 대해 "겉멋만 부린, 멍청한 소리로 가득한 책"이라는 혹평을 실었다. 언론학자 강인규 역시 "나는 미국에 살고, 미국

대학에서 가르치지만, 그곳에서 4차 산업혁명에 대한 '신화적 믿음' 같은 것은 보지 못했다"고 증언했다.[1] 메디아티 대표 강정수 역시 제4차 산업혁명 관련 토론회에서 "이 용어를 만든 (독일인인) 슈바프의 책이 독일보다 한국에서 더 잘 팔리고 공식적으로 (정부 차원에서) 이 용어를 쓰는 나라도 한국 외에는 보지 못했다"고 꼬집었다.[2]

제4차 산업혁명에 대해 유독 한국이 뜨거운 반응을 보이는 현상의 바탕에는 새로운 과학기술은 무조건 좋은 것이라고 믿으며 경탄과 찬사를 보내는 맹목적 과학기술주의, 과학기술을 향한 경쟁에서 뒤처지면 안 된다는 강박적 경쟁주의가 깔려 있다. 여기에 '기술입국론'이 가세한다. 글로벌정치경제연구소 소장 홍기빈은 제4차 산업혁명 열풍에 대해 "1960년대 해외에서 선진기술을 배워와 돈을 많이 벌자며 사회 전체를 동원하는 기술입국론의 재탕 삼탕"이라며 비판했다.[3]

제4차 산업혁명에 대한 냉소적 반응이 나오는 것은 '제4차 산업혁명'이라는 개념부터가 선뜻 동의되지 않는 측면이 있기 때문이다. 제4차 산업혁명에 대한 다보스포럼(슈바프)의 정의는 이렇다. "제3차 산업혁명을 기반으로 한 디지털과 바이오산업, 물리학 등의 경계를 융합하는 기술혁명." 좀더 구체적으로 살펴보면, 제4차 산업혁명은 물리학 기술(무인운송수단 · 3D 프린팅 · 로봇공학 · 신소재), 디지털 기술(사물인터넷 · 블록체인 · 공유경제), 생물학 기술(유전공학 · 합성생물학 · 바이오프린팅) 등 3개 분야의 기술을 융합한 것이다. 여기에 언급된 3개 분야는 오늘날의 대표적인 첨단기술들

1 강인규, 「'4차 산업혁명', 잔치는 이미 끝났다」, 『오마이뉴스』, 2017년 8월 16일.
2 2017년 6월 28일 '문화연대 기술+미디어 문화위원회'가 주최한 '4차 산업혁명 어디로? 기술사회의 비판적 상상력' 토론회에서 그가 한 말이다. 금준경, 「'4차 산업혁명'에 맞서 싸워야 하는 이유」, 『미디어오늘』, 2017년 6월 29일.
3 금준경, 앞의 기사.

이다. 제4차 산업혁명이란 첨단기술 분야를 몽땅 융합한 결과 생겨나는 사회 변화를 일컫는다. 일종의 '첨단기술 종합 버전'이라 할 수 있다.

그러나 3개 분야의 융합이라고 해서 물리학 기술, 바이오 기술, 디지털 기술의 지위가 동등하다고 생각해서는 안 된다. 이 중에서도 핵심은 디지털 기술에 있다. 3개 분야의 융합은 '빅데이터'에 입각해 이루어지는데, '빅데이터'는 디지털 기술에서 파생되기 때문이다. 제4차 산업혁명의 특징으로 거론되는 초연결성과 초지능성도 모두 디지털 기술에서 나온다. 디지털 기술은 제4차 산업혁명의 하나를 구성하는 한 분야이면서 다른 두 분야, 즉 물리학 기술과 생물학 기술을 연결시키는 접합제 역할을 한다.

제4차 산업혁명이 있다면 1차 · 2차 · 3차 산업혁명도 있을 것이다. 제1차 산업혁명은 18세기 중엽 증기기관의 발명이 유발한 산업혁명을 말한다. 19세기 중엽 전기의 등장으로 대량생산이 시작되는데 이것을 제2차 산업혁명이라 한다. 그리고 20세기 중엽부터 시작된 인터넷과 컴퓨터를 이용한 자동화를 제3차 산업혁명이라 부른다. 제3차 산업혁명은 쉽게 말해 '디지털 혁명'이다. 그러나 이러한 시기 구분도 후차적인 것일 뿐이다. 이를테면 20세기 중엽부터 '제3차 산업혁명'이라는 말이 있었던 것이 아니라는 말이다. 이 말이 생겨난 것은 불과 7년 전의 일이다. 2011년 미국의 미래학자 제러미 리프킨의 『3차 산업혁명』이 출간되면서 알려지기 시작했다.

그러면 따져보자. 제1차 산업혁명과 제2차 산업혁명의 시간적 거리는 거의 100년이다. 제2차 산업혁명과 제3차 산업혁명도 거의 100년 차이가 난다. 그런데 제3차 산업혁명과 제4차 산업혁명 사이의 시간적 거리는 매우 짧다. 인터넷과 컴퓨터가 처음 생겨난 것은 1960년대지만, '제3차 산업혁명'이라는 말이 생겨나고 알려지게 된 것은 2011년의 일이었다. 슈바프가 '제4차 산업혁명'을 처음으로 언급한 것은 2016년이니, 5년 만에 제3차 산업혁명에서 제4차 산업혁명으로 건너뛴 셈이다. 시간적 거리가 짧아

　　　　　　　　　　　　　—— 제4차 산업혁명론의 허상

도 너무 짧다. 과학기술의 발전 속도가 점점 빨라진다는 점을 감안해도 그렇다.

국내에서 벌어진 일들을 보면 더 우습다. 2015년까지는 제러미 리프킨이 틈틈이 내한해 제3차 산업혁명을 설파했고 언론은 이를 대서특필했다. 그러나 2016년에는 슈바프 회장이 내한해 정·재계를 돌며 열심히 제4차 산업혁명을 '세일즈'하고 다녔다.[4] 강인규는 이렇게 썼다. "박근혜 대통령은 슈바프의 애독자지만, 이명박 대통령은 아예 리프킨을 초청해 직접 만났다. 차기 대통령은 '5차 산업혁명'의 저자와 조우하게 될지 모르겠다."[5] 이것은 비아냥이 맞다. 문제는 이런 비아냥이 이상하게 들리지 않는 현 상황인 것이다.

인간 소외의 기술 혁신론

흔히 사람들은 제3차 산업혁명과 제4차 산업혁명이 큰 차이가 있을 거라고 생각한다. 그러나 둘은 그다지 차이가 있는 것이 아니다. 강인규의 설명이다. "리프킨은 에너지 네트워크, 산업 간 융합, 공유경제, 사물인터넷IoT, 3D 프린터를 활용한 제조업 혁명이 경제구조를 근본적으로 바꾸는 '3차 산업혁명'을 가져올 것이라고 말해왔다. 리프킨이 에너지를 특별히 강조한 점과, 앞의 숫자가 '3'이라는 점을 빼면 슈바프의 주장과 판박이다. 둘은 '혁명'의 부작용에 대해서도 비슷한 우려를 표한다. 슈바프는 인공지능과 자동화의 영향으로 다가올 실업과 양극화 문제를 제기한다. 리프킨 역시 자신의 책에서 인공지능과 자동화가 사람들의 일자리를 빼앗을 것이라고 주장하

---

4   송진식, 「한국 미래 좌우할 4차 산업혁명 '현실적 지혜' 모아야 할 때」, 『주간경향』, 2017년 3월 7일(1216호).
5   강인규, 「신앙이 된 '4차 산업혁명', 여러분 믿습니까?」, 『오마이뉴스』, 2017년 7월 3일.

며, 구매력 감소가 경제성장에 타격을 입힐 것을 염려한다."[6]

슈바프는 '속도', '폭과 깊이', '영향력' 면에서 제4차 산업혁명이 제3차 산업혁명과 구분된다고 말한다. 그런 기술의 변화가 있는 것은 사실이다. 그러나 '제4차 산업혁명'이라고 지칭할 정도로 구분된 성격이 있는 것은 아니다. 그것은 그냥 제3차 산업혁명이 더 심화된 것으로 보는 것이 옳다. 홍기빈이 '제3차 산업혁명의 후반기' 혹은 '제3차 산업혁명의 B국면'이라고 봐야 한다고 주장하는 것도 그런 맥락이다. 실업문제도 새삼스러운 것은 아니다. 자동화와 디지털화로 인해 일자리가 사라지는 문제, 즉 '기술 실업'[7]의 문제는 제3차 산업혁명 시기부터 불거졌던 문제다.

일반적으로 '산업혁명'이라고 하면 생산성과 고용이 비약적으로 증가하는 것을 말한다. 증기기관이나 전기의 발명이 생산성과 고용을 폭발시킨 것을 상기하면 금방 이해가 된다. 그런데 제3차 산업혁명이나 제4차 산업혁명은 반대다. 일자리와 생산성을 줄이면서 '산업혁명'이라는 말을 쓴다. 일각에서 '세상에 고용과 생산성을 떨어뜨리는 산업혁명도 있는가?' 하고 반문하는 것도 무리는 아니다. 혹자는 디지털 혁명이 생산성을 떨어뜨렸다는 말에 '에이, 설마?' 하는 반응을 보일지 모르겠다. 그러나 사실이다.

전 세계의 공장과 사무실이 최신 컴퓨터를 도입하기 위해 열을 올렸던 1980년대 후반, 노벨상 수상 경제학자 로버트 솔로는 이렇게 말했다. "어디를 가든 컴퓨터 시대가 도래한 징표가 확연하지만, 생산성 통계에서는 그 흔적을 찾을 수 없다." 이것은 수치로도 증명된다. 컴퓨터가 제대로 보급되지 않았던 1947년부터 1983년까지 미국의 노동생산성 증가율은 평균

---

6   강인규, 앞의 기사.
7   존 메이너드 케인스는 일찍이 기술혁신으로 일자리가 사라지는 속도가 새로 일자리가 생기는 속도보다 빠른 현상을 '기술실업'이라 불렀다.

2.8퍼센트였다. 하지만 인터넷 사용이 보편화된 2000년부터 2007년 사이 비율은 오히려 2.6퍼센트로 떨어졌다. '스마트폰 혁명'이 일어난 2007년부터 2014년 사이는 어땠을까? 정확히 반토막이 난 1.3퍼센트였다. 이에 『이코노미스트』는 2014년 10월호에서 "기술이 먹히지 않는다"는 '기술무용론'까지 제기했다.[8]

'고용의 대폭 축소'는 제4차 산업혁명의 핵심 전망이다. 그러면 대선 후보들은 어떤 논리에서 '제4차 산업혁명'이 우리를 먹여 살려준다고 이야기했던 것일까? 그 논리를 가장 명징하게 보여주는 이는 단연 안철수다. IT 자본가 출신으로 대선 기간 내내 제4차 산업혁명 전문가를 자처했던 그는 서울 신촌 유세에서 이렇게 말했다. "정부가 제4차 산업혁명에 잘 대처하면, 164만 개의 일자리가 새로 생긴다. 그런데 잘못 대처하면 68만 개의 일자리가 감소한다."[9] 이런 말을 하는 의도는 빤하다. 지금이 누구를 국가의 리더로 뽑느냐에 따라 당신이 일자리를 얻을 수도, 잃을 수도 있는 중차대한 시기라는 것, 이 문제를 가장 잘 처리할 적임자는 바로 자신이라는 것이다. 일자리를 얻고 싶은 사람도, 혹은 일자리를 잃기 싫은 사람도 모두 자신을 찍으라는 협박이다.

이런 태도는 안철수만의 것이 아니다. 협박과 엄포는 다른 제4차 산업혁명 옹호론자들에게서 일반적으로 발견된다. 이들에게 제4차 산업혁명의 도래는 필연이며, 우리가 할 수 있고, 해야 하는 일은 제4차 산업혁명의 도래를 수용하고, 거기에 대비하고, 적응하는 것뿐이다. 그것을 거부하면 국가는 도태되고, 개인도 실업자 신세를 면치 못한다는 것이다. 제4차 산업

---

8 강인규, 앞의 기사.
9 이미나, 「안철수 '뚜벅이 유세' 페이스북 영상 180만 명 조회···표창원 "사람 모이지 않아 부럽다" 비아냥」, 『한국경제』, 2017년 5월 8일.

혁명 담론은 그렇게 사람들의 불안과 공포를 자극한다. IT 혁명이 시작될 때만 해도 장밋빛으로 포장된 미래로 사람들을 현혹하더니, 이제는 협박까지 동원해 '이미 결정된 미래'를 받아들이라고 한다.

이런 태도는 『4차 산업혁명의 충격』이라는 책의 추천사를 쓰고 제4차 산업혁명 전도사로 활약 중인 물리학자 정재승에게서도 볼 수 있다.[10] 그는 제4차 산업혁명의 도래와 관련해 이렇게 말했다. "기존 패러다임으로는 설명하기 어려운 변화가 많이 일어날 것이라는 것은 분명하다.……그렇게 되면 이전 산업들도 엄청난 변화를 겪을 텐데, 우린 아직 그런 변화를 겪을 준비가 안 됐고 여러 법적·사회적 제도도 마련돼 있지 않다……과학기술을 '성장 동력'으로만 바라본다면 4차 산업혁명에 제대로 대비할 수 없다. 완전히 새로운 패러다임으로 접근해야 할 필요가 있다."[11]

그는 아예 제4차 산업혁명에 대비해 법적·사회적 제도는 물론이고, 사회적 패러다임 자체를 바꿀 것을 요구하고 있다. 제4차 산업혁명에 사회를 뜯어 맞추자는 것이다. 인간은 목적이고, 과학기술은 수단이다. 그런데도 제4차 산업혁명 옹호론자들은 그 관계를 너무 쉽게 전복시킨다. 여전히 문제의 핵심은 사람이다. 그 방향, 속도, 성질은 어떠해야 하는지를 결정하는 것은 사람의 철학이다. 과학기술이 누구의 통제를 받아야 하는지는 사람의 정치다. 우리는 이 유실된 담론을 되찾아야 한다.

---

10 그는 추천사에서 자신이 2009년 다보스포럼이 뽑은 '젊은 글로벌 리더'의 한 사람으로 선정되었다는 사실을 밝혀놓기도 했다.

11 송진식, 앞의 기사.

'정치'에서 '기술'로 패러다임 전환

'제4차 산업혁명'이라는 용어는 철저하게 자본의 입장을 대변한다. 그것은 '제4차 산업혁명'이라는 말을 만들고 유포한 주체가 다보스포럼이라는 것만 봐도 알 수 있다. 앞서 말했듯이 '제4차 산업혁명'이라는 말을 만들고 유포한 것은 다보스포럼의 회장 클라우스 슈바프다. 그가 2016년 포럼에서 '제4차 산업혁명 마스터하기'라는 제목으로 주제발표를 한 후 '제4차 산업혁명'이라는 말이 퍼지기 시작하더니, 1년 반도 안 되어 한국 대선후보들의 주요 정책으로 떠올랐다.[12]

자본은 왜 '제4차 산업혁명' 담론을 꺼내들었을까? 그것은 자본의 위기 탈출 전략과 관련이 있다. 가장 큰 이유는 세계화 담론이 더는 약발이 먹히지 않게 되었기 때문이다. 세계화로 인한 경제 양극화는 진보는 물론이고 보수의 기반인 중산층의 경제 기반까지 붕괴시키고 있으니 약발이 먹힐 리 없다. 난민문제, 극우정당 득세, 영국의 브렉시트Brexit, 각국의 보호무역주의 강화, 미국의 트럼프 당선 등 일련의 현상들은 혼란스러워 보이지만, 그것을 관통하는 흐름이 있다. 그것은 바로 세계화의 동력과 지지 세력의 붕괴, 반세계화 정서의 확산이다. 글로벌 자본의 무한한 자본축적을 가능케 해주었던 문이 닫히려 하고 있는 것이다.

이에 자본은 정치사회적 담론 대신 과학기술의 외피를 쓴 담론으로 상황을 반전시키려 한다. 그것이 바로 '제4차 산업혁명'이다. 기술 변화에 대한 담론이라면서 명칭이 '기술혁명'이 아닌 '산업혁명'인 데는 이유가 있다. 그래야 주체가 기업이 되기 때문이다. 기업이 주체가 되어 하려는 일은

---

12 국제기구도 아니고, 전 세계 사람들이 공신력을 부여해준 곳도 아닌, 이런 자본의 '비선조직'이자 '사적 기관'이 글로벌 어젠다를 결정하는 것은 괜찮을까?

무엇인가? 일차적으로는 '규제 철폐'다. 제4차 산업혁명론을 잘 관찰해보면, 논의가 하나로 귀결된다는 것을 알 수 있는데, 바로 '규제 철폐'다. 자본의 주장은 이렇다. 각종 규제가 기술의 발전, 그에 기반한 경제발전과 사람의 편리한 생활을 저해하고 있으니, 혁파되어야 한다는 것이다.

자본은 정치권에 대한 대대적인 로비와 언론을 통한 대국민 홍보전, 여론 조성을 통해 자신에게 유리한 법과 제도를 관철시켜나간다. 자본은 정치권에 새로운 기술을 적용한 '시장'을 만들어달라고 요구하고, 정치권은 이에 화답한다. 만에 하나 이에 저항하는 정치세력이 있으면? 자본은 자신의 정치적 대리인과 언론을 통해 경제발전과 사람의 편리한 생활을 저해하는 세력으로 매도한다. 기업은 흔히 기술혁신으로 돈을 번다고 말하지만, 그것은 사실이 아니다. 기술혁신은 사업의 수많은 요소 중 하나일 뿐이다. 그것을 뒷받침하는 법과 제도가 마련되지 않으면 제 아무리 좋은 기술혁신이 있어도 시장은 형성되지 않는다. 궁극적으로 기업은 법과 제도의 혁파를 통해 돈을 번다.

예를 들어 세계 유수의 ICT Information and Communication Technology(정보통신기술) 기업들이 차세대 주력 사업으로 삼고 있는 헬스케어사업을 보자. 이 사업이 본격화되기 위해서는 그것을 뒷받침하는 법적 · 제도적 장치가 마련되어야 한다. 스마트폰이나 스마트밴드에 탑재된 심박동 측정기와 자외선 센서, 산소포화 센서가 헬스케어 기능을 하기 위해서는 엄격한 관리 감독이 필요한 소비자의 의료 정보와 생체 정보에 ICT업계가 접속할 수 있어야 한다. 이용자의 심장 박동수, 호흡, 혈압, 수분 상태 등의 생체신호를 클라우드 시스템으로 전송된 후 알고리즘 분석을 거쳐 사업에 이로운 정보로 만들어 다시 이용자에게 피드백되어야 하기 때문이다. 이 플랫폼이 온전히 작동되려면 ICT 기업들의 이해관계에 맞춰 의료법 개정, 보험제도 개혁, 의료시장 전반의 구조 조정이 필요하다.[13]

사물인터넷에 겹겹이 포위된 인간

사물인터넷은 말 그대로 사물과 사물이 인터넷으로 연결되는 것을 말한다. 지금처럼 PC, 스마트폰, 스마트TV, 스마트밴드 같은 전자제품들이 서로 연결되는 것을 넘어 자동차, 세탁기, 냉장고, 문^門, 화분, 장난감, 헬스기기 등 생활 주변의 다양한 제품이 모두 인터넷으로 연결된다. 개인들이 사용하는 제품들만 연결되는 것이 아니라, 쇼핑몰의 출입문 시스템, CCTV, 공원이나 광장의 관리 시스템, 길거리의 교통 시스템, 정부의 행정·치안 서비스도 모두 사물인터넷의 체계 속으로 편입된다. 인공지능으로 무장한 사물들이 사적 공간은 물론 공적 공간까지 촘촘히 장악하고 사람들을 겹겹이 포위한 형국이다.

이제까지의 네트워크가 주로 사람과 사람을 잇고, 사람과 사람이 서로 정보를 주고받는 것을 의미했다면, 사물인터넷 시대에는 사람과 사물, 나아가 사물과 사물이 서로 정보를 주고받으며 동작을 제어하는 것을 의미한다. 사람과 사람에 국한되었던 인터넷 인프라를 사람 대 사물, 사물 대 사물 간 영역으로 확대한 것이다. 이제까지의 인터넷이 사람의 직접적인 개입이나 지시가 있어야 작동했다면, 사물인터넷은 그런 것 없이도 내장된 센서나 소프트웨어가 스스로 주변 환경과 상태·위치의 변화를 감지하고, 그것을 데이터화하고, 네트워킹하고, 정보를 처리한다. 그것은 일련의 과정에 대한 결정권이 일반 시민의 손을 거의 완전히 떠난다는 것을 의미한다.

사물인터넷을 통제하는 것은 자본이다. 자본이 네트워크라는 그물망을 던져 건져 올리는 것은 결국 '인간'이라는 물고기다. 시공간의 제약에서

---

13 임태훈, 『검색되지 않을 자유』(알마, 2014), 101~102쪽.

해방시켜 사람과 사람의 만남과 정보 교환을 주선하는 것처럼 보였던 인터넷이 이제는 사람을 포획하는 장치가 되고 있다. 제4차 산업혁명이 이야기하는 초연결성과 초지능성은 인간을 '지능적으로 포박한다'는 의미와 다름없다. 사물인터넷은 정보화의 규모와 밀도가 극대화되는 것을 의미하고, 그것은 삶의 거의 전 영역이 기업에 의해 식민화되는 것을 의미한다. 지금도 CCTV, 도청, 해킹, 드론, 차량 블랙박스 등으로 감시사회가 되어가는 것에 대한 우려가 크다. 그런데 수많은 전자장치가 생활환경 그 자체를 이루게 되는 사물인터넷 시대가 되면 개인들에 대한 감시와 통제의 문제는 걷잡을 수 없는 것이 될 가능성이 크다.

앞으로는 인간도 사물인터넷이 될 우려가 높다. 이것은 기우가 아니다. 미국의 『워싱턴포스트』에 따르면, 전자장비 제조기업 '스리 스퀘어 마켓Three Square Market'은 직원들에게 무선주파수인식RFID 기술이 들어간 전자칩을 손가락에 이식하는 것을 제안했다. 칩을 이식하면 출입카드를 기계에 접촉하지 않아도 회사에 도착하면 출근 시간이 회사 컴퓨터에 즉시 전송되고, 업무용 컴퓨터에 접속할 때나 회사 비품을 쓸 때도 아이디나 비밀번호가 필요하지 않으며, 구내식당에서도 현금이나 카드를 꺼내지 않아도 되어 편리하다는 것이다. 이를 제안한 최고경영자 토드 웨스트비의 말은 조금 섬뜩하다. 그는 몸에 전자 칩을 심는 것은 "미래에 필수적으로 적용될 기술"이며 "궁극적으로 신용카드나 여권처럼 물건을 구매하거나 국경을 오갈 때 사용되는 표준이 될 것"이라고 말했다.[14]

전자기기와 인간의 거리는 점점 사라지고 있다. 처음에는 아날로그 TV나 전화기처럼 우리 몸과 동떨어져 있던 것이, 휴대전화처럼 우리가 지

---

14 김미나, 「절반은 인간, 절반은 신용카드?」, 『한겨레』, 2017년 7월 25일.

니고 다니는 것으로 변하더니, 스마트밴드나 구글 글래스처럼 인간의 피부를 감싸는 것으로 변했다. 그리고 마침내 인간의 피부를 파고드는 것으로 진화하고 있다. 사물인터넷 시대, 인간은 인터넷으로 연결된 사물 중 하나가 될 것이다.

빅데이터가 위험한 이유

우리가 스마트폰으로 하는 모든 활동은 데이터를 남긴다. 페이스북이나 트위터에 올린 글, 구글이나 네이버 검색 창에 친 검색어 모두가 그들 서비스 회사의 클라우딩 데이터 저장소에 쌓인다. 온라인으로 지도서비스를 이용하거나 쇼핑을 해도 그 내역이 데이터로 저장되고 전송된다. 우리가 오프라인에서 활동하는 내역도 예외가 아니다. 우리가 병원에서 진료를 받거나 은행과 거래를 해도 그 내역이 데이터로 컴퓨터에 남고 처리된다. 특히 카드회사들에 모이는 데이터의 양은 엄청나다. 카드회사는 마음만 먹으면, 결재 내역을 통해 이용자가 좋아하는 음식, 취미, 관심사, 장소, 정서, 생각 등을 알아낼 수 있다. 심지어 편의점도 개인 정보를 수집한다. 편의점 계산기가 바코드를 찍으면 연령과 성별에 따라 어떤 물건을 언제 구입했는지가 함께 입력된다.

지금도 이러한데, 사물인터넷 시대가 열리면 생산되는 데이터의 양은 더욱 폭발적으로 증가할 것이다. 사물인터넷 시대, 우리 모두는 거의 완벽하게 데이터베이스화된 인간이 된다. 이렇게 사물인터넷이 쏟아내는 엄청난 규모의 데이터는 '빅데이터'를 형성한다. 지금도 사람들은 자신의 데이터가 서비스 제공자인 기업에 의해 어떻게 수취되고, 전달되고, 가공되고, 판매되어 수익을 남기는지 잘 모른다. 그 과정은 눈에 보이지 않는 '비가시적 영역'이기 때문이다. 이것은 단지 경제적인 문제가 아니다. 제러미 벤담의 팬옵티콘 개념에서 보듯, '봄'과 '보임'의 불평등은 반민주주의, 파시즘, 전체주의의 시발始發이다.

국가와 자본은 언제라도 빅데이터를 대중의 의식과 행동을 감시하고 통제하는 용도로 사용할 수 있다. 대중이 통제 가능한 자원으로 전락하는 것이다. 임태훈의 『검색되지 않을 자유』에 등장하는 '익스펙트롤Expectrol' 이라는 개념이 있다. 익스펙트롤은 'expectation(예상)'과 'control(통제)'을 결합한 조어로 '예측 가능한 인간'을 말한다. 빅데이터는 새로운 인간형으로서 익스펙트롤을 양산한다. 빅데이터는 인간의 모든 행동을 '계산 가능한 것'으로 만든다. '계산 가능'은 '예측 가능'으로 바뀌고, '예측 가능'은 '통제(조작) 가능'으로 바뀐다.

지금도 많은 오피니언 리더는 '개인들이 별 경계심 없이 자신의 개인 정보를 기업에 함부로 넘기는 것'을 질타한다. 이것은 사회 구조적 문제를 개인의 탓으로 돌리는 관점이다. 개인이 자신의 정보를 기업에 넘기는 것은 이미 선택이나 윤리의 문제를 넘어섰다. 온오프라인 시장이 서로 긴밀하게 연결되어 있고, 그 시장이 소수의 기업들에 의해 독과점되어 있기 때문이다. 시장이 독과점되어 있다는 것은 그 시장을 이용하지 않으면 생활에 지장이 초래됨을 의미한다. 우리는 독과점 기업과의 전자상거래를 거부하기 힘든 구조화된 사회에 살고 있다.

좋든 싫든 전자상거래를 이용하기 위해서는 독과점 기업에 자신의 개인 정보를 넘기지 않으면 안 된다. '개인 정보 이용에 대한 동의'가 요식 행위에 불과한 이유다. 개인 정보 이용 방식과 기간과 범위 등은 기업이 작성한 약관에 따른다. 형식에 불과할망정, 그나마 지금까지는 이용자의 동의가 필요했다. 그러나 사물인터넷 시대가 되면, 이러한 요식행위도 불필요해질 것이다. 사물인터넷은 사람들의 컴퓨터 조작으로 생산되는 데이터만이 아니라, 사람들의 일상생활 자체를 데이터화하는 개념이기 때문이다(이를 위해 자본은 개인 정보에 대한 기업 규제를 철폐하려고 극력 추진 중이다).

빅데이터는 인공지능의 기반이다. 빅데이터가 있어야 그것을 바탕으로 인공지능이 추론하고 학습하면서 스스로 발달할 수 있기 때문이다. 빅데이터가 없으면 인공지능의 소위 '딥 러닝Deep Learning'은 불가능하다. 데이터의 양이 많을수록 인공지능은 거기에서 훨씬 보편화된 패턴을 정밀하게 추출, 상황에 정교하게 대응하고, 나아가 상황을 용의주도하게 관리·조정할 수 있게 된다. 인공지능의 발달과 빅데이터의 축적은 한 쌍이다. 사물인터넷으로 인해 데이터의 양이 폭발적으로 증가하면, 인공지능도 폭발적으로 발달하게 된다.

더구나 빅데이터는 구글, 애플, 마이크로소프트, 페이스북 같은 소수의 글로벌 ICT 기업에 축적된다. 이것이 더욱 위험하다. 전 세계인에 대한 빅데이터를 확보한 이들 기업은 그 자체로 엄청난 정치경제적 권력을 갖게 된다. 이를 막기 위해서 우리가 해야 할 일은? 이들의 시장 독과점을 막을 강력한 법과 제도적 장치를 마련해야 한다. 그와 더불어 우리가 컴퓨터 조작을 통해 생산한 개인 정보와 글들은 정보생산자의 '특별한 요구가 없는 한', 일정 기간이 지나면 자동 삭제되도록 해야 한다.

오늘날의 비즈니스는 '빅데이터 비즈니스'다. 사람들의 일상생활과 경제활동은 매 시, 분, 초마다 디지털화되고, 그렇게 생성된 데이터들은 알고리즘에 의해 추출되고, 분석되고, 가공되어 마케팅에 활용된다. 온라인 네트워크는 그 자체로 "비트화된 돈이 흐르는 전 지구적 신경망이자 자본의 고속 증식로"이기도 하다.[15] 현대인들은 스마트폰을 갖고 다니며 언제 어디서나 정보를 흘리고, 물건을 소비하고, 비트화된 돈을 여기저기 보낸다. 이

---

15 임태훈, 앞의 책, 103쪽.

런 상황에서 몇몇 기업이 네트워크를 배타적으로 집속集束시킬 수 있다면? 그 기업들은 '누워서 떡먹기' 식으로 너무도 쉽게, 엄청난 돈을 벌어들이게 된다. 네트워크를 배타적으로 집속시키는 것 자체가 시장 독과점의 위력을 발생시킨다는 말이다.

제4차 산업혁명론의 기만과 덫

'어젠다 세팅'에서 벗어나야 한다

해킹 문제는 제4차 산업혁명의 주된 이슈다. 인터넷에 '제4차 산업혁명'이라고 쳐보면 가장 많이 뜨는 기사가 해킹에 관련된 것이다. 언론에 묘사된 해킹의 위험성은 이런 식이다. 도로를 달리던 커넥티드 자동차의 운전대가 멋대로 움직이고, 음악이 흘러나오던 라디오 채널이 갑자기 바뀐다. 브레이크도 운전자의 말을 듣지 않는다. 집에서 멀리 떨어져 있는 주인이 '내 집에 별 일이 없는지' 집 내부를 들여다볼 수 있는 기능은 도둑에게 집에 아무도 없음을 알려주는 루트로 활용된다. 해킹을 당해 '좀비'가 된 냉장고와 스마트TV가 악성 이메일을 발송, 하루에 수십만 개의 컴퓨터 바이러스를 양산할 수도 있다.

크리에이티브 커먼즈Creative Commons 아랍 지역 코디네이터 나이마 자리프에 따르면, 현재 전 세계적으로 130억 개의 사물인터넷 기기가 연결되어 있다고 한다. 2030년까지는 500억 개의 기기가 서로 연결될 것이라 전망한다.[1] 글로벌 IT 전문 시장조사업체인 가트너Gartner는 2022년까지 일반

가정에서 500개 이상의 사물이 서로 연결되는 시대가 올 것이라고 내다보았다.[2] 사물들이 이렇게 온라인으로 촘촘하게 연결된다면 해킹의 위험성 역시 당연히 기하급수적으로 높아질 수밖에 없다. 해킹 대상이 많아지는 만큼 해킹당할 수 있는 경로도 다양해질 뿐 아니라, 해킹으로 인한 피해 규모도 일파만파로 확산될 수 있다. 초연결사회에서는 상호의존성이 높아져 보안에 취약한 링크 하나만으로도 전체 네트워크가 치명적 피해를 입을 수 있다.

해킹 문제는 중요하다. 그럼에도 우리는 해킹의 심각성을 다루는 기사나 글들을 경계심을 갖고 볼 필요가 있다. 왜냐하면 이런 글들은 제4차 산업혁명과 관련해 보안이 주된 문제이고, 그것만 해결되면 별 문제 없다는 메시지를 전달하기 때문이다. 기술의 발달로 생겨난 문제를 기술의 발전으로 해결할 수 있고, 해결해야 한다는 동어반복 프레임이다. 이 프레임은 우리의 사고를 기술 영역을 벗어나지 못하게 하고, 그 안에 가둔다. 제4차 산업혁명이 갖는 사회정치적 문제, 과학기술을 둘러싼 권력과 철학의 문제를 기술적 문제로 치환해버린다. '어젠다 세팅'의 역할을 하는 것이다.

기술적인 문제 외에도 제4차 산업혁명이 내포하는 정치사회적 문제는 많다. 실업 문제만 해도 그 양태가 단순하지 않다. 강인규의 설명이다. "기술은 사람의 노동력을 대체하기보다 노동의 형태와 질을 변화시킨다. 페인트칠은 숙련된 기술이 필요하기에 상응하는 임금이 주어진다. 하지만 '페인트 드론'이 도입되면 페인트공이 할 일은 드론에 페인트를 채우고 분사 노즐을 닦는 단순노동으로 바뀌게 된다. 한국의 학습지 방문교사를 보자. 이들의 노동은 본래 개인의 능력과 개성이 크게 작용하는 일이었다. 학생들에게 쉽고 재미있게 가르치는 교사가 인기를 끌고, 이것은 개인 간의

---

1   금준경, 「세탁기에 개인 정보 털리는 시대 온다」, 『미디어오늘』, 2015년 10월 15일.
2   고현실, 「똑똑한 사물인터넷 봇물⋯해커 침입엔 '무방비'」, 『연합뉴스』, 2016년 6월 18일.

수입의 차이로 나타났다. 하지만 이제 방문교사의 노동은 태블릿 피시에 설치된 교육용 소프트웨어를 틀어주고 오는 단순직으로 바뀌어가고 있다."[3]

어찌 보면 실업자가 많아지는 것보다 노동의 성격 자체가 악화되는 것이 큰 문제다. 소득이 낮아지고, 실업률이 높아지는 것 역시 노동 양태의 악화에서 비롯된다. 단순직은 임금이 낮고, 해고와 대체 고용이 용이하기 때문이다. 게다가 제4차 산업혁명은 온디맨드 워크On-Demand Work를 추구한다. 온디맨드는 '실시간 수요에 맞춰 제품과 서비스를 제공하는 것'을 말한다. 그에 따라 상시적인 고용보다는 필요한 시점에 필요한 인력을 잠시 불러 쓰는 형태가 더욱 보편화할 것이다.

최근 영화 〈군함도〉를 보았다. 거기에는 '하시마섬端島 광업소'의 임금정책이 이렇게 나온다. "지금 나눠준 명세서에는 너희들이 조선 각지에서 이곳까지 오는 데 든 경비가 적혀 있다. 그 경비는 첫 임금에서 공제한다. 회사에서 마련한 기숙사 임대료는 매월 지급되는 임금에서 선공제된다. 여러분에게 지급된 모든 개인 용품들은 회사에서 제공하고 첫 임금에서 공제한다. 앞으로 모든 식사를 회사가 제공하며 비용은 임금에서 공제한다. 국가와 여러분의 장래를 위한 국채회비와 국민저금, 건강보험과 퇴직 적립금 등은 일괄적으로 월급에서 공제한다. 우리 국어에 익숙하지 못한 여러분을 위해 회사는 통역관을 상주시키고 업무에 익숙해질 때까지 교육을 제공, 각종 편의시설과 작업에 필요한 장비까지 제공한다. 이 모든 것은 임금에서 공제된다. 받게 될 첫 임금이 회사가 부담한 비용보다 적을 경우 다음 달 임금에서 공제한다."

이를 소개한 감독의 의도는 분명하다. 당시 식민지 시대, 조선인 노

---

3   강인규, 「'4차 산업혁명', 잔치는 이미 끝났다」, 『오마이뉴스』, 2017년 8월 16일.

동자들에 대한 처우가 노예와 다름없었음을 보여주기 위한 것이다. 그러나 나는 이것이 우리 시대의 노동자들이 겪고 있는 문제라고 보았다. 소위 '특고(특수고용)' 노동자들이 그렇다. 특고 노동자들은 일을 하는 데 필요한 물품을 자기 돈으로 산다. 식사도 자기 돈으로 하고, 일 때문에 외부에서 자야 할 경우에는 숙박비도 자기 돈으로 낸다. 자동차로 이동하는 데 드는 기름값도 자기 돈으로 충당한다. 일을 하다 다쳐도 자기 돈으로 치료한다.

특수고용 형태의 야만성을 실감하기 위해서는 성매매 여성을 생각해보면 된다. 성매매 여성 역시 일하는 데 필요한 모든 물품 비용을 자신이 내야 한다. 24시간 성매매 업소에 매여 일하면서도 숙식비, 화장품 값, 의상비, 심지어 콘돔 비용까지도 자신이 내야 한다. 그러니 일을 해도 돈이 모일 리없다. 특수고용은 성매매 여성에 대한 포주의 임금책정 방식이 제도화되어 사회 전반으로 확대된 것이라고 봐야 한다.[4] 제4차 산업혁명은 실업을 증가시킬 뿐 아니라, 특수고용처럼 가혹한 임금정책에 시달리는 저임금·불안정 노동 행태를 '정상적인 것'으로 만든다. 노동자들은 고용이라고 하기에도 뭣한, 이따금씩 생기는 일시적 근무에 대해 보수를 받을 뿐이다.

데이터 탈취 용인하고 기본소득 받자고?

최근 기본소득에 대한 논의가 활발하다. 그러나 이것이 인공지능과 로봇의 발달과 연관해서 생각하는 사람은 드물다. 대개는 분배 정의 차원에서 기본소득을 생각할 뿐이다. 18세기 말 산업혁명 이후 기계가 육체노동을 대체하

---

4 특수고용직은 전혀 '특수'하지 않다. 이미 '보편적'일 정도로 우리 주변에 많다. 트럭 운전기사, 택배 기사, 퀵서비스 기사, 대리운전 기사, 중국집 배달원, 보험설계사, 텔레마케터, 각종 상품 외판원, 관광가이드, 학원 강사, 학습지 교사, 대학 시간강사, 간병인, 건설노동자, 인터넷 설치 기사, 가전회사의 고객센터 애프터서비스 기사 등이 있다.

는 비중은 점차 확산되어왔다. 20세기 컴퓨터가 발명된 이후에는 급속하게 정신노동까지 대체해가고 있다. 육체노동, 정신노동 할 것 없이 '대량실업의 위험'이 대두되고,[5] 그에 대한 대책이 절실해지는 이유다. 기본소득은 이러한 대량실업의 해결책으로 제시된다.

기본소득은 데이터 저작권을 보전해주는 방책으로 언급되기도 한다. 한국에서는 한신대학교 경제학과 교수이자 진보네트워크 운영위원인 강남훈이 이런 주장을 한다. 그는 유저들이 생산한 커뮤니케이션(동영상 · 이미지 · 검색 · 거래 기록 등)이 인공지능을 발전시켜 기업 이윤 창출의 수단으로 활용되는 측면에 주목한다. 인간 유저들이 무상으로 데이터를 제공해 인공지능을 발전시켜온 만큼 그에 대한 재산권을 주장할 수 있다는 것이다. 이는 인공지능에 따른 기업 이윤이 해당 업체에 독점될 것이 아니라 시민들에게 배분되어야 한다는 논리로 발전한다. 바로 기본소득이다.[6]

이런 주장은 일면 일리가 있어 보인다. 그러나 기업이 수많은 사람에 대한 데이터를 은밀하게 탈취하고, 인간 자체가 데이터의 일부로 전락하는 것을 허용하는 대가로, 우리가 경제적 보상을 받는 것은 정당할까? 비민주적인 정보 권력을 용납하는 것에 대한 보상으로 분배 정의를 실현한다는 것이 가능한 일일까? 그것은 사회적 합의 없는 기업의 독점적 정보 탈취에 대해 정당성을 부여한다는 점에서 위험하다. 우리가 진정으로 논의해야 할 것은 기업의 데이터 탈취를 전제로 한 경제적 보상이 아니라 온라인 통신 수단의 사회화나 민주적 재소유화다.

인간적 존엄을 유지하기에 충분한 현금 급여를 주면 사람들은 일을

---

5   이렇게 실업자가 많아지는 데도 경제학에서는 기계화와 자동화를 '노동생산성(노동자 1인당 생산하는 제품이나 서비스의 가치)의 상승'이라는 말로 미화해왔다.

6   이종태, 「인공지능, 기본소득을 부르다」, 『시사IN』, 2016년 9월 6일(468호).

할까, 안 할까? 많은 사람이 궁금해하는 바다. 결론적으로 말하면, 노동을 회피하려는 사람이 적지 않을 것이다. 그것은 단지 게으르기 때문이 아니다. 현대사회의 노동이라는 것이 그리 건전하지 않기 때문이다. 특히 지금과 같은 신자유주의하에서는 더욱 그렇다. 사람들은 쥐꼬리만 한 수입을 얻기 위해 온갖 수모와 멸시를 감수해야 한다. 자본가나 전문직 혹은 문학예술 종사자를 제외한 대부분의 일자리는 사회적 의미나 자아실현의 보람도 별로 없다. 노동 인구 중 극히 일부에게만 제공되는 공무원, 공기업, 대기업 등 소위 '양질의 일자리'에서도 노동자의 주체성과 자아실현을 보장하는 경우는 많지 않다.

사람들 대부분이 고된 노동을 하는 이유는 오로지 임금 때문이다. 생계를 유지할 임금소득이 유일한 노동의 동력이다. 그런데 기본소득으로 기초적인 삶을 유지할 수 있다면, 소비 욕구를 자신이 어느 정도 통제할 수 있다면, 지금처럼 고되게 일해야 할 이유가 사라진다. 적지 않은 사람들은 일을 하지 않거나, 일을 하더라도 파트타임으로 짧은 시간만 하고 말 가능성이 높다.[7] 경제학자 남종석의 말처럼 "자본가와 전문직 종사자들만 일하고, 노동자들은 '놀고먹는 세상'"이 될 가능성이 있다.[8] 이 말은 기본소득의 재원이 자본가와 전문직 종사자가 낸 세금에서 주로 나오게 된다는 말이다.

물론 기본소득론자들의 주장처럼 생계 문제에서 자유로워지면, 사람들은 창의적인 일에 몰두할 수 있다. 그러나 그것도 초반에 잠시 그럴 뿐, 일정 시간이 지나도 그 성과가 산업으로 흡수되지 않으면 대중의 창의성은 금세 위축될 가능성이 높다. 우리는 그런 경험을 1990년대 초반 이미 한 바 있

---

7   이런 현상이 지배적이 되면, 다시 '기본소득 철폐론'이 비등해질지 모른다. 기본소득이 게으름뱅이들만 양산해내는 제도라고 주장하면서 말이다.

8   남종석, 「기본소득이 초래할 '두 계급의 공멸」, 『시사IN』, 2016년 9월 6일(468호).

다. 컴퓨터와 인터넷 보급이 보편화되면서 아마추어리즘에 기반한 창의성이 폭발했다. 사람들이 자발적으로 컴퓨터 프로그램, 게임, 운영체제, 브라우저와 다양한 문학예술작품들을 만들어냈다. 그러나 극소수의 결과물만이 산업으로 흡수되고 나머지는 소진되는 일이 반복되자, 창의성은 금세 위축되었다. 창의성은 프로페셔널의 세계에 다시 갇혔다.[9]

　　가장 큰 문제는 다시 권력의 문제다. 일반 서민들이 놀고먹는 세상이 되고, 기업법인이 낸 세금을 재원으로 기본소득이 지급되면, 어떻게 될까? '기본소득'이라는 이름으로 기업이 돈을 주고, 노동을 할 필요도 없고, 의사도 없어진 사람들이 소비를 한다면? 그렇게 해서 대량생산과 대량소비 시스템이 굴러간다면? 기업이 사람들이 쓰는 재화를 생산할 뿐 아니라, 그 재화를 얻는 데 필요한 돈까지 준다면? 자본은 말 그대로 '우리가 국민들의 삶 전체를 책임지고 있다'고 큰소리칠 수 있게 된다. 세상에 공짜는 없다. 자본에게서 무언가를 받으면, 우리도 그들에게 무언가를 주어야 한다. 일반 서민이 그들에게 줄 수 있는 유일한 것은 '정치권력'이다.

기본소득은 '자본의 덫'이 될 수도 있다

과거에는 기업의 '대량생산'이 일자리를 보장했고, 이로 인해 '대량소비'가 가능했다. 지금은 인공지능과 로봇의 부상으로 일자리는 줄어들고, 그로 인해 생산-고용-소비의 고리는 끊겨가고 있다. 어떤 경제 시스템이 한 번 안착하면, 그 시스템은 자기 조직화를 통해 스스로 강화하게 된다. 앞서 말했듯이 기본소득이 지급되면, 적지 않은 사람들이 노동을 회피하게 될 것이고,

---

9　산업은 개인의 모든 창의성을 빨아들이는 블랙홀이 된다. 우리가 자본주의 체제에 묶여 있는 한, 그것은 불가피하다. 대중의 창의성을 사회가 의미 있게 수용하기 위해서는 결국 사회체제가 변해야 한다.

일하려는 사람이 줄어들면 실질임금이 올라간다. 그러면 기업은 인건비를 줄이기 위해 더 많이 기계화를 추진할 것이고, 일자리는 더욱 줄어든다. 일자리가 줄어들수록 기본소득에 의존하는 사람은 많아질 것이다. 기본소득과 기계화는 이러한 상호 되먹임을 통해 자기 존재 이유를 강화할 것이다.

기본소득의 재원을 마련하기 위해서는 법인세율을 높여야 한다. 법인세율 상승은 자본의 이윤율을 떨어뜨린다. 이럴 때 자본은 어떻게 할까? 자신의 이윤을 보장해줄 법과 제도적 장치 마련을 요구할 수 있다. 나아가 자신들에게 법과 제도를 마련할 수 있는 정치적 권한을 갖게 해달라고 요구할 수도 있다. 충분히 가능한 이야기다. 전 국민을 먹여 살리는 기본소득의 재원이 주로 기업법인에서 나오는 한, 그것은 사적 이윤에 대한 담론이 아니라 사회 구성원 전체를 위한 공적 담론이 되기 때문이다.

일반적으로 자본의 이윤율이 떨어질 때, 경제학에서 말하는 자본 측의 대응은 '투자 회피'다. 그러나 자본은 그 대신 자신의 정치권력을 강화함으로써 이윤을 보장받을 수도 있다. 기업들이 돈을 버는 것은 기술혁신 때문이 아니며, 법과 제도를 자신의 의도대로 고쳐나갈 수 있는 능력 때문이다. 법과 제도를 고치는 것은 정치 영역이다. (사물인터넷을 통해) '인간을 겹겹이 포위하고 통제하는 것'도 실은 정치 영역이다. '기본소득'이라는 정책을 통해 전 국민을 먹여 살리는 것도 정치의 문제다. 전체적으로 볼 때, 자본은 급속하게 경제 영역에서 정치 영역으로 이행하고 있다. 인간을 지배하는 일과 돈을 벌어들이는 일은 하나가 되어가고 있다.[10]

인간에게 노동은 필요하다. 사람은 자기 힘으로 먹고살 수 있을 때

---

10 극단적으로는 자본이 생산기구가 아닌 정치기구로 변질되는 것도 배제할 수 없다. 소수의 '글로벌 자본 연합' 같은 조직이 세계를 통치하고, 지역에 기반을 갖고 있는 (한국의 삼성 같은) '하위 자본'에 지역 통치를 맡기는 신봉건주의가 도래할지도 모르겠다.

정정당당해진다. 노동은 단지 생계 수단이기만 한 것이 아니다. 노동은 삶의 의미, 자긍심, 자기 존재의 정당성을 만들어낸다. 노동은 사회 속에서 자신의 실존적 가치를 확인시켜준다. 인간 자체가 노동의 산물이기도 하다. 인간의 특징을 이루고 있는 언어 체계와 의식, 소통의 발달이 노동에 빚지고 있다는 점에서 그렇다. 그런데 기업이 기계를 부려 벌어서 낸 세금으로 대다수의 서민이 무위도식하며 살아가게 된다면? 그것은 매우 위험한 일이다. 많은 사람이 실존적으로도, 의식적으로도 자본의 가축 같은 신세, 노예 같은 신세로 전락할 것이기 때문이다.

나는 본래 기본소득에 찬성하는 사람이었다. 분배 정의 실현이 중요하다고 생각했기 때문이다. 그러나 지금은 기본소득이 '자본의 덫'이 될 수도 있다고 생각한다. 물론 기본소득을 주장해도 자본이 쉽게 동의하지는 않을 것이다. 단기적으로 큰 손해를 감수해야 하기 때문이다. 전체적으로 기본소득에 대한 나의 입장은 'CSR(기업의 사회적 책임)'을 다룰 때와 같다. 자본이 어느 날 '그래 좋다. 기본소득 사회로 가자'고 동의할 때야말로 위기라고 생각한다. 자본의 본격적인 '정치세력화'가 상당히 진척되었음을 반증하는 것이기 때문이다. 우리는 기본소득 논의에서 더 신중을 기해야 한다.

'인간보다 우월한 인공지능'이라는 프레임

최근 언론을 통해 쏟아지는 자율주행차 관련 소식들 중에는 우려할 만한 것이 적지 않다. 구글은 핸들도, 브레이크 발판도 없앤 자율주행 자동차를 개발하고 있다고 한다. '인간적 요소'를 모조리 뺀 자동차를 개발하고 있는 것이다. 인간은 이제 '화물'처럼 차에 실려갈 뿐이다. "5년 내 대도시 중심가에선 인간 운전 차량 불법화 시대 올 수도" 있다는 소식도 들려온다. 자율주행차 업계는 "궁극적으로, 자율주행 자동차가 인간 운전자보다 안전하다"

고 확신한다. 제너럴모터스-카네기멜런 자율주행협력연구실의 라지 라지 쿠마르 공동소장은 "핸들을 잡으면, 우리는 인간일 뿐이기 때문에 실수하기 마련이다. 인간이 운전을 금지당하는 시점이 온다"고 단언했다.[11]

자율주행차의 안전에 대한 의혹이 아직 많이 남아 있는 상황에서 이런 소식이 들려오는 것은 놀라운 일이다. 이런 오만함은 어디서 나오는 것일까? 법과 제도, 나아가 대중 심리와 문화를 변화시킬 수 있는 능력이 자신들에게 있다는 믿음에서 나온다. 우리가 어떤 기술혁신을 받아들이는 과정에는 '그렇게 하지 않으면 안 되는' 거대한 압력이 존재한다. 변화는 늘 기업의 로비와 그에 발맞춘 정치인들의 법과 제도 개정에서 시작된다. 법과 제도가 자율주행차에 유리한 방향으로 바뀌고, 언론이 장단을 맞춰 대대적으로 홍보해준다. 여기에 대대적인 광고가 가세하면 자율주행차는 자연스럽게 많아지게 된다.

자율주행차가 많아지면, 자율주행차의 소프트웨어 운전자와 인간 운전자 사이에서 생겨나는 교통사고도 많아질 수밖에 없다. 그와 더불어 자율주행차 제조사의 법적 책임 공방도 거세질 것이다. 법적 분쟁이 생기면 제조사는 혼신의 힘을 다해 유리한 판결을 받아내려 할 것이다. 그리고 늘 그렇듯이 분쟁은 로비 능력을 가진 기업에 유리한 방향으로 흘러갈 가능성이 크다. 기업의 이러한 노력은 단지 피해자에게 손해배상 비용을 줄이기 위한 것 이상의 의미가 있다. 그런 판례가 축적되면 교통사고가 생겼을 때 사람이 직접 운전하는 것보다는 소프트웨어 운전자에게 맡기는 것이 이익이라는 관념이 생긴다. 자율주행이 보편화되면, 사고가 났을 때 "왜 자율주행 안하고, 직접 운전을 했어" 하는 질타를 듣게 될 것이다.

---

11 윤동영, 「"5년 내 대도시 중심가에선 인간 운전 차량 불법화 시대 올 수도"」, 『연합뉴스』, 2016년 9월 23일.

나아가 자율주행차가 일반 자동차보다 많아지게 되면, 사람이 직접 운전을 하는 것 자체가 한 줄로 서서, 일정한 간격을 유지하며 질서정연하게 운행되는 자율주행차를 방해하는 것으로 취급될 것이다. 직접 운전하는 것이 민폐가 되는 것이다. 남에게 해를 끼치기 싫으면? 자율주행차를 사야 한다. 우리가 새로운 기술을 받아들이는 것은 생각만큼 주체적인 선택이 아니다. 편리함 때문에 새로운 기술을 받아들인다는 것도 선입견에 불과하다. 우리가 새로운 기술을 받아들이는 과정은 국가와 기업이 만들어내는 거대한 압력에 반\#강제로 굴복당하는 과정을 포함한다.

　　여기서 주목해야 할 것은 인간의 예측 불가능성을 불완전한 것으로, 기계의 예측 가능성을 완전한 것으로 바라보는 관점의 역전 현상이다. 인간의 예측 불가능성은 '(운전) 실수'만 낳는 것이 아니다. 인간은 예측 불가한 존재이기 때문에 자유로울 수 있고, 무한한 잠재력을 가지며, 새로운 것을 창조할 수 있다. 인간의 예측 불가능성은 인간 존엄의 문제와도 연관된다. 모든 인간은 예측 불가능성을 갖기 때문에 미지의 세계이며, 그래서 그 자체로 경이로운 존재다. 그런데 자율주행차 관련 업계는 이러한 인간의 특성을 운전 실수나 유발하는 것으로 폄하한다.

　　그러면 실제로 소프트웨어 운전이 인간 운전보다 안전할까? 카네기 멜런대학 컴퓨터과학대 부교수 앙드레 플래처의 지적이다. "소프트웨어의 신뢰도는 철저히 그것이 프로그래밍된 방식에 좌우된다. 우리가 어떤 상황에 대해 실수를 저질렀다면, 그 실수는 모든 솔루션에서 동일하게 발생하게 된다. 한 사람의 한 번의 실수가 5만 대의 컴퓨터에 실수를 유발할 수 있는 것이다.……우리 세계, 그리고 도로는 매우 복잡한 공간이다. 도로 그 자체는 늘 그대로 머물러 있지만 도로 위의 상황은 매순간 변화한다. 알고리즘에 수백만 건의 시나리오를 입력한다 해도, 테스트 환경을 벗어난 상황은 언제든지 발생할 수 있다."[12] 사소한 실수나 프로그램의 미비점이 일파만파의 재앙으로 발전할 수 있다는 말이다.

사람은 운전시 마주치는 일상적인 사회적 의미, 즉 교차로 '일단 멈춤' 지역에서 행인이나 다른 운전자의 고개 끄덕임이나 손짓의 의미를 읽어낼 수 있다. 그러나 컴퓨터는 그럴 수 없다. 컴퓨터는 사람과 달리 보행자나 자전거 탑승자, 신호등, 관목, 거리에 주차된 차량 등 우리가 일상적으로 마주하는 대상을 완벽하게 인지하지도 못한다. 이런 이유 때문에 플래처는 자율주행 시에도 사람이 항상 상황을 주시하며 비상시에는 언제라도 운전에 참여할 준비를 하고 있어야 한다고 강조한다.

그러나 이게 말처럼 쉬울까? 컬럼비아대학 기계공학과 교수 호드 립슨은 『자율주행혁명』에서 부정적으로 말한다. 많은 이에게 운전은 지루한 일이라는 이유에서다. 자율주행차가 "걱정하지 마세요. 지금부터는 제가 모실게요"라고 말하는데도 사람이 집중력을 유지하며 주변 상황을 예의주시하는 것이 쉽지 않다는 것이다. 일단 기술이 제대로 작동하는 것을 목격하고 나면 사람들은 금방 기술을 신뢰하게 된다. 사람들은 책을 읽거나 잠을 자거나 동영상을 시청하게 될 것이다. 또 하나 간과해서는 안 되는 것이 있다. 인간의 능력은 계속해서 사용하지 않을 때 점점 위축된다는 사실이다. 사람이 일주일이나 한 달 또는 1년 동안 운전대를 잡지 않는다면, 긴급 상황을 신속하게 파악하고 대처하는 능력은 크게 떨어질 것이다.[13]

자율주행차가 위험한 또 하나의 이유는 탑승자와 제조사 간의 공동 책임을 전제로 운행될 것이기 때문이다. 탑승자는 제조사의 기술을 믿고 제조사는 비상시 탑승자의 대처 능력을 믿는다. 그사이에 거대한 책임 공백이

---

12 루커스 미리언, 「자율주행 자동차가 절대로 자율주행을 하지 못하는 이유」, 『IT월드』, 2017년 2월 27일.
13 「자율주행차 혁명, 사람과 AI는 운전을 공유할 수 없다」, 『Tech Suda』, 2017년 6월 12일(http://www.techsuda.com/archives/9802 참조, 2017년 11월 27일 접속).

생기고, 그 때문에 더욱 많은 사고가 날 수 있다. '탑승자는 비상사태에 대비해 주변 상황을 예의 주시해야 한다'는 문구가 자율주행차 보험약관이나 사회 캠페인에 등장한다면 그것은 탑승자의 안전 때문이 아니라, 기업의 이해 때문일 것이다. 사고 책임을 최대한 탑승자에게 떠넘김으로써 기업의 면책을 도모하려는 것이다.

기업에 지배당하는 무기력한 인간

지금은 전문직종인 변호사와 판사, 의사, 기자, 통역사, 스포츠 경기장의 심판 등을 모두 인공지능이 대체할 수 있다고 주장되는 시대다. '컴퓨터가 인간보다 정확하다'고 믿는 사람도 적지 않다. 예를 들어 인공지능이 재판하는 것에 대해 '전관예우, 법조 브로커, 유전무죄 무전유죄 등의 병폐가 없을 거라며 차라리 인공지능 판사에게 재판 받는 것이 더 낫겠다'고 생각하는 사람들도 있다. 그러나 법조계에 부정부패나 불편부당함이 있다면, 그것을 고쳐나갈 일이지, 그것을 빌미로 인공지능에게 재판을 맡기자는 것은 엉뚱한 해법이다. 재판은 한 사람의 명운을 좌우하는 일이다. 재판은 단순한 법조문 적용 이상의 인간과 사회에 대한 이해와 통찰을 필요로 한다. 그것은 인공지능이 가질 수 없는 것이다.

예부터 글을 쓴다는 것은 전통적으로 고도의 지적 행위로 여겨져왔다. 그러나 이제는 로봇이 기사도 쓴다. 로봇에 의해 기사가 작성되는 과정은 이렇다. 우선 로봇 기자는 설정된 시간마다 데이터를 빠르게 수집해 데이터베이스에 저장한다. 그리고 설정된 기준에 따라 뉴스가 될 법한 데이터를 추출한다. 마지막으로 추출된 이벤트와 무드(분위기)에 따라 문장을 선별하고 조합해 글을 완성한다. 예를 들어 언제 어디서 진도 몇의 지진이 발생했다는 속보나, 주가가 오늘 몇 포인트 등락했다는 식의 단순 사실을 알리는 기사는 사람 기자보다 로봇 기자가 유리하다. 로봇 저널리즘은 속보 경쟁에서 유리하다. 수천여 개에 달하는 데이터를 수집해 스트레이트 기사(단순사실 보도기사)를 작성하는 속도는 도저히 인간이 따라가지 못한다. 스트레이트 기사 작성에 드는 시간과 비용만 생각하면, 언론사로서는 마다할 이유가 없는 것이다.

그러나 이걸로 끝일까? 그렇지 않다. 신입기자들은 스트레이트 기사를 쓰면서 기사 작성의 훈련을 받는다. 스트레이트 기사 작성을 모두 로봇이 해버리면 신입기자들은 기초 훈련을 받을 기회를 잃어버린다. 스트레이트 기사를 못 쓰는 기자가 그보다 긴 박스 기사를 제대로 쓸 리 없다. 심층 분석 기사나 탐사 보도 기사는 더욱 못 쓸 것이다. 결국 로봇 기자로 인해 기자들이 단순 업무에서 해방되면, 인간 기자들이 심층 분석이나, 탐사보도에 매진할 수 있어 언론의 질을 높일 수 있다는 것은 말이 되지 않는다. 언론사 내 실력 있는 기자들이 없어지게 되면, 언론사는 망한다. 결국 로봇 기자를 부리는 것은 단기적으로는 이득일지 몰라도, 장기적으로는 제살 깎아먹기가 될 가능성이 높다.

인공지능을 단지 인간이 부릴 수 있는 수단이 더욱 풍부해지는 것만으로 생각해서는 안 된다. 인공지능은 사람을 무기력하게 만든다. 인공지능에 대한 의존이 커질수록 사람들은 생각하고, 기억하며, 판단하는 일에 게을러진다. 인공지능은 사람의 뇌도 변화시킨다. 무엇에 대해 판단하더라도 인공지능처럼 도덕과 무관하게 알고리즘에 따라 판단하게 된다. 전체적으로 보았을 때, 제4차 산업혁명이 추구하는 이상적인 인간은 기업에 육체와 의식을 지배당하는 무기력한 인간이라고 할 수 있다.

에필로그 기업사회, 지옥으로 변해가는 세계

정치권력보다 우위에 선 자본권력

"이제 권력은 시장으로 넘어갔다." 노무현 전 대통령이 한 것으로 알려진 말이다. 이 말의 정확한 워딩은 "이제 권력은 시장으로 넘어간 거 같습니다"였다. 2005년 '대·중소기업 상생협력시책 점검회의'에서 대기업 총수들에게 했던 말이다. 중소기업 활성화를 위해 대기업 총수들을 불러 협조를 구하는 자리였다. 대기업 총수들을 향해 '당신들도 이제 권력자 아니냐'며 한껏 치켜올리면서 협조를 구하는 과정에서 나온 말이었다. 흔히 아는 것처럼 '중대 선언'은 아니었던 셈이다. 어떤 말은 현장에서 사용된 맥락보다 그 사회적 맥락이 중요한 의미를 가질 때가 있다. 이 말이 그랬다. 우리 사회의 현실을 적시하는 말로 여겨졌고, 그래서 현장에서의 맥락과 상관없이 크게 회자되었다.

우리 사회가 기업이 지배하는 '기업사회'로 변하기 시작한 것은 1997년 말 외환위기를 거치면서였다. 그리고 8년 후, 기업사회를 연상시키는 발언이 대통령의 입에서 나왔다. 그러나 세계적 차원에서 보자면 이런 발언이 나온 지는 꽤 오래되었다. 1877년 미국 19대 대통령 러더퍼드 B. 헤이스는 이렇게 말했다. "이 정부는 더는 국민의, 국민에 의한, 국민을 위한 정부가 아니다. 이제는 기업의, 기업에 의한, 기업을 위한 정부다."[1] 1877년이면, 지금부터 약 140년 전이다. 흔히 생각하는 것보다 훨씬 오래전에 이런 말이 나왔음을 알 수 있다.

1873년 위스콘신 대법원의 법원장 에드워드 G. 라이언도 미래 세대에게 이런 경고를 보낸 적이 있다. "기업들은……경제 정복을 넘어 정치권력까지 얻으려고 대담하게 행진하고 있다. 아마도 내가 사는 시대에 완벽한 모습으로 나타나지는 않겠지만, 당신이 사는 시대에는 다음과 같은 문제들이 제기될 것이다. 부와 인간 중에 누가 지배할 것인지, 재력과 지력 중에 무엇이 세상을 이끌어갈 것인지, 학식 있고 애국심 있는 자유인들과 기업 자본에 예속된 사람들 중에 누가 공직을 맡을 것인지."[2] 이 역시 미래의 상을 정확히 예언하고 있다.

미국의 역사학자 가브리엘 콜코 같은 사람의 주장에 따르면, 자본이 정치를 통제해나간 역사는 훨씬 앞당겨진다고 한다. 그는 『보수주의의 승리The Triumph of Conservatism』에서 정치에 대한 자본의 통제가 남북전쟁(1861~1865) 이후부터 시작되었다고 주장했다. 그는 민주주의란 경쟁적 자본주의 경제를, 진보주의란 대자본의 승리를 의미한다고 보았다.[3] 이 책은 1963년에 나온 책인데, 그 견해가 지금 봐도 신선하고 날카롭다.

기업이 정치와 경제를 모두 장악하리라던 에드워드 G. 라이언의 예언은 현실이 되었다. 가브리엘 콜코의 『20세기 미국의 권력과 자본주의Power

---

1   웨이드 로우랜드, 이현주 옮김, 『탐욕 주식회사』(팩컴북스, 2008), 154쪽.
2   웨이드 로우랜드, 이현주 옮김, 앞의 책, 155쪽.
3   김동춘, 『1997년 이후 한국 사회의 성찰』(길, 2006), 13쪽.

343   ―― 기업사회, 지옥으로 변해가는 세계

and Capitalism in Twentieth-Century America』에 따르면, 1933년부터 1965년까지 미국 각료의 63퍼센트, 국방부 장관의 86퍼센트가 기업가나 기업 법률가였다. 우리가 알 만한 사람들을 예로 들어 부연하면 이렇다. 닉슨 행정부의 국무장관 헨리 키신저는 거대 컨설팅 기업의 총수였다. 조지 W. 부시 대통령과 딕 체니 부통령 역시 기업가였고, 국무장관 콘돌리자 라이스는 미국 여러 대기업의 이사였다. 빌 클린턴 행정부의 주요 각료들 역시 월가 출신이었다. 이 외에도 기업인 출신의 미국 정치인이나 관료는 셀 수가 없을 정도로 많다.

한국이라고 다를까? 그렇지 않다. 사람들이 별로 의식하지 않아서 그렇지, 한국도 지금은 기업의 CEO나 고위 임원은 물론이고, 기업 법률가 출신들이 정·관계와 재계를 넘나들며 활동하는 경우가 부지기수다. 대통령 후보로 나섰던 이들을 따져봐도 그렇다. 정주영, 정몽준, 문국현, 이명박, 안철수까지 모두 기업가 출신이다. 기업인들의 정치권력 접수가 지속적으로 시도되고 있음을 알 수 있다.[4]

한국은 노태우 정부 시절까지만 하더라도 정치권력이 자본권력보다 우위에 있었다. 그때까지는 자본권력이 정치권력에 굴종하고 아부해 돈을 벌었다. 그러다가 김영삼 정부가 세계화를 추진하면서 자본권력의 힘이 정치권력을 압도하기 시작했다. 세계화는 우리 민족과 우리 자본의 세계 진출을 표방했지만, 실질적인 내용은 '세계의 미국화'를 받아들이는 것이었다. 그것은 미국의 '기업사회' 문화 구조를 받아들이는 과정이기도 했다. 그 분기점이 1997년 말의 외환위기였다. 외환위기를 거치면서 자본권력은 정치

---

4 나는 이명박의 당선을 건설자본의 대표자가 집권에 성공한 것으로 본다. 실제로 그가 집권 기간 내내 한 일은 전 국토를 공사판으로 만드는 것이었다. 지금으로서는 현실성이 없어 보이지만, 나중에라도 안철수가 대통령으로 당선된다면 어떨까? 그것은 IT 자본의 대표자가 집권에 성공한 것이라 볼 수 있다.

권력보다 결정적 우위에 서게 되었다.

기업사회는 민주주의와 병존할 수 있는가?

기업인 출신의 정치가나 관료는 대부분 재임 기간에 기업을 위해 일하다가, 임기가 끝나면 다시 소관 민간기업으로 돌아간다. 그들이 재임 기간 정·관계에서 쌓아놓은 인맥과 영향력은 기업의 명성을 높이고 이익을 증대시키는 것으로 환원된다. 정·관계에 머물다 기업으로 돌아가는 것이 기업인 출신 정치가나 관료에만 해당되는 이야기라고 생각해선 곤란하다. 기업가 출신이 아닌 정치인들과 공무원들도 퇴임 후 기업에서 한자리 차지할 것을 기대하는 경우가 많다. 정치인과 공무원들은 기업의 주된 로비 대상(관리 대상)이다. 장관들과 각료들은 평소 기업의 조언을 구하면서 기업의 이익을 지켜준다.

지금의 민주주의는 돈을 주고 사고파는 물건이 되었다. 선거에는 많은 돈이 들어가는데, 그 돈을 조달해줄 수 있는 가장 현실적인 물주는 기업이다. 선거에서는 물심양면으로 기업의 지원을 받은 사람이 당선된다. 그렇게 당선된 정치인들은, 당선 후 그들을 위해 일한다. 그들을 위한 정책을 펴고, 사업을 해나간다. 대통령은 영업사원처럼 각국으로 '세일즈 외교'를 다니기도 한다. 명분은 국가 경제를 살린다는 것이지만, 실은 대자본을 위한 행보다. 국가 행정조직에서는 다른 어떤 부처보다 경제부처가 압도적인 힘을 갖는다. 모두 기업사회에서 벌어지는 일들이다.

기업사회에서는 기업의 운영 방식이 국가 운영의 모델이 되는데, 기업 운영의 원칙이 되는 것은 경쟁력, 경제성, 효율성 같은 것들이다.[5] 공공부문의 비효율성은 주로 부정과 부패, 무사안일주의, 관료주의, 번문욕례로 인해 촉발된다. 기업들은 이 비효율성을 물고 늘어진다. 기업은 관료 조직의 비효율성을 비판함으로써 경쟁력이나 경제성 같은 기업 담론으로 미끄러져 들어간다. 국가가 경쟁력과 경제성이 없다(재정 낭비가 심하다)며 정부 기능의 일부를 기업으로 이관하라고 종용한다. 그것이 민영화의 논리다.

정부가 이끄는 행정 조직이나 정부의 관리감독을 받는 공기업이 비효율적으로 운영되는 것은 그 자체로 정부의 정치적 무능을 보여주는 것이다. 이를 극복하기 위해서는 정부의 통렬한 자책과 반성을 동반한 자기 혁신이 필요하다. 그런데 정부는 어이없게도 비효율성을 빌미로 삼아 자기 개선의 노력도 없이, 국민에게 허락도 받지 않고, '작은 국가'니 '경쟁력 강화'니 하는 미명하에 자신이 해오던 공공 기능을 기업에 넘겨준다. 그러면 기업은 마지못해 (국가와 국민을 위해) 그것을 넘겨받는 제스처를 취한다. 넘겨받을 때에도 그냥 받지 않는다. 사업이 이득이 날지 안 날지 알 수 없다는 이유로 각종 특혜와 보조금을 정부에서 듬뿍 얻어낸다.

정부에서 넘겨받은 사업들은 사실상 국가 자체를 비즈니스 모델로 삼은, 독과점 사업이다. 다른 사업들은 다른 기업들과의 극심한 경쟁을 통해서 이득을 내야 하지만, 이 사업은 시작할 때부터 독과점이 보장되어 있는 사업이다. 사업을 넘겨받는 것 그 자체로 엄청난 특혜인 셈이다. 그런데도 따로 특혜와 보조금을 요구한다. 국가의 기능을 비즈니스화한 사업, 국민의 기본적인 생존(생활)과 연관된 사업인 만큼 서비스의 질이 안 좋아도, 가격이 터무니없이 비싸도 국민들은 그것을 이용하지 않을 수 없다. 그렇게 기업은 한쪽으로는 국가 기구를 통해, 한쪽으로는 시장을 통해 국민의 주머

---

5 원론적으로 말하자면, 공공성은 경쟁력과 경제성을 위해 존재하는 것이 아니다. 기업은 다른 기업과 경쟁해서 살아남는 것이 중요하고, 이윤을 극대화하기 위해 인력과 비용을 최대한 줄이는 것이 필요하다. 그러나 사회구성원 전체의 생명과 존엄을 지키는 데 필요한 공공성은 그렇지 않다. 기업에서 말하는 경제성이란 현금 가치를 중심으로 한, 협소하기 그지없는 합리성을 일컫는다. 공공성은 거기에 갇힐 수 없고, 갇혀서도 안 된다. 다만 효율성에 대해서는 공공 부문에도 '있어야 한다'고 말할 수 있다.

—— 에필로그

니를 이중으로 털어간다.

오늘날 우리는 '경쟁력이 있어야 한다'는 말을 귀에 못이 박히도록 듣는다. 개인과 직장은 물론이고 심지어는 대학도, 국가도 경쟁력이 있어야 한다는 말을 듣는다. 경쟁은 본래 기업의 논리다. 기업은 이윤이라는 먹잇감을 놓고 무한경쟁을 벌인다. 기업사회에서는 이 논리가 사회 전체로 확산된다. 경쟁력이 없는 것은 부도덕한 것으로 낙인찍힌다. 이제까지 인류 역사에서 '경쟁력'이 도덕의 기준이 된 적은 없었다. 기업사회는 인류가 수천 년간 공유해온 도덕 개념까지 바꿔놓았다.

기업사회에서는 기업의 논리가 사회의 논리로 변한다. 공공기관, 법, 제도, 대외정책은 물론이고 인간의 의식도 거대 기업의 요구에 맞게 개조되어야 한다. 개인의 존재 이유와 사회의 존립 이유는 상품생산과 이윤 추구가 되어야 한다. 그를 위해 필요한 것은 기업가 정신이다. 기업가 정신은 기업가만이 아니라 모든 시민이 가져야 할 요소가 된다. 기업가 정신은 보수적이고 편협하다. 그럼에도 성장, 혁신, 진보의 유일한 매개물로 포장되고 기능한다. 그것은 대중의 역사적 감수성도 변화시킨다. 근현대사는 자본이 걸어온 장대한 승리의 드라마가 되고, 이전의 역사는 그 승리를 준비하는 역사로 해석된다.

현대사회에서 사회적 발언권이 가장 큰 것은 기업이다. 우리는 일상적으로 재벌 총수들의 말 한마디 한마디가 뉴스가 되는 것을 본다. 그뿐인가. 기업 연구소가 보낸 보도자료, 보고서 소개, 연구원 인터뷰 등이 연일 신문지면을 채운다.[6] 대기업들은 산하 경제연구소를 통해 자신들에게 유리한

---

6 '새로운 사회를 여는 연구원'이 2007년 8월 한 달 동안 언론 보도를 모니터링한 결과에 따르면 재벌 연구소 가운데 삼성경제연구소 단 하나만 하더라도 관련 보도가 200회 이상, 즉 매주 50회 이상 지면에 등장하고 있다. 정희용, 「삼성 보고서 따라가는 한국이 '기업 힘든 나라'?」, 『오마이뉴스』, 2007년 10월 1일.

어젠다를 만들어내고, 언론은 그 주장을 사회에 널리 유포시킨다. 여론이 조성되면, 정부는 기업 연구소의 어젠다를 국정과제로 삼아 실행한다. 기업-언론-정부의 '삼각 플레이'다. 이런 방식으로 기업은 국가의 경제정책, 노동정책, 복지정책, 교육정책을 좌우한다.

기업사회에서 시민은 '소비자'로 존재한다. 소비자에게 불성실한 기업은 살아남기 어렵다는 수사修辭가 사회에 횡행하지만, 그것은 거짓이다. 기업이 소비자를 위해 존재하는 것이 아니라, 시민이 기업을 위해 소비자로 존재한다. 기업사회는 소비자 주권 사회다. 소비자의 권리만 강조된다. 소비자 중심주의consumerism는 그 자체로 반사회적이다. 구매력이 없는 사람은 시민의 자격을 박탈당할 뿐 아니라, 기업 권력을 견제할 수 있는 그 어떤 사회적 유대도 막아버리기 때문이다.

민주주의는 1인 1표의 원리를 기반으로 한다. 지금도 선거 때에는 이 형식이 지켜지고 있다. 그러나 자본의 압도적인 영향력을 생각하면, 선거에서 1인 1표의 원리는 상징적 차원으로 남겨져 있을 뿐이다. 우리를 지배하는 진짜 현실은 일상적 비민주주의다. 기업사회에서 개인들은 소유 지분만큼 철저하게 위계화되어 있다. 기업사회란 결국 부유층이 주권을 행사하는 사회다. 소유 지분만큼 주권을 행사하는 비민주주의는 국제 정치의 최전선이라 할 수 있는 국제기구에서도 버젓이 발생한다. IMF가 그렇다. IMF는 각국 정부가 출자한 돈으로 운영되는데, 출자액에 따라 각국이 투표권을 갖는다. 가장 돈을 많이 낸 나라는 미국으로, 전체 출자금 중 35퍼센트를 냈다. 그에 따라 IMF는 전적으로 미국에 의해 통제되고 있다. 미국 월가 금융기업들의 이해를 대변하는 IMF. 그런 조직이 소유 지분의 원리에 입각해 운영된다는 사실이 더욱 상징적이다.

인간이 된 기업, 열린 판도라의 상자

오늘날 기업은 법적으로 인간 대우를 받는다. 그것을 일컫는 말이 '법인法人'이다. 기업이 인간의 지위를 갖게 된 것은 기업 권력의 출발점이었다. 기업이 인간으로 인정받은 것은 미국에서 시작된 일로 알려져 있다. 그러나 톰 하트만Thom Hartmann의 『기업은 어떻게 인간이 되었는가』에 따르면, "미국의 어떤 산하기관도 지금껏 기업의 법인격의 '권리'를 공식적으로 인정한 적이 없다. 어떤 국민도 기업의 그 권리에 대해 투표한 적이 없다. 어떤 입법부도 그 권리를 법으로 제정한 적이 없다. 어떤 연방대법원 판결도 지금껏 그 권리를 공식적으로 천명한 적이 없다".[7]

이것은 놀라운 말이다. 그렇다면 기업은 법적 근거 없이 인간이 누릴 수 있는 온갖 권리와 자유를 누려온 셈이 되기 때문이다. 어떻게 이렇게 황당한 일이 일어날 수 있단 말인가. 1886년 미국에서 있었던 '산타클라라카운티 대 서던퍼시픽철도회사 사건' 판결이라는 것이 있다. 일반인들에게는 낯설겠지만, 법을 전공한 교수나 학생이라면 많이 알고 있는 사건이다. 인간이 갖는 헌법적 권한을 기업도 똑같이 갖는다는 것을 처음으로 '판결'했다고 알려진 사건이기 때문이다. 그러나 앞서 말했듯이, 톰 하트만은 그런 판결은 '없다'고 단정했다. 그러면 이 판결은 무엇이란 말인가. 우선 사건의 개요를 보자.

이 사건은 서던퍼시픽철도회사와 산타클라라카운티 사이에서 있었던 과세 분쟁이다. 철도회사의 주장은, 회사의 부동산 가치를 산정할 때 선로 부지에 대해서만 산정해서 과세해야 하는데, 주 정부가 선로 양 옆의 울

---

7   톰 하트만, 이시은 옮김, 『기업은 어떻게 인간이 되었는가』(어마마마, 2014), 23쪽.

타리까지 포함시켜 부당하게 높은 세금을 매겼다는 것이다. 그래서 6년 동안 세금을 내지 않았고, 그것이 산타클라라카운티와의 소송으로 이어졌다. 내용만 보면, 별것 아닌 사건이었다. 그런데 이 재판에서 기업을 인간으로 볼 수 있느냐, 없느냐 하는 논란이 불거졌다. 철도회사 측이 주 정부의 높은 과세가 기업에 대한 차별 때문이라고 보았다. 그에 대해 장시간 변론하면서 논란이 불거졌다.

철도회사 측 주장은 이랬다. '인간, 즉 자연인이라면 이런 차별을 받지 않았을 것인데, 기업이기 때문에 높은 과세를 받고 있다. 기업도 다른 인간과 마찬가지로 차별받지 않을 권리가 있다. 나아가 기업도 인간으로 인정되어야 한다.' 철도회사가 기업도 인간으로 인정되어야 한다고 주장한 이유는 이랬다. 기업은 영어로 'artificial person',[8] 즉 '인공적 인간'으로 표시되고 있었다. 철도회사는 이를 근거로 기업도 인간이며, 헌법에 명시된 '다른 사람들과 차별받지 않을 권리'를 똑같이 누려야 한다고 주장했던 것이다. 헌법에는 모든 '인간person'은 법 앞에 '평등한 보호'를 받을 권리가 있다고만 적혀 있지,[9] 그 인간이 자연인인지 '인공적 인간'인지 명시되어 있지 않았다. 철도회사 변호인단은 그 틈새를 파고들어 '인공적 인간'도 헌법에 명시된 '인간'의 범주에 포함되어야 한다고 주장했던 것이다.

결국 이 소송은 철도회사가 승리했다. 그러나 그 판결 내용은 "주 정부가 산정한 권한이 없는 부동산(울타리)까지 포함시켰으므로 해당 산정 전체가 무효다"라는 것이었지, 기업도 법적으로 인간으로 인정되어야 한다는

---

8 이것의 우리말 번역어가 '법인'이다. 법인은 artificial person이 미국에서 '법적 인간'으로 기정사실화된 후에 한국에 안착된 번역어다. 그러므로 선후 관계의 혼동을 피하기 위해 여기서는 'artificial person'으로 적는다.

9 이 '평등한 보호' 조항은 1866년 미국에서 발의된 수정헌법 14조 안에 들어 있다. 그것은 남북전쟁 직후 해방된 흑인노예에 대한 차별을 막기 위해 만들어진 것이었다. 기업은 어이없게도 약자인 흑인들을 위해 만들어진 차별 금지 조항을 자신의 권력 강화의 수단으로 활용했던 것이다.

것이 아니었다. 판결 내용이 '과세'에 대한 것이었지, '기업의 법인격'에 대한 것이 아니었다는 말이다. 그럼에도 왜 이 판결은 기업의 법인격을 인정한 것으로 알려지게 되었을까? 그것은 판결 요지문 때문이다. 당시 기록된 판결 요지문에는 "평등한 보호를 보장한 헌법의 취지에 따라 이번 소송의 피고인 기업도 인간"이라고 연방대법원장이 비공개 심리에서 말한 것으로 기록되어 있다.

톰 하트만은 여러 자료를 동원해 이 판결 요지문을 쓴 대법원의 공보관 밴크로프트 데이비스가 철도회사와 긴밀한 유착 관계에 있었으며, 그 관계 속에서 이런 판결 요지문을 작성한 것으로 보았다. 판결 요지문의 진위도 의심스럽지만, 더 중요한 것은 판결 요지문은 법적 효력이 없는, 판결에 대한 '논평'에 불과하다는 사실이다. 판결 요지문은 판례가 될 수 없다. 그럼에도 기업들은 이를 근거로 '자연인의 권리'를 노리는 소송을 잇달아 걸어 '법인' 개념을 기정사실화해 나갔다. '인간을 위한 법'을 '기업을 위한 법'으로 바꿔치기한 것이다.

혹자는 '기업이 인간과 동등한 법적 자격을 누리는 것이 무엇이 문제인가?' 하고 반문할지 모르겠다. '기업이 인간보다 우월한 자격을 누리자는 것도 아니지 않는가?' 하고 생각할 수도 있다. 그렇지 않다. 기업이 인간과 동등한 법적 자격을 갖는다고 인정하는 순간 기업은 인간보다 월등한 지위를 갖게 되는 것과 마찬가지다. 왜 그럴까? 기업은 인간이 아니기 때문이다. 기업은 이윤추구를 원활하게 하기 위해 만든 인간의 피조물이지, 인간이 아니다. 법적 지위를 보장받기까지는 기업은 자신이 인간과 얼마나 비슷한지를 강조했다. 그러나 그 지위를 보장 받고 나자 인간과 다른 점을 이용, 재앙을 낳기 시작했다. 구체적으로 기업은 인간과 어떤 점이 다른가.

인간은 작다. 그러나 기업은 크다. 기업은 한도 없이 몸집을 키우는 것이 가능하다. 여러 지역에 동시다발로 존재할 수도 있고, 정체성을 마음대로 바꿀 수도 있다. 일부를 쪼개거나 새롭게 덧붙일 수도 있다. 인간의 힘에는 비교적 큰 차이가 없다. 그러나 기업의 위력은 평범한 인간에 비해 백배, 천 배, 많게는 백만 배 더 강력해질 수 있다. 인간은 남의 몸을 빼앗거나 소유할 수 없다. 그러나 기업은 적대적 인수합병을 통해 다른 기업을 그 구성원의 의사와 상관없이 빼앗아 소유하는 것이 가능하다. 혹은 인수한 기업의 부를 쪽 빨아먹고 껍데기만 남겨놓은 채 떠나버릴 수도 있다.

인간에게는 생물학적 취약성이 있다. 인간은 늙고, 병들고, 죽는다. 그러나 기업에는 그런 것도 없다. 이론적으로는 언제까지라도 존속 가능하다. 인간은 양심과 신념에 따라 행동하지만, 기업은 그렇지 않다. 기업은 이윤을 위해서는 어떤 비도덕적 행위도 불사한다. 인간은 자신의 행동 결과에 대해 책임을 진다. 반면 주주들은 기업의 불법행위에 대해 아무런 법적 책임을 지지 않는다. 주주들은 오직 재무적 위험만 지고 투자한다. 근본적으로 기업이란 볼 수도 만질 수도 없는 존재로 오로지 법률적 사고 내에서만 존재한다. 잘못을 저질러도 감옥에 가둘 수도 없고, 노역을 시킬 수도 없으며, 교화를 시킬 수도 없다.

기업이 법인격을 갖게 되면서 누릴 수 있는 권리와 자유는 많다. 기업은 인간처럼 입법에 영향을 미칠 자유, 언론의 자유, 불리한 진술을 강요받지 않을 자유, 소유물이 철저히 사적이라는 이유로 수색을 거부할 권리, 불만 사항의 구제를 위해 정부에 청원할 수 있는 권리, 사생활 보호를 이유로 정부 조사를 거부할 권리를 가진다. 이러한 권리와 자유는 본래 국가 권력의 자의적이고 지나친 사용에서 시민들을 보호할 목적으로 만들어진 것이었다. 그런데 그것을 기업이 누린다. 기업의 압도적인 힘은 지렛대가 되어 자신이 누릴 수 있는 권리와 자유의 크기를 엄청난 속도로 부풀렸다. 인간에게는 인권이 있다. 그러나 기업에는 훨씬 많은 인권이 있다. 격차는 크다. 기업의 인권이 인간의 인권을 마음껏 짓밟을 수 있을 정도로 그렇다.

인간의 인권을 짓밟는 기업의 인권

기업도 사람과 자본이 모여 있는 조직이다. 사람들이 모여 있다면 공동체 의식이 생성될 터이다. 그러나 기업은 오로지 이윤만을 위해 모인 조직이라는 점에서 가장 비인간적인 속성의 집합체다.[10] 말하자면 '공동체 의식 없는 공동체'다. 공동체 의식이 없기는 하지만, '모여 있다'는 점에서 공동체가 아니라고 할 수도 없다. 이 '유사類似 공동체적 속성'이 역설적으로 '죄의식 없는 범죄'의 토대로 기능한다. 경영자나 고위 임원들은 기업을 운영하면서 범죄를 저질러도 그것은 '나를 위한 것'이 아니라 '주주들을 위한 것'이었다고 합리화할 수 있게 된다.

기업 운영은 기획과 실행이 분리되어 있으며, 실행은 다시 고도의 분업 시스템으로 이루어져 있다. 그런 까닭에 기업 범죄를 저질러도 죄의식이 최대한 분산된다(물론 이것은 기업만의 특징은 아니다. 국가범죄도 이런 경향을 갖는다). 인간이 저지른 범죄는 통계로 보고되지만, 기업 범죄는 통계조차 발표되지 않는다. 인간 범죄자보다 기업 범죄자가 훔치거나 빼앗아가는 돈이 훨씬 많음에도 그렇다. 심지어 기업의 소유주는 기업의 채무에 대해서도 개인적인 책임을 지지 않는다.

일반적으로 살인을 한 인간은 큰 대가를 치러야 한다. 그러나 기업은 그렇지 않다. 일하다가 직원이 죽거나 잘못된 제품을 생산해 소비자가 사망해도, 혹은 생명의 터전인 환경을 다 망가뜨려도 보상과 배상만 이루어지거나 직원이나 경영자만 처벌받는다. 그것도 경미한 배상과 처벌에 그친다. 모두 로비의 힘 때문이다. 기업의 전방위적 로비를 받는 정·관계는 기업의

---

10 기업은 조직 자체가 사람들로 하여금 자기 이익에만 관심을 갖고 공동체의 일에는 무관심하게 만듦으로써 어리석음을 조장한다.

악행을 규제하거나 저지할 능력을 잃어버렸다. 언론이 기업 범죄를 감시하는 역할을 해야 하지만, 그 자신이 하나의 동료 기업이자 다른 기업들의 광고로 운영되는 언론 역시 기업 범죄를 감시할 능력이 없다.

　　미국의 신학자 라인홀드 니부어가 쓴 『도덕적 인간과 비도덕적 사회』는 도덕적인 개인이 어떻게 사회조직 속에서 비도덕적인 행위를 행하는지를 다룬다. 기업이 그렇다. 기업 밖에서는 도덕적인 사람도 기업에서 일하거나 거기에 투자를 하게 되면 비도덕적으로 변하는 경우가 많다. 이를테면 "리 아이아코카Lee Iacocca는 사생활에서 돈 때문에 사람을 죽일 사람은 아니다. 그러나 포드자동차 회사 사장으로서 그는……차의 가스탱크를 교체하여 저속 추돌사고가 났을 때 폭발 가능성을 줄이지 않고 많은 인명 사고와 부상 사고가 일어나도록 방치했다".[11] 기업에 의해 행해지는 범죄나 도덕적 타락은 비도덕적인 사람들에 의해 저질러지는 것이 아니다. 범죄는 기업 구성원 개개인이 아니라 기업 자체에 의해 저질러진다.

　　기업이 인간과 동등한 법적 자격을 갖는 순간, 사회적 재앙은 예정되어 있는 것이나 다름없다. 그 자격이 기업 권력을 무한 확대해나가는 토대가 되기 때문이다. 우리가 자신과 동등한 인권을 가진 타인을 통제할 수 없는 것처럼, 인간과 동등한 법적 자격을 갖는 기업에 대해서도 우리는 통제할 수 없다. 갈수록 커져가는 기업권력을 감안하면, 기업의 법인격을 인정하는 것은 기업의 인간 지배를 받아들이겠다는 것과 다를 바 없다.

　　실제로 기업은 인간 생명과 자유와 평등을 박탈하는 가장 큰 위협이 되고 있다. 기업은 자신의 법인격을 들먹이며 자기 이익에 반하는, 그러나 국민의 권리 보호를 위해 필요한 법들을 폐지시킨다. 비도덕적인 행동을 불

11　웨이드 로우랜드, 이현주 옮김, 앞의 책, 185쪽.

법의 경계선까지 밀어붙이는 기업의 행태로 인해 사람들은 발병, 업무상 재해, 일자리 상실, 빈곤, 전쟁, 가정의 붕괴 등 막대한 위험을 감수해야 한다. 기업의 엄청난 부의 축적은 그냥 이루어지는 것이 아니다. 피해는 사회로 돌리고, 수익은 자신의 것으로 만듦으로써 이루어진다. 가장 큰 문제는 기업 구조와 법과 제도의 문제다. 그중에서도 기업의 법인격을 공공연하게 인정해주는 것이 가장 큰 밑바탕이다. 민주주의를 위해, 인권을 위해 기업의 법인격은 해체되어야 한다.

反기업 인문학

ⓒ 박민영, 2018

초판 1쇄 2018년 5월 10일 찍음
초판 1쇄 2018년 5월 16일 펴냄

지은이 | 박민영
펴낸이 | 강준우
기획 · 편집 | 박상문, 박효주, 김예진, 김환표
디자인 | 최원영
마케팅 | 이태준
관리 | 최수향
인쇄 · 제본 | 대정인쇄공사

펴낸곳 | 인물과사상사
출판등록 | 제17-204호 1998년 3월 11일

주소 | 04037 서울시 마포구 양화로7길 4(서교동) 2층
전화 | 02-325-6364
팩스 | 02-474-1413

www.inmul.co.kr | insa@inmul.co.kr

ISBN 978-89-5906-499-1 03300
값 17,000원

이 도서의 국립중앙도서관 출판예정도서목록(CIP)은 서지정보유통지원시스템 홈페이지
(http://seoji.nl.go.kr)와 국가자료공동목록시스템(http://www.nl.go.kr/kolisnet)에서
이용하실 수 있습니다. (CIP제어번호: CIP2018013344)